地域文化传承创新与文化产业特色发展

孟召宜　渠爱雪 等　著

江苏师范大学出版基金
江苏高校优势学科建设工程
江苏省社会科学基金项目（12EYD019）
教育部人文社会科学规划基金项目（13YJAZH065）
联合资助

科学出版社

北京

内 容 简 介

联合国教科文组织指出：“脱离人或文化背景的发展是一种没有灵魂的发展”，“发展可以最终以文化术语来定义，文化的繁荣是发展的最高目标”。文化产业亦是如此。但现状研究多关注文化产业的经济属性，对其文化属性关注较少。本书借鉴文化产业、文化地理等学科理论，以江苏为案例，以地域文化与文化产业互动机理探讨为基础，围绕文化产业的竞争力提升、发展水平提高两目标，抓住空间载体、产业内容两方面，立足省域、市域、县域三个尺度，展开地域文化与文化产业互动的理论和实证研究，对实现我国文化产业发展中文化价值与经济价值的精巧平衡、全球化背景下的本土化坚守、文化现代化进程中的传统守望等具有较为重要的现实意义和实践价值。

本书适合文化产业管理、人文地理、文化生态学等相关领域的学者，以及高等院校相关专业的本科生、研究生阅读，对关心地方文化开发、传统文化保护的政府部门有关领导和管理人员以及相关研究机构也有借鉴价值。

图书在版编目（CIP）数据

地域文化传承创新与文化产业特色发展/孟召宜等著. —北京：科学出版社，2016.12

ISBN 978-7-03-051577-3

Ⅰ. ①地… Ⅱ. ①孟… Ⅲ. ①地方文化–文化研究–中国 ②地方文化–文化产业–产业发展–研究–中国 Ⅳ. ①G127

中国版本图书馆 CIP 数据核字（2016）第 016669 号

责任编辑：周 丹 高慧元 / 责任校对：赵桂芬
责任印制：张 伟 / 封面设计：许 瑞

科学出版社出版
北京东黄城根北街 16 号
邮政编码：100717
http：//www.sciencep.com

北京中石油彩色印刷有限责任公司印刷
科学出版社发行 各地新华书店经销

*

2016 年 12 月第 一 版 开本：720 × 1000 1/16
2016 年 12 月第一次印刷 印张：21 3/4
字数：436 000

定价：118.00 元

（如有印装质量问题，我社负责调换）

前　　言

地域文化传承创新与文化产业特色发展涉及地域文化、文化产业两个方面。其中地域文化首先涉及文化的问题。德国的社会学家韦伯说，“人是悬挂在他自己编织的具有意义的‘网’上的动物。”所谓“意义”就是对人性本原的思考，就是对生命内核的观照，就是用人的眼光分析与思考，获得一种解释、满足，同时获得一种追求。意义的追寻与思索，使人获得满足感与安慰感，同时使得人生价值获得解释、人生历程得到充实。赋予事物本身以意义，就是文化。物质文化、制度文化、精神文化等各层次的相对独立与绝对依存的矛盾统一构成的文化疏松综合体形成了人类的“意义”之网，这一意义之网不仅提供了解释框架，也是生活、沟通、交流、理解的基础、中介、平台。人们既受到其陶冶，体验到一种“关怀”，甚至是一种超验的“终极关怀”，同时受到其规范、制约、评判。因此，文化是一个宏大而严肃的问题，有时甚至是“可远观而不可亵玩焉”。但在文化创意产业异军突起的背景下，文化产业在商业动机的刺激下，经由产业链条的中介，形成将原创变成资源开发、将保存变成展示的发展逻辑，此时文化成为一种资源，是创意的“宝库”。从文化资源与文化产业和文化产品关系角度看，文化产品是文化“资源化”的结果，文化创意产业就是基于一定的文化资源不断进行新的创意而发展起来的新兴产业。可见，文化（资源）具有双重属性和双重价值。文化的双重属性和双重价值内在要求一方面要坚持古为今用、推陈出新，实现优秀传统文化的创意性开发、创造性转化、创新性发展；另一方面要统筹兼顾传承、保护、开发，注重保护乡村原始风貌、历史文化特色和自然生态，保留传统特点，留住历史记忆，实现传统文化保护与开发、传承与创新的协调统一。

此外，文化产业是21世纪最具发展前途的“朝阳产业”，对于促进产业转型升级，提升综合国力和区域竞争力具有特殊意义。作为文化经济，文化产业化意味着文化的商品化、市场化、工业化。在交换价值、经济规律的支配下，文化不再是社会经济权利之外的“飞地”或孤立绝缘的自律领域，也不仅是地方风习、民族惯例、意识形态，它同时是技术、物品、娱乐与服务，是生产的资源和消费的对象。正如亚当斯所言，各种地方文化“继续产生新的社会实体、新的适应形式，它们是通过资本主义的特定作用而又不顾这一特定作用，为了追求生存和繁殖，而形成起来的”。文化产业通过不断扩大的市场体系和商品逻辑压倒其他的社会关系和价值体系。同时，文化产业是内容产业（content industries），注重内容，注重地方特色文化的资源利用。文化产业是特殊的经济，其既要注重经济效益，又要兼顾文化的传承与宣扬。因此，文化产业也具有双重属性和双重价值。文化产业的双重属性和双重价值内在要求文化产业的发展不仅要从经济学角度思考，也要从文化学、民族性等角度思考；既要考虑文化产业的经济目标与利润贡献，也要考虑文化产业的社会责任与历史使命，以实现文化产业在文化上开发创新与传承保护、发展上经济效益与社会效益的统筹兼顾。

在此基础上，可以说，地域文化传承创新与文化产业特色发展是文化资源和文化产业双方双重属性的内在要求，也是实现“双效统一”的必然之路。

这种内在要求和“双效统一”从空间上看，主要表现为全球化与本土化的矛盾统一问题。全球化和本土化两极互动构成当代的文化动脉。亨廷顿在《全球化的文化动力：当今世界的文化多样性》一书中说道，“我们正经历一场文化地震——文化全球化，它几乎涉及地球的所有地方”。其指出，文化全球化不是一种简单的重大承诺，也非一种简单的巨大威胁，而是一种文化层面上的多元化的挑战：原先被认为是不成问题的传统如今陷于崩解，信念、价值观和生活方式上出现了多种选择。在文化全球化过程中，出现了“非领土扩张化”。汤姆森认为，处于强势的文化正在把自己的“地方性”扩展为“全球性”。虽然处于弱势的文化也无不潜在地意欲把自己的“地方性”扩展为“全球性”，但在创造性地应对文化挑战的能力方面，文化与文化之间有高低之分。由于技术水平、经济实力等方面的差距，其在竞争中处于弱势地位，并逐渐被边缘化。另外，汤姆林森认为，全球化并不能把握全局，因为日常生活实践中最本质的东西是由地方性而非全球性定义。甚至可以说，任何有生命力的、实质性的文化都是地方性的。但在文化产业化、文化全球化背景下，许多地方文化特质在人们尚未认识其重要性的时候已经淹没在“全球化”的巨浪之中，因此，必须强调本土化、地方性（placeness）。20 世纪 80 年代，新文化地理学关注现代性所造成的地方同质化趋势，运用“无地方性”（placelessness）和“非地方”（non-place）概念构成与“地方”（place）概念相对的两极体验，从而发出呼吁，保护和拯救地方性、传统和本真性，塑造地方和传播地方形象，在充分发掘地方丰厚的文化资源，变资源优势为产业优势、变文化优势为发展优势的同时，突出鲜明的地域特色和个性特征，加快在地文化向在场文化和在线文化提升。

这种内在要求和“双效统一”在时间上集中表现为文化的保护传承与开发创新的统筹兼顾。众所周知，现代文化产业建立于大规模复制技术之上，移动互联网、大数据、云计算、虚拟现实（VR）、增强现实（AR）等新技术通过资源整合、跨界融合推动文化产业生产、营销、管理、布局等方面深刻变革，促进文化产业发展与重构。高科技全面渗透文化产业，不仅催生新兴文化产业，而且越来越反过来影响和改变着传统文化产业的面貌，催生新的业态。尤其是飞速发展的计算机技术为动画影视等文化产业发展状况和艺术手法的转变提供了无限可能性，高科技的华丽场面在形成虚拟现实、产生亦真亦幻等震撼效果的同时，也产生了“无地方”甚至“非地方”；时代语言与多元文化的融入，也造成了原真文化的稀释；魔兽、精灵等新的造型和夸张手法在带来新奇的同时，也造成对原真性的冲击与破坏。这一过程造成对传统文化的消费、解构甚至传统文化的消解。所以，在此背景下，在地域文化与文化产业互动发展的逻辑关系、逻辑循环中，文化资源和文化产业双方双重属性如何精巧地平衡成为文化经济一体化背景下严峻而紧迫的问题。

就我国而言，从中央文献中正式使用“文化产业”这一概念，到国务院发布《文化产业振兴规划》，再到中央提出推动文化产业成为国民经济支柱性产业，近年来我国文化产业蓬勃发展，整体规模和实力快速提升。同时，城市文化产业园区丰富多样，并如雨后春笋一般快速崛起。今天，许多文化产业园区日渐成为一个新的城市文化符号。在多方向好的同时，我国文化产业发展和文化园区建设也存在诸多问题，尤其是文化产业发展中，中国元素和传统文化之间过于简单、直接对应，叙事方式缺乏吸引力和深度，中国文化精神呈现的角度缺创意、力度不够强、深度较肤浅。许多文化产业从业者缺乏对我国传统地域文化的理性认识和深刻剖析，并且不能将其深刻地表达出来。因而有学者指出，中国文化产业在理念意义上没有竖立起在经济全球化中的文化发言权，产品意义上没有生产出大量的有力度、有温度的文化产品和文化服务。我国著名文化产业专家胡惠林指出，中国的文化产业正面临着文化责任、文化使命和经济目标之间的深刻矛盾与冲突。作为文化资源丰厚的大国，经济崛起没有带来相应的文化复兴。中国文化产业面临的国际尴尬一个重要方面就是资源向产业转化的匮乏。这些问题的出现内在要求我们应深入研究文化产业发展规律，不断积极地探索推动文化产业成为国民经济支柱性产业的有效思路，探索推出具有中华文化内涵、深受世界各国人民喜爱的文化产品的有效路径，探索资源优势转变为产业优势、文化优势转变为发展优势的有效措施，进而提升中华文化的感染力、渗透力、传播力、影响力，带动整个国家软实力的提升。

其中，探讨地域文化与文化产业的逻辑关系，进而建构形成地域文化传承创新和文化产业特色发展的良性互动，是破解这一窘境的重要路径。也正是基于这一目的，作者将近年来的相关研究整理提升、付梓出版。

在本书撰写过程中，遵循总分总的思路，在国内相关研究梳理的基础上，探讨地域文化与文化产业的互动机制，进而以江苏为案例，立足地域文化与文化产业良性互动的竞争力提升、发展水平提高两大目的与目标，抓住空间载体（文化园区）、产业内容（文化经济）两大方面，立足省域、市域、县域三个尺度，进行地域文化与文化产业互动的实证研究，最后从文化多样性保护开发和文化产业发展治理视角探讨地域文化保护和文化产业发展中的经济效益、社会效益、市场性与社会性的平衡与统一。

全书共 10 章。第 1 章为绪论，由孟召宜撰写，主要包括问题的提出、现状研究述评、研究内容与研究方法。第 2 章为地域文化与文化产业互动关系的理论探讨，由孟召宜拟定提纲，孟召宜、邹璐、杜霖、冯立娅、彭文博、王晨晨撰写。该章在明晰相关概念的基础上，梳理地域文化保护开发与文化产业发展的相关理论，进而从地域文化传承创新与文化产业特色发展的微观刻画、互动过程、深层动力等方面进行理论探讨。第 3 章为地域文化与文化产业竞争力水平结构，由孟召宜、渠爱雪、殷薇、彭文博撰写。该章在明晰文化产业竞争力概念基础上，在全国层面，从地域文化资源等方面构建了区域文化产业竞争力评价指标体系，分析了我国区域文化产业竞争力水平与格局，明晰地域文化资源对文化产业竞争力的影响。第 4 章为地域文化与区域文化产业水平格局，由孟召宜、渠爱雪、殷薇、刘培培撰写。该章在明晰相关概念基础上，构建区域文化产业发展水平评价体系，运用定量方法分析了江苏文化产业发展水平、时空格局及其形成的动力机制，明晰地域文化资源等对区域文化产业发展水平的影响程度。第 5 章为地域文化传承创新与文化园区特色发展，由孟召宜、渠爱雪、刘培培、张培奇、任腾娇撰写。该章在界定文化产业园内涵和明晰统计原则基础上，构建江苏文化产业园数据库，结合江苏地域文化，尤其是城市文化，分析江苏文化产业园发展水平与格局特征。第 6 章为地域文化传承创新与动漫产业特色发展，由孟召宜、渠爱雪、杜霖、冯立娅撰写。该章在回顾我国动漫产业和江苏动漫产业发展的基础上，以江苏动漫为案例，运用文本分析法，揭示江苏动漫作品与地域文化的互动关系，概括江苏动漫作品的风格特征；进而基于嵌入理论，剖析动漫企业发展背后的综合动力，最后从地域文化传承创新与动漫产业特色发展互动视角给出相关建议。第 7 章为地域文化传承创新与区域文化产业发展模式，由刘燕、孟召宜、渠爱雪撰写。该章在明晰文化产业发展模式内涵的基础上，在省域层面分析文化产业发展模式形成嬗变的动力机制，探讨文化产业地域模式的类型划分，并立足典型案例，结合地域文化，分析文化产业地域模式特征，最后给出文化产业地域发展模式的优化措施。第 8 章为市域文化传承创新与文化产业特色发展，由孟召宜、渠爱雪、邹璐撰写。该章以历史文化名城徐州为案例，在明晰徐州地域文化内容和文化产业发展历程的基础上，首先关注徐州汉源文化和故黄河文化两大主导文化的主要内容、格局特征和文化产业开发思路，进而从特色文化品牌打造营销、特色文化产业集群发展和特色文化产业布局优化三个方面，分析徐州多元特色文化与徐州文化产业特色发展的思路。第 9 章为县域文化传承创新与文化产业特色发展，由渠爱雪、任腾娇、孟召宜撰写。该章在明晰县域文化和县域文化产业基础上，分析江苏县域文化格局特征和县域文化产业概况，进而分析江苏县域文化产业空间格局特征和典型发展模式，并立足典型案例，结合县域文化，分析县域文化产业发展模式特征和形成的动力机制，最后给出县域文化产业优化提升路径。第 10 章为地域文化传承创新与文化产业特色发展的战略思路，由渠爱雪、孟召宜、朱锦程撰写。该章主要从地域文化多样性的保护开发与融合发展、地域文化资源可持续开发的政府规制、新时期区域文化产业特色发展新思路、转型期我国文化产业治理范式的构建四个方面探讨地域文化传承创新与文化产业特色发展的战略思路。

本书是近年来基于江苏省系列实证研究的整合，因此研究案例有一定的局限性，同时研究有一定的时间跨度，加之文化产业统计数据的匮乏性和收集的困难性，因此书中数据时间截面不一致。同时，前期研究注重宏观层面的研究，对于微观个案研究将是下一步努力的方向。此外，在地域文化与文化产业互动发展的逻辑关系循环中，涉及文化资源和文化产业双方双重属性及其耦合问题，逻辑关系复杂。正如有学者指出的，一方面文化创意产业属于经济活动，必然和其他行业一样嵌入在文化环境中；另一方面，文化创意产业是文化符号的生产者，这种嵌入性也必然更为复杂。正是这种复杂性，使得地理学对文化创意产业的研究方法更具争议。因此，本书的研究框架和研究方法仍有待完善。

作　者

2016 年 11 月 12 日

目　录

第1章 绪　论

1.1 地域文化与文化产业互动关系研究的提出

1.1.1 问题提出的背景

文化是一个国家根之所系、脉之所维，是一个民族的灵魂和象征，是激励人民进行经济建设、实现民族复兴的强大精神支柱。联合国教科文组织在一份报告中强调，“实现发展的动力实际上存在于文化之中……文化是发展的摇篮。”正因为如此，党的“十六大”报告指出：当今世界，文化、经济、政治相互交融，文化在综合国力竞争中的地位和作用越来越突出。文化的力量，深深熔铸在民族的生命力、创造力和凝聚力之中。另外，当今人类进入了“文化开发时代”（日下公人，1989），作为“朝阳产业”，文化产业对于促进产业转型升级、提升综合国力和区域竞争力具有特殊意义（徐从才等，2008）。在文化全球化和文化产业竞争日趋激烈背景下，彰显文化特色，发展特色文化产业，不断推出具有中华文化内涵、深受世界各国人民喜爱的文化产品，才能在国内外文化市场扩大和巩固我国文化产品的吸引力和竞争力，提升中华文化的感染力、渗透力、传播力、影响力，从而提升国家软实力。同时，继承弘扬优秀文化传统，合理开发我国丰富的历史文化资源，体现区域文化特色，广泛吸收和借鉴外来优秀文化成果，把握先进文化的前进方向，注重文化创新，大胆改革，努力建设面向现代化、面向世界、面向未来的、民族的、科学的、大众的社会主义文化事业和文化产业，使灵魂得到净化，境界得到提升，心智得到启迪，素质得到提高，从而促进人的全面发展，对于我国培植新的经济增长点，满足人民群众日益增长的精神文化需求，促进经济、社会全面、协调、可持续发展具有重要的战略意义（安宇和沈山，2005）。

新时期，随着我国文化产业进入新阶段，尤其是市场经济体制的深入，我国发展文化产业不能仅停留在打造文化产业园或文化产业基地上，而应着力激活丰富的文化资源，激发各个群体发展文化产业的积极性和主动性，不断提高文化原始创新能力，将文化资源优势转化成经济发展优势。正因为如此，党的十七届六中全会指出，发展我国的文化产业要优化文化产业布局，发挥东中西部地区各自的优势，并发掘城市文化资源，发展特色文化产业，建设特色文化城市，积极开发特色文化消费。在此背景下，地域特色文化开发与区域特色文化产业培育成为新时期我国文化产业发展中的一个重要的问题。党的“十八大”报告指出，“文化实力和竞争力是国家富强、民族振兴的重要标志。要坚持把社会效益放在首位、社会效益和经济效益相统一，推动文化事业全面繁荣、文化产业快速发展。……促进文化和科技融合，发展新型文化业态，提高文化产业规模化、集约化、专业化水平。”新时期，立足地域文化特色，加快特色文化产业建设，已成为实现文化产业社会效益和经济效益相统一，从而实现文化产业又好又快发展的内在要求。

1.1.2 主要的问题表现

从中央文件中正式使用“文化产业”这一概念，到国务院发布《文化产业振兴规划》，再到“十二五”规划纲要提出推动文化产业成为国民经济支柱性产业，10 多年来我国文化产业整体规模和综合实力快速提升。我国文化产业在蓬勃发展的同时，也存在诸多问题，面临许多新情况。

（1）文化产业中文化价值与经济价值的精巧平衡。文化产业化使文化商品化。文化产业通过不断扩大的市场体系和商品逻辑压倒其他社会关系和价值体系（周尚意和吴莉萍，2007），从而使艺术创作等文化活动异化（周尚意和沈小平，2008）。因而，中国文化产业正面临着文化责任、文化使命和经济目标之间的深刻矛盾与冲突。民族文化传统与产业化目标是其一个重要方面。这一问题的破解事关我国文化产业的走向与格局的变动（胡惠林，2007）。

（2）全球化背景下的本土化坚守。全球化和本土化两极互动构成当代的文化动脉。全球化有主导文化。虽然文化全球化出现“非领土扩张”，但日常生活实践中最本质的东西恰恰由地方性而非全球性定义，因此，非领土扩张并不意味着地方性的终结（汤姆林森，2002）。在全球化的背景下，地方文化产业正是通过内发性的特点，展现出其立足地方、活化地方的根本思路。但许多地方文化特质在人们尚未认识其重要性时已淹没在“全球化”巨浪之中，导致“无地方性”（placelessness）和“非地方”（non-place）现象，因此必须强调本土化，保护和拯救地方性、传统性和本真性，塑造地方和传播地方形象（周尚意和沈小平，2008；李蕾蕾，2005）。新产业区理论研究的核心命题就是，在全球化与本土化博弈情境中，地方如何才能获得并保持其长期竞争优势（马仁锋等，2011）。在全球化语境下，在全球化与本土化矛盾日益尖锐的背景下，如何在全球化的历史过程中坚持本土文化发展的个性，不仅是民族文化个性能否得到资源型发展，而且直接给源于文化多样性的全球化发展动力带来深刻的影响（胡惠林，2007）。与此同时，随着大型跨国传媒集团迅速扩张，各种文化资源大规模整合和世界文化大市场的形成，西方发达国家文化产品对包括我国在内的发展中国家的民族文化构成了巨大的冲击，无形的影响首先反映在我们的民族文化和社会主义精神文明建设将受到多重挑战，同时表现在对政府的文化管理形式和方法的挑战上（叶南客，2003）。

（3）现代化进程中的传统守望。传统农业社会向现代工业社会的转型，计划经济体制向市场经济体制的转轨，使民间艺术等地域特色文化赖以生存的社会环境发生深刻的变化。许多地方特色文化正濒临消亡（黄波，2008），加强地域特色文化的整理、挖掘和利用迫在眉睫。

（4）丰富资源的充分利用和永续利用。中国文化资源丰富厚重，但文化产业产值低、文化生产力弱，与越来越国际化的大环境以及市场经济效益的要求不相适应（胡毋意，2009；李学鑫，2012）。文化资源优势转变为文化产业优势中，在文化特色开发不足的同时，也存在对文化资源的“滥砍乱伐”（胡惠林，2007）。文化大规模开发和持续开发，形成产业链条和产业结构，以提高产出效能，是当前我国文化产业发展的重要问题（胡毋意，2009；李学鑫，2012）。

（5）文化产业调整与社会需求变化。随着生活水平的提高，社会对城市文化内容产业有了更高的渴望和需求（陈倩倩和王缉慈，2005）。人力资本、文化资本和社会资本等软要素对文化创意产业更为重要（赵继敏和刘卫东，2009）。随着文化产业向文化创意产业发展，区域竞争焦点已经由一般的生产要素向稀缺性、独特性和唯一性的生产要素转移，地方特色文化资源正在成为未来区域特色产业形成和发展的核心要素（王淮梁和刘桂，2008）。这些发展趋势要求必须深入研究文化产业发展规律，从而探索推动文化产业成为国民经济支柱性产业的有效思路。

（6）特色文化资源的开发与文化特色品牌的打造。文化企业的竞争力很大程度上体现在文化品牌上，文化品牌、文化品位、文化品质和文化产品的品牌、品质、品位是一体的。凡文化产业发展领先的地区，也多是具有核心文化品牌的地方。云南丽江先发掘传统文化资源，塑造“纳西古乐”品牌，后推出民族风情舞蹈《丽水金沙》，2006年重点推出《印象·丽江》，成功促进了丽江旅游文化大发展和不断迈上新台阶。文化资源的开发利用率低，则缺少文化品牌。如镇江，近年来通过动漫《水漫金山》《茅山小道士》重点打造金山寺（佛教文化、爱情文化）、茅山（道教文化）文化品牌，西津渡街区厚载1300多年的古渡历史，包含的各类文化元索在全国都能凸显优势和特色，但是开发力度和速度与其地位不相称。由于缺乏文化资源开发规划，缺乏打造文化品牌意识，缺乏将文化资源变成文化产业的科学载体和有效途径，文化资源的潜在价值尚未转化为现实价值，文化资源的潜力未转化为产业实力，使得文化产业发展还停留在“门票经济”层面（翟冬平，2011）。

1.2　地域文化与文化产业互动关系的研究述评

利用历史文化资源生产和提供文化消费品是文化产业的重要生产机制。但文化资源具有精神象征价值，对文本的建构或解构，直接影响文化资源的价值属性和民族文化心理的颠覆或继承（胡惠林等，2010）。因此，文化产业不仅要从经济学角度思考，更要关注其文化属性（胡惠林，2007）。对此，国内外学者均进行关注与论争。

1.2.1　国外相关研究

1. 实证研究

对地域文化与特色文化产业的关系，西方学者主要从以下方面展开实证研究。

（1）文化产业发展载体视角。“地点、团体和文化产业往往紧密地联系在一起。由于这个原因，许多类型的产品在偏好各异的消费者眼里总是和特殊的地理位置联系在一起。伦敦的歌剧、巴黎的时装、意大利的家具，都带有这种声誉效应。正如莫洛奇曾经指出的，产地给了产品一种保证，这有点像时装设计师的标记所具有的慢慢积聚起来的符号价值，因此，它是以产地为特征的垄断租金的来源之一。”（斯科特，2003）因此，创意城市、历史街区以及形成的文化园区不仅是文化产业发展的空间载体，而且构成文化产业的成长环境，对于文化产业成长壮大有着重要的影响。①创意城市层面。20 世纪 90 年代以来，创意产业在大都市“三旧（历史街区、工业建筑遗产密集区、老城区）”快速发展，并在大都市内部呈群集发展模式，形成创意产业区或集群（马仁锋等，2011；Houston et al.，2008）。随着世界范围内有影响力的城市文化创意产业崛起，学者对洛杉矶（Scott，2005）、曼彻斯特（Brown et al.，2000）、布里斯托尔（Bassett et al.，2002）、斯德哥尔摩（Power et al.，2002）等城市的文化产业进行了实证研究。研究表明，西方文化创意产业多位于纽约、巴黎等国际大都市的内城及其边缘地区等极富创新能力且周边历史文化较深厚的地方，其形成并非由政府刻意打造，而是在地方历史文化氛围的熏陶中自发生长，与城市悠久而独特的历史相关（张纯等，2008）。文化资本不仅是创意城市发展的必备条件，也为创意产业集群的发展提供了“新生产的空间”（Hutton，2001；Landry，2000）。另外，创意产业在“三旧”的快速发展与空间集聚，形成大都市内核最为有生命力的综合体，促进了大都市内城旧产业区的复兴与内城的再生（Houston et al.，2008；Hutton，2008）。在围绕吸引创意阶层、打造创意城市这一核心主题，学者多从企业、创意行动者、产业、产业集群、产业区角度加以探讨。研究表明，特定地方内的物质文化与景观刺激、紧密社会网络、地方声誉与传统、地方创意社群是影响个人创意能力的四种要素（Drake，2003）。②文化园区层面。由于文化创意产业的发展越来越倾向于集群化，因此越来越多的学者研究文化创意产业集群的有效载体、文化创意产业园区的成长机制

(Mizzau et al.，2008)。Mizzau 等认为，在文化区的建设方面，地方代表性的景观是区域文化创意产业增长的“源头（germ)”(Mizzau et al.，2008)。Mommaas 曾依据荷兰文化区发展战略不同的类型，把文化区创新模式细分为四种不同模式：博物馆区发展模式、公园综合体发展模式、文化群落生产模式、艺术欣赏发展模式（Mommaas，2004)。另外，从不同的角度分析可得出不同的发展模式。有的学者从创意产业区发展空间载体角度分析，分为内城创新模式（即城市衰退居住区域)、阁楼创新模式（即城市旧工厂空间）等（Mizzau et al.，2008；Zukin，1998)；从创意产业区发展功能分类，有文化区创新模式、新经济创新模式等（Hutton，2001；Brown et al.，2000)。西方文化产业园发展注重自己的民族特色（李季，2011)。同时，从国外经验看，文化产业园经历了一个动态的发展过程，依次经历了文化基础设施的大力建设、文化区的创建、旧式建筑和文化历史遗迹的重新利用、遗迹多样化和数字化的文化集群趋势等阶段（李季和范玉刚，2012)。

(2）文化产业发展主体与内容视角。研究表明，企业层面，文化企业产品必须依托有高度声誉的源地才能通过集聚获得经济效益（Scott，1996)。产业层面，学者围绕日本的动漫产业（邓薇，2011)、好莱坞娱乐业（Scott，2005)、曼彻斯特流行音乐（Brown et al.，2000)、布里斯托尔历史自然纪录片产业（Bassett et al.，2002)、斯德哥尔摩的音乐产业（Power et al.，2002）等进行了一系列实证研究。研究表明，文化创意产业发展受益于地方社区中有个性的风格（Scott，2000）和宽容多样的文化环境（许璇，2009；Florida，2002)，同时，居民的衣、食、住、行和思想观念、行为方式也为文化产业提供了丰富的内容取材来源（邓薇，2011)。事实上，文化产业依托的文化资源具有较强的地域性特征，文化产业发展不仅要求地理区位上的相对集中，而且在生产和创作上要求实现区域性的相互匹配和协调，因而，与其他物质生产领域的产业相比，文化产业具有更强的区域性特征（斯科特，2003)。西方发达国家的文化产业都体现了自己的经济、政治、教育、民族的鲜明特色，因而具有其文化产业的专业化和多元化特征，并且这种文化产业的多元化充满了发展的无穷魅力和空间（李季，2011)。文化的烙印影响如此巨大，以至于“生于某处的画家，即使他后来受到了其他环境的影响，他的作品始终带有故乡的一缕芬芳”(克拉克等，2005)。

2. 理论探讨

西方学者多从地方性与认同、嵌入、新产业区视角、创意环境、演化视角等方面展开理论思考。

(1）地方性与认同。地方性研究主要从地方制度文化和地方社会结构入手（Hess，2004)。地方性，或者说地方特质包含地方宜人的环境、密集的社会文化活动、地方的品牌和传统及各种创意人才组成社区四方面（Drake，2003)。只有具有特质的地方，才能构成创意田野，才能具有创意氛围，同时，地方特质也是吸引人才的基础，是3T理论（技术-technology、人才-talent、包容-tolerance）强调的最重要的因素（Florida，2002）。地方（place）和地方性（locality）与小型创意企业之间关系密切，影响创意产业区位（Drake，2003）。甚至地方微因如地方民众的态度和意识形成的地方环境（local milieu）影响企业兴衰和创意产业集散（Bockerman and Maliranta，2007）。同时，政府政策只有考虑地方社会文化，才能有效启动地方经济和经济个体活力（Herrschel，1997）。面对文化全球化背景下地方同质化趋势导致的“无地方性”（placelessness）和“非地方”（non-place），保护和拯救地方性，塑造地方和传播地方形象成为一个重要而严肃的问题（李蕾蕾，2005）。

（2）嵌入。“嵌入”或者说社会嵌入是经济个体向社会（society）和社会文化结构（social and cultural structure）的嵌入（Polanyi，1957）。Polanyi的嵌入可在不同的尺度上讨论（Hess，2004）。事实上，企业向地方的嵌入是层层嵌入的过程（Jacobs，2008）。经济地理学家使用“文化嵌入”解释区域经济发展的动力（James，2007）。个案研究表明，地方的、非地方的因素（both local and extra-local）均同时起作用，因此，不能过于本土化（James，2007）。20世纪90年代后期和21世纪初期，学术界对嵌入性进行持久批判，并利用过度本土化（overterritorialized）概念修正过分强调嵌入（MacKinnon et al.，2002；Appignanesi，2007）。

（3）新产业区视角。文化产业园是一种新产业区，而新产业区是一个社会地域实体，其特征是在一个自然上和历史上形成的特定范围内，存在活跃的社区群众和企业群体；区内社区和企业趋向融合。产业区认同包括宏观层次的文化、历史、价值等的参与或共享和微观层次的行为主体采用与众不同的行为，如承诺、信任、合作等，它们是产业区及其竞争优势的根本资源（Sammarra and Biggiero，2001）。从地理空间上看，文化产业领域采取一种其生产制度与其当下的地理环境聚合（agglomeration）在一起的形式，因而文化产业的创造性和创新常常带有一种强烈的空间模式色彩（斯科特，2003）。以地理为基础的组织团体、规则惯例形成的制度厚度与文化资本，在特定的空间积累、再生产，积累起来的文化资本是创造性领域的一种特定的因素，因此特定地理空间也是文化力在其中产生和起作用的社会再生产的阵地。这种制度基础在很大程度上就是马歇尔（Marshall，1919）所说的“产业氛围”。作为专业化的社会资产“氛围”代表了一种外部性，一系列共同的资源，它给工人熟悉就业规则提供方便，给创造性和创新活动提供平台。因此，地点、团体和文化产业往往紧紧地联系在一起。由于这个原因，许多类型的产品在偏好各异的消费者眼里总是和特殊的地理位置联系在一起的。伦敦的歌剧、巴黎的时装、意大利的家具，都带有这种声誉效应（斯科特，2003）。同时，地方代表性的景观是区域文化创意产业增长的“源头”（germ）。地方政府发展文化区的关键是自下而上地找到最有代表性的地方景观，进而通过加强集聚区内部的合作，建立具有信任关系的地方网络，并扩大生产，达到规模经济（Mizzau et al.，2008）。

（4）创意环境。不同地方的文化产业，创意能力不同，可能原因在于地方环境的差异。学者提出了创意环境（creative milieu）（Landry，2000）、创意场域（creative field）（Scott，2006），分析文化创意发展的影响因素。研究表明，特定地方内的物质资源与景观刺激、紧密社会网络、地方声誉与传统、地方创意社群等地方环境均影响个别创意行动者能力（Drake，2003）。在城市总体氛围方面，创意资本理论指出创意人才倾向于向多样化、宽容、开放的城市集中（Florida，2002）。因此，城市创意产业的发展必须遵循“3T”模型，即创意人才的培养、创意技术的培育以及城市文化的包容。也就是说，Technology（技术）、Talent（人才）、Tolerance（包容）三位一体，在创意产业和创意经济的发展中缺一不可（佛罗里达，2006）。

（5）演化视角。从创意环境视角，融合演化经济学的共同演化、路径依赖等理论，分析文化创意产业与地理空间及其文化的内在逻辑。由于创造性领域的发展逻辑具有明显的地理特征。一旦嵌入、产业氛围等逻辑起作用，特殊的地点就会被整合入文化生产体系，因为这些地点的特殊性被最终产品所同化，而这些产品反过来又限定和再限定了它们的产地。这种关系可以在相对开放的情况下被终止，也可以慢慢走向锁定，一种情况下导致产品和地点所投射的影像慢慢改变，另一种情况下则导致一种双方携手的稳定（斯科特，2003）。作为生产行业的电影业与作为地点的好莱坞之间的共生关系研究表明，一方面，好莱坞靠着无数小型的适应性强的企业，已经能够很快地从一个项目转到另一个项目，并能对新数字技术加以全面的包容；另一方面，好莱坞的电影业以街道布置、自然风光、生活方式等形式拥有大量的地方文化资本。这些资本在给电影业产品加上独特外观、精神风采方面起到了关键的作用。但这些产品也塑造着好莱坞或者南加州的新形象（或者是现实的，或者是虚构的），或者赋予以往的形象以全新的意义。如此一来，电影业又受到该地区文化资助的青睐，当新一轮生产开始的时候，这些资助就成了投入。在南加州，上述形象的不停变动也经常受到其他文化产品产业的助推，如音乐唱片业、电视制作业、服装业等（Scott，1996）。

1.2.2 国内相关研究

地方文化是指被一个地缘群体认同的文化。地方文化嵌入的空间层次有国家、城市和城市内部地区（周尚意和沈小平，2008）。同时，社会文化环境影响创意产业发展的理论可分为宏观层次的“软要素”理论、中观层次的创意城市理论和微观层次的创意集群理论（赵继敏，2011）。因此，从国家、省域、城市、文化产业园等多个尺度展开实证探讨成为国内学者较多的研究进路。

1. 实证研究

（1）国家层面。文化产业对于一个国家和民族的发展非常重要，在 21 世纪尤其如此（李季，2011）。我国文化禀赋独特、文化资源丰厚，为文化产业发展提供源源不断的精神动力和原料（胡毋意，2009），并形成具有中国特色的文化产业发展模式。周胜和段淳林总结中国文化产业有文化创意产业区聚集模式、人文环境积累基础上的自发模式、科技依靠型发展模式、龙头企业带动发展模式、品牌化经营模式、品牌延伸与产业关联发展模式等创新模式（周胜和段淳林，2009）；金元浦提出我国文化创意产业发展有三个阶梯、三种模式。第一阶梯是东部发达地区，以珠三角、长三角、环渤海三大城市圈为主，主要包括北京、上海、深圳、广州等城市，其文化创意产业的发展采取渐进式模式；第二阶梯是中部的发展中地区，以武汉、郑州、长沙、太原等城市为主，其文化创意产业的发展采取综合式发展模式；第三阶梯是西部欠发达地区，主要包括昆明、西宁、乌鲁木齐、贵阳、兰州等城市，其文化创意产业的发展采取跨越式发展的模式（金元浦，2010）。与此同时，由于缺乏对现代文化创意产业规律的把握，文化产业产值低、开发规模小（胡毋意，2009），因而在理念意义上没有竖立起在经济全球化中的文化的发言权，产品意义上没有生产出大量的文化产品和文化服务。中国的文化产业正面临着文化责任、文化使命和经济目标之间的深刻矛盾与冲突（胡惠林，2007）。作为文化资源丰厚的大国，经济崛起没有带来相应的文化复兴。中国文化产业面临的国际尴尬，其中一个主要原因是资源向产业转化的匮乏（李季和范玉刚，2012）。新时期，以技术为支撑，以资本为保障，以文化为依托，将文化资源开发作为中国文化产业发展的重要突破点与增长点，提高文化资源开发的创新能力，增强文化活力，将文化资源优势转化为文化资本优势，不仅是改革中国文化体制与调整文化产业结构的内在要求，也是实现文化产业的可持续发展、增强中国文化产业的国际竞争力、提升中国文化软实力的必然选择（姚伟钧和任晓飞，2009）。

（2）省域层面。面对文化产业的异军突起和强劲的文化需求，江苏、浙江、广东、北京等省市相继提出建设“文化大省（市）”（文化强省、特色文化大省）的战略目标。大力发展文化产业成为文化大省建设的重要内容和重要路径。而区域文化是文化大省建设与文化产业发展的基础，是文化大省建设与文化产业发展的底蕴与灵魂。文化的区域性，决定文化大省和文化产业发展内容与方向的同时，也决定了文化大省和文化产业的特色（安宇和沈山，2005）。可以说，地方特色文化资源成为区域特色产业形成和发展的核心要素，“特色化”和“本土化”成为锻造地方文化创意产业核心竞争力的重要原则（王淮梁和刘桂，2008）。在各省文化产业竞相发展的同时，各具特色的厚重文化资源并没有很好地转化为现实生产力（李学鑫，2012）。一定程度而言，文化大省的建设过程和实现过程就是一个破解精品文化缺乏、文化品牌不多、文化精英匮乏、文化资源集约利用不够、文化产业发展不足等问题的过程（安宇和沈山，2005）。

（3）城乡层面。通过文化产业的发展和文化产业园的建设，文化产业带动效应和溢出效应，文化产业在城市发展和城市形象建构中发挥着积极作用。因此，文化产业被视为在我国城市化进程尤其是老城改造中经济复兴的重要手段(李季，2011)。同时，文化产业发展也日渐成为我国城市文化空间建构的主力军。艺术产业园的溢出效应使其在城市建设中越来越受到重视，甚至被视为城市活力的重要显现（斯科特，2003）。正因为如此，创意产业迅速崛起并成为新一轮城市竞争的主要目标，北京、上海、深圳、重庆、广州、南京、苏州、无锡、杭州、常州等众多城市都将发展创意产业列入自己的发展规划（徐循华和臧正美，2006）。面对城市文化创意产业的快速发展，我国学者对上海（马仁锋和沈玉芳，2011）、北京（周尚意和沈小平，2008）、南京（徐从才等，2008）、深圳（钱紫华等，2006）、大连（邓薇，2011）等众多大中城市的文化产业进行了实证研究，并对我国几个文化创意产业走在前列的城市和地区，如香港、台湾、北京、上海等进行模式探讨（刘燕，2011）。研究表明，城市丰富的历史文化遗产和高等级艺术和演出机构提供了创意活动的有力支持，有形的历史文化空间则形成创意过程的催化剂（张纯等，2008）。因此，文化资源是城市文化产业发展的基础因素（邓薇，2011），任何一座城市的文化创意产业都必然与它昔日的传统文化有所联系（胡毋意，2009）。我国城市也只有充分利用这些地方资源，使之转化为有益于文化创意活动的动力，才能在全球化的浪潮中形成具有地方特色的文化创意产业区（张纯等，2008）。城市是文化中心，是文化资源集中地。现代社会是一个无限发展城市文化的社会，文化产业离不开城市的繁荣，离不开城市的特色。城市主题文化是城市战略意义上的文化，是城市的核心文化、标志性文化。因此，在文化产业发展中，要通过挖掘历史名人、历史文化经典、历史艺术、经典建筑形成城市主题文化（李季，2011）。

尽管城市提供了文化创意产业集群发展的诸多有利条件，但并非是唯一区位选择，农村同样也可形成（李学鑫，2010）。而且，文化产业是农村文化建设的重要组成部分，是“乡风文明”的社会主义新农村建设的重要内容（韩海浪，2006）。学者对河南宝丰县赵庄乡魔术（李学鑫和田广增，2011）、石佛寺玉雕（李学鑫，2012）、民权县王公庄绘画（李学鑫，2010）和四川自贡彩灯艺术（黄波，2008）等农区产业集群进行深入探讨，研究表明，乡村悠久的历史文化传统、技术工艺传承与厚重文化氛围等成为农区文化创意产业集群形成的关键（李学鑫，2012；李学鑫和田广增，2011）。目前，我国农村文化产业发展滞后，必须采取特色文化资源利用、市场化以及文化市场管理等有效手段，加快发展（韩海浪，2006）。其中，充分利用民间丰富的文化资源至关重要，因为民间文化（产品）是农村文化产业的极佳增长点。运用群众非常熟悉的民间信仰、民间故事等作为产业的“原材料”，创造贴近实际、贴近生活、贴近农民的文化用品（韩海浪，2006）。

（4）文化（创意）产业区。“文化创意产业集聚区”，又称为“文化产业园区”“文化创意产业基地”或“文化产业示范区”等，一般是指将众多的文化企业集中到一个特定的空间范围内进行资源整合的一种产业发展平台，也是一种产业集群发展的经营模式（牛维麟，2007）。作为文化科技创新的孵化器、文化企业快速成长的助推器、文化产业集约发展的平台，文化产业园是文化产业发展的发动机，是文化产业集聚集约发展的有效载体，是推动文化产业发展的有效抓手（李季，2011；李季和范玉刚，2012）。产业集聚是现代产业发展的一个重要趋势。加快文化创意产业集聚区建设，引导文化创意产业集聚发展，已经成为各城市或区域提升区域文化创意产业竞争力的重要措施。同时，建立不同形式的文化产业园推动文化产业集聚化，符合经济全球化下的产业发展趋势，也是各国政府促进文化产业发展普遍采取的一种策略，提升文化产业竞争优势、增强文化企业竞争力的一种空间组织形式（李季和范玉刚，2012）。2003 年以来，园区化建设已成为我国文化产业发展的重要特征之一，尤其是随着园区的多功能和综合化，其所带来的产业集聚效应、规模经济效应，以及对文化企业无形资产的增值、文化品牌的树立、文化人才队伍的培养都有非常重要的推动作用（郭妍琳，2010）。文化产业集聚区、文化产业园是我国文化产业发展的重要抓手和推进方式。目前，以价值链的完善程度区分，文化产业园大致有五种类型：创造型文化园、消费型文化园、复合型文化园、都市型文化园、原生态型文化园（李季和范玉刚，2012）。在功能空间类型上划分，主要有三种类型：大学和科研院所依托型、老建筑改造型、新区创建型。具体到上海，其创意产业区发展主要有两种形式：第一，市场机制引导、自发形成，政府通过制度法案的颁布来规范和指导创意产业区的发展；第二，政府有意识地引导，其形式也是通过制度法案促使创意产业在某些特定区域发展。因此，上海的创意产业区从一开始发展就深深打上政府的烙印，形成了政府主导、市场运作和中介服务的运作机制；从空间创新模式上来看，包括大学依托型、旧区改造型、新区增长极型和传统产业区更新型四种类型；从时间发展阶段来看，经过三种空间动力模式：渐进式动力模式、“蛙跳式”动力模式和协同式动力模式（肖雁飞，2007）；从创意产业区创建所依托空间的不同，分为依托大学创建创意产业区、改造旧厂房和仓库培育创意产业区、开辟新区创立创意产业区、依靠传统布局建立创意产业区四种类型（厉无畏，2006）。具体到北京，从整体面貌看，主要有科技园区、工业厂区、文化街区、规划新建四类；就形成来源看，主要有自然形成、主导建设、改造租用、资源依托四种。

随着类型多样的文化产业园依托工业遗产、历史街区建设和壮大，文化创意产业集聚区逐渐成为创造、生产或提供文化产品和服务的规模性、开放式的文化经济功能区，创意产业区有向创意城市发展演化的趋向（肖雁飞等，2007；肖雁飞，2009）。从形成过程与动力来看，学者对上海的八号桥（肖雁飞等，2007）、北京的 798（周尚意和沈小平，2008）、北京的南锣鼓巷（张纯等，2008）、深圳大芬油画村（钱紫华等，2006）等典型文化产业园进行实证探讨，研究发现，作为创意产业区，文化产业园是新产业区在现实世界常见形式之一（马仁锋等，2011）。创意产业区是基于特定的当地文化和制度背景所形成的创意网络。柔性劳动力市场、创意人才、地方文化、创意氛围、新经济、制度激励等是创意产业区发展的经济空间因素，创意产业区演化的趋向之一是向创意城市发展（肖雁飞等，2007；肖雁飞，2009）。成功的文化产业园区是特色产业聚集地，是个性化人才的聚集地，是个性化经营模式的聚合平台。它不仅要有较为完备的硬件设施，更要具备某个产业领域的独到经营理念、良好的文化氛围、和谐的人际关系、宽容的多元文化和基本的人文景观（牛维麟，2007）。同时，艺术区区位的变迁与社会文化空间息息相关。基于北京的实证研究表明，在当代艺术这一西方艺术传入中国和北京的过程中，国家主流文化对其从排斥到比较接受，进而引导和扶持，这一过程中，核心的艺术区经历圆明园画家村、宋庄艺术区和 798 艺术区的发展变迁历史。一定程度而言，三个区位的演变是中国从封闭的计划经济到改革开放后，国际、国家、城市和社区四个空间尺度中的社会文化因素重组作用的结果（赵继敏，2010）。此外，作为文化科技创新的孵化器、文化企业快速成长的助推器、文化产业集约发展的平台，文化产业园通过对文化资源的优化配置和要素的流动，形成区域性的文化吸纳力和辐射力（李季和范玉刚，2012）。作为展示、营销地方文化的载体与窗口，文化产业园逐渐成为地域文化发展的有机组成部分，不仅承担孵化产业的功能，也是展示区域文化影响力、亲和力、吸引力、创造力、感召力的方式。从发展角度而言，文化产业毋宁是文化自身的别称（李季和范玉刚，2012）。由于对地域文化的不重视以及对规律认识不足，文化产业园存在重复建设、缺乏特色等问题，尚未找到不同文化产业园的异质性和特殊性所在（李季和范玉刚，2012）。因此，我国文化产业园要说中国话，在借鉴发达国家的园区管理模式和运营机制的同时，一定要和中国的文化经济制度相结合，要和民族文化的传承发展、创造相结合，要和本土化的民族文化内容相结合，同时要有国际视野和现代价值取向，并熟悉国际表达方式及全球营销策略。自由宽松的文化环境、鲜明的地域特色和本土文化风格与国际性表达形式，或者说本土化的内容、管理体制与运营机制上的全球视野、可通约的文化形式与普适性的价值诉求，成为我国文化产业园发展的目标定位（李季和范玉刚，2012）。

（5）产业内容等视角。文化产品是文化“资源化”的结果。特色文化产品的打造不仅要依靠骨干文化企业，而且应注重产业示范基地建设以及地域和民族特色的文化产业群发展。文化产业集群亦称文化产业集聚、文化产业园区，是指众多相互关联的文化企业或机构共处在一个文化区域，形成产业组合、互补和合作，以产生孵化效应和整体辐射力的文化企业群落或产业集聚（詹成大，2009）。按形成原因、集群结构、产业关联方式等，我国文化创意产业可初步划分为六种不同集群类型，即首都创意产业集群、长三角创意产业集群、珠三角创意产业集群、滇海创意产业集群、川陕创意产业集群和中部创意产业集群（吴思，2006）。通过对文学作品、学术专著、电影、音乐、广告、新闻、网络和其他媒体等文化产业内容的“文本”分析和符号解读等，可了解文化产业对文化嵌入方式以及对地方性、地域文化特色的影响（唐顺英和周尚意，2011）。研究表明，技术工艺传承与厚重文化氛围是玉雕等农区工艺美术产业形成的关键（李学鑫，2012），而当地悠久历史文化传统是魔术等表演艺术的重要催生因素（李学鑫和田广增，2011）。传统工艺美术业带着深厚历史体温和生活气息、镌刻着生活痕迹、珍藏着历史记忆，历史文化底蕴深厚，具有强烈的手工技能与艺术的糅合性、不可复制性和非批量性（李涵和李元俊，2010）。具体从美术产业来看，地方文化对画家艺术题材有一定影响，画家多注意嵌入到原生态文化的实体环境，但未意识到原生态文化中的活文化能给他们的艺术创作带来丰富的营养（周尚意和沈小平，2008）。地域美术建立在区域文化基础上，以保存地方性、文化区域性和地理区域性行为、思维特征。因此，地域美术必须从研究本地文化、挖掘独特的艺术语言和观念等方面予以发扬（陈见东，2008）。从动漫产业来看，其属于内容创意文化产业。在技术手段相对落后情形下，内容取胜是一种有利的途径，而动漫内容的文化性根植于社会土壤大环境和整体地缘文化。因此，每个国家或地区制作动漫作品均是基于自己的文化传统和文化习性（谢地和陈萍，2010）。同时，内容取材于居民的衣食住行、思想观念、行为方式等产地文化资源，地方文化特色鲜明，易于树立特色形象，从而在激烈竞争中胜出（邓薇，2011）。传媒产业包括报纸、杂志、电视、广播、电影、图书、音像制品以及互联网络。传媒的信源即各媒体传播的内容具有强烈的文化、人文特征。在西方研究旅游的主流观点中，有从社会角度把旅游作为文化现象研究的文化派和作为经济现象的经济派。近年来，文化因素对于旅游业的影响受到越来越多的重视。研究表明，与旅游行为的其他解释变量相比，文化具有较强的解释力。随着旅游产业与文化产业的全球化发展，旅游与文化之间的关联越来越密。一方面，文化是旅游产业的灵魂；另一方面，旅游景区成为大众旅游时代文化开发中众多文化保护、传承和开发的优良载体。多样的蕴涵历史、艺术的文化，特别是无形的非物质文化遗产，均能经由旅游载体，向旅游者展示其内涵和独特性，并通过旅游者的文化体验进行传播、交流和传承（上海市经济和信息化委员会和上海科学技术情报研究所，2009）。总体而言，创意产业依托的文化资源具有较强的地域性、民族性和历史性，由于地域文化的影响，书法、音乐、美术、动漫等具有地域风格，因此，从地域文化差异性来看，文化产业也具有差异性（陈见东，2008）。

2. 理论探讨

在实证研究基础上，国内学者引进、借鉴西方相关理论，从地方性、嵌入性、社会资本等方面展开理论探讨。

（1）地方性视角。通过地方性，揭示地域文化特色，通过文本分析，揭示文化产业对地方性，即地域文化特色的影响。地方性（placeness）即地方的独特性。地方性具有多尺度特征，可分为国家尺度、聚落尺度、社区尺度和微观尺度（周尚意和吴莉萍，2007；唐顺英和周尚意，2011）。同时，地方性具有多维度特征，表现为地方意识形态文化，也表现为制度文化等，呈现多种表现形式（周尚意和沈小平，2008；冯叙，2008）。文化具有地方性，地方文化特质是地方文化的精髓。许多地方文化特质在尚未认识其重要性的时候已经淹没在“全球化”的巨浪之中，因此必须强调本土化（周尚意和吴莉萍，2007）。研究表明，文学作品、学术专著、电影、音乐、广告、新闻、网络等文化产业通过再现当地景观、日常生活、历史遗迹等，进而通过凝练地方景观的文化意义、提升日常生活世界的价值、梳理纷杂事象的逻辑等方式加强地方性。同时，文本主体通过将小尺度区域“我者”与“他者”共同认可的地方性合并，建构一个“共享”的大尺度区域的地方性，可扩大地方性的辐射范围。在这一过程中，由于文本主体按照不同的主题，运用不同的叙事技巧再现地方景观，并按照权利关系的对比来决定其对地方意义阐释，因此，这些“文本”在强化地方性同时，有时也会削弱地方性（唐顺英和周尚意，2011）。此外，地方性知识是在一定自然和社会人文环境中建立和完善起来的专属性认知与应用体系，因此，制度环境是地方性的。发掘利用地方性知识，依据地方社会文化制定政策，注意政策的地方性，可使区域政策法规更契合地方（周尚意和吴莉萍，2007；周尚意和沈小平，2008；Herrschel，1997）。

（2）嵌入性视角。文化产业具有天然的根植性特征（李季和范玉刚，2012）。文化创意产业属于经济活动，和其他行业一样嵌入于文化环境；同时，由于文化创意产业是文化符号的生产者，因此这种嵌入性更为复杂。正是这种复杂性，使得地理学对文化创意产业的研究方法更具争议（赵继敏和刘卫东，2009）。近年来，地理学家大量使用嵌入（embed 和 embeddedness）的概念。文化地理学采用嵌入性形容这种主动融入的过程（周尚意和沈小平，2008）。由于美术产业的区位一定程度上取决于艺术家与环境的互动，因而美术产业成为文化产业对地方文化的嵌入程度研究的重要切入点（周尚意和沈小平，2008）。研究表明，美术创作向本地文化环境的嵌入方面，表现为作品主题和风格嵌入地方文化的市场非充分性，而与原生态文化是精神隔膜与实体融合；美术展示和销售向地方文化的嵌入方面，表现为对高端消费阶层空间没有明显青睐，对次生或替代的地方文化的积极嵌入；美术经济个体向地方制度文化环境的嵌入方面，表现为向地方社会网络的松散嵌入，向地方政策环境的紧跟嵌入（周尚意和沈小平，2008）。总体而言，从美术企业和美术自由职业者来看，他们向地方的嵌入程度影响其经济活动的业绩（Andersson et al.，2005）。

（3）社会资本视角。在城市的创意产业区中，通过“咖啡馆效应”等非正式交流带来知识溢出效应和头脑风暴，集体创意发生。尤其是随着艺术创作形式由独立封闭的垂直模式，向新兴的交叉混融模式转变，艺术家全部参与创意过程（张纯等，2008）。此时，即使是个人制作的视觉艺术品，也会凝结集体创作的精华（Becker，1998）。而影响农区文化创意产业集群的主导因素，与城市的并不完全相同，主要是农区独特的社会资本和文化资源（李学鑫，2010）。研究表明，当地悠久历史文化传统与市场、制度和空间结构等地方环境相结合，催生了大量文化企业的地理集中。农区创意产业集群演化驱动力在形成期血缘、亲缘与地缘关系构成的非贸易性联系、文化传统、偶然历史事件起关键作用，而政府适时介入则是其后继发展的“催化剂”（李学鑫等，2010）。由不同行动者互动所建构的子承父业、师徒制、以团代培和术语制，形塑了知识溢出与集体学习的本土化网络。这两方面有别于城市文化创意产业集群的成因。依靠声望、信任等，农区社会资本迅速组团，并以较高的弹性应对市场风险（李学鑫和田广增，2011）。

（4）新产业区视角。基于新产业区视角，分析区域文化对于文化产业集群、文化产业集聚区的发展影响。由于文化创意产业的发展越来越倾向于集群化，因此越来越多的学者研究文化创意产业集群的动力机制（顾江和昝胜锋，2009）以及其有效载体文化创意产业园区的成长机制（Mizzau et al.，2008）。文化产业集群的形成和发展一般需要：深厚的历史文化底蕴、经济结构演变、完善的外部环境、专业人才的规模和质量、面向全球市场的现代文化产业需求（顾江和昝胜锋，2009）。国内一些学者则结合创意产业的特点，提出影响创意产业区形成与发展的影响因素，包括创意本身的特征（包括本地文化、柔性劳动力、创意人才、文化活跃程度、信任机制、内部合作）、创新环境（包括创新态度、学习态度、激励制度、创意氛围）、网络环境（包括客商、高校及科研机构、供应商、中介机构）和政府支持（包括产业政策、区域规划、市场管理）等四大维度 19 个小类（蒋雁和吴克烈，2009）。现阶段影响我国城市文化产业园区建设的主要区位因素为：文化资源禀赋、制度因素、信息技术、人力资源（王伟年和张平宇，2006）。从区域角度来看，影响文化创意产业发展的因素包括地区内内生因素（包括经济发展度和市场支配度）、地区内外生因素（政府可控度）和地区外嵌入因素（包括社会包容度、社会诚信度和经济开放度）（胡晓鹏，2010）。总体而言，结构（制度）资本、人力资本、社会资本和文化资本等“四大资本形态”是推动创意经济发展的动力，是促使文化创意成长的决定因素，这些决定因素不同组合使文化创意产生不同的成果（许焯权，2005）。

1.2.3 现状研究的不足与本研究的意义

1. 研究的不足与展望

现状研究已取得丰富成果，但仍存在诸多不足之处。

（1）文化的地域观念由来已久，但对地域文化的重视严重不足（陈见东，2008）。

（2）社会文化环境与文化创意产业的关系是文化经济研究的重要主题。然而对其形成过程所依赖的地方人文环境，以及创意活动与地方环境的互动关系等主题的探讨尚少（张纯等，2008）。同时，由于文化和文化经济均具有强烈的地方特征，因而地方社会文化环境是地理学对这一研究主题的主要出发点（马仁锋和沈玉芳，2010）。但国内对文化创意产业的地理研究极为有限（赵继敏，2010）。

（3）由于创意经济兴起于20世纪末，因而国内外学界几乎没有学者关注到创意产业区演化现象并进行科学理论探索（马仁锋等，2011）。

（4）地域文化与特色产业的整合是必须深入考虑的问题之一。但在诸多的地方意识形态文化与制度文化中，哪些是最为重要的？向这些文化的嵌入是否都是充分且必要的？同时，如何适度嵌入地方文化和防止过度本土化？这些均是尚待讨论的问题（周尚意和沈小平，2008）。

近年来，江苏特色文化产业有了一定的发展，但总体上看，特色文化产品生产、特色文化园区建设等仍处于初级阶段，与丰富的文化资源还不相称，也存在着不少亟待解决的问题，亟需从理论高度为其发展提供解释、政策依据，指明方向。例如：①地域文化是如何影响特色文化产业（园）的形成、演化的，它们又是如何相互作用耦合的？②不同特色文化产业（园）是否存在着规律性的发展模式，能否为其他区域的发展提供借鉴经验或教训？③特色文化产业（园）对地方性有何影响，如何分析评估？④从地域文化特色强化与特色文化产业创新角度看，江苏特色文化产业（园）发展中存在着哪些不合理方面，如何设计科学合理、具有操作性的政策体系以培育、提升其发展？等等。对这些问题的回答必须思考地域文化与文化产业的互动关系，进而建构形成地域文化传承创新与文化产业特色发展的良性互动格局。这些也构成了本研究的基本目标。同时，既往研究未注意到集群存在地理空间尺度上的差别、对文化创意产业集群的独特性关注不够、创意集群的城市空间性未得到足够重视（李蕾蕾，2006）。由于对地域文化的不重视以及规律认识不足，文化产业园存在重复建设、缺乏特色等问题，尚未找到不同文化产业园的异质性和特殊性所在（李季和范玉刚，2012）。并且，切合实际的本土化的理论和有效的经验及其政策模型尚不尽如人意（李季，2011），针对于此，以下问题成为深化该主题的重要取向：

（1）地域文化特色与文化产业特色耦合互动的机理与过程；

（2）地域文化特色与文化产业特色耦合互动的产业差异性；

（3）地域文化特色与文化产业特色耦合互动的文化差异性；

（4）地域文化特色与文化产业特色耦合互动的区域差异性。

基于此，本书意欲整合嵌入性、地方性等理论，尝试建构地域文化特色强化与文化产业特色创新互动机理的分析框架；通过案例比较，力求明晰地域文化特色强化与文化产业特色创新的区域差异性和产业差异性；在实践层面，试图立足江苏地域文化特色强化与特色文化产业创新的区域差异性和产业差异性，明晰江苏文化产业发展的地域模式、业态选择及其政策措施。

2. 研究的意义与价值

理论上看，20 世纪 90 年代以来，文化产业成为国内外学界研究的热点，研究成果可谓汗牛充栋。但现有研究多关注文化产业的经济属性，对其文化属性关注较少，更缺乏对文化产业的地域文化嵌入分析以及文化产业与地域文化耦合互动研究，从而影响文化产业的健康发展和地域文化的传承创新。因此，开展地域文化特色与文化产业特色互动研究，可深化以特色文化为核心的地方性的再生产机理与过程，以及文化产业嵌入的产业差异性、阶段演化性等的认识，从而促进具有中国特色、适合我国国情的文化产业理论的建构与完善。实践上看，“十三五”乃至更长时期内，大力发展文化产业是推动江苏经济增长方式转变的战略举措，是江苏经济发展的“新支柱”。当前，江苏文化产业特色初步显现、文化品牌影响不断扩大（叶南客，2003；吕方，2005）。与此同时，由于缺乏文化资源开发规划、缺乏打造文化产品品牌意识、缺乏将文化资源转变为文化产业的载体和途径，特色文化产品的生产与丰富的文化资源不相称（翟冬平，2011）。新时期，发挥江苏文化资源大省优势，立足地域文化特色，发展特色文化产业，强化文化产业特色，对于江苏实现文化产业发展中文化价值与经济价值的精巧平衡、全球化背景下的本土化坚守、文化现代化进程中的传统守望、丰富文化资源的充分永续利用以及文化大发展大繁荣和经济转型跨越发展的统筹兼顾均有重要而深远的意义。

1.3　地域文化与文化产业互动研究的内容方法

1.3.1　研究内容

本书在国内外相关研究梳理的基础上，探讨地域文化与文化产业的互动机制，进而以江苏为案例，立足地域文化与文化产业良性互动的竞争力提升、发展水平提高两大目的、目标，抓住空间载体（文化园区）、产业内容（文化经济）两大方面，立足省域、市域、县域三个尺度，进行地域文化与文化产业互动的实证研究，最后从文化多样性保护开发和文化产业发展治理视角探讨地域文化保护和文化产业发展中的经济效益与社会效益、市场性与社会性的平衡与统一。全书共10章，按照总分总的思路展开，包括三大部分，第一部分为理论研究，包括第1章、第2章，该部分在相关文献述评的基础上，进行地域文化与文化产业互动关系的理论探讨，力求建构地域文化与文化产业互动关系研究的一般框架。第二部分为实证研究，包括第3～9章，在明晰地域文化影响文化产业竞争力水平结构、区域文化产业发展水平格局前提下，围绕动漫产业和文化园区，从产业内容和空间载体两个方面展开地域文化与文化产业特色发展的实证研究，进而从省域、市域、县域三个尺度，分别探讨省域文化与文化产业、市域文化与文化产业、县域文化与文化产业发展。第三部分（第10章）为一般性策略研究，包括文化多样性保护与融合、文化资源保护、文化产业治理。

1.3.2 研究思路

本书认为，地域文化与文化产业互动要瞄准竞争力提升、发展水平提高两个目标，抓住空间载体——文化园区、产业内容——文化经济两大方面，立足省域、市域、县域三个基本层面展开，形成地域文化与文化产业互动研究的框架思路。在具体的微观分析中，基本思路来自于嵌入性（embeddedness）、地方性、资源禀赋与比较优势理论。首先，文化产业属于经济活动，和其他行业一样嵌入于文化环境。只是文化产业是文化符号的生产者，因此这种嵌入性更为复杂。通过有形文化资源、无形文化资源与文化企业的区位选择、产品风格等的关联，与文化园区区位选择、功能定位、产业内容等关联，分析文化“资源化”、文化空间、历史文化传统、技术工艺传承、厚重文化氛围等对文化产业中创意创新创造的孕育、形成、催化及文化产业发展壮大的影响。同时，通过区位分析、景观分析和文本分析，揭示文化产业的区位选择、文化产品的生产营销对地域文化的白话、继承、创新、整合及其对文化景观保护、文化再生产、文化扩散、文化传承等影响。具体研究思路如图1-1所示。

1.3.3 研究方法

本书综合运用了文献分析、（景观）观察、访谈、GIS空间分析、问卷调查、文本分析、案例研究、比较研究等方法。核心是以地方性与嵌入性理论为基础，通过对江苏特色文化产业集群、文化产业园区的实地调查，并运用景观分析、文本分析、比较研究等方法，从空间尺度、文化内容、文化产业等不同视角归纳提炼地域文化与文化产业的互动机理，建构地域文化与文化产业互动分析的理论框架。

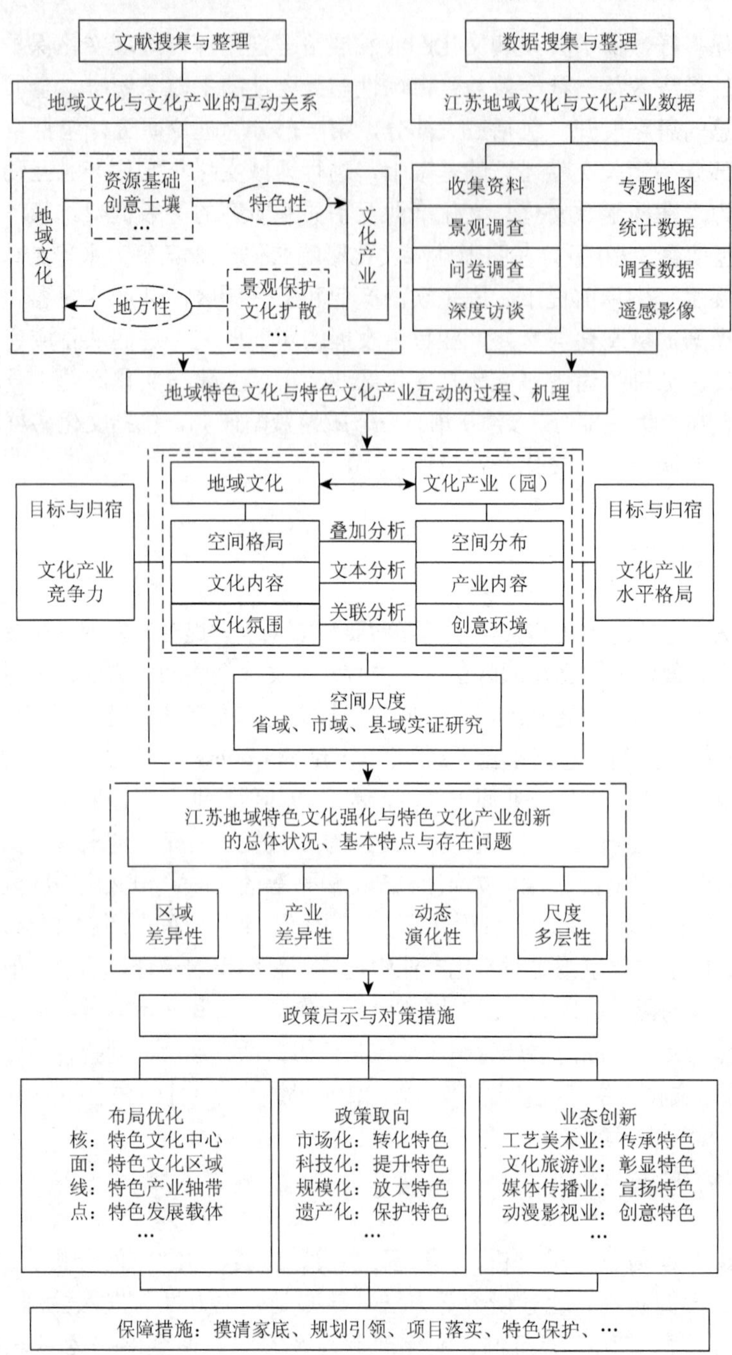
文献搜集与整理
数据搜集与整理
地域文化与文化产业的互动关系
江苏地域文化与文化产业数据
地域文化
资源基础
创意土壤
…
特色性
文化产业
景观保护
文化扩散
…
地方性
收集资料
景观调查
问卷调查
深度访谈
专题地图
统计数据
调查数据
遥感影像
地域特色文化与特色文化产业互动的过程、机理
目标与归宿
文化产业
竞争力
地域文化
文化产业（园）
空间格局
叠加分析
空间分布
文化内容
文本分析
产业内容
文化氛围
关联分析
创意环境
目标与归宿
文化产业
水平格局
空间尺度
省域、市域、县域实证研究
江苏地域特色文化强化与特色文化产业创新
的总体状况、基本特点与存在问题
区域
差异性
产业
差异性
动态
演化性
尺度
多层性
政策启示与对策措施
布局优化
核：特色文化中心
面：特色文化区域
线：特色产业轴带
点：特色发展载体
…
政策取向
市场化：转化特色
科技化：提升特色
规模化：放大特色
遗产化：保护特色
…
业态创新
工艺美术业：传承特色
文化旅游业：彰显特色
媒体传播业：宣扬特色
动漫影视业：创意特色
…
保障措施：摸清家底、规划引领、项目落实、特色保护、…

图 1-1　研究框架

参考文献

安宇，沈山. 2005. 和谐社会的区域文化战略[M]. 北京：中国社会科学出版社.
陈见东. 2008. 符号、传播、地域美术与文化[J]. 艺术探索，22（5）：45-50.
陈倩倩，王缉慈. 2005. 论创意产业及其集群的发展环境——以音乐产业为例[J]. 地域研究与开发，（4）：5-8.
邓薇. 2011. 城市文化环境特征与文化产业集群的空间耦合探究——以大连为例[D]. 大连：辽宁师范大学.
冯叙. 2008. 文化地理学视野中的地点及其维度——以电影《天使爱美丽》为例[J]. 华中建筑，26（9）：1-4.
佛罗里达. 2006. 创意经济[M]. 方海萍，魏清江，译. 北京：中国人民大学出版社.
顾江，昝胜锋. 2009. 亚洲国家文化产业集群发展模式比较研究[J]. 南京社会科学，（6）：38-41.
郭妍琳. 2010. 文化产业园区建设中的相关问题——以江苏为例[J]. 艺术百家，（1）：228-230.
韩海浪. 2006. 农村文化产业的困境与出路——江苏调查[J]. 商业研究，（23）：107-109.
胡惠林. 2007. 文化资本：现代文化产业和谐发展的能源形态[J]. 探索与争鸣，（1）：24-25.
胡惠林，陈昕. 2010. 中国文化产业评论（11卷）[M]. 上海：上海人民出版社.
胡毋意. 2009. 文化创意产业的原创力研究——以台北上海两地六位文化人的理念与实践为例[D]. 上海：复旦大学.
胡晓鹏. 2010. 文化创意产业的地区发展模式研究[J]. 中国地质大学学报（社会科学版），（1）：25-30.
黄波. 2008. 文化认同与社会网络：转型期民间艺术的发展路径——以自贡彩灯艺术为个案[D]. 上海：上海大学.
蒋雁，吴克烈. 2009. 基于因子分析的创意产业区影响因素模型研究——以杭州四大创意产业区为例[J]. 上海经济研究，（1）：65-72.
金元浦. 2010. 我国文化创意产业发展的三个阶梯与三种模式[J]. 中国地质大学学报（社会科学版），（1）：20-24.
克拉克，费尔德曼，格特勒，等. 2005. 牛津经济地理学手册[M]. 刘卫东，王缉慈，李小建，等，译. 北京：商务印书馆.
李涵，李元俊. 2010. 江苏传统工艺美术文化产业发展战略研究[J]. 江苏大学学报，12（6）：85-88.
李季. 2011. 世界文化产业园[M]. 北京：人民日报出版社.
李季，范玉刚. 2012. 中国文化产业园[M]. 北京：社会科学文献出版社.
李蕾蕾. 2005. 当代西方“新文化地理学”知识谱系引论[J]. 人文地理，20（2）：77-83.
李蕾蕾. 2006. 文化创意产业集群的概念误区与研究趋势[J]. 中国农业大学学报，（4）：66-67.
李学鑫. 2010. 中国农区文化创意产业集群形成演化机理——以民权县王公庄绘画产业集群为例[J]. 地理科学进展，28（9）：1011-1017.
李学鑫. 2012. 中部农区文化创意产业集群形成发展机制研究——以石佛寺玉雕产业集群为例[J]. 改革与战略，28（1）：154-157.
李学鑫，田广增. 2011. 选择性环境、能力与农区特色文化产业集群的演化——以宝丰县赵庄乡魔术产业集群为例[J]. 人文地理，（3）：122-127.
李学鑫，陈世强，薛诺稳. 2010. 中国农区文化创意产业集群形成演化的影响因素研究[J]. 地域研究与开发，29（2）：16-21.
厉无畏. 2006. 创意产业导论[M]. 上海：学林出版社.
林拓，等. 2004. 世界文化产业发展前沿报告[M]. 北京：社会科学文献出版社.
刘燕. 2011. 文化创意产业地域发展模式研究——以江苏省为例[D]. 徐州：徐州师范大学.
吕方. 2005. 发展文化产业与江苏产业结构调整的战略选择[J]. 学海，（4）：179-181.
马仁锋，沈玉芳. 2010. 中国创意产业区理论研究的进展与问题[J]. 世界地理研究，19（2）：91-101.
马仁锋，沈玉芳. 2011. 网络创意产业、低碳经济与上海都市型工业园转型[J]. 长江流域资源与环境，20(2)：211-216.

马仁锋，吴杨，沈玉芳. 2011. 产业区演化研究的主要领域与进展——兼论对创意产业区演化研究的启示[J]. 地理科学进展，30（10）：1276-1288.

牛维麟. 2007. 国际文化创意产业园发展研究报告，北京：中国人民大学出版社.

钱紫华，闫小培，王爱民. 2006. 城市文化产业集聚体：深圳大芬油画[J]. 地理学报，26（3）：269-274.

日下公人. 1989. 新文化产业[M]. 范作申，译. 北京：东方出版社.

上海市经济和信息化委员会，上海科学技术情报研究所. 2009. 世界服务业重点行业发展动态[M]. 上海：上海科学技术文献出版社.

斯科特. 2003. 文化产业：地理分布与创造性领域[J]. 罗雪群，译. 马克思主义与现实，（4）：39-46.

唐顺英，周尚意. 2011. 浅析文本在地方性形成中的作用——对近年文化地理学核心刊物中相关文章的梳理[J]. 地理科学，31（10）：1159-1165.

王淮梁，刘桂. 2008. 我国地方文化创意产业的发展策略[J]. 装饰，（7）：91-92.

王伟年，张平宇. 2006. 城市文化产业园区建设的区位因素分析[J]. 人文地理，（1）：110-115.

吴思. 2006. 我国初步形成六大区域创意产业[EB/OL]. http：//www.chinahigh-tech.com[2006-10-30].

肖雁飞. 2007. 创意产业区发展的经济空间动力机制和创新模式研究[D]. 上海：华东师范大学.

肖雁飞. 2009. 创意产业区系统演进创新特征研究[J]. 预测，28（6）：13-17.

肖雁飞，刘友金，沈玉芳. 2007. 上海创意产业区空间创新特点和趋势研究——一个“新经济空间”的视角[J]. 现代城市研究，（12）：40-44.

谢地，陈萍. 2010. 日韩动漫产业发展机制分析[J]. 现代日本经济，174（6）：31-36.

徐从才，石奇，胡荣华. 2008. 江苏产业发展报告——江苏现代服务业研究（2007）[M]. 北京：中国经济出版社.

徐循华，臧正美. 2006. 论江苏文化创意产业的发展[J]. 艺术百家，（7）：145-146.

许焯权. 2005. 创意指数研究[N]. www.hku.hk/gradhse.

许璇. 2009. 文化产业与城市发展：以二战以来的洛杉矶大都市区为例[D]. 上海：华东师范大学.

姚伟钧，任晓飞. 2009. 中国文化资源禀赋的多维构成与开发思路[J]. 江西社会科学，（6）：219-224.

叶南客. 2003. 江苏文化产业发展的战略目标与对策[J]. 唯实，（7）：78-81.

约翰·汤姆林森. 2002. 全球化与文化[M]. 郭英剑，译. 南京：南京大学出版社.

翟冬平. 2011. 江苏镇江文化产业发展现状及对策研究[J]. 生产力研究，（2）：110-111.

詹成大. 2009. 文化产业集群及其发展模式[J]. 浙江经济，（9）：47-48.

张纯，王敬甯，陈平，等. 2008. 地方创意环境和实体空间对城市文化创意活动的影响——以北京市南锣鼓巷为例[J]. 地理研究，27（2）：439-448.

赵继敏. 2010. 社会文化空间与北京艺术区区位的变迁[J]. 城市问题，（5）：96-101.

赵继敏. 2011. 社会文化环境影响创意产业发展的理论研究述评[J]. 沈阳工程学院学报（社会科学版），7（1）：61-64.

赵继敏，刘卫东. 2009. 文化创意产业的地理学研究进展[J]. 地理科学进展，28（4）：503-510.

周尚意，沈小平. 2008. 北京美术产业对地方文化的嵌入性程度分析[J]. 人文地理，（2）：26-32.

周尚意，吴莉萍. 2007. 地域文化、地方性知识对区域发展的影响[J]. 地理教育，（3）：4-5.

周胜，段淳林. 2009. 全球化背景下文化创意产业创新模式研究[J]. 经济问题，（3）：23-25.

Andersson U，Bjorkman I，Forsgren M. 2005. Managing subsidiary knowledge creation：The effect of control mechanisms on subsidiary local embeddedness[J]. International Business Review，（14）：521-538.

Appignanesi R. 2007. The future of art in postcultural democracy[J]. Futures，39（10）：1234-1240.

Bassett K，Griffiths R，Smith. 2002. Cultural industries，cultural clusters and the city：The example of natural history film-making in Bristol[J]. Geoforum，（33）：165-177.

Becker G. 1998. Human capital and poverty[J]. Religion and Liberty，8（1）：1-15.

Bockerman P，Maliranta M. 2007. The micro-level dynamics of regional productivitygrowth：The source of divergence in Finland[J]. Regional Science and Urban Economic，37（2）：165-182.

Brown A，O'Connor J，Cohen S. 2000. Local music policies within a global music industry：Cultural quarters in Manchester and Sheffield[J]. Geoforum，（31）：437-451.

Drake G. 2003. This place gives me space：Place and creativity in the creative industries[J]. Geoforum，（34）：511-524.

Florida R. 2002. The Rise of the Creative Class And How It's Transforming Work，Le-isure，Community and Everyday Life[M]. New York：Basic Books.

Herrschel T. 1997. Economic transformation，locality and policy in eastern Germany a comparison of two Lander[J]. Applied Geography，17（4）：267-281.

Hess M. 2004. "Spatial" relationships? Towards a reconceptualization of Embedded-ness[J]. Progress in Human Geography，（28）：165-168.

Houston D，Findlay A，Harrison R，et al. 2008. Will attracting the "creative class" boost economic growth in old industrial regions? A case study of Scotland[J]. Geografiska Annaler：Series B，90（2）：133-149.

Hutton T. 2001. The new economy of inner city[J]. Cities，（2）：89-108.

Hutton T. 2008. The New Economy of the Inner City：Restructuring，Regeneration and Dislocation in the Twenty-First-Century Metropolis[M]. New York：Routledge.

Jacobs A J. 2008. Developmental state planning，sub-national nestedness，and retlexive public policymaking：Keys to employment growth in Saitama City[J]. Cities，25（1）：1-20.

James A. 2007. Everyday effects，practices and causal mechanisms of cultural embed-dedness：Learning from Utah's high tech regional economy[J]. Geoforum，38（2）：393-413.

Landry C. 2000. The Creative City：A Toolkit for Urban Innovators[M]. London：Comedia.

MacKinnon D，Cumbers A，Chapman K. 2002. Learning，innovation and regional development：A critical appraisal of recent debates[J]. Progress in Human Geography，（26）：293-311.

Marshall A. 1919. Industry and Trade[M]. London：MacMillan.

Mizzau L，Montanari F. 2008. Cultural districts and the challenge of authenticity：The case of Piedmont，Italy[J]. Journal of Economic Geography，8（5）：651-673.

Mommaas H. 2004. Cultural clusters and the post-industrial city：Towards the remapping of urban cultural policy[J]. Urban Studies，41（3）：507-532.

Polanyi K. 1957. The economy as instituted process[A]//Trade and Market in Early Empires. Glencoe：The Free Press.

Power D，Hallencreutz D. 2002. Profiting from creativity? The music industry in Stockholm，Sweden and Kingston[J]. Jamaica Environment and Planning A，34（10）：1833-1854.

Sammarra A，Biggiero L. 2001. Identity and identification in industrial districts.[J]. Journal of Management and Governance，5（1）：61-82.

Scott A J. 1996. The craft，fashion，and cultural-products industries of Los Angeles：Compelilive dynamics and policy dilemmas in a multisetoral image-producing complex[J]. Annals of AAG，86（2）：306-323.

Scott A J. 2000. The Cultural Economy of Cities1[M]. London：SAGE Publications.

Scott A J. 2005. On Hollywood：The Place，the Industry[M]. New Jersey：Princet on University Press.

Scott A J. 2006. Entrepreneurship，innovation and industrial development：Geography and the creative field revisited [J]. Small Business Economics，24（1）：1-24.

Zukin S. 1998. Loft Living Culture and Capital in Urban Change[M]. London：Radius.

第 2 章　地域文化与文化产业互动过程和机理

2.1　相关概念辨析

2.1.1　文化与地域文化

1. 文化

汉语中，“文化”一词，在中国古代本指“以文教化”。在英文中，“文化”一词起源于古拉丁词“colere”，意思是指“居住，培植，保护，尊崇”。后来，从colere派生出了另一个词cultura，意思是“土地耕种”。可以看出东方和西方早期文化一词的出现都和人类活动有关。

最早给出文化定义的是英国人类文化学家泰勒，他在1865年出版的《人类早期历史和文明发展研究》中指出“文化是一个复杂的总体，包括知识、艺术、宗教、神话、法律、风俗以及其他社会现象”。他第一次从文化人类学的高度对人类文化现象进行了总结和概括，为文化的研究开拓了更加广阔的视野。后来美国学者克鲁伯和克拉克洪给出了更为具体的定义：“文化由明确的或含蓄的行为模式和有关行为的模式构成。它通过符号来获取和传递。它涵盖该人群独特的成就，包括其在器物上的体现。文化的核心由传统（即历史上获得的并经选择传下来的）思想，特别是其中所附的价值观构成。文化系统一方面是行为的产物，另一方面又是下一步行动的制约条件。”

文化作为一种历史现象，每一社会都有与其相适应的文化，并随着社会物质生产的发展而发展。本书中所采用关于文化概念的定义是得到世界学者较为广泛认可的从广义和狭义两个方面对文化下的定义：从广义上来说，文化指人类社会历史实践过程中所创造的物质财富和精神财富的总和。从狭义上来说，文化指社会的意识形态，以及与之相适应的制度和组织机构。文化意义在于，文化是资本，是资源，是一个民族的根，是一个民族的魂，它是一种强大的内在驱动力。优秀的文化可以塑造一个积极向上的人，可以促进社会的进步，可以推动整个民族和国家的发展。

2. 地域文化

“地域文化”是在人类特定空间所形成源远流长并传承至今的具有地方特色的

文化传统。它是以地域为基础，以历史为主线，以景物为载体，以现实为表象，在社会进程中发挥作用的人文精神（路柳，2004）。它作为一个地方历史、风俗、传统、思想等精神财富和民俗工艺等物质财富的集合体，经过几十年甚至上百年、上千年，世代相承。具有浓郁地方特色的地域文化，是地方历史发展的见证，又是珍贵的、具有重要价值的文化资源，对研究地区发展有着重要的意义。因此地域文化有着丰富的内涵和深远的价值。

1）地域文化的分类——以空间尺度视角进行划分

地域文化在我国从空间尺度视角来分可以分成宏观尺度的民族文化，中观尺度的地域（区域）文化、省域文化、县域文化，以及微观尺度的村域文化，对应形成国家文化产业、区域文化产业、省域文化产业、县域文化产业。为了方便读者理解，特绘出表示其内在结构、范围、层次、从属关系以及其所对应的文化产业层次，如图 2-1 所示。

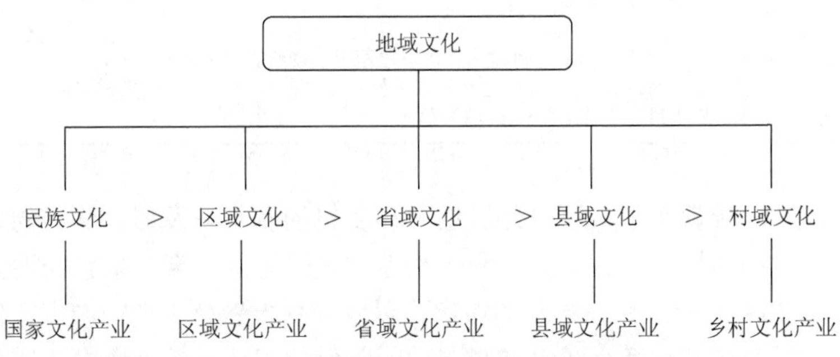

图 2-1　按空间尺度划分的地域文化种类及文化产业

按空间尺度划分的地域文化种类及其内涵，如表 2-1 所示。

表 2-1　按空间尺度划分的地域文化种类的内涵

类型	内涵	举例
民族文化	所谓民族文化，就是在一定地域内生活的以血缘或密切的社会关系相联系的，具有共同的语言、经济生活和心理素质的稳定的共同体，在历史和现今所共同创造的，能够代表该共同特点的，观念的、制度的和器物的文明成果的总和（俞云涛，2001）	中华民族文化
区域文化	指一个地区长期积淀形成的群体意识、价值观念、精神风貌、行为规范和管理方法等非物质性因素的总和（李宗植，2003）	巴蜀文化、齐鲁文化、楚汉文化、吴越文化等
省域文化	指某一个行政省内经过长期积淀形成的群体意识、价值观念、精神风貌、行为规范和管理方法等非物质性因素的总和	江苏省文化、浙江省文化
县域文化	在县的行政区划内经过长期积淀而形成的独特的文化，它是以县城文化为中心、以城镇文化为依托、以乡村文化为背景的文化综合体（曲景慧和刘晓光，2016）	沛县文化
村域文化	它通常以一个村落为单位，所形成的地方特色文化	华西村文化

我国的民族文化是由各尺度的地域文化共同组成，因此不同尺度的地域文化都有着十分重要的地位，它们是不同尺度的地区经过漫长的历史岁月所积淀的，具有地方特色的物质财富和精神财富的总和，它们丰富了我们国家文化的多样性。在为地域文化注入新时代活力的同时，还应该注重对其核心文化精髓部分的传承和保护。

2）地域文化的分类——以城乡视角进行划分

如果从城乡视角来划分地域文化，可以划分为城市文化与乡村文化，如表 2-2 所示。

表 2-2　按城乡视角来划分的地域文化种类的内涵

类型	内涵	举例
城市文化	城市文化是城市居民的精神文明及其生活的产物（马咏蕾，2014），它是随着社会劳动分工的加深而产生的，是一种比村落文化更为高级的文化形态（陈柳钦，2011）	北京文化、上海文化、西安文化等
乡村文化	乡村文化就是人类与乡村自然相互作用过程中所创造出来的所有物质财富和精神财富的总和。它依托于乡村生活的农民，以乡土为根基，以乡情为纽带（费孝通，2007）	宏村文化等

文化作为一种软实力，可以促进城市和乡村的崛起与发展。优秀的、积极向上的、具有鲜明地域特点的文化有利于当地文化资源的整合，增强当地文化凝聚力（吴齐，2009）。如今快速推动的城市化以及乡村城镇化，使得城市文化变得越来越强势，而乡村文化变得越来越脆弱，因此保护和传承较为原生态的乡村文化成为当今乡村文化发展的重点（李松，2014）。

3）地域文化的分类——以内容视角进行划分

从内容视角进行划分，根据其特色度的不同，地域文化又可划分为一般地域文化和地域特色文化。

一般地域文化通常是指一些特色度一般的地域文化，不具备特别鲜明的地方特征，如剪纸文化、书法文化等。而地域特色文化则是指独具地方色彩的特色文化，开发度高，知名度高，成为地区代名词。如山西的漆器文化、景德镇的瓷器文化，无锡的紫砂壶文化，徐州的柳琴戏文化、北京的故宫文化。

地域特色文化依托民族和区域文化资源及自然禀赋的比较优势，与当地民众的生活、生产习惯和社会风俗息息相关，是历史上不同民族、区域的社会群体的物质生活和精神生活、文化风貌的集中体现，承载着中华民族一体多样的价值取向和审美情趣，具有宝贵的社会价值、艺术价值、经济价值和文化传承价值。

当然即使是地域特色文化，其中很多也并不是该地区所特有的文化，就剪纸文化而言，它是我国许多地区的地域特色文化，如陕西和江苏邳州都以剪纸为地域特色文化，但两地的风格、内容迥异：陕西剪纸内容除了以日常劳作、花鸟鱼虫为主以外，还有打腰鼓、扭秧歌等具有地域特色的形象（王琪，2016），反映了陕西人民传统的民俗文化；而邳州剪纸则在传统剪纸的基础上融入了具有当地地方特色的汉画像石的风格（卞冬仙，2009），彰显了徐州地区两汉文化的鲜明特征。

由此可见，即使是相同类型的地域特色文化基于不同的视角如题材、特质、风格、旨趣等，其风格也是明显不同的。

习近平同志强调：中华优秀传统文化是中华民族的突出优势，是我们最深厚的文化软实力。当前我们所生活的世界，人与人之间的距离在不断地拉近。在资本高速流动、技术不断发展的背景下，各生产要素在全球范围内重新配置，世界经济日趋全球化，地球正逐渐变成一个地球村。而这种全球化的实质是全球的文化扩张，我们的生产方式、意识形态、伦理准则、生活工作方式在不断被冲击（陶玉霞，2015），地方文化的认同感在大大降低，地域文化的地方性在不断削弱，无地方性文化出现的趋势加强，地域之间的文化在不知不觉间有着互相同化的风险，因此增强人们对地域文化的感情，强化人们对地域文化的地方认同感尤为重要。在具有地方认同感的基础上，自然而然地产生对地域文化的归属感，自发地去传承和保护地域文化（李彦辉和朱竑，2013）。当然在此基础上，还要为地域文化加入新的时代特征，使其与时俱进。

2.1.2　文化产业与特色文化产业

1. 文化产业

1）文化产业的内涵

文化产业是指从事文化产品生产和提供文化服务的经营性行业。包括演出业、影视业、音像业、文化娱乐业、文化旅游业、网络文化业、图书报刊业、文物和艺术品业以及艺术培训业等行业门类（中华人民共和国国家统计局，2012）。文化产业是社会生产力发展的必然产物，是随着我国社会主义市场经济体制的逐步完善和现代生产方式的不断进步而发展起来的新兴产业。

2）国家文化产业的分类

（1）2004 年文化产业相关分类

2004 年 4 月 1 日颁布实施我国第一部《文化及相关产业分类》，在此部《文化及相关产业分类》中以 Throsb 所提出的“核心外围式”文化产业圈层结构为基础，将文化产业分为核心层、外围层、相关层（图 2-2）。在一定程度上参考了联合国教科文组织的文化产业概念和分类标准，将文化产业的概念界定为：“为社会公众提供文化、娱乐产品和服务的活动，以及与这些活动有关联的活动的集合”（熊澄宇和傅琰，2012）。这一分类结构明了，有助于理解文化产业特征及产业间的联系（安宇等，2005）。

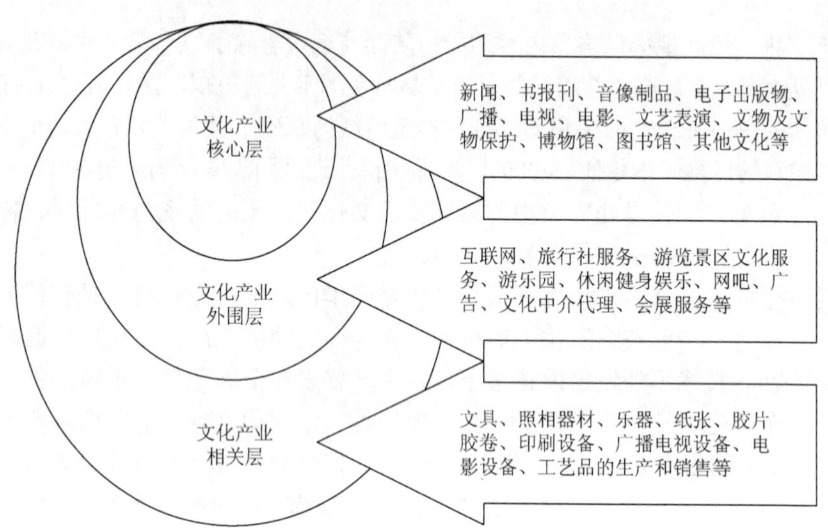

图 2-2　2004 年中国文化及相关产业分类结构

（2）2012 年文化及相关产业分类

2012 年国家统计局对《文化及相关产业分类（2004）》进行了修订，形成了《文化及相关产业分类（2012）》，新的分类把文化产业分为两大部分、十个大类（表 2-3），此分类是在《国民经济行业分类》的基础上派生的分类，把相关的类别重新组合。看重统计数据的可得性，有利于为文化产业发展的宏观决策提供基础数据（高书生，2015）。因此，国家统计局 2012 年对于《文化及相关产业分类》的修订，“统计性”特征明显。

表 2-3　2012 年文化及相关产业分类

两大部分	十个大类
文化产品的生产	新闻出版发行服务
	广播电视电影服务
	文化艺术服务
	文化信息传输服务
	文化创意和设计服务
	文化休闲娱乐服务
文化相关产品的生产	工艺美术品的生产
	文化产品生产的辅助生产
	文化用品的生产
	文化专用设备的生产

3）不同视角下的文化产业分类概况

基于不同的研究视角，文化产业可分为不同类型（表 2-4）。

表 2-4　不同视角下的文化产业分类概况

视角	类型	主要特点	主要文化资源基础	发展战略与原则
时间、业态	新兴文化产业	时代性、技术性	传统文化、现代文化	传承、开发 保护、创新
	传统文化产业	地方性、传承性	传统文化	传承保护、开发创新
空间视角	城市文化产业	全面性、现代性	城乡文化	创意创新、集聚集群
	乡村文化产业	传统性、脆弱性	乡村文化	传承保护、开发创新
尺度视角	国家文化产业	注重文化安全、凸显主流意识形态	民族文化	放眼全球、特色发展
	省域文化产业	系统性、梯度性	省域文化	全面统筹
	市域文化产业	多元性、二元性	市域文化	城乡统筹
	县域文化产业	乡土性、外围性	县域文化	事业产业统筹
	村域文化产业	乡土性	乡土文化	特色发展
内容视角	一般文化产业	普遍性	多元文化	集聚集群、重点突出
	特色文化产业	特色性	特色文化	传承创新、特色发展

发展文化产业是繁荣社会主义文化、满足人民群众精神文化需求的重要途径，是加快服务业发展、促进我国经济结构调整和产业结构升级的重要步骤，是适应经济全球化、积极参与国际竞争、增强我国综合国力的重大举措。发展文化产业对实现我国经济、政治、文化协调发展和全面建设小康社会的宏伟目标有巨大的现实意义和深远的战略意义。

2. 特色文化产业

由中央文化部、财政部共同印发的《关于推动特色文化产业发展的指导意见》（以下简称《指导意见》）明确指出：特色文化产业是指依托各地独特的文化资源，通过创意转化、科技提升和市场运作，提供具有鲜明区域特点和民族特色的文化产品和服务的产业形态。

《指导意见》中还指出，在社会主义市场经济体制下，文化生产和消费是中华文化传承创新的重要途径，发展特色文化产业，有利于深入挖掘和阐发中华优秀传统文化的时代价值、培育和弘扬社会主义核心价值观，促进社会和谐。而且特色文化连接民生，对实现文化育民、乐民、富民的目的，具有不可替代的作用。因此，发展特色文化产业必须坚持“传承文化，科学发展；因地制宜，突出特色；创意引领，跨界融合；市场运作，政府扶持”为基本原则推动特色文化产业发展（中华人民共和国财政部，2014）。

2.2 相关理论论争

2.2.1 地域文化传承创新的主要理论

1. 文化多样性理论

德国历史哲学家斯宾格勒将世界文化分为希腊-罗马文化、印度文化、巴比伦文化、中国文化、埃及文化、阿拉伯文化、墨西哥（玛雅）文化和西欧文化等地域文化，并认为每一种文化都是一个封闭的有机体。他认为“每一种文化都以原始的力量从它的土生土壤中勃兴起来，都在它的整个生活期中坚实地和那土生土壤联系着；每一种文化都把自己的影像印在它的材料，即它的人类身上；每一种文化各有自己的观念，自己的情欲，自己的生活、愿望和感情，自己的死亡”（斯宾格勒，1963）。英国的著名历史学家和历史哲学家汤因比则进一步发展了斯宾格勒的文化相对论，在斯宾格勒研究成果的基础之上，他将世界文明分成流产的文明、发展的文明、停滞的文明、衰落的文明及解体或消亡的文明五种类型，并将他所发现的 28 种文明分别归于不同的类型，从理论上证实了文化多样性的存在。而以“文明冲突论”闻名于世的亨廷顿则把世界文明分为七种，即中华文明、日本文明、印度文明、伊斯兰文明、西方文明、拉丁美洲文明、非洲文明。尽管上述学者划分的标准存在着很大的差异，但都论证了文化具有多样性的特征这一事实。“从占据世界文化发展中心地位的西方文化的推陈出新，到东方文明的博大精深和综合创新，从屡遭打击而小衰的犹太文明生命活力，到非洲大陆的特色文化的别样风采，世界正在凭借文化的多样性展示着自己的魅力”（李晓东，2003）。历史已经并将继续证明：文化多样性是一种客观存在，文化多样性是人类文明进步的重要力量。

2. 文化认同理论

20 世纪 90 年代，霍尔提出以族裔散居论为支点的文化认同理论，这是他在文化研究中的一次理论创新。他使传统的文化认同理论从静态走向动态、从中心化主体走向非中心化主体、从完成走向未完成，实现了后殖民语境下族裔散居文化认同理论的转向。霍尔最早在《最小的自我》一文中提出差异文化认同观念，指出认同的关键在于主体与历史和文化叙事遭遇时形成的不稳定结合点，因而自我应以文化叙事为参照来确定认同位置。不难理解，后殖民主体受殖民文化叙事濡染，总是处在与本土文化相异的“其他某个地方”。这就是文化认同的差异——一种文化在场与缺场的较量。地域文化的传承与发展需要得到当地人的认可和支持，尤其是作为独特的符号意义系统，地域文化只有得到普遍的认同才能得到活的传承（孔翔，2016）。我们应当挖掘地域文化的深层次内涵，让地域文化中的积极因素散发更大的魅力，利用文化认同感引导人们深刻了解地域文化最终达到保护、传承、推广地域文化的目的。发展文化产业必须挖掘地方历史性基础及文化特色，以之凝聚地方认同意识（许铭文，2007）。

3. 历史层累理论

关于地方形成机制的历史层累理论最早由梅西（Massey）提出，1978 年她在《针对何种意义上的区域问题》（*In what sense regional problem*？）中提到，“这种层的依次积累能够使得它们自己变得相互不同，并且造成了一种不平等的空间分布，进而构成了下一轮投资的生产环境基础”（Massey，1978）。随后，梅西在《空间、地方和性别》（*Space，Place and Gender*）一书中指出，“历史本身可以视为从当地到全球不同尺度联系的层累”（Massey，1994）。针对人文主义的主体性，她认为“原有地方性的内在主义或要旨主义是关于地方特征的构成理论，几乎没有对地方与其他地区互动的历史进行识别（即全球与地方的建构过程）；他们也妄自假定地方的历史”（Massey，1995）。她提出只有“厘清过去、现在和将来的关系才有助于复兴地方。要将地理空间概念化，不仅将之视为空间维度的，还是时间维度的，将时空作为一个整体”（Massey，1995）。她将时间维度加入地方性理论中，认为随着时间沉积下来的历史层，不仅是经济的，还是具有它们相同性和特殊性的文化、政治和意识形态层，这些不同类型的层累，形成了地方性。而且这些层之间的结合意味着一种多边决定关系，即在累加的过程中，其中一方影响着其他各方（Massey，1984）。普雷德（Pred）也发表类似的观点，他认为地方是在不断持续变化的历史过程中“层累”起来的，地方的形成不取决于统一规律，而是受到不同历史环境的影响（Pred，1984）。综上，从历史层累的视角来理解地方的形成，需要探究层间的变化与层内文化与经济之间的关系变化。

4. 文化区理论

文化区是由美国的威斯勒和克鲁伯两位人类学家提出的文化人类学概念。赫特纳于 1929 年曾绘制 1450 年时的世界文化区的地图，从那时起，许多文化地理学家提出不同的文化区划分方案。例如，美国地理学家斯潘塞和托马斯将世界划分为 11 个文化区；布利季于 1977 年则将世界划分成 12 个文化大区，分别为西南亚-北非、欧洲、印度及附近地区、中国及有关相邻地区、东南亚、非洲、中南美洲、北美洲、澳大利亚-新西兰地区、苏联、日本、太平洋诸岛；斯潘塞和托马斯于 1978 年提出文化大区、文化区和文化副区的划分依据，与地域等级系统相对应。文化特质在地域上的分布称为文化源地，文化复合体对应于文化副区，文化体系对应于文化区，相关的文化区集合则成为文化大区。

每个文化区都有自己的文化特质，并从文化源地向外传播，文化特质随着空间距离的增大而逐渐减弱。空间距离与人们对文化的理解和认可程度有关，越靠近文化源地，人们对该种文化的解读能力越强，越乐于接受；距离文化源地越远，文化背景差异越明显，对该文化的理解和接受能力也就越低（夏玢和黄成林，2006）。当来自本文化区源地的影响减弱时，就很容易受到其他文化区的外来文化的入侵，并逐渐与之融合。文化历史的发展实践证明，新文化的产生并不在旧文化的中心，而是在异质文化区交汇的周边地区。这一地区的文化整合过程，即是新文化孕育诞生的过程（范淑梅，2000）。对于文化区的保护，应当具有整体性。这种整体性不仅限于对于文化区内所有的物质、非物质文化遗产等文化符号进行保护，还包括对文化区空间范围内的整体区域进行保护，强化边缘地区的文化保护意识。在对边缘区文化进行保护的同时，应当鼓励异质文化区交汇处进行文化整合，新文化的产生往往能为文化产业注入新的活力。

5. 地方性理论

对于地方性的分析大致有四种理论视角。第一种视角以段义孚与雷尔夫（Relph）的人文主义地理学为代表。在这一视角之下，地方是一个主观性的建构与存在，是一个意义与情感的集合。第二种视角最具代表性的是哈维（Harvey），其对于地方性的分析深受列斐伏尔（Lefebvre）的空间-社会辩证法的影响，即将空间看做社会、经济、文化以及权利结构的产物。研究地方性的第三个理论视角是安德森（Anderson）对于 19 世纪末到 20 世纪初温哥华的白人社群对于中国人聚居区（即 Chinatown）的话语建构的研究。最后一个理论视角强调地方的意义是在社会成员积极的实践中被不断重构、再生产与再体验的，这一理论视角深受吉登斯（Giddens）的结构化理论（structuration）以及布迪厄（Bourdieu）的社会实践理论的影响，认为地方性的生产虽然受到既定的社会关系、文化价值以及权利关系的制约，但是地方性本身绝非僵化且一成不变的。相当多的学者从这一视角出发，对一度较为流行的“无地方性”（placelessness 或 non-place）理论进行了批判。

2.2.2 文化产业特色发展的主要理论

文化产业的区位选择理论、文化竞争力理论、文化本土化理论等为文化产业特色发展提供了理论指导（图 2-3）。

1. 文化产业的区位选择理论

区位论即区位理论，有广义和狭义之分。广义区位论认为，区位论就是研究世界各国各地区人类各种活动区位的选择、形成和发展的科学（刘继生等，1994）。狭义区位论是指关于区位研究的理论，即通过地球表面的集合要素及其组合实体，从空间或地域方面研究自然和社会、经济现象，关于人类活动，特别是经济活动空间组织优化的学问（杨吾扬和梁进社，1997），是研究经济活动最优的空间理论。总体来看，广义区位论没有明确指出区位论的核心与关键所在，即区位选择的最优原则；狭义区位论强调了人类的经济活动，没有涉及社会、政治、文化、军事等活动，范围较窄。根据研究的需要，将区位论重新定义为研究人类活动及其相关设施最优场所或空间（位置）的选择及组合的理论，目的是实现综合效益（利润、效用或福利）最大化。

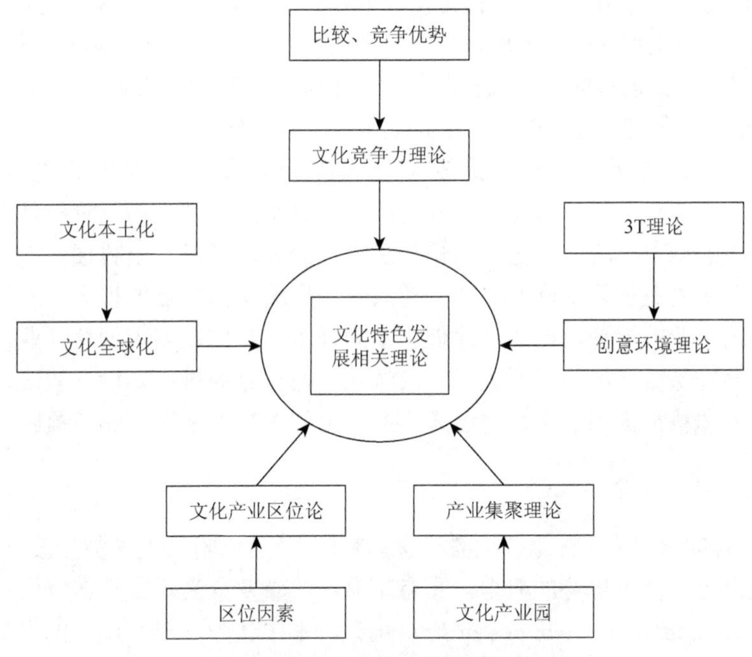

图 2-3　文化产业特色发展理论基础

1909 年，韦伯创立工业区位论。韦伯通过分析工业生产与分配过程，指出影响工业区位的因子有三个，分别是运费、劳动力、集聚。并提出了工业区位论的三个法则——运费指向论、劳动力指向论、集聚指向论。20 世纪 30 年代，德国地理学家克里斯塔勒提出了聚落分布呈三角形，市场区域呈六边形的空间组织结构的中心地理论。20 世纪后半叶，胡佛、艾萨德为代表的成本-市场学派认为最大利润原则是确定区位的基本条件，关注成本与市场的相互依存关系。

文化产业作为一种新兴产业，有其特殊性，因此并不能将区位论完全运用于文化产业的区位选择。文化产业是为社会提供文化、娱乐服务活动的，它的发展离不开文化的发展。因此，影响文化产业区位选择的最基础的因素就是文化因素。

2. 文化产业创意环境理论

3T 理论是由美国城市社会学家佛罗里达在研究城市产业变化、人口组成变化以及城市氛围变化的基础上，于 2002 年提出的。根据佛罗里达的研究，创意人较喜欢多元化、具包容的和对新想法持开放态度的地方。所谓理论也就是指想要通过创意产业来促进经济持续发展的地区必须同时具备三个条件，即技术（technology）、人才（talent）和包容（tolerance）。其中，技术是指工业或商业中科学技术的应用，包括城市经济中产业的高科技含量和科技成果转化为生产力的比例；城市的本质是人的聚集，城市将最终通过受过高等教育及有创意能力的优秀人才才能得以发展；包容指一个城市的包容性，城市的包容性是指一个城市不仅能为本地人和外地人提供物质的满足感，还能迅速让外地人融入当地的文化生活环境中，获得深层次的心灵上的舒适感和满足感。创意城市的包容性指承认并尊重他人的信仰或行为的能力及城市对新创意的容纳程度、接受程度和保护程度（花建，2005）。

因此，城市要发展文化产业就必须营造适宜创意人才工作和生活的城市环境，提升城市的高科技手段，催生并聚集更多的创意企业，并为创意阶层创造高度包容和多样性的城市环境。通过对理论的进一步研究，可以看出科技、人才、包容三者之间存在内在的紧密联系，即创意人才是发展文化产业的根本，新思想、新思维是文化产业的灵魂，创意人才催生出新技术。科技是城市创意产业发展的核心，其能够确保城市经济发展处于前沿领域。而包容的城市环境（软环境和硬环境）为人才和科技提供了生长的温床，滋生出创新与先进的产业和领域。

3. 文化产业竞争力理论

20 世纪 90 年代初，在比较优势概念的基础上，美国哈佛大学教授波特（Porter）创造性地提出了竞争优势的概念，具有革命性的重要意义。波特在《国家竞争优势》（*The Competitive Advantage of Nations*）一书中认为，一个国家的竞争优势决定该国的产业是否具有国际竞争力，而国家竞争优势由四个基本因素（生产要素、国内市场需求条件、相关产业与支持产业的活力和企业策略、结构和竞争行为）和两个辅助因素（政府行为、偶然事件）构成（波特，2002）。钻石模型偏重评价外部竞争力，较少关注产业内部运作的竞争力。Barney 提出 VRIO 分析框架，此框架属于内生理论，强调对组织内部资源和能力的价值、稀缺、模仿性和组织进行评估。Buckley 等（1988）提出 3P 分析框架。Cho 等构建了九因素模型，提出有九种因素共同决定着产业竞争力，其中，资源禀赋、商业环境、相关及支持产业、国内需求是物理因素，工人、政治家与官僚、企业家、职业经理与工程师是人力因素，外部偶然事件则是决定产业竞争力的第九个因素（Cho and Moon，2000）。赫斯蒙德夫（2007）建立了一个较为完备和系统的文化产业分析框架。

20 世纪 90 年代中期，我国学者开始关注文化产业竞争力。学者就文化产业竞争力提出许多评价模型、指标体系和评价方法，比较具有代表性的是：祁述裕（2004）基于“钻石模型”构建出文化产业国际竞争力模型，对中国文化产业竞争力进行整体研究。该模型将政府行为视为一个重要的决定因素纳入整个评价模型，这无疑更具本土应用价值。花建（2005）概括出文化产业竞争力的内涵，将 3P 分析框架与波特的思想相结合，提出极具代表性的竞争力层次模型，并阐述了不同层面竞争力内涵和特点的发展演变。

4. 文化产业集群理论

随着国际竞争的加强，各国都在探寻本国的国家竞争优势，国家的竞争优势主要体现在产业的竞争优势上，因此产业集聚在理论界和生产实践中得到了不断的发展和完善。产业集聚问题的研究产生于 19 世纪末，第一个较为系统地研究产业集群现象的是马歇尔（Marshall）。他提出了“外部经济”和“内部经济”两个著名的概念，并认为经济、技术和熟练劳动力等外部经济所产生的外部性对经济要素有聚集作用（Marshall，2004）。在这之后，产业集聚理论的发展出现了较多流派，国外相关经典理论主要有：熊彼特的创新产业集聚论、韦伯的区位集聚论、胡佛的产业集聚最佳规模论等。而正式提出产业集群理论的是美国哈佛大学教授波特，他把产业集群定义为某一产业类型的大量联系紧密的企业和相关支撑机构在地理空间上集聚，形成强劲、持续的竞争优势（Porter，1998）。外部经济是产业集群的源动力，社会网络根植是集群发展的内部动力，外部动力来源于政府的促导和创新环境（刘国宜等，2013）。它具有精密的分工合作网络，根植于特定区域不断创新的社会文化环境，是基于信息和知识联系的“创新链”机制（Tichy，1998）。产业集群内的信任合作、知识流动、自我增强的社会网络和利用这些社会网络关系来提取外部信息和资源的能力形成了产业集群的社会资本，它能降低交易费用、增加知识和信息的积累、扩散和利用、提高集群的创新能力（刘向舒，2011）。产业集群具有空间集聚、柔性生产、结构网络化、根植性、竞争合作、自我强化等特征（豆玲，2012）。它拥有完整的价值链，在规模经济性、范围经济性、知识积累性和学习创新性方面具备明显的竞争优势。产业集聚强调同一产业内各企业的集聚，产业集群的重点则在于不同产业的相互配合、分工协作，是产业集聚发展更为完善的阶段。好莱坞、迪士尼等就是文化产业集群的典型代表（波特，2007）。

产业集聚可以增强地区竞争优势，短时间内加快信息、知识和技术的流通，因此有利于促进和孵育创新创意的产生。园区的本质就是生产要素与产业的空间集聚，伴随着产业集聚理论的发展和实践，文化创意产业园研究的相关文献中，越来越多地以产业集聚理论作为研究的基础。文化创意产业具有较强的地域根植性，产业的发展在地理上相对集中，在生产创作上相互匹配和协调，相比其他产业有更强的集聚化特征。例如，产业团块化使产业的交易成本降低、资本信息在产业体系中的流通速率加快、商务来往等联结关系加强都是文化创意产业集聚化的表现（Scott，1997）。创意集群的发起者有文化生产者、文化管理者和城市决策者（Mommaas，

2004）。文化创意集群从表象上看意味着类似企业和机构汇聚在特定地理空间，但实质上这种空间的集聚还隐含着相互之间的各种关联（李蕾蕾和彭素英，2008）。结合文化产业和产业集群的定义可以得出，文化产业集群是一系列具有协同作用的文化产业企业以及相关支撑机构在空间上集聚，具有强劲、持续的竞争优势；它和一般意义上的产业集群一样，包括下游的文化产业企业、供应商、专业化基础结构的供应者等，提供培训、信息、教育、研究、技术支持的其他机构，如大学、社会研究机构和智囊团等，有的甚至还包括商会和涵盖集群成员的其他集体组织（康小明和向勇，2005）。产业集聚以及创意集群等理论对于完善文化创意产业园体系、改善园区区位、定位、产业布局等方面有重要的理论意义，而产业集聚的价值链理论对园产业结构调整、打造专业化的文化创意产业链有一定的指导作用。

5. 文化全球化

全球化是当今覆盖面最广、影响最深的全球趋势。全球化是人类不断地跨越空间障碍和历史、文化、制度等社会障碍在全球范围内实现充分沟通和达成更多共识与共同行动的过程。全球化的进程中主要表现为：经济全球化、科技与信息的全球化、市场经济体制的普遍化与市场全球化。并且在上述三种因素的推动下，不可避免地引起了文化的全球化。

文化产业全球化体现在三个层面。首先是发展的全球化，全球范围内出现文化产业发展热潮。其次是文化产品和服务的全球化流动，随着全球化步伐的加快，全球化体系正在逐步形成，已经形成了一个全球化的文化产品和服务流动的体系。电影、书籍、电视、音乐唱片等可以在全球同时发行上映。尤其是互联网的兴起，更加速了文化产品和服务的全球化进程。最后是文化产品和服务制作的全球化，随着全球化分工体系的形成，文化产品如同其他产品一样纳入全球分工体系中，全球文化资源得以共享，文化产品由多国不同企业共同完成，文化产品和服务全球发行销售（赵景来，2003）。

文化全球化是“各民族文化通过交流、融合、互渗和互补，不断突破本民族文化的地域样式的局限性而走向世界，不断超越本民族文化的国界并在人类的评判和取舍中获得文化的认同，不断将本民族文化区域的资源转变为人类共享、共有的资源”（冯子标和焦斌龙，2005）的过程。

2.3　地域文化传承创新与文化产业特色互动发展的微观刻画

从文化产业与地域文化互动的宏观层面看，地域文化的资源特质决定了区域文化产业发展的产品和服务类型，以及整个产业的发展走向。地域文化的特征还决定了区域特色文化产业的生产组织模式。地域文化作为区域特色文化产业发展的重要资源基础，其差异性、独特性等特质，“规定”了一个区域文化产业发展的相关资源配置和产业联结方式，决定了文化产品的形态和文化服务的供给路径。地域文化的格局影响文化产业的布局，没有地域文化资源就很难发展文化产业，一些区域文化资源贫乏，只能博采其他区域文化资源为己所用，从而推动区域文化产业发展，美国文化产业的发展就是一个整合利用全球文化资源的过程。中国的地域文化十分丰富，差异性显著，各个地区的电视广播单位的展示风格也各不相同，这从宏观上展现了地域文化对文化产业发展布局的影响。在此，主要从微观层面分析。

从微观层面看，我国的广播影视、演艺娱乐、文化旅游、数字内容和动漫、游戏作品一大部分均是从传统地域文化中汲取营养、获得灵感的。传统地域文化的构成要素有文化遗产、建筑民居、语言、服饰、传统交通工具、民谣、生活方式、民俗习惯、神话、宗教及地方戏曲文艺（孙艺惠等，2008）。文化产业的内容就源于对地域文化的解构刻画，从而创造出以民居等为场景来源的广播影视作品、以方言等为人物刻画对白的文学作品、以神话故事为剧本情节来源的动漫和游戏……展现出图 2-4 所示的地域文化对文化产业类型和内容的影响格局。

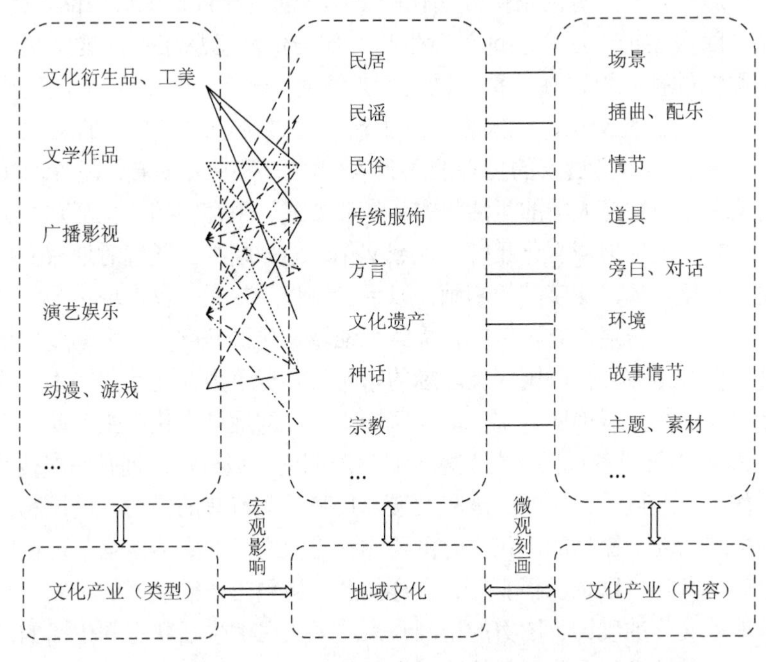

图 2-4　文化产业与地域文化互动关系刻画

我国的传统地域文化资源极为丰富，既有悠久的绘画、雕塑、建筑、服饰历史，也有戏曲、民乐、剪纸、皮影、年画等民族民间艺术，为文化产业特色发展提供了丰富的素材。进入新的历史时期，我国经济的蓬勃发展和核心竞争力的显著提升，为我们发扬和继承中华优秀传统地域文化提供了宝贵的契机。特别是改革开放以来，地域文化在我国的文化产业发展中一直发挥着极为重要的作用。对地域文化资源的独特性和丰富性的深入挖掘及在文化产业发展中积极刻画，使得我国的文化产业经历了从弱到强、从单一到多元的发展历程。

2.3.1　工艺美术中地域文化的刻画

文化衍生品是文化的缩影和载体，是与文化有着密切联系的社会行为（邱国鹏和李勋祥，2015）。文化衍生品是对地域文化中的故事、民间传说、情感、图案、纹饰进行创造性刻画，使用简化、混合、原材料的替换、变形、移植等多种手段，毫无疑问地域文化是文化衍生品的重要基础，没有地域文化的衍生品注定没有神，更不可能被大众广泛接受。反之如果通过对地域文化要素的深入挖掘，并经过创造创意做出的文化衍生品，不但容易被社会接受，更能传播当地的地域文化。南京长干寺的文化衍生品的创意来源于长干寺地宫的文物以及南京这座城市所独有的佛教文化底蕴。通过对南京佛教文化的刻画，创造出包括厨房用品、文具办公、佛事用品、随身装饰、居家装饰等衍生品，均与生活息息相关，这些文化衍生品在兼具实用性的基础上，使消费者回忆并加深对长干寺地宫的记忆，更能够传播报恩文化、传播佛教文化、让宗教接近生活，通过设计通俗易懂的文化产品，以直观明了的形式和平易近人的姿态融入到人们的生活中来（宋燕妮等，2016）。

工艺美术品通过对人类的生活状态、生活方式、生存空间、生活理念、生活态度的刻画，视觉展现地域文化品牌、地域文化、地域精神。通过对地域文化中符号化的文化、文化形象、文字等的刻画，以手工制作为依托，以市场化为载体，以文化产业的形式产出传播。它可以在传播继承地域文化的基础上，大幅度地提升地域文化品牌，提升地域文化的国内及国际的影响力和竞争力。北京的美术产业就在其美术作品中积极刻画展现四合院、胡同风情文化，与地域文化产生互动（周尚意和沈小平，2008）。江苏的民间工艺美术，具有鲜明的地域特征，拥有许多技艺精湛的工艺美术作品，经过千百年的传承与发展，反映了其特有的民俗、民风和人文等传统工艺的生产活动。徐州的香包古时主要作为男女之间的定情信物，现在则作为一种美好希望的寄托，以求祈福驱邪、吉祥如意、麒麟送子等美好的希冀。徐州香包通过反映地域文化的纹饰、图案的刻画，来展现人民的生活状态和生活的习俗等，这种民俗工艺美术品的制作在传播地域文化的基础上，还能传承地域文化。地域性的文化衍生品、工艺美术品是展示城市文化品牌文化的视觉样式，是地域文化、精神、意志的再现。它可以展现一个地区人们的生活状态、生活方式、生存空间、生活理念、生活态度。这种物化形式在文化产业中通过文化衍生品、工艺美术品的创造，展现地域性的、本源的、本质的思维理念，集合实用与审美、物化与神化、内容与形式，是地域文化衍生品、工艺美术品开发中最为重要的灵动性因素（杨晨，2014）。

2.3.2 文学作品中地域文化的刻画

文学作品通过刻画生活中的点点细节，给读者展现了多样的生产生活图景，带给读者深刻多样的读后感受。韩少功是一个深受湖湘民俗文化影响的作家，对地域民俗文化的刻画书写，始终是他最重要的叙事方式。乡村的生活场景，乡民们的生存方式、民俗事象成为他记录、探讨与表达的对象，提供了他灵感与思考的源泉。20 世纪 90 年代轰动一时《马桥词典》，更是把故事发生的整个场景、人和事甚至语言也放到了他曾经亲历过的土地。作家虚构了一个“马桥”，又选择了有代表性的 150 个“马桥”方言词语，将他曾经亲历过的那个乡村的历史、地理、风俗、物产、传说、人物，等等，汇编成一部名副其实的方言大词典。韩少功借助于方言的解读、民间风情的渲染、怪异传说的书写对人们久违的民风民俗、民间气息进行艺术化的展现，不仅叙述了民族特有的约定俗成的法制、法规和习俗定式，而且挖掘其民族特有的民俗思考原型、民俗心理和民族性格，从审美的角度肯定了民间文化形态的精神价值（张吕，2008）。作者通过生动深入的民风民俗的展现一方面塑造了自身文学作品的风格，另一方面也在将一地的地域文化传播给每一位读者的基础上，传承传播甚至是在文学作品受到广泛关注的情况下影响改变着地域文化。同样，近些年具有甘肃背景的小说在全球化中的异质化选择，并不是简单地排斥或趋同，而是在民族文化传统的重新构建中凸显着自身的精神品格，从而更好地走向世界（魏欣怡，2015）。在影响甘肃小说异质化选择道路的因素中，甘肃独特的黄土文化无疑是甘肃作家刻画描绘重要构成部分，外化于形形色色的甘肃小说之中。他们饱含着深切的情感与厚重的精神对家乡赞美与崇敬，极力地传播甘肃的地域文化，不断加强外人对甘肃文化认同。这种具有鲜明地域文化的异质化选择也使甘肃文学作品更具吸引力和传播力。

2.3.3 广播影视中地域文化的刻画

与普通话相比，地方方言更具有本土特色，更能够成为识别地域文化的文化符号，构成一个来自声音的标记、一种地域文化身份的指标。而广播影视则是方言的这种属性十分充分的艺术表达形式。近年来，在中国电影创作中出现了明显的地域文化转向的趋势。众多导演都将目光投向当今社会现实，展示中国地域文化的多元风貌，对于拍摄当下农村和小城镇及小城市“小人物”“普通人”平民生活的影片情有独钟。如贾樟柯对汾阳与山西话、山西文化的酷爱，杨亚洲、王全安对陕西的持续表现，已经构成了其个人风格的典型符码（金丹元和徐文明，2008）。

当下盛行的网络自媒体为方言歌曲提供了便捷的传播平台，这些方言歌曲有的是原创，有的是改编，通过网络或者传统媒体进行传播，形成一股“方言歌曲热”的文化现象。这些基于地域方言的歌曲是对权威主流文化的解构，给听众提供了多样性文化的选项，能够吸引大量当地听众的关注甚至对地区外产生影响，对于方言音乐的创作者中的大多数草根艺术家来说可以得到多方面的收获（岑清，2008）。

21 世纪初大江南北刮起了东北二人转文化风，不但使来自东北的带有二人转元素的小品越来越受到广大人民群众的喜爱，同时促使带有东北二人转元素的影视剧逐渐地从东北、北方地区传播到全国各地。特别是在赵本山等演艺名家的参与推动下，多部反映东北草根生活的影视剧进入了全国公众视野，在多地黄金时间收视率节节攀升。这些影视剧中对二人转的刻画主要有两个方面，首先是直接将二人转融入到剧情中，通过二人转的加入使得观众一下就能进入东北地域文化的大背景中，直观体会到一方水土孕育的浓浓的一方文化；其次很多影视剧直接使用二人转演员，这些演员的加入不仅使得剧情发展更具娱乐性，更加完美地刻画了二人转的方方面面，一个接着一个被抖出来的包袱，一个接着一个搞笑的腔调，一个接着一个演员的逗乐动作，生动地展现二人转的独特魅力，也强势地推进东北地域文化的全国性的传播。特别值得一提的是，2002 年《刘老根》是央视当年播出的现实题材电视剧中收视率最高的一部，而《马大帅》开播首日的收视率就达到 15%，据央视索福瑞调查，其最高收视率达到 11.67%，超过了此前最高收视率为 10.9%的《闯关东》（徐元元，2011）。可见东北的影视剧对于二人转这种民间戏曲文化的刻画收获了巨大的商业成功，而对于地域文化层面更是让原来远居关外在封闭环境下产生的东北地域文化走向了全国。

2.3.4 演艺娱乐中地域文化的刻画

由张艺谋、王潮歌、樊跃、梅帅元等著名艺术家以桂林山水为背景历时数年创作的《印象 · 刘三姐》大型实景剧，充分融合了桂林地域文化中的山水文化与以刘三姐为代表的民族风情文化，地域文化是《印象 · 刘三姐》取得巨大市场成功的重要因素（侯建娜等，2010）。《印象 · 刘三姐》大型实景剧的大量演员都是真真正正的壮族的村民、渔民，他们自身就是地域文化的具象的产物，原始的舞蹈、生活化的对歌、古朴的生活用具、传统的服饰、配饰等地域文化元素，生动地拼凑出一幅幅壮族人民历代在山水中生产生活的多彩图景。《印象 · 刘三姐》不仅将壮族传统文化中的璀璨明珠歌舞文化通过山水映衬、渔民拢聚、主角演绎推向高潮，而且将刘三姐所代表的壮族民族精神推向世界。《印象 · 刘三姐》大型实景剧以真实震撼的视觉效果、壮丽的山水、本真的演出、地域文化元素的组合刻画，让桂林的地域文化感染每一个观众。

2.3.5　动漫作品中地域文化的刻画

体现地域文化和时代特征的民族动漫精品的创作和生产，不仅是对中国传统文化精神的继承，更是一种源于对传统文化资源价值开发与创新性刻画的全面提升。《功夫熊猫》以中国古代为大背景，通过最具中国风格的地域建筑民居、仙境般的中国山水、轻快悦耳的中国传统音乐，特色地域食品，以及行云流水的书法和神秘的针灸等的刻画，获得了全球性的成功。好莱坞工厂流水线式生产将成熟的高科技与地域文化要素相融合，生动逼真地刻画出如檐牙高啄的中国特色民居、迂回曲折的长廊石桥、高耸陡峭的栈道以及体现中国功夫哲学的太极阴阳。自然层叠堆积的地域文化符号，将中国的地域文化的种子深深地种在了每一位观众心中。地域文化是具有生活气息的故事，是带有泥土味道的文学记录，这都是动画创作所必需采集的素材来源，是动画创作好坏的决定性因素，对这些神话故事、民间文学等传统地域文化宝藏的挖掘并创造性刻画，也将有效地提升动画影片的民族性和世界性。在动画创作中，需要找寻原生态素材，深入挖掘地域文化的淳朴感情和故事内容，汲取地域文化的精华，将对地域文化的刻画装载在充满幻想世界的动画形式之中，将两种艺术巧妙地糅合在一起才能造出接地气的本土动画影片，使动画作品更能被本地市场所接受。同时作品带有的地域文化特性更容易塑造形成自身的特点，可以为其扩展区域外市场提供条件。地域文化要素的刻画与动画形式的契合自然且必要，动画急需鲜活生命力的素材故事，来充实自己；地域文化同样需要动画作为一种新的文化传播形式，增强地域文化的文化传承，提升地方的知名度和经济发展需求。当地域文化以动画电影作为承载的艺术形式，其自身的艺术形式、艺术语言、艺术承载方式都将有一个质的变化（韩波和洪京，2010）。

2.4　地域文化传承创新与文化产业特色发展的互动过程

2.4.1　地域文化对文化产业的影响

文化资源禀赋是一个地区一切可以用于文化发展的存在对象（周国梁，2010）。由于地理环境的巨大差异、各地政治经济发展多元，地域文化也多样（郭水航，2010）。研究表明，无论美术文化产业，还是文化旅游业、动漫产业、广告产业等，均需要文化内容来源，均对产地的特殊文化环境有较高要求（周尚意和沈小平，2008）。因此，文化资源是文化产品生产和创作的基础条件（邓薇，2011）。无论有形文化资源，还是无形文化资源，均主要通过资源性作用和氛围环境作用影响文化产业发展。具体而言，有形文化资源既是文化产业的基本载体，也是文化产业发展的原材料（周国梁，2010）。正因为如此，既往的自发式文化产业发展模式中，历史文化资源、旅游资源丰富的区域，文化产业发展均较好（陈少峰，2006）。另外，有形文化资源以传统风貌作为物质载体打开了与历史对话之门，从而为创意种子的萌发、成长提供有力的"催化剂"。此时，有形文化资源形成的创意温床、创意土壤与无形文化资源形成的创意氛围相得益彰，在为创意提供不竭源泉的同时，也为创意提供不可或缺的养分与空气（张纯等，2008）。无形文化资源也是创意的原料，文化主体的创造性活动中只有充分体现地域文化资源的核心价值，才能形成独一无二的特色文化产业（邓香莲，2012）。甚至可以说，文化产业的文化嵌入是为了实现对地方性的传承，或者说是为了通过地方性再现，以差异性形成比较优势，以比较优势形成竞争力。同时，文化传统、风俗等还可提高人才的素质，从而推动创意经济（赵继敏，2011）。

可见，地域特色文化资源是文化产业可持续发展的深厚根基和动力源泉，文化产业的地域特色决定于文化资源的地域特色。文化产业在其萌芽和发展进程中，也始终彰显着明显的地域特色。从地方角度而言，只有立足地域特色文化资源，才能形成文化产业核心竞争力（邓香莲，2012）；只有不断发掘和扩大地方文化资源特色，才能提高文化产业竞争力（邓薇，2011）。也只有如此，才能避免"文化泡沫"（乔新生，2010）。由于文化和文化经济均具有强烈地方特征（赵继敏和刘卫东，2009），基于自然资源的独占、专有技术的独有、传统工艺等，地方文化产业具有与生俱来的资源优势。此时，由于当地无可替代的生活文化与先民的智慧累积，区域文化产业创造出具有地域特色的文化产品，不仅在全球化浪潮下凸显出本土化的优势，形成具有地方特色的文化创意产业区，而且此时地方文化产业在追求商业利润和保持文化艺术性上实现了精巧平衡（张纯等，2008；张帆，2008）。因此，"特色化"和"本土化"是发展地方文化创意产业基本原则，以文化特色支撑产业特色是地方创意文化产业发展的目标定位（王淮梁和刘佳，2008）。

2.4.2 文化产业对地域文化的影响

文化产业对地域文化的影响主要表现在四个方面。

（1）能动促进文化传承创新。文化产业涵盖文本创作、文本再复制以及文化产品流通、行销、零售等文化服务（张帆，2008）。尤其借助大规模复制技术，迅速向传统文化艺术的原创和保存环节渗透，将原创变成资源开发，将保存变成展示（徐从才，2008）。作为工业社会和信息时代文化发展的能源形态和文化资源的积累方式与再造方式，作为市场经济条件下以市场经济的方式和机制再生文化资源的一种途径和动力机制，文化产业成为文化资源再生的工作母机（胡惠林，2007）。借助文化产业，文化与经济、科技相融，文化商品属性解放，文化造血功能增强，使文化进入良性循环发展（齐自琨和张小磊，2008）。在此背景下，借助区域文化产业，地方政府对历史文化遗产进行产业化提升，并藉由产业化的组织机制运作使地域文化得以延续与发扬（张帆，2008）。此时，区域文化产业不仅成为区域文化发展中的重要一环，而且成为发挥区域文化优势、促进区域文化的整合与认同的重要途径（李季，2011；郭水航，2010）。

（2）促进文化传播与扩散。文化产业通过向地方文化嵌入，从而以艺术形式再现地方文化（周尚意和沈小平，2008）。同时，文化产业通过文本的媒介可以引导人们进行景观的生产与消费（邵培仁，2010）。通过嵌入、再现、生产、消费，地方文化通过文化产品得以传播与扩散。从而提升综合实力、塑造良好形象（王淮梁和刘桂，2008）。

（3）促进保护、文化复兴与新文化创生。许多文化产业园日渐成为一个新的城市文化符号。这些文化产业园在进行财富创造的同时，使城市获得来自文化的内在滋润，并为城市未来文化发展开辟了生长空间（周尚意和沈小平，2008）。可以说，创意产业园等文化产业的空间组织形成对城市文化环境特征的时空演变、城市形象的改变、城市文化复兴，乃至城市复兴以及城市景观的保护等有着重要的意义（马仁锋等，2011；高起祥，2002）。

（4）影响地方认同。文本的媒介可以引导人们进行景观的生产与消费（邵培仁，2010）。从一般文化产业来看，文学作品、学术专著、电影、音乐、广告、新闻、网络和其他媒体等文化产业通过再现当地依然存在的景观、再现当地日常生活实践活动、再现已经遗失的地方文化等来加强地方性（唐顺英和周尚意，2011）。区域文化产业以地域性、地方意象为其发展特质，蕴涵地方历史文化、集体记忆与共享价值（张帆，2008），通过重新发掘地方历史性基础及文化特色凝聚地方认同意识（许铭文，2007）。当然，文化产业对地方性影响具有双重性，其对地方性既会有强化作用，也会有削弱作用（唐顺英和周尚意，2011）。

2.5　地域文化传承创新与文化产业特色发展互动的深层机制

文化产业的发展，是地域文化在全球化时代，与现代文化生产方式相接驳或者转型的重要出路。文化产业特色发展对区域社会经济和文化的全面发展发挥着重要的带动作用。文化特色产业依托区域的优势资源发展，通过不同产业门类、业态的联动互促，实现经济和文化、传统产业和新兴产业之间的融合，优化资源的整合与配置，调整区域产业结构，为避免同质化竞争、突出差异竞争优势提供了新的发展维度（王佳，2013）。

2.5.1 多元目标与多元动力

1. 经济与市场

市场经济条件下，产业利润成为推动地域文化与文化产业之间互动的核心动力，其动力表现大致可分为精英带动、文化资本、文化符号和现代化消费四个方面。

市场中的“社区精英”能够将地域文化的传承与文化产业特色发展较好地糅合在一起，对市场中的“观望行为人”起着比较大的影响力，正如布迪厄所说的“在特定的历史条件下，个人行为内化为社会行为的影响的总的结果，具有持久效用的秉性”。以周庄古镇为例，经济精英是指那些嗅觉灵、能力高、早下手开发旅游的社区成功者。精英通过个人的能力，积极参与旅游开发，以此获得旅游收益；另外，这种行为又成为别人效仿的对象。精英的示范效应成为古镇文化空间生产的一大动力（郭文和黄震方，2013）。在文化产品不断创造市场利润的过程中，文化资本也得到了原始积累。尽管我们无法像经济资本那样对其实行定量化操作，但它也发挥着和金钱与物质财富等经济资本类似的作用。诚然，作为一种非实体性概念，“文化资本”表述文化及文化产物的功能与效应，是一种间接价值，但其所包含的诸如“品牌效应”“文化标志”等资本势能则是客观且直接的，这种直接的文化资本势能在释放的过程中弥散于产业环境之中（吴启焰和王兆杰，2011），这也在一定程度上使得文化产业的区位选择取决于有文化创造力的人对环境的需求以及产业从业人员与环境的互动（周尚意和沈小平，2008）。

在后现代主义的视角中，文化的消费从要素型的直接消费变为符号型的间接消费，文化产品正是这种转变最重要的介质。文化是“消费社会本身的要素，平凡与日常的消费品，与奢侈、奇异、美、浪漫日益联系在一起，而它们原来的用途或功能则越来越难以解码”。这就意味着我们生活的每个地方，都处在对现实的“审美”光环之下。这就是后现代的消费文化，在这样的文化中，一切价值都被重新评估，地域文化元素被发掘，改造成一个个用以被消费的文化符号，进行产业化加工和商业化传播（吴启焰和王兆杰，2011）。而文化产业中的原始创意和后来的复制传播，两种脸谱化的分类以一种杂糅的方式同时共存于产业特色发展中。这一此消彼长的过程同样微观地体现在从业者的层面：无论单纯的商业化还是夹杂着文化倾诉的作品，从业者都会反复谈及他们在维持现实生计与坚持文化理想中的矛盾与权衡，无论他们最后作出的是更偏向前者还是后者的选择（蔡一帆和童昕，2014）。在现代文化消费的语境下，丰富多样的地方性文化以其独特的文化价值转化为文化产品和服务，地方性文化的保护和传承为特色文化生产和消费提供了资源基础和可持续发展的动力。文化生产和消费作为现代社会发展的必然趋势和特点，为地方性文化在现代以市场为导向的经济环境、复杂分层的社会环境和多元对话的文化格局中找到存续的机制和发展的路径。地方性文化通过文化符号的展示、体验文化服务的提供，将部分文化价值转化为经济价值，一方面为文化的保护和传承提供了经济和人力资源保障；另一方面，经济价值的体现可以促进地方文化群体对于自身文化价值的重新认识和评估，通过文化自信力的塑造和提升，推动更多的群体选择传承和发展地方性文化（王佳，2013）。

2. 地方认同

对地方的认同，是超脱了产业发展经济逻辑的另一个维度，地方认同作为重要的非经济因素，是促进地域文化与文化产业发展互动另一大动力。它表现在时间维度上是一个地方从无到有的建构过程，它表现在空间维度上则是一个区域性情感空间向全球化恋地情结的扩展。

地方建构的过程，实质上是“建构者”与“后来者”之间的一种互动过程：“建构者”通过作品的创作形成认知地方的一个初始框架，这种框架的具体内容是创造文本或图像的“建构者”所预先设定的一些文化符号。框架的形成使得“后来者”在感知地方之时有一个预先给定的文化结构。而“后来者”在感知作者所预设的文化意义时，也从自身的视角与观点出发，对于这些意义进行着不断的再解读与重构。“建构者”和“后来者”不是简单的再现和感知，而是通过想象的方式建构和解构地方。“建构者”想象的过程，是“建构者”通过文本和图像的方式，即根据个人经验、学习、想象和记忆对地方进行景观的恢复、再现或解释，其再现的景观是含有强烈的个人经验的地方表征以及意识性景观；“后来者”解构文本与图像的过程，是“后来者”结合“建构者”和自身经验对其构建的意识性景观进行再解读或再分析的过程。在这种视角下，地方建构被嵌入语言、文化的结构以及作者、读者的个人经历与个体整体，这种地方表征比对于“真实”的忠实再现暗含有更多的意义与隐喻。因此，想象的过程对于文化地理学研究有极其重要的意义，它为地方的研究提供了与传统文化地理完全不同的视角。即如段义孚所指，空间不是冰冷的几何空间，还承载着人类丰富的情感体验。地方作为有意义的区位，其意义不仅仅是物理的功能性，更重要的是人类对于地方主观和情感上的依附（朱竑和高权，2015）。地方一方面是客观的、有形的；另一方面也涉及主观的情感和意义，具有主观性——一个由欧几里得距离度量出来的空间，经人们赋予功能、情感的意义后则成为一个地方。个人情感是集体记忆形成的主观因素，而集体记忆则是地方性的根源，它不但有文化符号的意义，更有感觉，即人本主义地理学所强调的“地方感”。据 Pred（1984）的分析，地方不仅仅是一个客体，更是某个主体的客体。它被视为一个意义、意向和感觉价值的中心；一个动人的、有感情附着的焦点；一个令人感觉到充满意义的地方。透过集体记忆是建构地方感的重要方式（李凡等，2010）。全球化背景下的地方怀旧情结全球化是20世纪90年代以来的重要趋势，它已显示出强大的生命力，并对世界各国经济、政治、军事、社会、文化，甚至包括思维方式等都造成了巨大的冲击。旅游业在成为全球最大产业的同时，其内部已经发生或正在发生根本性的变迁和分化。都市人们面对经济的、社会的、环境的和精神的多重压力，触发了灵魂深处的逃避主义功能，恋地情结一定程度上成为地域文化传承与文化产业发展之间的纽带，本土文化人对地域文化的凝视，产生并成为一种组织化行动的“惯习”，文化作品的趋向通过时空转换和文化背景的倒置成为文化产业“被构造”的驱动力，而文化消费者是最原始、最根本的产业推动者（郭文和黄震方，2013）。

3. 权利与政策

政府作为地域文化的守望者、产业的调控者、市场的监管者（图2-5），一直平衡着产业对市场利润的追逐和文化对认知本质的回归。对于空间生产背后的政治力量博弈，布迪厄场域理论认为，行动者的权利、资本和关系网络等形塑着空间，在互动中影响并制约空间改变的方向。在布迪厄看来，贯穿于场域和行动者的动力原则之一就是行动者个人和群体之间的权利关系，这种权利关系始终通过场域中客观存在的资本力量的相互关系博弈而呈现出来。一个不争的事实是，不同的行动者依托自身携带的不同的资本，占据不同的位置，不同主体常常因权能背景不同而影响空间生产的力度及实际效果，谁掌握了空间生产背后的主导权，谁就支配着空间的生产（郭文和黄震方，2013）。政府借助多种权利叙事增强领域的空间-权利，即通过向领域附加更多社会关系实现领域权利增殖的过程。以文化产业发展实践为例，“民族文化开发”即是人为创造民族（故土）和国家（领域）关联、培育以国家为单元的文化共同体意识的产业化策略。产业领域是权利赋值于空间生产的产物，而当权利赋值于文化符号并且为人们所消费时，这种权利形态影响下的符号意义就得到了体现（刘云刚等，2015）。当某一产业过分追逐经济利润而消解地方意义时，无地方性出现，政策作为权利引导下的具象化体现开始介入其中。全球化过程的颠覆性力量最显著的体现在于地方原有的政治、文化与社会边界不断受到全球性力量的挑战与瓦解，地方性社会面临着惯常性地方意义的解体与认同危机。“无地方”的出现意味着地方多样性和本真性意义的消失，同时反映出人们对地方依恋的感知将随时

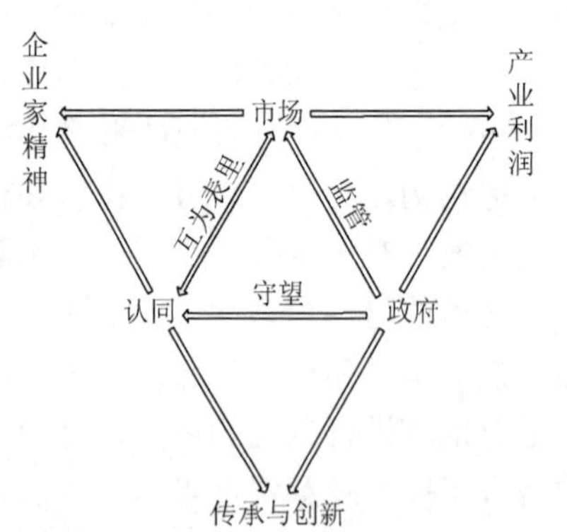

图2-5 文化产业特色发展动力的相互作用

间改变——人们对地方主观的无认同。此时政策性的介入使得产业化程度提高的同时，也平衡了地域文化的非空间性占领。此外，地方地域文化保护政策也成为其产业发展的一大动力。例如，南锣鼓巷在以老北京文化为主体的基础上，也适当融合了部分民族文化元素以及当代流行文化元素（李山石和刘家明，2013）。这说明一方面地域文化资源是发展文化创意产业的重要载体和基础，其“地方名片”效应也不断吸引着新的创意层的进入。另一方面，文化创意产业的发展也推动了对地域文化保护的发展（何瀚林和蔡晓梅，2014）。

2.5.2　嵌入的统一与动力的耦合

地域文化与文化产业发展互动的多元化动力背后是文化自身的多元化性质。其中文化的超越性决定了文化再生产的不可避免性。文化生命具有自我超越、自我生产、自我参照和自我创造的特征，这一性质决定了文化不可能停留在一个水平上，也是文化本身内在活动的固有需要，文化不会满足其自身所具备的特性维持其生命，总是要靠自身的内在生命不断更新和自我扩大才能生存下来，文化再生产是一种文化更新的过程，其再生产不在于强调自身生命力，而在于文化发展的流动性、循环性和动态性。文化的传承性则决定了文化再生产的现实可能性。传承性是文化的本质属性，对古镇文化的保护也应该站在传承和发展的角度上去考虑。在旅游框架内，重新培育当地人的文化认同感，恢复与其文化身份相适应的思维方式、价值观念和生活习惯，从而促进顺畅的文化传承机制的形成（郭文和黄震方，2013）。

人类劳动首先是为了满足物质生存的需要，产品的成就性又满足了个人价值表征的精神需要，即费希特所谓确证自我和黑格尔之劳动对象化，阶级社会的生产关系进而导致马克思所谓异化劳动，异化劳动体现在文化上则是文化的异质性。某些时候，现代文化生产本身的价值表征、创造、审美属性被剥离，从业者为薪金而劳作，为效率而卖命，文化创意失去了应有的创造性愉悦和审美价值，一定程度上对人的统治已从政治压迫与经济剥削转向各种普遍的、异己的文化力量对人的自由的束缚（陶玉霞，2015）。

地域文化的多元特质，在产业中进行耦合时以一种特别的方法实现了统一，文化地理学采用嵌入性的概念形容这种经济行为对利润考量之外主动融入他者的统一过程（周尚意和沈小平，2008）。Polani 指出“人类的经济行为嵌入或纠缠在经济或者非经济的制度当中，非经济制度的引入是非常重要的……”。他用“嵌入”一词强调经济活动受到非经济因素的影响。当文化产业发展这一经济行为“主动”嵌入地域文化中时，必然深受地域社会文化影响，加之其产业内容在地域文化中的根植性，其从企业的组织管理方式、运行特征到最终的文化产品都将打上地域文化的烙印。

在文化产业特色发展的过程中（图 2-6），对市场利润的追逐是其核心动力；核心外包绕着对地方认同和无地方扩张的博弈；政府则在这一过程中扮演着“守望者”和“调控者”的角色来进行平衡，努力推进地域文化传承与创新、营造文化产业特色发展环境与氛围。

这一过程的本质是产业从地域文化资源中获取内容，此时二者的互动将自身的多元特质转化为多元动力，贯穿于企业和产品之间，最终重新统一成文化烙印，凝聚在产品的文化内涵之中。

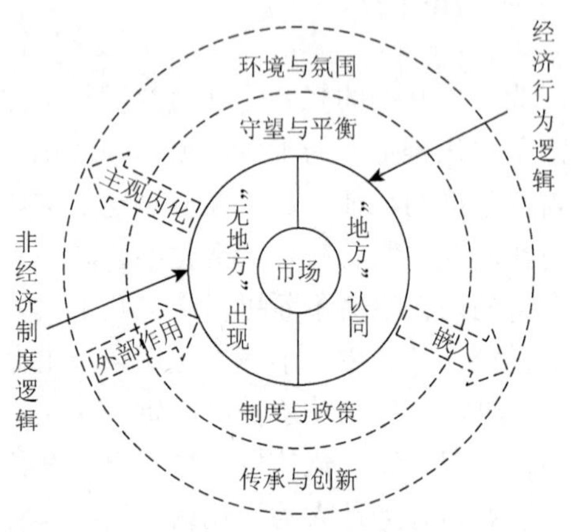

图 2-6　地域文化与文化产业的互动动力机理

参 考 文 献

安宁，朱竑. 2013. 他者，权利与地方建构：想象地理的研究进展与展望[J]. 人文地理，(1)：20-25，47.

安宇，沈山，孟召宜，等. 2005. 和谐社会的区域文化战略[M]. 北京：中国社会科学出版社.

卞冬仙. 2009. 妙“剪”生机——浅谈邳州民间剪纸[J]. 新西部，(14)：132.

波特. 2002. 国家竞争优势[M]. 李明轩，邱如美，译. 北京：华夏出版社.

波特. 2007. 国家竞争优势[M]. 李明轩，邱如美，译. 北京：中信出版社.

蔡一帆，童昕. 2014. 全球价值链下的文化产业升级：以大芬村为例[J]. 人文地理，(3)：115-120.

岑清. 2008. 方言歌曲的传播学解读[J]. 社科纵横（新理论版），(2)：179-180.

陈柳钦. 2011. 城市文化：城市发展的内驱力[J]. 西华大学学报，30（1）：108-114.

陈少峰. 2006. 区域文化战略与文化产业模式创新[J]. 特区实践与理论，(3)：15-17.

邓薇. 2011. 城市文化环境特征与文化产业集群的空间耦合探究——以大连为例[D]. 大连：辽宁师范大学.

邓香莲. 2012. 论文化产业的地域特色及金融业对地域文化产业的支持[J]. 农村金融研究，(1)：17-22.

豆玲. 2012. 基于创新网络的产业集群升级研究——以柳州市汽车为例[D]. 武汉：武汉理工大学.

范淑梅. 2000. 浅析文化区的经济意义[J]. 渤海大学学报（哲学社会科学版），(2)：97-99.

费孝通. 2007. 我对中国农民生活的认识过程[J]. 中国农业大学学报，24（1）：5-15.

冯子标，焦斌龙. 2005. 分工、比较优势与文化产业发展[M]. 北京：商务印书馆.
高起祥. 2002. 文化产业与城市兴衰——看文化产业在美国城市发展中的作用[J]. 中外文化交流，(3)：8.
高书生. 2015. 我国文化产业发展总体状况和主要特征[J]. 经济与管理，29 (3)：5-16.
郭水航. 2010. 政府治理创新视域下的区域文化产业发展战略——以深圳市文化产业发展为例[D]. 武汉：武汉大学.
郭文，黄震方. 2013. 基于场域理论的文化遗产旅游地多维空间生产研究——以江南水乡周庄古镇为例[J]. 人文地理，(2)：117-124.
韩波，洪京. 2010. 中国传统地域文化在动漫产业中的影响[J]. 电影文学，(21)：80-81.
何瀚林，蔡晓梅. 2014. 国外无地方与非地方研究进展与启示[J]. 人文地理，(6)：47-52，31.
赫斯蒙德夫. 2007. 文化产业[M]. 张菲娜，等，译. 北京：人民大学出版社.
侯建娜，杨海红，李仙德. 2010. 旅游演艺产品中地域文化元素开发的思考——以《印象·刘三姐》为例[J]. 旅游论坛，(3)：284-287.
胡惠林. 2007. 文化资本：现代文化产业和谐发展的能源形态[J]. 探索与争鸣，(1)：24-25.
花建. 2005. 文化产业竞争力[M]. 广州：广东人民出版社.
金丹元，徐文明. 2008. 1990 年代以来中国电影“方言化现象”解析[J]. 戏剧艺术，(4)：70，104-108.
康小明，向勇. 2005. 产业集群与文化产业竞争力的提升[J]. 北京大学学报（哲学社会科学版），42 (2)：17-21.
孔翔. 2016. 地方认同、文化传承与生态文明建设[M]. 北京：科学出版社.
李凡，朱竑，黄维. 2010. 从地理学视角看城市历史文化景观集体记忆的研究[J]. 人文地理，(4)：60-66.
李季. 2011. 世界文化产业园[M]. 北京：人民日报出版社.
李蕾蕾，彭素英. 2008. 文化与创意产业集群的研究谱系和前沿：走向文化生态隐喻?[J]. 人文地理，(2)：33-38.
李山石，刘家明. 2013. 基于文化创意产业的历史街区提升改造研究——以南锣鼓巷为例[J]. 人文地理，(1)：135-140.
李松. 2014. 城镇化进程中乡村文化的保护与变迁[J]. 民俗文化，(1)：8-10.
李晓东. 2003. 全球化与文化整合[M]. 长沙：湖南人民出版社.
李彦辉，朱竑. 2013. 地方传奇、集体记忆与国家认同——以黄埔军校旧址及其参观者为中心的研究[J]. 人文地理，(6)：17-21.
李宗植. 2003. 发挥江苏区域文化对区域经济的促进作用[J]. 现代经济探讨，(4)：38-41.
刘国宜，胡振华，易经章. 2013. 产业集群的动力来源研究[J]. 湖南社会科学，(3)：167-169.
刘继生，张文奎，张文忠. 1994. 区位论[M]. 南京：江苏教育出版社.
刘向舒. 2011. 产业集群内企业社会资本的理论综述[J]. 生产力研究，(11)：203-204.
刘云刚，叶清露，许晓霞. 2015. 空间、权利与领域：领域的政治地理研究综述与展望[J]. 人文地理，(3)：1-6.
路柳. 2004. 关于地域文化研究的几个问题——第一次十四省市区地域文化与经济社会发展研讨会综述[J]. 山东社会科学，(12)：88-92.
马仁锋，沈玉芳，姜炎鹏. 2011. 大都市产业升级、创意产业区生长与创意城市构建[J]. 国际城市规划，26 (5)：30-36.
马咏蕾. 2014. 澳大利亚公共艺术政策发展及其对城市文化的影响[J]. 中国产业评论，(2)：306-318.
祁述裕. 2004. 中国文化产业国际竞争力报告[M]. 北京：社会科学文献出版社.
齐自琨，张小磊. 2008. 将地域文化融入特色产业研究——以广西西江流域龙母文化产业为例[J]. 黑龙江民族丛刊，(5)：84-86.
乔新生. 2010. 从文化产业分类看我国文化的窘境[EB/OL]. http：//news.sing. com.cn/pl/2010-06-18/115320497780. shtml [2010-6-18].
邱国鹏，李勋祥. 2015. 基于文化维度的动漫衍生品设计思考[J]. 重庆工商大学学报（社会科学版），(2)：83-87.

曲景慧，刘晓光. 2016. 县域文化资源的保护与文化产业可持续发展研究[J]. 现代经济信息，（6）：413-415.
邵培仁. 2010. 景观：媒介对世界的描述与解释[J]. 当代传播，（4）：4-12.
斯宾格勒. 1963. 西方的没落[M]. 齐世荣，等，译. 北京：商务印书馆.
宋燕妮，张瑜，解翩翩. 2016. 浅谈南京长干寺地宫文物的衍生品开发[J]. 艺术品鉴，（1）：371-370.
孙艺惠，陈田，王云才. 2008. 传统乡村地域文化景观研究进展[J]. 地理科学进展，（6）：90-96.
唐顺英，周尚意. 2011. 浅析文本在地方性形成中的作用——对近年文化地理学核心刊物中相关文章的梳理[J]. 地理科学，31（10）：1159-1165.
陶玉霞. 2015. 乡村旅游根性意涵的社会调试与价值重建研究[J]. 人文地理，（5）：117-125.
王淮梁，刘桂. 2008. 我国地方文化创意产业的发展策略[J]. 装饰，（7）：91-92.
王佳. 2013. 地方性文化与区域特色文化产业发展[J]. 中国文化产业评论，（1）：227-235.
王琪. 2016. 修身养性的艺术——陕西剪纸文化[J]. 戏剧之家，（3）：137.
魏欣怡. 2015. 解构・再认・重塑——新世纪甘肃小说的地域文化内蕴阐释[J]. 赤子（上中旬），（17）：46.
吴齐. 2009. 城市文化定位和塑造城市形象的思考[J]. 沈阳农业大学学报，11（1）：48-51.
吴启焰，王兆杰. 2011. 布尔迪厄的文化资本理论在旅游规划中的应用[J]. 人文地理，（1）：113-117.
夏玢，黄成林. 2006. 黄梅戏文化区的演变[J]. 安徽师范大学学报（人文社科版），34（6）：726-729.
熊澄宇，傅琰. 2012. 关于当前我国文化产业分类标准的研究[J]. 社会科学战线，（1）：149-153.
徐从才，石奇，胡荣华. 2008. 江苏产业发展报告——江苏现代服务业研究（2007）[M]. 北京：中国经济出版社.
徐元元. 2011. 影视媒介中二人转文化传播研究[D]. 北京：中央民族大学.
许铭文. 2007. 地方文化产业总体营造之路[D]. 台北：台湾大学.
杨晨. 2014. 论锦州地域性旅游工艺品图案艺术资源的传承与创新[J]. 大众文艺，（12）：100.
杨吾扬，梁进社. 1997. 高等经济地理学[M]. 北京：北京大学出版社.
俞云涛. 2001. 文化、民族文化概念解析[J]. 学术探索，（2）：87-89.
张纯，王敬甯，陈平，等. 2008. 地方创意环境和实体空间对城市文化创意活动的影响——以北京市南锣鼓巷为例[J]. 地理研究，27（2）：439-448.
张帆. 2008. 台湾地方文化产业发展状况研究[J]. 福建论坛，专刊：49-51.
张吕. 2008. 民俗文化与韩少功的文学叙事[J]. 吉首大学学报（社会科学版），（3）：47-51.
赵继敏. 2011. 社会文化环境影响创意产业发展的理论研究述评[J]. 沈阳工程学院学报（社会科学版），7（1）：61-64.
赵继敏，刘卫东. 2009. 文化创意产业的地理学研究进展[J]. 地理科学进展，28（4）：503-510.
赵景来. 2003. 文化全球化研究论略[J]. 当代世界与社会主义，（5）：79-82.
中华人民共和国财政部. 2014. 文化部、财政部印发《关于推动特色文化产业发展的指导意见》[EB/OL]. http：//wzb.mof.gov.cn/pdlb/zcfb/201408/t20140829_1133031.html[2014-08-26].
中华人民共和国国家统计局. 2012. 文化及相关产业分类[EB/OL]. http：//www.stats.gov.cn/tjsj/tjbz/201207/t20120731_8672.html[2012-07-31].
周国梁. 2010. 美国文化产业集群发展研究[D]. 长春：吉林大学.
周尚意，沈小平. 2008. 北京美术产业对地方文化的嵌入性程度分析[J]. 人文地理，（2）：26-32.
朱竑，高权. 2015. 西方地理学“情感转向”与情感地理学研究述评[J]. 地理研究，（7）：1394-1406.
Buckley P J，Pass C L，Prescott. 1988. Measures of international competitiveness：A critical survey[J]. Joural of Marketing Management：180-181.
Cho D S. 1994. A dynamic approach of international competitiveness：The case of Korea[J]. Journal of Far Eastern Business，（1）：17-36.
Cho D S，Moon H C. 2000. From Adam Smith to Michael Porter evolution of competitiveness theory[J].

World-Scientific，（5）：1878-1890.

Marshall A. 2004. Principles of Economics[M]. 梁小民，译. 北京：北京大学出版社.

Massey D. 1978. In what sense a regional problem?[J]. Regional Studies，（13）：233-243.

Massey D. 1984. Spatial Divisions of Labour：Social Structures and the Geography of Production[M]. London：MacMillan.

Massey D. 1994. Space，Place，and Gender[M] Minneapolis：University of Minnesota Press.

Massey D. 1995. Places and their pasts[J]. History Workshop Journal，39（1）：182-192.

Mommaas H. 2004. Cultural clusters and the post-industrial city：Towards the remap-ping of urban cultural policy[J]. Urban Studies，41（3）：507-532.

Porter M E. 1998. Clusters and the New Economics of Competition[M]. Watertown：Harvard Business Review.

Pred A. 1984. Place as historically contingent process：Structuration and the time-geography of becoming places[J]. Annals of the Association of American Geographers，74（2）：279-297.

Scott A J. 1997. The cultural economy of cities[J]. International Journal of Urban and Regional Research，21（2）：323-339.

Tichy G. 1998. Clusters：Less dispensable and more risky than ever[A]. London：Pion Limited.

第 3 章　地域文化与文化产业竞争力水平结构

3.1　文化产业竞争力研究回顾

3.1.1　地域文化与文化产业竞争力

随着经济全球化的迅速发展以及信息技术的广泛应用，文化作为一种软实力在国家之间、地区之间综合实力竞争中的作用越来越重要，近年来文化产业正是在这种背景下得到了飞速的发展（李卫强，2012）。在我国，尤其是在“十八大”以来，习近平总书记所提出的中国梦逐步深入人心，而中国梦的最基本要求就是软实力和硬实力的有机结合，其中在软实力领域最重要的内容就是文化软实力，而提升文化软实力的关键就在于发展文化产业竞争力（王海文和胡志平，2015）。

正因如此，近年来文化和文化产业竞争力成了学者广泛研究的主题，首先，从文化和文化产业竞争力的相互关系和地位上来讲，花建、顾乃华等认为文化产业竞争力的核心价值是文化内容的创造，文化是推动文化产业发展的原创动力，它决定了文化产业最重要的价值内涵（花建，2005；顾乃华和夏杰长，2007）；赵彦云等学者认为文化产业竞争力是基于人们对文化产业的需求与供给的内在发展能力，而文化产业的原料就是当地可以利用或者发掘的历史悠久的文化资源（赵彦云等，2006）。

其次，在文化和文化产业竞争力的相互作用领域，杜心灵在研究以广东为例的文化产业竞争力时，提出了科技振兴和人才培养等文化方面的措施是文化竞争力发展的巨大推动力（杜心灵，2014）。宋彦麟认为文化产业本身就存在经济和意识形态两种属性，因此文化产业竞争力的提高，从经济属性来说，要搞活文化产业微观的文化企业；从意识形态属性来说，文化的教育作用和文化产业竞争力相辅相成（宋彦麟，2006）。而王海文和胡志平则认为文化产业本身具有三个层面的属性，他们保留了经济属性，而将意识形态属性拆分成了政治层面属性和社会层面属性，并将这三个层面同骆郁廷教授所提出的“文化软实力是一个国家的文化体现出来的凝聚力、吸引力和影响力”（骆郁廷，2009）相对应并改进提出与政治、社会、经济三个层面相对应的是文化创新的竞争力、大众文化的影响力以及文化在意识形态的渗透力，三种力相互作用不断推动文化产业的发展（王海文和胡志平，2015）。

此外，对于不同尺度的文化产业竞争力，文化也起着不同的作用。祁述裕认为针对国家文化产业竞争力而言，要想推动其发展，就要大力推进文化体制改革，重视文化资源的发展，促进文化充分发挥其在国家意识形态中的作用（祁述裕，2004）。而针对省域文化产业竞争力方面，李宜春在肯定重视文化资源的发展的同时，也指出这种文化资源应该是具有省域地域特色的。他还进一步地指出，省域文化产业竞争力取决于该省整体环境，是该省诸如生产力发展水平、各生产要素、文化需求、企业治理结构、政府政策和法律状况等多种因素综合作用的结果（李宜春，2006）。

3.1.2　文化产业竞争力研究模型

目前，文化产业竞争力的评价模型仍是智者见智，没有统一的测度。主要的研究成果有以下几个模型。

1. “钻石”模型

1990 年，美国哈佛商学院著名的战略管理学家波特提出了“钻石”模型理论，构建了国家或区域竞争力的“钻石体系”（图 3-1）。他认为竞争力的意义就是生产力，决定竞争力的主要要素为生产要素、需求状况、相关支持产业的状况、企业战略与竞争环境等（波特，2001）。

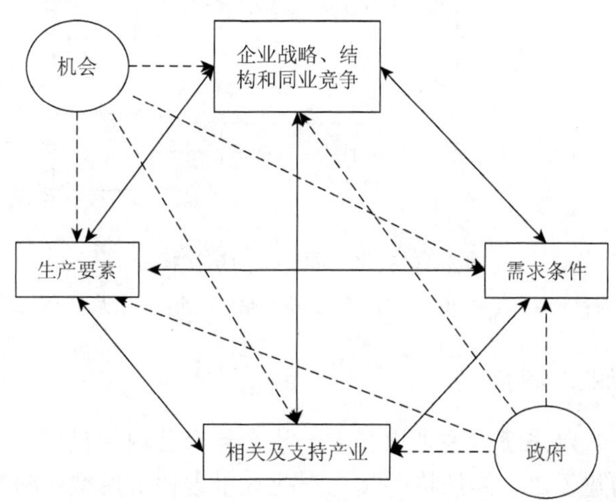

图 3-1　波特“钻石”模型

资料来源：波特. 2001. 国家竞争优势[M]. 李明轩，邱如美，译. 北京：中信出版社.

中国学者祁述裕以“钻石”模型为基础，提出以企业经营战略为重点，生产要素、市场消费、产业集群、政府行为等其他要素共同组成的评价模型（祁述裕，2004）。杨沂在“钻石”理论的基础上，创新地提出了由生产要素系统、市场需求系统、相关产业系统、企业战略系统、政府政策系统等系统理论模型（杨沂，2008）。

波特的“钻石”模型是从产业竞争力的宏观角度出发，在目前产业竞争力研究中影响力最为深远，但是因缺乏文化特征，在文化产业竞争力的具体分析中还需加以改进。

2. “层次”模型

花建（2005）在对文化产业竞争力进行三层次分层处理的基础上，考虑到各层面竞争力的内容和特点与微观、中观、宏观三个层次结合起来，对文化产业竞争力的各个方面进行了较为全面的描述，建立了包括四大核心能力、七大竞争力板块的文化产业竞争力综合指标体系（图 3-2）。

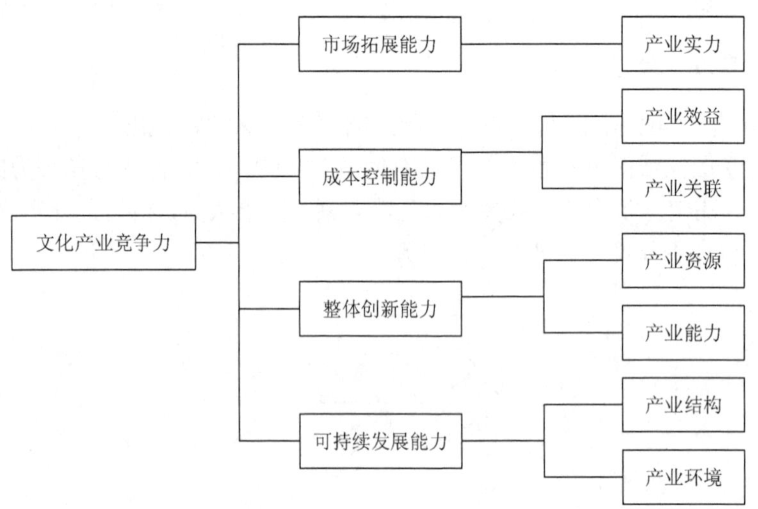

图 3-2　文化产业竞争力层次模型

资料来源：花建. 2005. 文化产业竞争力[M]. 广州：广东人民出版社.

3. “二维结构”模型

王颖（2007）以系统论为理论基础，从文化产业内生机制、分层特点和生产方式等方面，构建了“二维结构”文化产业竞争力评价模型（图 3-3），比较深入地反映了文化产业竞争力发展的内部原因和影响机理，但它只停留在逻辑层面，并没有进行具体性的评价（傅利平等，2010）。

4. 综合模型

国内学者从不同的研究角度出发，根据各地的文化基础、文化资源等不同情况在参考“钻石”模型和“层次”模型的基础上，亦提出了其他具有参考借鉴意

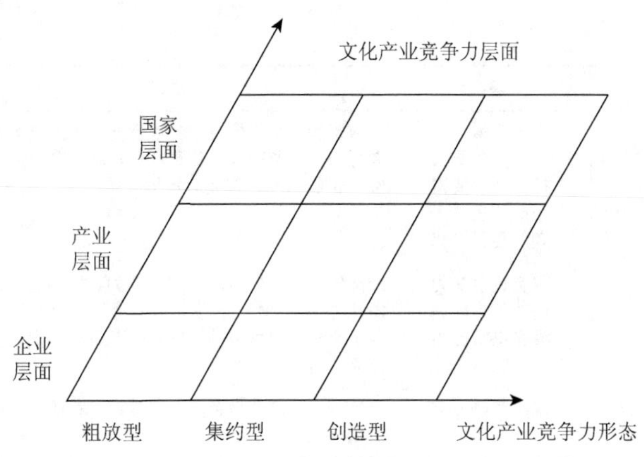

图 3-3　文化产业竞争力的“二维”模型

资料来源：王颖. 2007. 全球化背景下中国文化产业竞争力研究[D]. 长春：吉林大学.

义的模型，统称为综合模型。顾乃华和夏杰长（2007）、李宜春（2006）、叶丽君和李琳（2009）、徐萍（2007）、赵彦云等（2006）均从不同的模块、要素、竞争面构建指标体系，进行综合评价，这样评价起来更为具象化，但是缺少普遍性。

3.1.3　文化产业竞争力指标体系

基于上述评价模型，不同的学者分别从文化产业竞争力的属性、特征、影响要素和主要内容等方面建立了不同的文化产业竞争力评价指标体系（表 3-1）。

表 3-1　文化产业竞争力评价指标体系研究

作者	一级指标	二级指标	三级指标
祁述裕（2004）	生产要素 需求状况 相关辅助产业 文化企业战略 政府行为	人力资源、基础资源、资本资源、文化资源、公众需求、治理结构、经营战略、营销和竞争状况、政府创新能力、文化市场状况等	67 个
花建（2005）	市场拓展能力 成本控制能力 整体创新能力 可持续发展能力	产业能力、产业实力、产业资源、产业效益、产业关联、产业结构、产业环境等	30 个
赵彦云等（2006）	文化实力 文化产出 文化资源和基础设施市场收益 人才和研创 公共文化消费 政府文化	总体水平、发展潜力、就业规模、文化消费需求、文化出版、文物、文物业、音像传播、艺术演出、娱乐经营艺术演出、音像发行、出版图书馆服务、公共文艺服务、公共文化活动、人力资本、文化科研、文化装备、文化教育、文化艺术、群众文化、科研教育、文化资源、图书馆设施、文物与文教设施、娱乐表演设施等	106 个

续表

作者	一级指标	二级指标	三级指标
李宜春（2006）	生产要素 市场需求要素 相关产业要素 企业要素 政府要素	人力资源、文化资源、资本资源、需求结构和消费者行为、旅游产业、信息产业、教育产业、运营基础、企业运作、体制政策等	28 个
顾乃华和夏杰长（2007）	现实竞争实力 潜在需求能力 潜在供给能力	经济地位、发展深度、增长能力、扶持能力、文化消费力和便利性、消费惯性、经济环境的外向化程度、产业融合可能性、相关产业发展状况、技术支撑能力等	14 个
叶丽君和李琳（2009）	现实竞争力 潜在竞争力	市场规模、产业效益、产出效率、科研能力、经济贡献、成长能力、文化需求、产业投入等	23 个

发展文化产业、提升文化产业竞争力对于传承地域文化、创新经济发展模式、促进城市转型有着重要的意义。研究多从国家（陕西师范大学，2008；林拓，2004）、省域（顾江和胡静，2008；李炜，2010）、市域（马萱，2011）等空间尺度，围绕文化产业竞争力概念与理论（林拓，2004；祁述裕，2004；花建，2005；波特，2001）、评价模型（Horkheimer，1947；O'Connor，2001）、指标体系（林拓，2004；O'Connor，2001；Yusuf and Nabeshima，2005）、评价方法（Yusuf and Nabeshima，2005；祁述裕和殷国俊，2005）等内容，遵循"内涵-评价-问题-对策"的研究范式展开。由于文化产业统计尚未健全，加之评价指标不统一和评价方法多样，导致评价结果多元，差异较大，从而给科学了解区域文化产业发展水平带来诸多挑战。针对于此，本章在借鉴融合的基础上，力求构建包括地域文化资源在内的全面系统的评价体系，以明晰我国文化产业竞争力的发展格局，并明晰地域文化资源对区域文化产业竞争力的影响。

3.2　区域文化产业竞争力评价指标体系的构建

3.2.1　基本内涵

祁述裕认为，文化产业竞争力是指我国文化企业与他国文化企业比较在生产效率、满足市场需求和企业效益方面的优势能力（祁述裕，2004）。樊琦和张丽认为文化产业竞争力是文化产品在国际上的知名度和影响力、文化企业在世界市场的营销能力、文化政策在国际化大生产中的资源整合能力（樊琦和张丽，2012）。徐萍认为文化产业竞争力是在一定的市场环境下，文化产品的生产经营者使用文化资源、生产提供文化产品和文化服务、满足文化市场需求并获得经济社会效益的能力（徐萍，2006）。顾乃华和夏杰长强调政府环境的作用，认为文化产业竞争力是指文化产品生产经营者在政府特别是地方政府创造的商业环境下，利用文化资源、研发文化产品和服务，并在产品市场上体现出来的相对于竞争对手更具有优势的市场吸引力（顾乃华和夏杰长，2007）。因此，综合来看，文化产业竞争力就是一个国家或地区的文化产品生产者通过开发文化产品和提供文化服务，占有市场和持续获取利润的能力，它既是一种现实的发展能力，也是有一种潜在的发展能力。

3.2.2　评价指标

近年来，祁述裕、花建、顾乃华等学者从属性、特征、影响要素和主要内容等方面建立了不同的文化产业竞争力评价指标体系（祁述裕，2004；花建，2005；顾乃华和夏杰长，2007），为本章提供了参考和借鉴。由于文化产业竞争力的评价体系应建立在全面基础上，而我国的文化产业统计制度尚未完善，故选取了一些可以体现文化产业竞争力水平的经济社会指标进行充实。本章立足文化产业竞争力内涵，依据科学性、系统性、层次性、代表性和易获得性原则，基于波特“钻石模型”竞争力理论（波特，2001），构建了包括三个层次、29 个指标的文化产业竞争力评价体系（表 3-2）。数据来自《中国文化文物统计年鉴 2011》《中国统计年鉴 2011》《中国城市统计年鉴 2011》。由于香港、澳门、台湾数据缺失，本书仅分析我国大陆 31 个省级行政单元。

表 3-2　区域文化产业竞争力评价指标体系

一级指标	二级指标	三级指标	属性	单位	权重
生产要素竞争力	人力资源	成人识字率	正指标	%	0.05345
		文化产业就业比例	正指标	%	0.03182
	文化资源	每百万人均国家级非物质文化遗产项数	正指标	项	0.02983
		每千万人均国家 5A 景区数	正指标	个	0.03214
	资本资源	每百人均外商投资总额	正指标	美元	0.03130
		人均文化市场经营机构总资产	正指标	千元	0.03005
	基础设施	每百万人均博物馆数	正指标	个	0.03483
		人均拥有公共图书馆藏书册数	正指标	册	0.02911
		人均地区生产总值	正指标	元	0.03348
市场需求竞争力	需求结构	第三产业占国内生产总值的比重	正指标	%	0.03196
		城镇居民人均可支配收入	正指标	元	0.03302
	需求质量	文化消费占总支出比重	正指标	%	0.03882
		城镇居民家庭人均教育文化娱乐服务支出	正指标	元	0.03329

续表

一级指标	二级指标	三级指标	属性	单位	权重
相关产业竞争力	旅游产业	入境旅游人次比例	正指标	%	0.03203
		人均国际旅游外汇收入	正指标	美元	0.03125
	教育产业	教育经费支出占财政支出比重	正指标	%	0.03728
		每万人拥有普通高等院校在校学生数	正指标	个	0.03427
	信息产业	国际互联网普及率	正指标	%	0.03119
		移动电话普及率	正指标	%	0.03587
企业战略竞争力	运营基础	百万人均艺术团体原创首演剧目数	正指标	个	0.03317
		每万人拥有文化经营人才数	正指标	个	0.03251
	竞争状况	货物出口额占地区生产总值的比重	正指标	%	0.03235
		每万人均文化市场经营机构个数	正指标	个	0.03233
	科技投入	研发支出占地区生产总值比重	正指标	%	0.03519
		研发人员占总人口比重	正指标	%	0.03359
政府行为竞争力	政府信度	财政收入占地区生产总值比重	正指标	%	0.03374
		财政赤字占地区生产总值的比重	逆指标	%	0.05539
	文化扶持	人均文化事业实际完成基建投资	正指标	元	0.03233
		文化投资比例	正指标	%	0.03441

3.3　评价方法与数据处理

熵值法可克服多指标变量间信息重叠和人为确定权重主观性的缺点，相较而言更为系统、全面、科学（薛丽芳等，2009），故本章采取熵值法进行客观赋权。首先，运用 Z-score 标准化对评价指标进行标准化，消除量纲（单位）影响和变量自身变异的影响，然后采用取熵值法进行客观赋权，计算评价指标的差异性系数，定义评价指标权重（表 3-2）。最后计算得出评价值，即综合得分（表 3-3）。

表 3-3　我国区域文化产业竞争力水平

区域	生产要素竞争力	市场需求竞争力	相关产业竞争力	企业战略竞争力	政府行为竞争力	文化产业竞争力	位次
上海	0.01147	0.00813	0.00889	0.00578	0.00915	0.04341	1
北京	0.01068	0.00823	0.00887	0.00378	0.00836	0.03992	2
天津	0.00954	0.00658	0.00836	0.00395	0.00911	0.03753	3
浙江	0.00884	0.00701	0.00764	0.00479	0.00886	0.03715	4

续表

区域	生产要素竞争力	市场需求竞争力	相关产业竞争力	企业战略竞争力	政府行为竞争力	文化产业竞争力	位次
广东	0.00864	0.00652	0.00784	0.00470	0.00852	0.03621	5
江苏	0.00934	0.00667	0.00715	0.00442	0.00825	0.03584	6
福建	0.00906	0.00594	0.00732	0.00468	0.00802	0.03504	7
海南	0.00943	0.00496	0.00624	0.00500	0.00748	0.03311	8
内蒙古	0.00883	0.00567	0.00617	0.00429	0.00782	0.03278	9
辽宁	0.00871	0.00552	0.00660	0.00440	0.00749	0.03272	10
陕西	0.00906	0.00553	0.00702	0.00377	0.00697	0.03235	11
山西	0.00891	0.00528	0.00637	0.00389	0.00737	0.03183	12
吉林	0.00901	0.00508	0.00640	0.00435	0.00696	0.03180	13
山东	0.00797	0.00549	0.00671	0.00385	0.00751	0.03152	14
湖北	0.00851	0.00516	0.00636	0.00425	0.00716	0.03144	15
江西	0.00866	0.00492	0.00614	0.00440	0.00724	0.03136	16
宁夏	0.00900	0.00525	0.00566	0.00454	0.00682	0.03128	17
重庆	0.00832	0.00518	0.00615	0.00403	0.00746	0.03114	18
新疆	0.00947	0.00466	0.00578	0.00458	0.00656	0.03105	19
湖南	0.00819	0.00536	0.00594	0.00405	0.00678	0.03033	20
黑龙江	0.00844	0.00474	0.00614	0.00385	0.00683	0.03000	21
广西	0.00813	0.00503	0.00632	0.00381	0.00661	0.02990	22
安徽	0.00796	0.00527	0.00589	0.00377	0.00692	0.02982	23
云南	0.00853	0.00473	0.00603	0.00378	0.00667	0.02973	24
甘肃	0.00896	0.00488	0.00574	0.00344	0.00653	0.02955	25
河北	0.00806	0.00485	0.00637	0.00347	0.00656	0.02931	26
四川	0.00802	0.00486	0.00567	0.00393	0.00675	0.02923	27
青海	0.00920	0.00462	0.00497	0.00422	0.00622	0.02923	28
河南	0.00803	0.00478	0.00621	0.00341	0.00672	0.02915	29
贵州	0.00779	0.00529	0.00570	0.00350	0.00660	0.02886	30
西藏	0.00778	0.00431	0.00515	0.00564	0.00427	0.02715	31

3.4 我国区域文化产业竞争力水平特征与空间格局

3.4.1 区域文化产业竞争力水平普遍不高

我国省域文化产业竞争力平均值为 0.03266，大陆 31 个省份中 11 个省份高于均值，占比约为 35%；20 个省份低于均值，占比约为 65%。大部分省份竞争力低于均值，这表明我国省域文化产业竞争力水平整体偏低。文化产业发展水平也佐证了这点。2010 年，仅有北京、云南、上海、广东、湖南、吉林 6 个省份文化产业增加值占 GDP 比重超过 5%，其余 25 个省份文化产业增加值占 GDP 比重较低，文化产业成为国民经济支柱产业任务艰巨。文化产业竞争力指数普遍偏低，而且文化产业占当地 GDP 比重较小，这表明，我国省域文化产业发展尚处于成长发展初级阶段（胡惠林和王婧，2012）。另外，我国省域文化产业竞争力比较均衡，最高值上海为 0.04341；最低值西藏为 0.02715，上海仅是西藏的 1.6 倍（表 3-3）。在我国省域文化产业快速发展背景下（胡惠林和王婧，2012），文化产业竞争力比较均衡也折射出省域文化产业竞相发展的态势。

3.4.2 区域文化产业竞争力结构不够均衡

从文化产业竞争力结构来看，生产要素竞争力占比均值为 27.36%，贡献最大。这既说明丰富的文化资源是我国文化产业发展的重要基础和优势所在，也反映我国文化产业发展依赖文化资源，而创意、科技等贡献仍较弱。政府行为竞争力贡献排在第二位，占比均值为 22.43%。这反映我国文化产业仍处于政府推进阶段，政府通过出台文化产业政策、规划文化产业园区、建设公共服务平台等，成为文化产业发展的重要主体和积极力量。再次是相关产业竞争力，占比均值为 20.13%。由于我国教育产业一直稳健发展，而旅游产业一直是各地文化产业发展的先行者，同时网络等信息产业近年来异军突起，因此，由教育、旅游、信息等构成的相关产业对文化产业竞争力的提升提供了较好的人才、产业、技术等支持。市场需求竞争力和企业战略竞争力贡献不大，占比均值分别为 16.97%、13.11%（表 3-4）。市场需求竞争力贡献不大，说明我国区域文化产业发展仍是投资驱动，而非市场驱动。这既反映文化产业发展与市场需求有些脱节，也说明文化产业由于创新、创意不足，未能引领文化消费、引爆文化市场。城镇文化消费支出占消费性总支出的比例与恩格尔系数几乎完全没有相关性也说明了这点（胡惠林和王婧，2012）。企业战略竞争力最弱，反映了我国区域文化产业自生能力较弱。综合来看，我国区域文化产业竞争力结构不够均衡合理，尚未形成基于市场、科技、创意基础上的自生能力和核心竞争力。

表 3-4　2010 年我国区域文化产业竞争力结构

区域	生产要素竞争力占比/%	市场需求竞争力占比/%	相关产业竞争力占比/%	企业战略竞争力占比/%	政府行为竞争力占比/%
上海	26.42	18.72	20.47	13.31	21.08
北京	26.75	20.62	22.22	9.47	20.94
天津	25.41	17.53	22.26	10.52	24.28
浙江	23.81	18.87	20.57	12.90	23.85
广东	23.86	18.01	21.64	12.97	23.52
江苏	26.06	18.62	19.96	12.32	23.03
福建	25.87	16.97	20.89	13.36	22.90
海南	28.47	14.99	18.86	15.10	22.59
内蒙古	26.93	17.30	18.83	13.09	23.85
辽宁	26.62	16.87	20.16	13.46	22.89
陕西	28.01	17.10	21.70	11.66	21.53
山西	28.00	16.59	20.02	12.22	23.17
吉林	28.33	15.98	20.13	13.67	21.89
山东	25.29	17.40	21.29	12.20	23.81
湖北	27.08	16.43	20.22	13.50	22.77
江西	27.60	15.68	19.59	14.03	23.10
宁夏	28.78	16.80	18.09	14.52	21.80
重庆	26.73	16.64	19.74	12.94	23.95
新疆	30.49	15.02	18.63	14.74	21.12
湖南	27.02	17.68	19.58	13.36	22.37
黑龙江	28.14	15.79	20.48	12.84	22.76
广西	27.18	16.80	21.15	12.76	22.11
安徽	26.70	17.67	19.76	12.66	23.21
云南	28.68	15.91	20.28	12.70	22.43
甘肃	30.31	16.51	19.44	11.63	22.11
河北	27.51	16.55	21.75	11.82	22.37
四川	27.44	16.62	19.40	13.45	23.09
青海	31.46	15.80	17.00	14.44	21.29
河南	27.53	16.41	21.31	11.69	23.05
贵州	26.98	18.31	19.73	12.12	22.85
西藏	28.65	15.88	18.95	20.78	15.74
均值	27.36	16.97	20.13	13.11	22.43

3.4.3　区域文化产业竞争力类型分布呈橄榄状

根据省域文化产业竞争力得分，利用 arcgis 软件，基于手动分级法（manual），将大陆 31 个省份划分为五类（图 3-4、表 3-5），其中，Ⅰ类是文化产业竞争力高水平省份，有上海、北京两个直辖市。其文化产业竞争力水平分别为 0.04341 和 0.03992，远高于全国平均水平 0.03226，形成我国大陆地区南北两个文化产业竞争力高地。Ⅱ类是文化产业竞争力较高水平省份，共 9 个。该类文化产业竞争力水平高于全国平均水平，但低于Ⅰ类地区，形成我国文化产业发展第二梯队。Ⅲ类是文化产业竞争力中水平地区，共 10 个省份。该类型文化产业竞争力高于 0.03，但稍低于全国平均水平，形成我国文化产业发展的第三梯队和重要潜力区。Ⅳ类是文化产业竞争力较低省份，共 8 个。该类文化产业竞争力低于全国平均水平，是文化产业发展较慢、文化产业竞争力水平较低地区。Ⅴ类是文化产业竞争力低水平地区，有两个省份。该类文化产业竞争力水平低于 0.029，是我国文化产业发展薄弱区。整体而言，五类省份数量比例为 2∶9∶10∶8∶2，其类型呈橄榄型分布。这表明我国已形成比较稳健的文化产业竞争力提升格局（表 3-5）。

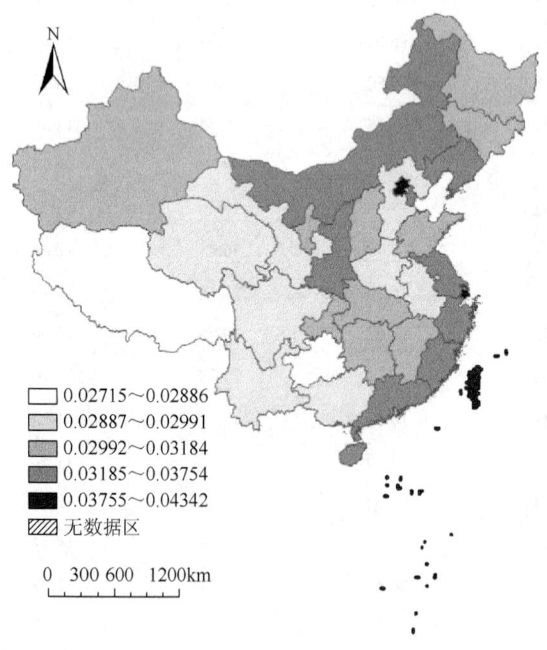

图 3-4　我国区域文化产业竞争力空间格局

表 3-5　2010 年我国区域文化产业竞争力水平分类

类型	指标	省份	数量
Ⅰ类-高水平省份	0.03754～0.04341	上海、北京	2
Ⅱ类-较高水平省份	0.03184～0.03753	天津、浙江、广东、江苏、福建、海南、内蒙古、辽宁、陕西	9
Ⅲ类-中水平省份	0.02991～0.03183	山西、吉林、山东、湖北、江西、宁夏、重庆、新疆、湖南、黑龙江	10
Ⅳ类-较低水平省份	0.02887～0.02990	广西、安徽、云南、甘肃、河北、四川、青海、河南	8
Ⅴ类-低水平省份	0.02715～0.02886	贵州、西藏	2

3.4.4　区域文化产业竞争力格局具有弱梯度性

从空间格局上看，文化产业竞争力第一方阵的上海、北京在东部沿海。第二方阵共有 9 个省份，其中东部沿海 6 个、东北地区 1 个、西部地区 2 个，分别占 66.67%、11.11%、22.22%。第三方阵共有 10 个省份，其中东部沿海 1 个、东北地区 2 个、中部 4 个，西部 3 个。第四方阵有 8 个省份，其中东部沿海 2 个、中部 2 个，西部 4 个。第五方阵两个省份均在西部。这表明，东部沿海省份由于文化产业发展较快，文化消费拉动能力较强，相关产业配套较好，文化竞争力水平最高，多在第一、第二方阵，并形成以北京、上海为龙头的沿海率先发展带；而中部六省的 4 个省份和东北地区的两个省份属第三方阵，文化竞争力水平次之，成为毗邻沿海的文化产业发展快速推进带。西部地区仅有陕西、内蒙古两个省份属于第二方阵，其余多属第四、五方阵，文化产业竞争力水平低。综合来看，我国区域文化产业竞争力水平具有东强西弱特征，并形成由东部沿海向东北与中部、西部水平渐次降低的空间格局。

3.4.5　区域文化产业竞争力优势各具特色

基于区域文化产业竞争力内在结构，根据区域文化产业综合竞争力水平与分项竞争力占比，将我国大陆 31 个省份分为两个大类四个亚类（表 3-6）。分析表明，我国大陆 31 个省份中 24 个属于竞争力均衡型，占比达到 77.42%，可见大部分省份为竞争力均衡型，即分项竞争力较为均衡，形成比较系统全面的发展态势和协调稳健的内在格局。同时，有 7 个省份属于非均衡型。在这其中，高水平非均衡型中的北京市场需求竞争力相对较强、企业战略竞争力相对较弱，浙江生产要素竞争力相对较强，天津、海南企业战略竞争力相对较强；低水平非均衡型中的青海生产要素竞争力相对较强、相关产业竞争力相对较弱，新疆生产要素竞争力相对较强、市场需求竞争力相对较弱，西藏企业战略相对较强、政府行为竞争力相对较弱。可见，我国区域文化产业竞争力内在结构多样，形成了各具特色的竞争优势。

表 3-6　2010 年我国区域文化产业竞争优势类型

大类	亚类	评价标准	区域	数量	占比
均衡型	高水平均衡型	X_i>0.03226，Y_i<12%	上海、广东、江苏、福建、内蒙古、辽宁、陕西	7	22.58%
	低水平均衡型	X_i<0.03226，Y_i<12%	山西、吉林、山东、湖北、江西、宁夏、重庆、湖南、黑龙江、广西、安徽、云南、甘肃、河北、四川、河南、贵州	17	54.84%
非均衡型	高水平非均衡型	X_i<0.03226，Y_i<12%	北京、浙江、天津、海南	4	12.90%
	低水平非均衡型	X_i>0.03226，Y_i≥12%	新疆、青海、西藏	3	9.68%

注：X_i代表 i 区域文化产业综合竞争力；Y_i代表 i 区域某分项竞争力结构占比与该项竞争力平均占比之比。

3.4.6　区域文化产业竞争力呈现资源依赖性

区域文化产业竞争力的形成是地域文化资源开发的重要目的，区域文化产业竞争力的提升是地域文化资源创新的重要目标。通过区域文化产业竞争力的分析，不仅可以定量揭示文化资源对文化产业竞争力的影响状况，而且可以揭示区域文化产业竞争力的结构特征，为以后地域文化资源开发和区域文化产业竞争力提升指明方向。从我国省域文化产业竞争力结构来看，生产要素竞争力占比均值为 27.36%，贡献最大。这既说明丰富的文化资源是我国文化产业发展的重要基础和优势所在（表 3-7），也反映我国文化产业发展依赖文化资源。但创意、科技等贡献仍较弱，区域文化产业竞争力具有资源依赖性，这也反映我国省域文化产业发展处在发展的初级阶段，其竞争力的提升仍需一些时日。

表 3-7　我国省域主要文化资源概况

地区	A	B	地区	A	B
北京	5.00	3.06	湖北	1.47	1.05
天津	1.77	1.54	湖南	1.23	0.76
河北	1.39	0.70	广东	1.02	0.67
山西	3.44	0.84	广西	0.80	0.43
内蒙古	2.51	0.81	海南	3.80	3.45
辽宁	0.98	0.69	重庆	1.32	1.39
吉林	1.46	1.09	四川	1.24	0.62

续表

地区	A	B	地区	A	B
黑龙江	0.70	0.78	贵州	2.59	0.57
上海	2.56	1.30	云南	2.02	1.09
江苏	1.33	1.40	西藏	19.29	0.00
浙江	2.99	1.65	陕西	1.45	1.34
安徽	0.99	0.67	甘肃	2.03	1.17
福建	2.36	1.08	青海	11.37	1.78
江西	0.90	0.90	宁夏	1.58	4.74
山东	1.22	0.63	新疆	4.35	2.29
河南	0.85	0.85			

注：A 表示每百万人均国家级非物质文化遗产项数（项）；B 表示每千万人均国家 5A 级景区数（个）。

3.5　结论与建议

通过以上研究得到以下结论。

（1）我国省域文化产业竞争力水平不高且差异较小，竞争力水平亟待提升。

（2）我国省域文化产业竞争力结构不够均衡合理，基于市场、科技、创意基础上的核心竞争力亟需增强。

（3）我国区域文化产业竞争力类型呈橄榄型分布，并且已形成比较稳健的文化产业竞争力提升态势。

（4）我国区域文化产业竞争力格局具有东强西弱特征，表现出弱梯度性。

（5）我国区域文化产业竞争优势各具特色。

（6）区域文化产业竞争力呈现资源依赖性。

针对于此，为提升我国区域文化产业竞争力水平、优化文化产业竞争力结构，应注意以下方面。

（1）在强化政府直接推动文化产业发展的同时，应进一步改革文化体制机制，深化文化资源开发，建设文化产业园区，丰富文化市场，增强文化产业活力，以文化产业大发展促进文化产业竞争力水平的大提升。

（2）深度激活文化市场，加强文化科技投入，促进文化科技融合，逐步实现我国区域文化产业发展由投资驱动、资源依赖向市场驱动、科技驱动、创意驱动转变，增强文化产业内生发展能力，提升文化产业竞争力水平，优化文化产业竞争力结构，促进文化产业核心竞争力形成。

（3）进一步加快东部地区文化产业发展步伐，尤其是北京、上海，着力培育壮大我国文化产业增长极，打造我国文化产业竞争力高地，提升我国文化产业国际竞争力。同时，通过政策倾斜、区域联动等措施，加快中西部地区文化产业发展步伐，实现率先发展和全面推进的统筹兼顾。

（4）基于我国各地各具特色的文化产业竞争优势，在文化产业发展中，各地要注意扬长避短和取长补短，从长处和短板两方面提升竞争力。同时，从国家层面考虑，应注重分类调控、因地制宜，并通过配套政策的出台促进特色发展。

参考文献

波特. 2001. 国家竞争优势[M]. 李明轩，邱如美，译. 北京：中信出版社.

杜心灵. 2014. 文化产业竞争力的分析与评价——以广东为例[J]. 经济问题，（1）：78-82.

樊琦，张丽. 2012. 经济全球化背景下的文化产业竞争力分析[J]. 山东社会科学，（8）：103-106.

傅利平，宋俊生，邓晶. 2010. 近年来文化产业竞争力及其评价研究综述[J]. 学术论坛，（6）：168-171.

顾江，胡静. 2008. 江苏省文化产业发展综合竞争力研究[J]. 江苏省社会科学，（4）：36-39.

顾乃华，夏杰长. 2007. 我国主要城市文化产业竞争力比较研究[J]. 商业经济与管理，（12）：52-57.

胡惠林，王婧. 2012. 中国文化产业发展指数报告（CCIDI）[M]. 上海：上海人民出版社.

花建. 2005. 文化产业竞争力[M]. 广州：广东人民出版社.

花建. 2005. 文化产业竞争力内涵、结构和战略重点[J]. 北京大学学报，（2）：9-16.

李炜. 2010. 湖南省文化产业竞争力评价研究[D]. 长沙：中南大学.

李卫强. 2012. 北京市文化产业竞争力的实证研究[J]. 国际贸易问题，（3）：90-96.

李宜春. 2006. 省域文化产业竞争力评价指标体系初探——以安徽省为例[J]. 经济社会体制比较，（2）：31-35.

林拓. 2004. 世界文化产业发展前沿报告（2003—2004 年）[M]. 北京：社科文献出版社.

骆郁廷. 2009. 我国文化软实力的发展战略[J]. 马克思主义研究，（5）：79-87.

马萱. 2011. 我国区域文化产业竞争力研究[M]. 北京：社会科学文献出版社.

祁述裕，殷国俊. 2005. 中国文化产业国际竞争力评价和若干建议[J]. 国家行政学院学报，（2）：39-41.

祁述裕. 2004. 中国文化产业国际竞争力报告[M]. 北京：社会科学文献出版社.

祁述裕. 2004. 对提升我国文化产业竞争力的战略思考[N]. 中国经济时报，2004-08-16.

陕西师范大学. 2008. 文化与人文地理学[EB/OL]. http：/rwdl.snnu.edu.cn/Article/ShowArticle.asp?ArticleID=84[2008-11-27].

宋彦麟. 2006. 论文化产业的微观活力与竞争力[J]. 学术交流，（2）：188-191.

王海文，胡志平. 2015. 中国梦的文化产业逻辑[J]. 中国文化产业评论，（20）：15-29.

王颖. 2007. 全球化背景下中国文化产业竞争力研究[D]. 长春：吉林大学.

徐萍. 2006. 陕西文化产业竞争力评价与分析[J]. 统计与信息论坛，（3）：77-80.

徐萍. 2007. 我国区域文化产业的发展水平及特征[J]. 统计与决策，（1）：75-76.

薛丽芳，欧向军，谭海樵. 2009. 基于熵值法的淮海经济区城市中心性评价[J]. 地理与地理信息科学，25（3）：63-66.

杨沂. 2008. 文化产业竞争力研究[D]. 西安：西北大学.

叶丽君，李琳. 2009. 我国区域文化产业竞争力评价与差异分析[J]. 科技管理研究，29（3）：94-97.

赵彦云，余毅，马文涛. 2006. 中国文化产业竞争力评价和分析[J]. 中国人民大学学报，（4）：72-82.

Horkheimer M. 1947. Dialectic of Enlightenment[M]. Palo Alto：Stanford University Press.

O'Connor J. 2001. The Cultural Policy and the Cultural Industries in Europe's Regions[M]. Cowveroce Nottingham.

Yusuf S，Nabeshima K. 2005. Creative industries in East Asia[J]. Cities，22（2）：109-122.

第4章　地域文化与区域文化产业水平格局

文化产业水平是评价文化产业发展的重要视角和调控文化产业发展的科学依据，其中，地域文化资源对文化产业水平与格局有着怎样的影响？综观既往研究，主要从三个方面展开。

（1）理论视角。基于竞争力、区域创新环境、新产业区等理论，围绕文化产业的内涵与外延，从文化产业竞争力（祁述裕，2004；花建，2005；文婷和胡兵，2014）、文化产业水平（指数）（胡惠林和王婧，2012）、文化产业园水平（孟召宜等，2014；王伟年和张平宇，2006）等角度展开论争，遵循内涵-评价-问题-对策的研究范式，分析文化产业发展状况，探讨文化产业结构特征，提出因应发展对策。

（2）空间尺度。从全球（王伟年和张平宇，2006；Aage and Belussi，2008）、国家（林拓，2014）、省域（顾江和胡静，2008；李炜，2010）、市域（马萱，2011）乃至镇域、村域（李学鑫和田广增，2011）等多尺度展开实证研究，分析文化产业宏观格局及其演化规律、微观区位选择及其影响因素，探讨文化产业发展的区域差异性和地方特色性。

（3）评价指标与评价方法。评价方法有直接评价法、间接评价法（王伟年和张平宇，2006）。评价模型多样（Horkheimer，1947；Brown et al.，2000），其中，“钻石模型”是运用最多、相对客观的模型（毕小青和王代丽，2009）。评价指标方面，多基于文化产业内容和影响要素等，构建包括定性指标与定量指标、客观指标与主观指标、外部环境和内部实力相结合的综合指标体系（毕小青和王代丽，2009；O’Connor，2001；薛东前等，2011；佛罗里达，2010）。

现状研究在取得丰硕成果的同时，仍需强化以下方面。

（1）理论探讨。理论基础和分析框架是评价文化产业发展水平的核心。因为不同的分析框架不仅会建构不同的指标体系，而且其形成的结论也将导致文化产业政策及其实践运动的不同走向（胡惠林和王婧，2012）。因此应融合竞争力理论、文化产业学、文化经济学、文化政策学等，形成文化产业理论-文化产业水平评价-文化产业政策的逻辑系统。

（2）注重空间统筹与空间集聚。现状研究要么关注城市，要么关注乡村，对文化产业的城乡统筹研究偏少。同时，对文化产业集聚关注不够（卢丽娜和郭淑芬，2014），包括集聚对文化产业效率的影响以及文化产业集聚的外溢效应

（周锦和闻雯，2012）。

（3）指标方面。文化产业水平评价中，多将文化产业核心层、文化产业宏观发展与关联产业、基础设施、政府支持、文化消费等混杂，使得评价指标重复交叉、投入产出混淆。由于文化产业影响因素参与评价，评价结果有些失真，结构性问题难以反映、空间调控与分类发展不够科学。同时，调控难以找到抓手。基于此，在相关数据收集的基础上，建构文化产业评价体系，并在此基础上分析其格局特征和影响因素，为文化产业健康发展提供科学依据，同时，也希望通过定量研究明晰地域文化对文化产业发展水平的影响。

4.1 研究思路与研究方法

4.1.1 基本思路与指标构建

基于规模经济、产业集聚等理论，立足我国文化产业发展初期追求规模发展、注重园区建设、关注 GDP 贡献等阶段特征，遵循科学性、系统性、可获取等原则，从规模、载体、效率、贡献四方面构建区域文化产业发展指数评价体系（表 4-1）。

4.1.2 内涵界定与统计原则

文化产业增加值、人口及 GDP 等数据均有明确的内涵和统计。而世界各国对文化产业园无统一界定（马仁锋和沈玉芳，2010）。基于文化产业园的内涵与本质（王伟年和张平宇，2006；杨槿等，2015；Pumhiran，2005），参考相关文献（李季，2011；祁述裕，2009），结合研究区区情，本章统计五类文化产业园区：由各类文化创意个体、工作室或企业集聚而成的园区或集聚区；包括省级、国家级文化产业示范基地在内的某种文化产品或工艺美术品展示和生产制作的基地或企业；艺术品或古玩的收集、展示、交易街区；具有明显文化性质或与文化产业关联比较大的文化娱乐休闲街区或旅游区；涵盖个人创造力的各类创意园区。

4.1.3 数据来源与数据处理

由于江苏文化产业增加值、文化产业园现状研究比较零散、粗略（沙吉，2013；南京市社会科学院，2013），故在参考相关文献（王伟年和张平宇，2006；李季，2011；祁述裕，2009；沙吉，2013；南京市社会科学院，2013；曹芳东等，2011）基础上，主要通过连续查阅新华日报、扬州日报、彭城晚报等报纸数字版，查阅文化部、江苏省文化厅、江苏省文化产业网、南京文化产业网等文化产业网站，以及江苏省、市（县）各级政府网站的文件、统计公报和江苏省服务业集聚区公共服务平台等，搜集整理文化产业增加值及文化产业园建数量、级别数据，构建江苏文化产业数据库。其中，文化产业园发展指数是对各市、县的国家级、省级、市级文化产业园分别按 4、2、1 赋分计算所得。统计时间截至 2013 年，截面分析为 2012 年。文化产业增加值由于部分缺失，常州市区、丰县、沛县、睢宁基于 2011 年文化产业增加值，盱眙、泗阳基于 2010 年文化产业增加值，高邮、赣榆基于 2009 年文化产业增加值，依据所在地级市市域相应时段文化产业平均增长率推算 2012 年数值。由于江苏经济发展具有空间自相关特征（曹芳东等，2011），启东、东海、灌云、涟水、洪泽、金湖、响水、射阳 8 个县市文化产业增加值用周边县市平均值替代。本章采取熵值法进行客观赋权（表 4-1）。

表 4-1　区域文化产业发展指数评价体系

目标层	评价层	指标层	属性	单位	权重
文化产业发展指数	数量规模水平	文化产业增加值	正指标	亿元	0.4170
	载体集聚水平	文化产业园发展指数	正指标	—	0.3858
	发展效率水平	人均文化产业增加值	正指标	元	0.1689
	经济贡献水平	文化产业增加值占 GDP 比重	正指标	%	0.0283

进而根据指标权重计算江苏省 2004～2013 年和 61 个单元 2012 年的文化产业发展指数，其中全省文化产业增加值、人均文化产业增加值以 2004 年不变价通减换算。部分数据来源于《江苏省文化统计年鉴（2011—2014 年）》。

4.2　江苏文化产业发展的阶段过程

4.2.1　文化产业发展萌芽阶段——“文化大省”提出

早在 1996 年 12 月，江苏就通过全省第一次文化工作会议在全国率先提出了“把江苏建设成为与经济发展相适应的文化大省”和全国一流水平的文化大省的战略目标。“九五”期间，江苏通过建设文化大省战略的实施，有效地加快了江苏文化事业建设和文化产业发展的步伐，文化产业、文化市场、文化市场管理体系初步形成，文化企业快速增加；有效地促进了江苏居民文化消费水平的提高，提高了江苏经济、社会和文化发展的协调度，文化在江苏经济、社会发展中的作用更加突出。但文化建设与经济发展不相适应的问题并没有从根本上解决，建设与经济发展相适应的文化大省的任务还很艰巨。

4.2.2　文化产业初步发展阶段——“文化大省”建设

2001 年 5 月，江苏召开第二次全省文化工作会议，制定下发了《江苏省 2001—2010 年文化大省建设规划纲要》（以下简称《纲要》）和《加快文化大省建设若干经济政策的意见》，对新世纪江苏文化大省建设提出了新的要求，进行了新的部署，并在《纲要》中进一步提出“要将江苏建设成为与率先基本实现现代化相适应的文化大省”的战略目标。全省先后展开了政事分开、管办分离的文化管理体制改革，组建了省新闻、出版、广电、演艺等文化产业集团，初步实现了传统文化体制向现代文化体制的转变；另外，文化产业不断发展，集团化带动作用增强，在优势与特色产业的形成中，文化产业已成为推动江苏经济增长方式转变的重要力量，经济文化一体化发展趋势日渐显露，江苏文化大省建设步入新的发展阶段。“十五”期间，江苏文化大省建设跃上一个新的台阶，文化发展处在全国前列。但江苏的文化大省建设还存在着一些亟需解决的问题，如保障文化大省建设战略实施的制度安排还不完善、文化体制改革尚不到位、推进文化大省建设的财政投入仍然偏少、城镇居民的文化消费水平偏低等与江苏经济社会的发展还有不相适应的地方；与一些兄弟省市相比较，在某些方面还存在着一定的差距，少数基本指标数值还偏低。

4.2.3　文化产业快速发展阶段——“文化强省”建设

2006 年，江苏省召开第三次全省文化工作会议，制定了《江苏省“十一五”文化发展规划》，提出了建设与社会发展相适的“文化江苏”、向文化强省迈进的总体要求和部署。2009 年 7 月，为应对全球金融危机，江苏省召开第四次全省文化工作会议，提出要抢抓当前有利时机，大力发展文化产业，重点发展文化创意、影视制作、出版发行、印刷复制、广告、演艺、娱乐、文化会展、数字内容和动漫等九大门类，使文化产业尽快成为江苏的支柱产业。2010 年，江苏省委省政府发布《关于加快文化产业振兴若干政策的通知》，重点扶持创意设计、新兴媒体、动漫游戏、出版发行、印刷复制、广播影视、演艺娱乐、文化旅游、工艺美术、广告会展等行业中市场前景好、带动能力强、影响力大的文化产业项目。2010 年，江苏区域创新能力综合排名继 2009 年首次跃居全国首位之后，继续保持全国第一。未来的竞争是科技的竞争，是人才的竞争，更是文化软实力的竞争。江苏既注重文化发展数量和规模，更注重文化发展的结构和质量，一个“文化事业强、文化产业强、文化人才队伍强、文化综合实力强”的文化强省正阔步走来。

4.2.4　文化产业转型发展阶段——“文化迈上新台阶”

党的“十八大”以来，以习近平同志为核心的党中央高度重视文化建设，围绕加快建设社会主义文化强国、提高国家文化软实力，提出了一系列新思想、新论断，作出具有深远影响的战略部署。尤其是总书记视察江苏时发表重要讲话，要求江苏认真落实中央各项决策部署，积极适应经济发展新常态，紧紧围绕“两个率先”光荣使命，协调推进“四个全面”，努力建设经济强、百姓富、环境美、社会文明程度高的新江苏，并将推动文化建设迈上新台阶列为五个重点任务之一，突出强调“做好各项工作，必须有强大的价值引导力、文化凝聚力、精神推动力的支撑”。在此背景下，2015 年 6 月江苏省委、省政府召开推动文化建设迈上新台阶工作会议；2015 年 8 月《中共江苏省委江苏省人民政府关于推动文化建设迈上新台阶的意见》（以下简称《意见》）发布。《意见》指出，新时期，江苏文化建设要深入贯彻落实党的“十八大”和十八届三中、四中全会精神，全面贯彻落实习近平总书记系列重要讲话特别是视察江苏重要讲话精神，紧紧围绕“四个全面”战略布局，坚持走中国特色社会主义文化发展道路，以培育和践行社会主义核心价值观为主心骨，以深化文化体制改革为主动力，以深入实施文化建设工程为主抓手，推动文化建设迈上新台阶。通过坚持不懈的努力，把江苏建设成为文化凝聚力和引领力强、文化事业和产业强、文化人才队伍强的文化强省，努力构筑思想文化建设高地、道德风尚建设高地，为建设经济强、百姓富、环境美、社会文明程度高的新江苏提供强大精神动力和文化支撑。《意见》既是积极响应文化强国建设新部署和习近平总书记对江苏文化建设的新要求，也顺应了文化发展的新趋势和建设新江苏的新任务，也是江苏文化建设的再谋划、再动员、再出发。这些也表明，江苏文化产业立足新背景、面临新机遇、追求新目标、进入新阶段。

4.3　江苏文化产业发展水平的动态变化

1996 年，江苏率先提出建设“文化大省”；2001 年开展政事分开、管办分离的文化管理体制改革，组建新闻、出版、广电、演艺等文化产业集团；2004 年常州中华恐龙园有限公司、江苏省文化产业集团有限公司入选第一批国家文化产业示范基地；2006 年，提出建设文化强省，开始省级文化园区认定，推进文化产业集聚发展。2014 年，江苏文化产业增加值突破 3000 亿元（图 4-1）。经过多年的政策引导和市场培育，江苏文化产业奋力挺进国内“第一方阵”。

4.3.1　发展水平大幅度提高

据统计，2004 年江苏文化产业增加值为 258.55 亿元，2009 年突破 1000 亿元，2012 年突破 2000 亿元，2014 年突破 3000 亿元，达到 3001 亿元，同比增长 11 倍多，年均增长 20.67%，比全省 GDP 增速高 8.54%。同期，文化产业增加值占全省 GDP 比重由 2004 年 1.72%提升到 2014 年 4.61%，增加 2.89%，文化产业占比持续提高（图 4-1）。从文化园区来看，园区数量不断增多，园区发展指数不断提高（孟召宜等，2014）（表 4-2）。从综合评价来看，以 2004 年为基准，2005 年为 0.0534，2010 年突破 0.5，2012 年达到 0.8789。

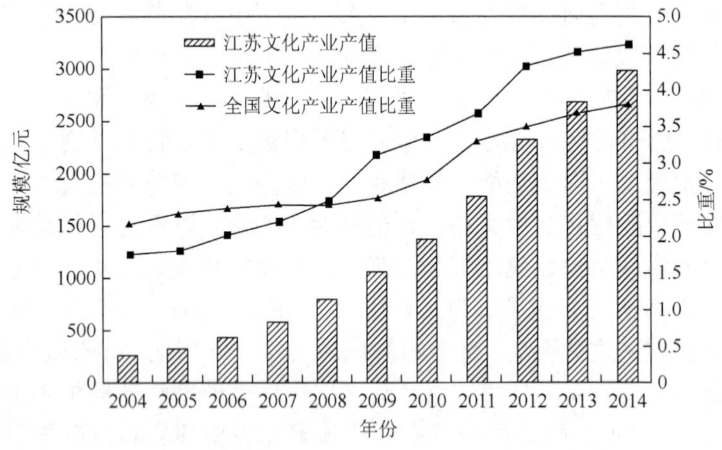

图 4-1　江苏文化产业发展（2004～2014 年）

表 4-2　江苏文化产业发展水平（2004～2013 年）

年度	2004	2005	2006	2007	2008	2009	2010	2011	2012	2013
文化园区数量/个	27	34	51	68	96	136	185	242	299	353
文化园区发展指数	33	40	53	70	99	139	188	245	294	326
文化产业发展指数	0	0.0534	0.1253	0.2133	0.3156	0.445	0.5891	0.7408	0.8789	1
江苏文化产业增长率/%	—	15.98	27.10	27.17	25.68	32.70	17.22	18.22	26.34	10.06

4.3.2　发展历程呈倒“U”形

从发展过程看，2004～2005 年文化产业发展指数提升了 0.054，2005～2006 年提升了 0.072，其后依次为 0.088、0.102、0.144、0.130，至 2010～2011 年提升了 0.152，幅度最大，其后略有回落，2011～2012 年、2012～2013 年分别为 0.138、0.121。从增长速度变化来看，2005～2009 年一路攀升，2009 年达到最高值，增速为 32.70%，其后，在 2012 年有短暂回升，但增速总体下降趋势鲜明。文化园区增长变化亦是如此（表 4-2）。可见，江苏文化产业初期快速发展，在快速发展最高峰后速度放缓，走向稳健发展，整个历程呈倒“U”形。

4.3.3 发展趋势回归“新常态”

江苏文化产业增速在 2009 年达到峰值后一路走低，2013 年为 10.06%，2014 年降到两位数以下，为 8.64%。可见，在经历“十一五”“十二五”快速发展之后，江苏文化产业发展回归“新常态”（表 4-2）。事实上，“十二五”以来，随着社会资本的进入和产业园区的打造，江苏文化产业逐步从“增量扩充”转向“存量优化”，通过集聚发展、深化改革等提质增效。据统计，2014 年江苏经营性文化产业增加值占比达到 79.97%，文化产业示范（实验）园区和示范基地增加值占比为 43.16%。2015 年江苏出台《推动文化建设迈上新台阶的意见》，提出“三强两高”新目标，可以说是对发展提升期“新常态”的积极响应。

4.4 江苏区域文化产业发展水平与格局

4.4.1 区域文化产业发展水平普遍不高

江苏区域文化产业发展指数均值为 0.132，61 个单元中 15 个单元高于均值，占比约为 24.59%；46 个单元低于均值，占比 75.41%。大部分市县低于均值，这表明江苏区域文化产业发展水平整体偏低。文化产业贡献性也直观说明这点。2012 年，仅有常州、太仓、仪征、常熟、张家港、昆山、镇江七市县文化产业增加值占 GDP 比重超过 5%，其余 54 个单元占比均低于 5%。在这其中，有 29 个单元文化产业增加值占 GDP 比重低于 3%，文化产业成为支柱产业任务艰巨。

4.4.2 区域文化产业发展水平差距较大

根据文化产业发展指数，利用 arcgis 软件，基于手动分级法（manual），将 61 个单元分为五类（图 4-2），其中Ⅰ类是高水平区域（0.4547～0.8923），有南京、苏州、无锡三市，文化产业发展指数分别为 0.892、0.607 和 0.526，远高于全省平均水平 0.132，形成江苏 3 个文化产业发展高地。Ⅱ类较高水平区域（0.1443～

0.4546）共 9 个，其文化产业发展水平高于全省平均水平，但低于Ⅰ类地区，形成江苏文化产业发展第二梯队。Ⅲ类中水平地区（0.0795～0.1442）共 15 个单元，其文化产业发展水平在平均水平附近，形成江苏文化产业发展第三梯队和重要潜力区。Ⅳ类是较低水平区域（0.0478～0.0794），共 12 个单元，该类文化产业水平低于全省平均水平。Ⅴ类是低水平地区（0.0110～0.0477），有 22 个单元。该类文化产业发展指数低于 0.0477，是江苏文化产业发展薄弱区。整体而言，五类单元数量比例为 3∶9∶15∶12∶22，类型分布呈金字塔形。

4.4.3 区域文化产业发展水平南高北低

从空间格局上看，文化产业发展水平最高的第一方阵南京、苏州、无锡均在苏南。第二方阵 9 个单元中，苏南 7 个，苏中、苏北各 1 个。第三方阵共有 15 个单元，苏南 7 个、苏中 6 个、苏北 2 个。第四方阵 12 个单元中，苏南 1 个、苏中 5 个、苏北 6 个。第五方阵 22 个单元中，苏中 3 个、苏北 19 个。可见，苏南地区各单元由于文化产业发展较快、水平最高，多在第一、二方阵，形成率先发展带；而苏中各单元多居于第二、第三方阵，文化产业发展水平次之，成为毗邻苏南的文化产业快速推进带。而苏北地区仅有徐州市居于第二方阵，淮安市、连云港市居于第三方阵，其余多属第四、五方阵，文化产业发展水平低。可见，江苏区域文化产业发展水平北弱南强，呈现由北向南渐次升高的梯度特征（图 4-2）。

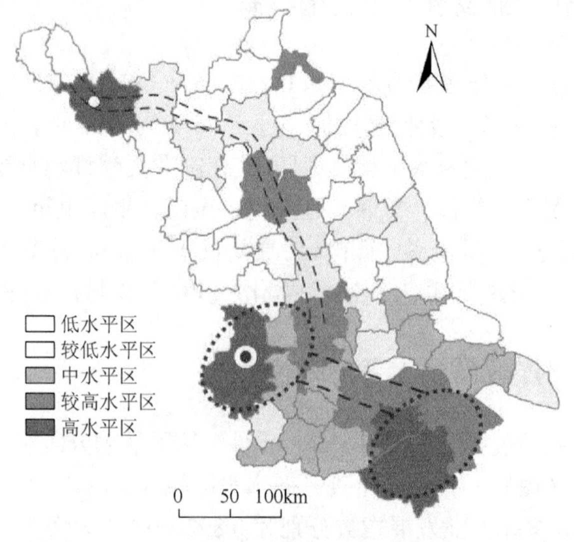

图 4-2 江苏文化产业发展空间格局

4.4.4　文化产业发展格局呈现点轴趋向

从宏观格局上看，省会南京文化产业园数量多、等级高，文化产业规模大、贡献高，其文化产业发展指数为 0.892，遥遥领先，是江苏文化产业发展“高地”。同时，作为文化产业发展较高水平区域的镇江和中水平区域的高淳、句容、仪征，与南京地理临近、联系密切，和南京文化产业“高地”共同形成以南京为中心的金陵文化创意圈。而苏州、无锡文化产业发展指数仅次于南京，分别为 0.607 和 0.526，其相邻的常州、昆山、太仓、张家港等县市多属于文化产业较高水平区域，形成以苏锡常都市圈为基础的吴文化创意圈。金陵文化创意圈、吴文化创意圈和沪宁-沿江文化产业轴构成哑铃型发展格局。作为淮海经济区中心城市，徐州得分为 0.282，属于文化产业发展较高水平区域，徐州文化产业的率先发展，形成苏北乃至淮海经济区文化创意核。同时，徐州和较高水平区域的扬州及中水平区域的淮安等运河城市的文化产业发展，使运河文化产业轴呼之欲出。综上可见，江苏区域文化产业发展呈现一心一核两圈两轴的“1122”式点轴结构（图 4-2）。

4.5　江苏文化产业发展影响因素的计量分析

4.5.1　指标构建

基于 3T 理论、区域创新环境、新产业区等理论，在借鉴相关成果（文婷等，2014；O’Connor，2001；薛东前等，2011；杨槿等，2015）基础上，从文化资源、基础设施、文化需求、创新创业、政策环境、经济推动六方面，构建包括三个层次、15 个指标的文化产业影响因素体系（表 4-3）。其中，通过查阅江苏省文化厅、江苏非遗网及各级政府网站等搜集整理非物质文化遗产，并对国家级、省级、市级非遗项目分别按 4、2、1 赋分。通过查阅江苏旅游局及相关网站，搜集整理 2013 年前江苏省 5A、4A、3A、2A 级景区，分别按 4、2、1、0.5 赋分。城镇化水平数据来自各市、县统计公报、统计年鉴。其中，泗阳县、宝应县为 2013 年数据，灌南县为 2011 年数据。由于江苏经济发展具有空间自相关特征（曹芳东等，2011），高淳、江阴、沛县、新沂、如皋、赣榆、建湖、兴化八地城镇化率缺失，其城镇化率以邻县平均水平替代。其余数据均来自《江苏统计年鉴（2013 年）》，或由其中数据计算所得。

表 4-3　区域文化产业发展影响因素

一级指标	二级指标	三级指标	指标单位	指标性质
文化资源因素	非物态文化资源	非物质文化遗产得分（x_1）	—	正指标
	物态文化资源	景区综合得分（x_2）	—	正指标
基础设施因素	文化设施	每百人图书馆藏书量（x_3）	册	正指标
	信息化设施	移动电话用户（x_4）	万户	正指标
		互联网用户（x_5）	万户	正指标
文化需求因素	经济水平	人均 GDP（x_6）	元	正指标
	收入水平	人均可支配收入（x_7）	元	正指标
	消费水平	人均生活消费支出（x_8）	元	正指标
	消费结构	恩格尔系数（x_9）	—	逆指标
创新创业因素	科技创新能力	每万人专利授权量（x_{10}）	件	正指标
	企业家精神	私营个体从业人员占总从业人员比重（x_{11}）	%	正指标
政策环境因素	政府财力	公共财政预算支出（x_{12}）	亿元	正指标
	社会投入	固定资产投资（x_{13}）	亿元	正指标
经济推动因素	城市化水平	城镇化率（x_{14}）	%	正指标
	产业结构	第三产业占 GDP 比重（x_{15}）	%	正指标

4.5.2　数据处理

运用因子分析法将多指标归结为若干公因子，从而分析影响江苏文化产业发展的主要因素，并简化数据结构，确定综合评价数学模型的权重，计算综合评价值。运用 SPSS17.0 软件计算表明，选取的各指标变量间具有明显的彼此相关性，检验统计量 KMO=0.908，巴特利特检验统计量为 1521.756，相伴概率为 0，非常适合因子分析。按照主成分分析原理，根据对应特征值大于 1 原则提取出两个主成分，累积方差贡献率达到 81.3%，反映了原始变量的大部分信息。

为使主成分含义更加清楚，根据方差极大法对因子载荷矩阵进行旋转，结果表明，第一主成分（fac_1）主要代表文化资源设施、文化投入和发展阶段，基本反映文化产业发展的外力条件；第二主成分（fac_2）主要代表文化需求、创新创业，基本反映文化产业发展的内生动力。根据因子得分矩阵（表 4-4），得到因子得分函数（式（4-1）、式（4-2）），由此计算出全省 61 个县市的两个主成分的因子得分。

$$fac_1=0.170x_1+0.168x_2+\cdots+0.088x_{16} \tag{4-1}$$

$$fac_2=-0.144x_1-0.092x_2+\cdots+0.008x_{16} \tag{4-2}$$

表 4-4　旋转后的因子载荷与得分矩阵

因子	因子载荷		因子得分	
	fac_1	fac_2	fac_1	fac_2
非物质遗产得分（x_1）	0.896	3.796×10^{-2}	0.170	−0.114
景区得分（x_2）	0.956	0.134	0.168	−0.092
每百人图书馆藏书量（x_3）	0.679	0.553	0.055	0.079
移动电话用户（x_4）	0.949	0.187	0.159	−0.075
互联网用户（x_5）	0.910	0.252	0.143	−0.049
人均 GDP（x_6）	0.244	0.914	−0.081	0.254
人均可支配收入（x_7）	0.582	0.784	0.004	0.165
人均生活消费支出（x_8）	0.521	0.831	−0.015	0.189
恩格尔系数（x_9）	0.177	−0.624	0.123	−0.222
每万人专利授权量（x_{10}）	0.267	0.819	−0.063	0.221
私营个体从业人员占总从业人员比重（x_{11}）	0.221	0.753	−0.063	0.207
公共财政预算支出（x_{12}）	0.953	0.213	0.156	−0.067
固定资产投资（x_{13}）	0.947	0.236	0.152	−0.059
城镇化率（x_{14}）	0.720	0.514	0.069	0.061
第三产业占 GDP 比重（x_{15}）	0.690	0.333	0.088	0.008

根据各样本因子得分，从整体和分组两个层面，分别和文化产业发展指数及其四个方面的发展水平进行相关分析（表 4-5），选用 Pearson 相关系数进行检验。相关系数范围为−1～1。

表 4-5　主因子与文化产业发展水平的相关性分析

研究视角		因子	数量规模水平	载体集聚水平	发展效率水平	经济贡献水平	文化产业发展指数
整体分析		fac_1	0.834***	0.948***	0.225*	0.253**	0.824***
		fac_2	0.422***	0.121	0.850***	0.628***	0.467***
分组分析	低值组	fac_1	0.190	−0.379**	0.318*	−0.070	0.044
		fac_2	0.518***	0.712***	0.221	−0.011	0.533***
	高值组	fac_1	0.812***	−0.059	0.950***	−0.056	0.814***
		fac_2	0.103	0.804***	−0.310	0.433**	0.096

注：高值组（Ⅰ、Ⅱ、Ⅲ三类区域，共 27 个样本）、低值组（Ⅳ、Ⅴ两类区域，共 34 个样本）；***、**、*分别表示在 1%、5%、10%水平上显著。

4.5.3　结果分析

1. 整体层面

在整体层面，江苏文化产业发展动力呈现两个特点。

（1）动力结构上，外力推动为主、内生动力为辅。结果表明，fac_1 与文化产业发展指数高度正相关、fac_2 与其低度正相关。这说明江苏文化产业主要受到文化投资、文化资源、文化设施、产业升级、城市化等外在因素的影响，具有投资推动、资源驱动特点。江苏文化产业园发展历程、发展阶段和国家、省层面相关文化产业（园）政策出台时间的耦合性，直观反映了政府的引导、扶持、促动和保障作用（孟召宜等，2014；江苏省文化厅，2011～2014），或者说政策的哺育作用（胡惠林和王婧，2012）。而江苏文化产业园“三旧”（旧厂房、旧中心、旧街区）“二老”（老校区、老院子）“三新”（新城区、新校区、新产业区）的微观区位特征，反映中国特色、江苏特点的新型城市化和文化产业化的互动与协同（孟召宜等，2014）。同时，市场需求、创新创业等影响相对较弱，这既反映江苏文化产业发展与市场需求有些脱节，也说明文化产业由于创新创意不足，未能引领文化消费、引爆文化市场。

另外，两主成分均与文化产业发展水平正相关也说明，江苏文化产业发展是财政支出、固定资产投资、城市化水平、文化资源与文化设施、文化需求、创新创业等多因素综合作用的结果。为更精确度量两主成分对文化产业发展水平的影响，以区域文化产业发展指数为被解释变量，以主成分 fac_1、fac_2 为自变量，对两因子与文化发展指数进行回归分析。其中，相关系数 $R=0.947$，判定系数 $R^2=0.897$，回归估计的标准误差 $S=0.05344$，说明样本回归效果好。统计量 $F=252.196$，相伴概率 p 为 0，说明两个自变量与因变量之间存在线性回归关系。回归方程为 $Y=0.132+0.135\ fac_1+0.0764\ fac_2$。回归结果表明，当以区域文化产业发展水平为被解释变量时，主成分 fac_1、fac_2 增加 1%，区域文化产业发展指数将分别提升 0.135% 和 0.0764%。由于江苏区域经济发展水平、城市化水平、发展阶段和文化资源富集程度不同，各地政府文化投入和文化设施等不同，进而导致江苏区域文化产业发展的力度、速度不同，从而江苏区域文化产业发展水平表现出由北向南渐次升高的梯度性。因此，一定程度而言，江苏区域文化产业发展的不平衡性源于它们处在发展的不同阶段，又在于改革开放后的分区域发展模式和历史地理因素（曹芳东等，2011）。

（2）作用路径上，文化产业发展规模受外生动力影响大，文化产业发展质量受内生动力影响大。从文化产业发展各分量看，载体集聚水平、数量规模水平与 fac_1 高度正相关，fac_2 与数量规模水平低度正相关、与载体集聚水平相关性未通过检验。这表明文化产业园的发展、文化产业规模的扩大依赖于政府投入、产业升级的推动以及文化资源开发和文化设施完善。而文化产业效率和 fac_2 高度正相关，贡献和 fac_2 中度正相关，二者与 fac_1 均不相关，这反映文化产业发展质量依赖于文化市场活力和创业创新等内生能力。

2. 分组层面

分组研究表明，江苏文化产业发展动力具有区域差异性和动态变化性。具体如下。

（1）低值组文化产业发展主要受内生动力影响。整体上，低值组文化产业发展指数与 fac_2 中度正相关；局部上，载体集聚水平与 fac_1 低度正相关，发展效率水平与其低度负相关。而数量规模、发展效率与 fac_2 均中度正相关。可见，苏北等文化产业发展低水平区域，由于发展阶段的落后性、经济基础的薄弱性和文化设施的短缺性，文化投入能力差，因此外在发展动力不足。此时，一方面，政府依托“三旧”地区改造升级建设文化园区（孟召宜等，2014），实现筑巢引凤，因此表现出载体集聚水平与 fac_1 低度正相关；另一方面，通过政府搭台、企业唱戏或文化搭台、经济唱戏，推动招商引资和民营企业发展，基于市场需求、创业创新的内生动力形成，促进文化产业规模的扩大与发展效率的提高。而创业创新精神的先天不足导致其发展动力不强，因而形成低水平自发内生型发展模式。据统计，2012 年苏南、苏中、苏北人均文化事业费分别为 61.63 元、25.39 元、19.32 元，同期苏南、苏中、苏北经营性文化产业占比分别为 88.22%、82.58%、70.89%。苏北人均文化事业费和经营性文化产业占比均低于苏南，一方面反映其动力结构不同，另一方面部分揭示了其差距形成的原因。

（2）高值组文化产业发展主要受外在动力影响。整体上，高值组文化产业发展指数与 fac_1 高度正相关；局部上，文化产业规模、发展载体与 fac_1 均高度正相关，其中发展载体与其相关性高达 0.95；同时，发展质量与 fac_2 也有相关性，其中，效率是高度正相关，贡献性是低度正相关。可见，在苏南文化产业发展高水平区域，积极的文化投资、完善的文化设施及产业升级、城市化拉动等外在动力通过强劲影响文化产业规模的扩大，促进文化产业发展水平的提升，形成投资拉动、产业升级促动的外生驱动型发展模式。同时，市场需求、创业创新通过影响文化产业发展质量也逐步发挥作用，形成该类区域文化产业发展的第二推动力。

综上进行时空转置分析可见，随着区域文化产业的发展，其发展机制由内生动力为主转变为外在动力为主，发展模式也由低水平自发内生型演变为较高水平外生驱动型。同时，发展动力影响逐渐明晰，由低水平时期的混合型作用，逐步转变为外在动力影响文化产业发展规模、内生动力影响发展质量的格局。

4.6 结论与建议

通过以上研究得到以下结论。

（1）江苏文化产业发展过程呈现倒“U”形。近年来江苏文化产业发展水平稳步提升，在这一过程中，初期快速发展，在达到快速发展最高峰后速度放缓，走向稳健发展。

（2）江苏文化产业发展态势显露转型性。江苏文化产业经历高速发展之后，文化产业增长速度、发展水平提升速度均放缓，回归中高速为特征的发展“新常态”，加之文化产业增加值占 GDP 比重达到 4.61%，距支柱产业一步之遥，同时，内生发展动力作用逐步显现，这些方面综合表明江苏文化产业发展即将转型步入提升发展期。

（3）江苏文化产业发展水平具有明显的非均衡性。江苏文化产业发展类型分布呈金字塔形，发展水平呈由北向南渐次升高。

（4）江苏区域文化产业发展宏观格局具有点轴特征，呈现空间聚合趋向。具体而言，呈现一心（南京文化创意中心）一核（徐州文化创意核）两圈（金陵文化创意圈、吴文化创意圈）两轴（沪宁-沿江文化产业轴、运河文化产业轴）的“1122”式点轴结构。

（5）江苏文化产业发展机制具有明显的外力驱动性。整体相关分析表明，江苏文化产业发展外力驱动为主、内生力量为辅，外力主要影响文化产业发展规模，内力主要影响发展质量；分组分析表明，高水平区域外力驱动为主，低水平区域内生力量为主。

基于此，江苏省在以后的发展中应采取以下措施提高省内文化产业发展水平。

（1）强化政府调控，注重政策创新，促进江苏文化产业稳健发展。针对江苏全省及较高水平区域文化产业发展仍以外力驱动为主，以及低水平区域外力驱动仍较为薄弱的现实，江苏应注重发挥政府调控作用，通过完善政策保障发展、创新政策激励发展、整合政策助推发展、细化政策精准扶持发展，最终通过规范管理与引导助推相结合，促进江苏文化产业快速发展。

（2）注重人才引培，坚持创新驱动，促进江苏文化产业转型发展。针对江苏文化产业发展进入“新常态”，江苏应重点引进培养懂创意、善经营、会管理的高端复合人才，挖掘培养专长突出、扎根乡土、服务热忱的基层文艺骨干人才，形成规模宏大、层次分明、各展其长的文化人才队伍。同时，发挥江苏科教优势，培育文化创新主体、打造文化创新平台、优化文化创新生态，不断强化高新技术对文化产业的核心支撑和引擎作用，将科技渗透到文化产业生产、传播、展示、保护各环节。尤其要充分发挥互联网资源聚合、跨界融合、组织优化等多元作用，积极推动网络进企业、入园区，促进文化与网络深度融合，实现文化产业数字化、信息化、网络化，以“互联网+”促进文化产业重构。最终，通过强化文化产业的创新驱动和创意引领，实现发展机制上外生动力为主到内生动力为主，发展目标上由规模扩张转向质量提升，进而通过发展动力和发展目标上的双转变促进江苏文化产业的全面转型。

（3）实施多元战略，注重因地制宜，实现区域文化产业特色发展。立足江苏区域文化产业发展水平的非均衡性和区域文化产业发展动力、发展模式的差异性，实施差别性区域发展战略。具体而言，苏南高水平区域属外力驱动型，文化投资、产业升级等外力推动文化产业规模迅速扩大，而市场拉动、文化创新等内生动力对文化产业的促进作用相对较弱，今后应以“做强”为目标，以转型发展和质量提升为主线，注重文化创意创新，繁荣文化产品市场，加快由投资外生驱动向市场内需驱动转型，加快规模扩张型向质量提升型转变，以形成江苏文化产业率先发展区，积极参与全国文化产业分工和全球文化产业竞争。苏北属低水平自发内生型，区域经济发展水平相对较低，内生驱动力不强，政府推动、文化投入等外力尚未显现，今后应以“做大”为中心，以规模扩张为主线，加强政府调控，加大文化投入，加快文化园区建设，以形成江苏文化产业发展潜力区。而介于二者之间的苏中中水平区域，应注重政府、市场的双轮驱动和规模、内涵的双向并进，通过加强文化投入、激活文化市场两手抓，着力打造江苏文化产业第二梯队。

（4）注重优化布局，强化区域整合，实现城乡区域文化产业协调发展。基于“1122”式点轴结构，江苏应坚持市场为基础、企业为主体、政策相促动，打破地方本位和行业分立，通过资源整合、空间聚合、区域联合，逐步构建“一心一核两圈四带”的空间架构，形成一心引领、一核牵引、两圈联动、四带聚合的区域协调城乡一体发展格局。具体而言，“一心”即依托南京强大的复合优势，立足南京高水平现状，着力打造南京文化创意中心，形成江苏文化产业发展高地。“一核”即依托徐州产业、技术、人才优势，立足徐州相对较高的文化产业发展水平，着力打造徐州文化创意产业集聚核，形成立足苏北、服务江苏、辐射淮海的文化创意高地。“两圈”即立足地域毗邻优势，借力都市圈规划与建设，鼓励文化企业跨区兼并，着力打造苏锡常文化创意圈和宁镇扬文化创意圈，形成江苏文化产业发展航母。“四带”即提升沪宁-沿江文化产业带、壮大运河文化产业带、培育沿海文化产业带和东陇海文化产业带，推动大开发、大联动，形成大产业，打造大品牌。

参考文献

毕小青，王代丽. 2009. 基于“钻石模型”的文化产业竞争力评价方法探析[J]. 华北电力大学学报（社会科学版），（3）：54-58.

曹芳东，黄震方，吴江，等. 2011. 1990 年以来江苏省区域经济差异时空格局演化及其成因分析[J]. 经济地理，31（6）：895-902.

佛罗里达. 2010. 创意阶层的崛起[M]. 北京：中信出版社.

顾江，胡静. 2008. 江苏省文化产业发展综合竞争力研究[J]. 江苏省社会科学，（4）：36-39.

胡惠林，王婧. 2012. 中国文化产业发展指数报告（CCIDI）[M]. 上海：上海人民出版社.

花建. 2005. 文化产业竞争力[M]. 广州：广东人民出版社.

江苏省文化厅. 2011～2014. 江苏省文化统计年鉴（2011—2014 年）[M]. 南京：江苏省文化厅.

李季. 2011. 世界文化产业园[M]. 北京：人民日报出版社.

李炜. 2010. 湖南省文化产业竞争力评价研究[D]. 长沙：中南大学.

李学鑫，田广增. 2011. 选择性环境、能力与农区特色文化产业集群的演化——以宝丰县赵庄乡魔术产业集群为例

[J]. 人文地理，26（3）：122-127.

林拓. 2004. 世界文化产业发展前沿报告（2003—2004）[M]. 北京：社科文献出版社.

卢丽娜，郭淑芬. 2014. 产业集聚对文化产业发展的影响：基于山西文化产业的实证研究[A]. 2014 年第十一届中国技术管理论文集，2014：18-27.

马仁锋，沈玉芳. 2010. 中国创意产业区理论研究的进展与问题[J]. 世界地理研究，19（2）：91-101.

马萱. 2011. 我国区域文化产业竞争力研究[M]. 北京：社会科学文献出版社.

孟召宜，刘倍倍，张培奇，等. 2014. 江苏文化产业园发展水平与空间格局研究[J]. 中国文化产业评论，（20）：160-175.

南京市社会科学院. 2013. 江苏文化强省建设中的难点与突破路径[A]//科学发展、两个率先：江苏省决策咨询基地 2012 年成果报告集. 南京：江苏人民出版社.

祁述裕. 2004. 中国文化产业国际竞争力报告[M]. 北京：社会科学文献出版社.

沙吉. 2013. 南京文化创意产业园发展路径探究[J]. 市场周刊（理论研究），（11）：30-32.

王伟年，张平宇. 2006. 城市文化产业园区建设的区位因素分析[J]. 人文地理，21（1）：110-115.

文嫮，胡兵. 2014. 中国省域文化创意产业发展影响因素的空间计量研究[J]. 经济地理，34（2）：101-107.

薛东前，刘虹，马蓓蓓. 2011. 西安市文化产业空间分布特征[J]. 地理科学，31（7）：775-780.

杨槿，陈雯，袁丰. 2015. 苏州老城区文化产业空间格局演化及其机理分析[J]. 地理科学，35（12）：1552-1559.

周锦，闻雯. 2012. 基于因子分析的我国文化产业发展评价[J]. 华东经济管理，（2）：46-50.

Aage T，Belussi F. 2008. From fashion to design：Creative networks in industrial districts[J]. Industry and Innovation，15（5）：475-491.

Brown A，O'Connor J，Cohen S. 2000. Local music policies within a global music industry：Cultural quarters in Manchester and Sheffield[J]. Geoforum，（31）：437-451.

Horkheimer M. 1947. Dialectic of Enlightenment[M]. Palo Alto：Stanford University Press.

O'Connor J. 2001. The Cultural Policy and the Cultural Industries in Europe's Regions[M]. Cowveroce Nottingham.

Pumhiran N. 2005. Reflection on the Disposition of Creative milieu and its implications for cultural clustering strategies[R]. Paper presented to the 41st Iso-CaRPCongress.

第 5 章　地域文化传承创新与文化园区特色发展

5.1　国内外研究现状

西方发达国家较早进入后工业化社会，文化及相关产业的发展已有半个多世纪，经验表明发展文化创意产业最有效的途径就是建设文化创意产业园，促进文化创意产业集聚化、集约化发展。进入 21 世纪，世界各国对文化产业需求增加，文化创意产业园建设在各地方兴未艾，国外文化创意产业园相关研究理论越来越成熟。研究主要涉及文化创意产业内涵界定、类型划分、发展模式、区位选择和形成机制等方面。

5.1.1　内涵界定

1. 西方

文化创意产业内涵在各个国家和地区有不同的意义，因此世界各国对文化创意产业园没有形成统一的界定。英国文化创意产业园一般称为文化地区，北美则称为文化产业区。20 世纪 80 年代初美国的匹兹堡和列克星敦等地区开始出现“文化创意产业园”这一名词。韦恩指出文化园区是将文化、娱乐等设施集中在城市中一定地理区域内，具备文化生产、消费、工作、居住等多项使用功能。Frost-Kumpf 则提出文化特区概念：都市中具有完善组织、明确标示、具备综合使用功能的地区，能为艺术活动和艺术组织提供所需的条件，为艺术家提供更多的就业和居住机会，让艺术与社区发展紧密结合，增加地区吸引力（刘维公，2003）。Brooks 和 Kushner 认为最主要的问题不在于给文化（产业园）区下一个准确清晰的定义，而在于从不同的角度去分析它，在实践中理解、贯彻、实施它所具有的意义（Brooks and Kushner，2001）。Montgomery 通过对英国谢菲尔德文化园区、寺庙酒吧、Hindley Street、Manchester 北部园区的调查研究，认为成功的文化创意产业园应具备活动（activity）、形式（form）、意义（meaning）三个方面，并研究了城市再生方面文化创意产业园的发展路径（Montgomery，2003；Montgomery，2004）。McCarthy 提出文化园区是指具备文化休闲设施，具有艺术品买卖等商业效应，能提供就业，举办文化活动，可以为艺术家提供生活和工作的社区，对游客有吸引力的一个特定区域（McCarthy，2005）。应该通过建设文化创意产业园来促进文化集聚，即划定一个区域，具备高比例的多种文化用途，具备文化生产和文化消费的功能，文化空间集聚最后达到协同作用，产生集聚经济，对环境的伤害很小（McCarthy，2006）。Pumhiran 认为文化创意产业园就是一些文化企业和创意个体集聚在一个有限的地理区域内，呈现生产和消费的集中的现象（Pumhiran，2005）。Traganon 等全面论述了文化园区的概念：将城市的文化与娱乐设施以最集中的方式安排在特定的地理区位内，鼓励文化使用，具备文化生产与消费、工作、休闲、居住等多项使用功能（Traganou and Mitrasinovic，2009；McCarthy，2005）。总的来说，国外学者从不同的角度研究了文化创意产业园，但研究的内容主要是通过集聚的视角突出了文化创意产业园组织场所、生产活动和综合效益。

2. 国内

国内与文化创意产业园相关的概念有艺术园区、创意产业园区、文化产业园区、创意产业集聚区、创意集群等（马仁锋和沈玉芳，2010）。多位学者结合产业集聚理论从企业间联系、生产特点、园区功能等不同的视角阐述了文化创意产业园区的内涵。王缉慈认为创意园区是人为打造的创意集群，园区中具有创意环境和创意产业联系，创意阶层通过集体的创造力合作生产创意产品（王缉慈，2011）。樊盛春等指出它是与文化关联的企业或产业规模集聚的特定地理区域，具有鲜明文化形象，对外界有一定的吸引力，园区内形成了一个包括生产-发行-消费的产供销一体的产业链条，具有生产、交易、居住、休闲等多种功能（樊盛春和王伟年，2008）。张凌云总结得出文化创意产业园是通过高水准建立的空间形态，具有整体的发展战略和定位，产业内容经过合理布局，有集聚特点并有完整的产业链，为通过创意活动创造价值的精神消费商品生产企业提供孵化、集聚功能和一体化的解决方案及多元化的发展平台（张凌云，2011）。向勇等认为文化创意产业园是一种依托产业经济诉求为基础的社会现象，以文化创意产业集聚为基础，在媒体技术与大众消费特征兴起的背景下，融合了城市化进程、政府行为与民生建设等因素，是集产业经济、社会发展与文化认同于一体的一种实践形态（向勇和刘静，2012）。本质是基于特定地区的文化和制度背景下形成的新产业区和新产业空间的一种新形式，大量创意企业和相关机构通过竞争和合作关系形成创意集中、创新和合作竞争的产业空间组织，它具有产业原创性、产品外向性和关系多维性等特点（肖雁飞，2007）。文化企业及相关支撑组织构成集聚通过协同作用形成强劲、持续竞争优势（何一飞，2008）。

5.1.2　相关研究

国内外学者主要从四个方面展开文化产业园研究。

（1）类型划分。主要依据园区发展阶段、功能、规模、产业等划分（Bassett et al.，2002）。具体而言，根据功能文化产业园区可分为产业型、机构型、博物馆型、都市型，依据规模可分为跨国型、国家型、地区型、区域型和地方型，依据发展阶段可分为依赖型、期望型、新兴型和成熟型。根据产业内容可分为自发形成的文化艺术园、文化创意和地产嫁接的文化地产园、科技创意园和文化旅游园等（张立波，2010）。

（2）区位选择。在区域层面，文化产业园倾向于开放的、多样性的、公共服务完善、容忍性高、低进入障碍和具有休闲中心作用的城市地区，即满足“3T”标准的城市地区（佛罗里达，2010）。在城市内部，以设计和创意服务为主的创意产业园区多趋向于大城市内城和 CBD 边缘地区（Engel，2011；Hutton，2000；Hutton，2006）。文化传媒类和展示型行业与旧城改造相结合，而研发设计类产业主要在高校、科研机构等外围地区分布（周灵雁等，2006）。

（3）发展模式。由于文化资源禀赋、经济发展水平和国家政策不同，文化产业园发展模式各异。基于文化产业园创新路径可分为博物馆区发展模式、公园综合体发展模式、文化群落生产模式、艺术欣赏发展模式（McCarthy，2005），基于发展载体可分为阁楼创新模式、内城创新模式等（Zukin，1989；Hutton，2004），基于运行方式可分为以美国为代表的市场主导型模式和以韩国为代表的政府主导型模式（牛维麟，2007），基于发展动力可分为市场主导下的渐进式模式、制度主导下的“蛙跳式”模式、市场和制度共同主导下的协同式模式（张凌云，2011）。

（4）形成机理。文化资源禀赋、新经济和制度因素、柔性劳动力市场、技术、创意氛围和人才智力资源等是影响文化产业园发展的主要因素（张凌云，2011）。具体而言，在生产方面，文化产业需要大量具备熟练技巧的劳动力和人才；生产组织需要结成浓密的网络，这种网络有多种外来经济的参与；生产的成功运行还需要一系列制度的保障等，正是这些原因导致文化产业企业集聚成团。从销售角度看，小的生产网络更愿意融入到全球销售网络中（Bassett et al.，2002）。这种集聚的特性在特定区域和城市不断加强，便催生了文化产业园。现状研究所取得丰硕成果多是基于文化产业园的个案分析（李季，2011）或微观研究（王伟年和张平宇，2006），对于宏观层面文化产业园的发展状态研究较为薄弱。针对于此，本章以江苏为例，分析江苏文化产业园的发展水平与格局，以期深化文化产业园研究，促进文化产业园又好又快发展。

5.2　研究视角与研究方法

5.2.1　内涵界定与统计原则

世界各国对文化产业园没有统一的界定。英国将其称为文化地区，北美地区将其称为文化产业区。在我国，与之相关的概念有艺术园区、创意产业园区、文化产业园区、创意产业集聚区、创意集群等（马仁锋和沈玉芳，2010）。国内外学者虽然见仁见智，但研究内容主要通过集聚视角突出文化产业园的组织场所、生产活动和综合效益等。强调文化园区是具备文化休闲设施，具有艺术品买卖等商业效应，能提供就业，举办文化活动，可以为艺术家提供生活和工作的社区，并对游客有吸引力的一个特定区域（McCarthy，2005）。在这一特定地理区域，文化企业和创意个体集聚，呈现生产和消费集中的现象（Pumhiran，2005）。

基于文化产业园的内涵与本质，参考相关文献（李季，2011），结合研究区实际情况和研究需要，本章研究的文化产业园区包含以下五类：由各类文化创意个体、工作室或企业集聚而成的园区或集聚区；某种文化产品或工艺美术品展示和生产制作的基地或企业；艺术品或古玩的收集、展示、交易街区；具有明显文化性质或与文化产业关联比较大的文化娱乐休闲街区或旅游区；涵盖个人创造力的各类创意园区。此外，文化产业基地是指有竞争力、影响力、代表性的生产文化产品和文化生产要素的文化企业或文化产业集群（赵迎芳，2009）。因此本章统计中除了包括上述几类园区之外，还包括被认定为省级、国家级文化产业示范基地的具有一定规模和影响力的文化企业。对于文化产业园或文化产业示范基地的主导运营企业则并入到文化产业园统计中，不再进行二次统计。如常州中华恐龙园的项目开发主体常州中华恐龙园有限公司于2004年被认定为国家文化产业示范基地，在此仅统计中华恐龙园，不再统计常州中华恐龙园有限公司。

5.2.2 数据来源与研究方法

由于江苏文化产业园现状研究比较零散、粗略（南京市社会科学院，2013），故本章在参考相关文献的基础上，主要通过连续查阅新华日报（http：//xh.xhby.net/mp1/html/）、扬州日报（http：//www.yznews.com.cn/yzrb/html/）、彭城晚报（http：//epaper.cnxz.com.cn/pcwb/html/）等报纸，查阅文化部（http：//www.ccnt.gov.cn/）、江苏省文化厅（http：//www.jscnt.gov.cn/）、江苏省文化产业网（http：//www.jsci.cn/）、南京文化产业网（http：//njculture.longhoo.net/）等文化产业网站，以及江苏省政府、地级市政府、县级政府等各级网站的文件、统计公报和江苏省服务业集聚区公共服务平台（http：//www.jsfwy100.com/）等，搜集整理江苏各地文化产业园建立的时间、地理区位、依托载体、发展方式、主要产业等内容，形成江苏文化产业园数据库。同时，通过实地考察和对江苏文化产业研究专家以及相关政府部门走访调研，进一步丰富、补充和修正江苏文化产业园数据库。统计时间截至2013年。

5.3　江苏文化产业园总体概况

5.3.1　发展历程

统计表明，至 2013 年江苏已建、在建文化产业园 353 个，多于相关学者 143 个园区说法（南京市社会科学院，2013）。纵向来看，江苏文化产业园发展历程大致可分为三个阶段。

（1）自发建设阶段（2005 年之前）。1996 年，江苏率先提出文化大省战略目标。2001 年制定下发《江苏省 2001—2010 年文化大省建设规划纲要》和《加快文化大省建设若干经济政策的意见》。在此背景下，全省各地把建立文化产业园作为发展文化产业、建设文化大市的手段，开始自发建设文化产业园。这一阶段，文化产业园发展速度慢，其间共建设 34 个文化园区，且主要集中在苏南，尤其是省会南京。

（2）培育发展阶段（2006～2010 年）。2006 年，为积极培育文化产业市场主体，充分发挥文化产业示范基地、文化产业示范园区的示范、窗口和辐射作用，江苏出台《江苏省文化产业示范基地评选命名管理办法》（苏文教[2006]60 号），通过两年一度的文化产业示范基地评选，促进文化产业园培育建设和规范发展。同时，2006 年江苏确立文化强省目标，加之国家、地方相继出台《国务院关于印发文化产业振兴规划的通知》（国发[2009]30 号）、《中共江苏省委江苏省人民政府关于深化文化体制改革加快文化产业发展的决定》（苏发[2009]8 号）、《关于金融支持文化产业振兴和发展繁荣的指导意见》（银发[2010]94 号）等政策助推，江苏文化产业园爆发式增长。其间总量净增 151 个，江苏国家级文化产业示范基地净增 8 个。

（3）提升发展阶段（2011 年至今）。为提升文化产业示范基地及园区的运行质态，充分发挥文化产业基地及园区的企业集聚、项目孵化和示范引领作用，2011 年江苏省文化厅实施文化产业示范基地（园区）提升工程，修订《江苏省文化产业示范基地评选命名管理办法》（苏文教[2006]60 号），增补文化产业示范园区评选命名管理内容。2012 年，江苏省文化厅、科技厅、发改委等部门相继出台《江苏省现代服务业集聚区提升工程实施方案》《关于印发〈江苏省重点文化产业园区管理办法〉的通知》（苏文改发[2012]46 号）、《江苏省文化科技产业园管理办法》等。这些相关系列文件出台推进江苏文化产业园由规模扩张向质量提升转变。其间，江苏文化产业园净增 168 家，其中新增国家级文化产业示范基地 3 家、首批省重点文化产业园区 22 家、首批文化科技产业园 18 家（表 5-1）。

表 5-1　江苏各地文化产业园建设时间表

年份	南京	无锡	徐州	常州	苏州	南通	连云港	淮安	盐城	扬州	镇江	泰州	宿迁	合计
之前	1	2	1	2	0	0	0	0	0	1	0	2	0	9
2000	0	0	0	1	0	0	0	0	0	0	0	0	0	1
2001	1	0	0	0	0	0	0	0	0	0	0	0	0	1
2002	1	0	0	1	0	0	0	0	0	0	0	0	0	2
2003	2	2	0	1	0	0	0	0	0	0	0	1	1	7
2004	3	0	0	1	2	0	0	0	0	0	0	1	0	7
2005	3	1	0	0	2	1	0	0	0	0	0	0	0	7
2006	7	3	1	0	3	1	0	0	0	1	0	0	1	17
2007	10	2	0	1	3	0	0	1	0	0	0	0	0	17
2008	8	2	1	3	7	0	1	1	0	3	2	0	0	28
2009	5	5	2	1	12	1	2	3	1	4	2	1	1	40
2010	7	8	3	5	8	2	1	1	4	0	5	0	5	49
2011	14	3	2	2	14	2	2	5	3	3	2	3	2	57
2012	16	5	2	1	7	8	5	2	2	3	3	2	1	57
2013	11	0	6	3	9	2	4	2	4	4	1	6	2	54
合计	89	33	18	22	67	17	15	15	14	19	15	16	13	353

5.3.2　园区类型

从园区发展载体来看，依托旧厂房、老校区、旧街区改造升级形成的园区 112 个，占比 31%左右；依托经济开发区、科技创业园、新城区、大学城而新建的文化产业园 241 个，占比 69%左右。从园区运行机制看，自发形成型园区仅有苏州苏绣文化产业集群 1 个，其余为政府主导或政企结合型。政府通过出台文化产业政策、规划文化产业园区、建设公共服务平台等，成为文化产业园发展的重要主体和积极力量。这说明江苏文化产业园仍处于政府推进阶段。从园区产业内容来看，在 353 个文化园区中，多元综合型、文化科技型、休闲旅游型各 80 个，地方特色型、影视传媒型、文化艺术型分别为 58 个、36 个和 19 个，其中体现文化科技融合、创意创新和彰显特色的文化科技型、地方特色型、影视传媒型、文化艺术型园区合计 193 个，占比 54.67%。可见，从园区发展内容来看，江苏文化产业园定位较高。

5.4　江苏文化产业园发展水平分析

5.4.1　发展水平的定性分析

从文化产业园级别来看，2004 年至今文化部先后命名五批共 269 家文化产业示范基地，2007 年以来共命名 8 家国家级文化产业示范园区和 7 家国家级文化产业试验园区。其中江苏有 13 家国家级文化产业示范基地，其中常州恐龙园股份有限公司入选 2013 年第二届十大最具影响力国家文化产业示范基地。总体上和上海、四川、浙江数量相当，与北京（22 家）、广东（22 家）有较大差距。而国家级文化产业示范（试验）园区江苏空白。横向对比表明，从国家级文化产业园来看，江苏文化产业发展大致处于第二梯队。这也与相关学者研究相吻合（胡惠林和王婧，2012）。从江苏内部看，在 353 个文化园区中，有江苏省文化产业集团有限公司等 13 家国家级文化产业示范基地，占比 3.68%；有江苏爱涛艺术精品有限公司、南京 1912 文化休闲艺术街区等 44 个省级文化产业示范基地，占比 12.46%；有江苏国家数字出版基地、无锡国家数字电影产业园等 22 家江苏省重点文化产业园区，占比 6.23%；有南京世界之窗创意产业园、无锡国家工业设计园等 11 个省级现代服务业集聚区，占比 3.12%。省级文化产业园（基地）合计占比 21.81%，省级以下占比 74.51%。可见，江苏大部分文化产业园区发展水平不高。而三个层次的文化产业园比例分别为 3.68%、21.81%、74.51%，形成金字塔式等级结构，这反映文化园区之间发展水平差距较大。

5.4.2　发展水平的定量研究

由于缺乏系统的文化产业园经济效益、入驻企业、面积规模等数据资料，而国家级、省级文化产业园的认定是基于园区效益、规模等。因此，在此通过对不同级别的文化产业园进行赋分，以实现对江苏 61 个市县（13 个地级市、48 个县级单元）文化产业园发展水平的综合评价，计算公式为

$$A_i=4X_i+2Y_i+Z_i,\quad i=1, 2, \cdots, 61 \tag{5-1}$$

其中，A_i 代表 i 区域文化产业园发展水平得分；X_i 代表 i 区域国家级文化产业园数量；Y_i 代表 i 区域省级文化产业园数量；Z_i 代表 i 区域省级以下文化产业园数量，国家级、省级、省级以下三个等级文化产业园分别赋分 4、2、1。

根据得分，利用 arcgis 软件，基于手动分级法，将 61 个行政单元划分为五类（图 5-1），其中，Ⅰ类高水平区域（$A_i>35$）有南京（105）、苏州（65）、无锡（36）三个省辖市，形成江苏文化产业园发展高地。Ⅱ类较高水平区域（$15<A_i\leqslant 35$）有常州（27）、扬州（27）、镇江（17）、徐州（16）四个省辖市。该类文化产业园发展水平高于全省平均水平，但低于Ⅰ类地区，形成江苏文化产业园发展第二梯队。Ⅲ类中等水平区域（$5<A_i\leqslant 15$）有泰州、昆山、淮安、江阴、宿迁、连云港、泰兴、如皋、盐城、海安十个市县，其 A_i 在 6～11，在江苏全省文化产业园水平平均值为 7.70 上下。Ⅳ类低水平区域（$1<A_i\leqslant 5$）共 41 个市县，占全省 67.21%。Ⅴ类是无文化产业园区域（$A_i=0$），有扬中、新沂、灌云三个市县。低水平和无文

化产业园区域合计占比 72.13%。同时，全省 61 个市县单元中仅有 13 个市县高于全省平均水平，占比 21.31%，78.69%的市县水平低于均值。综合两方面来看，江苏文化产业园发展水平整体不高。

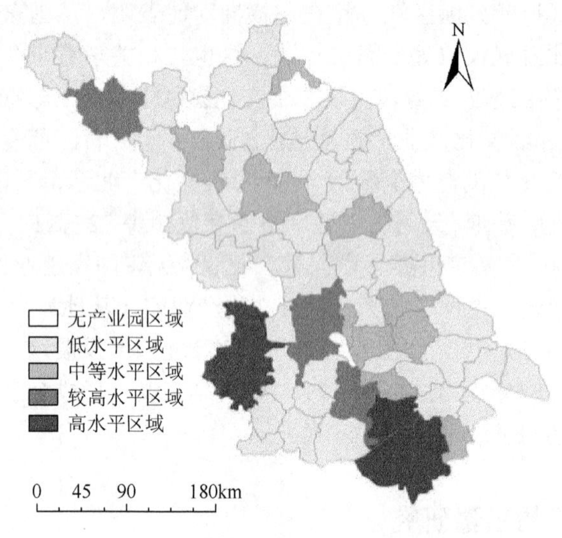

图 5-1　江苏文化产业园发发展水平与格局

5.5　江苏文化产业园空间格局特征

5.5.1　多样灵活的微观区位格局

研究表明，城市丰富的历史文化遗产为创意活动提供了有力支持，有形的历史文化空间形成创意过程的催化剂，因此，很多城市利用“三旧”地区形成“三旧”依托型文化产业园（张纯等，2008）。南京、苏州、无锡、南通、徐州等工业城市，工业遗产较多，在产业升级和城市转型背景下，旧厂房、旧仓库、老街区、老校区（江苏师大文化创意园、淮海文化科技园）、老院子（依托徐州老市委大院建设的彭城壹号、依托徐州警备司令部大院建设的老东门）成为文化产业园发展的良好载体，因此，利用“三旧”地区改造升级形成的“三旧”依托型文化产业园不仅数量多，而且城市取向明显（图 5-2）。据统计，江苏有“三旧”依托型文化产业园 111 个，占比 31%左右。其中南京市区 40 家，苏州市区 22 家，无锡市区 10 家，徐州、常州、南通、扬州、泰州等城市市区也多有分布。江苏“三旧”依托型文化产业园与西方有着明显的不同，这与我国特殊的城市化历程和城市化方针有关。具体而言，西方是在郊区化、逆城市化背景下，城市人口、产业空心化，城市中心衰落，进而立足“三旧”地区，通过城市旧工厂空间改造、内城衰退居住区域改造等，发展文化产业，促进城市复兴（Zukin，1989；Hutton，2004）。而我国是在城市大规模扩张、快速城市化背景下，通过老城改造和新城区、开发区、大学城建设，城市快速转型，产业不断调整。老城区既有旧厂房、旧街区，还有高校搬迁和多地办学形成的老校区，政府搬迁、军事用地置换形成的老院子。立足“三旧”地区深厚文化底蕴、多样文化空间建设文化园区、发展文化产业成为促进城市更新的重要手段。同时，依托新城区、大学城、开发区的优美环境、丰富人才，通过建设园中园等方式，技术、人才密集型工业设计园区在城市新区纷纷建立。可见，相较西方国家而言，江苏文化园区具有更加多样灵活的区位选择特征。

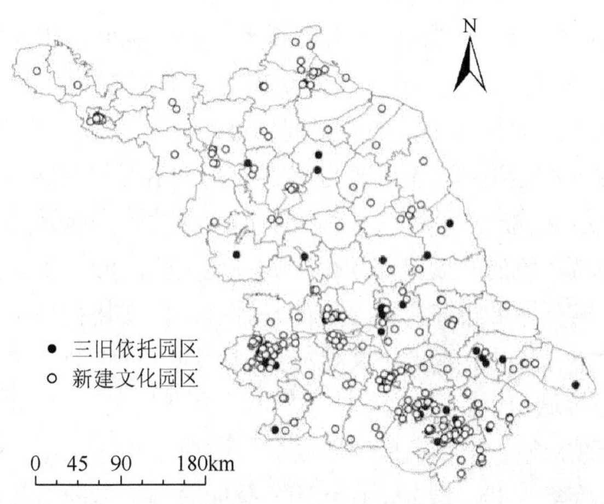

图 5-2　基于发展载体与条件的江苏文化产业园空间分布

5.5.2　根植地域特色的发展格局

从文化产业园发展内容上看，江苏各地立足文化资源优势，形成根植地域特色的发展格局（图 5-3）。具体来看，江苏有文化科技型文化产业园 80 个。由于江苏科教人才主要集中在南京、苏州、无锡、常州、徐州等区域中心城市，因此，该类园区也多集中于此。据统计，南京市区密度最大，有 25 个，其次是苏州、无锡、常州、徐州等城市市区，分别有 14、8、4、4 个。影视传媒型园区共计 36 个，占比 10%。由于该类园区要求有雄厚的经济基础、丰富的文化科技人才、深厚的文化底蕴、优美的自然环境，因此，其主要分布在苏南。如国家数字出版基地、南京国家广告园、江苏未来影视文化产业园等十个国家级园区和江苏东方影业、沙家浜江南水乡影视产业园、西津渡影视基地等七个省级园区主要分布于南京、苏州、无锡、常州、镇江等苏南地区，同时，南京、苏州、无锡、常州四市分别有一个国家动画基地。江苏地方特色型园区 58 个、文化旅游型园区 80 个。独特的文化禀赋、丰厚的文化资源是文化产业园发展的精神动力和创意原料（胡毋意，2009）。江苏文化资源内容丰富，分布广泛。据统计，江苏有三处世界文化遗产、11 个国家历史文化名城、19 个国家历史文化名镇、六处国家历史文化名街、224 处全国重点文物保护单位、17 个 5A 级旅游景区、105 项国家级非物质文化遗产。丰富而广布的文化资源使得江苏地方特色型园区、文化旅游型园区数量多、分布广、特色浓（徐循华和臧正美，2006）。由于地域文化的影响，书法、音乐、美术等地域风格鲜明（陈见东，2008）。同时，技术工艺传承与厚重文化氛围是工艺美术产业形成的关键，而当地悠久历史文化传统是表演艺术等的重要催生因素（李学鑫，2010）。因此，文化艺术型园区具有创意浓、层次高、类型多、数量少特点。江苏有文化艺术型园区 19 个，占比 5%，在六类园区中数量最少。江苏省演艺集团、苏州胥口镇郁舍书画市场等园区主要分布于南京市区、苏州市区、无锡市区、徐州市区等地，空间分布上形成大分散小集中的格局特征。江苏有多元综合型文化产业园 80 个，占比 23%。多元综合型园区具有产业多样、功能多元和发展门槛低、包容性强特征，是很多区域发展文化产业的切入点和突破口，因此该类园区具有数量多、分布广特点。这种根植地域特色的发展格局使得江苏各地文化产业园主导类型各具特色，南京、苏州、无锡、常州等城市在全面发展的基础上，以文化科技型、影视传媒型、文化艺术型为主，徐州、扬州、南通以文化科技型、地方特色型、文化休闲型为主，盐城、连云港、宿迁等城市以文化休闲型、多元综合型为主（表 5-2）。江苏文化产业园不仅在宏观上形成根植地域特色的发展格局，微观上亦是如此。对比图 5-2、图 5-3 可见，江苏文化传媒类、展示型、文化休闲文化园区与旧城改造相结合，而研发设计类园区主要在高校、科研机构等外围地区分布，形成因地制宜、根植特色的布局特征。

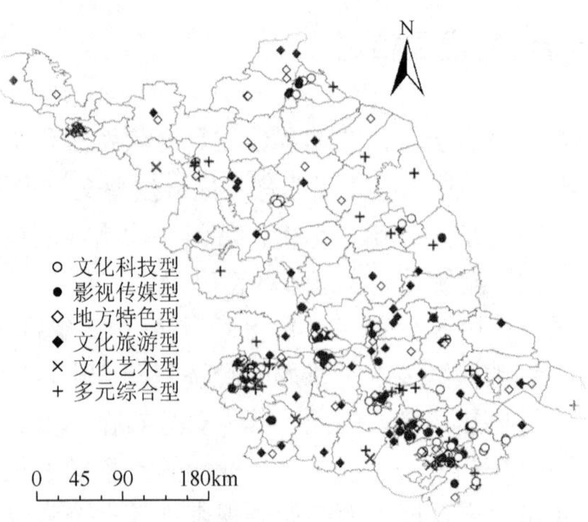

图 5-3　基于产业内容的江苏文化产业园空间分布

表 5-2　江苏各市文化产业园类型结构　　单位：%

园区类型		文化科技	影视传媒	文化艺术	地方特色	文化休闲	多元综合
全省		22.66	10.20	5.38	16.4	22.66	22.66
苏南	总体	26.55	11.50	6.19	14.60	18.14	23.01
	南京市	28.09	7.87	6.74	12.36	14.61	30.34
	无锡市	24.24	15.15	6.06	6.06	24.24	24.24
	常州市	22.73	13.64	0.00	18.18	27.27	18.18
	苏州市	29.85	11.94	7.46	22.39	11.94	16.42
	镇江市	13.33	20.00	6.67	6.67	40.00	13.33
苏中	总体	11.32	13.21	1.89	24.53	33.96	15.09
	扬州市	10.53	21.05	0.00	31.58	26.32	10.53
	南通市	17.65	5.88	5.88	23.53	29.41	17.65
	泰州市	6.25	12.50	0.00	18.75	50.00	12.50
苏北	总体	20.00	4.00	5.33	16.00	28.00	26.67
	徐州市	22.22	0.00	22.22	11.11	22.22	22.22
	连云港市	20.00	13.33	0.00	26.67	33.33	6.67
	淮安市	33.33	0.00	0.00	6.67	33.33	26.67
	盐城市	14.29	7.14	0.00	14.29	21.43	42.86
	宿迁市	7.69	0.00	0.00	23.08	30.77	38.46

5.5.3　核心外围式的城乡格局

研究表明，特定地方内的物质资源与景观刺激、地方声誉与传统等影响创意能力（Drake，2003），同时，文化产品必须依托有高度声誉的源地才能通过集聚获得经济效益（Scott，1996）。而创意人才又倾向于向多样化、宽容、开放的城市集中（Florida，2002）。因此，20 世纪 90 年代以来，文化产业在纽约、洛杉矶、曼彻斯特等国际大都市的内城及其边缘等“三旧”地区呈集群式快速发展，并促进大都市内城旧产业区复兴与内城再生（Houston et al.，2008）。江苏也不例外。据统计，江苏 13 个地级市市区共有文化产业园 264 个，占比 74.79%；12 个城市市区文化产业园市域占比在 50%以上，其中扬州、徐州、无锡、南京、苏州、常州、镇江七市相应占比在 70%以上。仅有盐城由于文化产业园发展慢、数量少，加之其市域面积大、市辖县数量多，市区文化产业园占比稍低，为 35.7%，但也在 1/3 以上（表 5-3、图 5-4）。同时，乡村悠久的历史文化传统、技术工艺传承、厚重文化氛围和独特的社会资本促进了县域乡村文化产业集群、文化产业园区的形成壮大（李学鑫，2010）。江苏亦是如此。据统计，江苏县域文化产业园合计 89 个，占比 25.21%。除徐州新沂市、连云港灌云县、镇江扬中市三个县域单元尚未建设文化产业园，其余 45 个县域单元均有一个以上文化产业园，其中无锡江阴市有五个，南通如皋市、海门市各四个。江苏文化产业园在城乡蓬勃发展的过程中，城市集聚特征非常鲜明，表现出市区集中连片分布、县域点状松散分布的核心外围式城乡格局。从发展水平来看，除南通之外，地级市多在中等水平之上，城高县低的水平格局亦反映这点（图 5-1）。

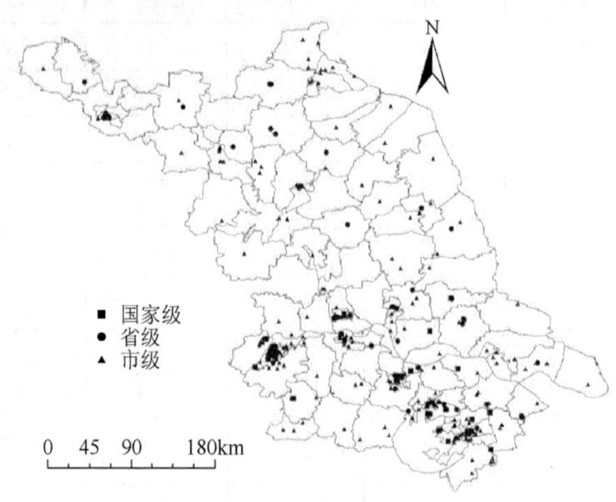

图 5-4 基于级别的江苏文化产业园空间分布

表 5-3 江苏文化产业园空间分布情况 单位：个/%

区域		苏南					苏中			苏北				
		南京	苏州	无锡	常州	镇江	扬州	泰州	南通	徐州	淮安	盐城	连云港	宿迁
市域		89	67	33	22	15	19	16	17	18	15	14	15	13
市区	数量	83	54	25	19	12	15	9	5	13	9	5	8	7
	占比	93.3	80.6	75.8	86.4	80.0	78.9	56.3	29.4	72.2	60.0	35.7	53.3	53.8
县域	数量	6	13	8	3	3	4	7	12	5	6	9	7	6
	占比	6.7	19.4	24.2	13.6	20.0	21.1	43.8	70.6	27.8	40.0	64.3	46.7	46.2
三大板块	合计	226					52			75				
	市均	45					17			15				

5.5.4 由北向南渐次升高的梯度格局

从三大地带上看，文化产业园区空间分布不平衡。从园区总量上看，苏南有文化产业园 226 个，占比 64%；而苏中 52 个，占比 14.7%；苏北 75 个，占比 21.2%。苏南市均 45 个，分别是苏中的 2.65 倍、苏北的 3 倍。从园区等级上看，江苏有国家级文化产业示范基地 13 家，其中苏南 9 家、苏中 4 家、苏北空白。江苏省从 2006～2013 年分四批命名了 44 个省级文化产业示范基地，苏南五市有 24 个，苏中 10 个，苏北 10 个，苏南市均近 5 个，苏中 3 个多，而苏北市均 2 个。2013 年江苏省制定了《江苏省重点文化产业园区管理办法》，重点规划建设 22 家文化产业园区，其中苏南 14 个、苏中 3 个、苏北 5 个。从园区类型与内容层次上看，苏南文化科技、影视传媒、文化艺术三类园区相对比例较高，而苏中、苏北地区文化休闲、多元综合、地方特色三类园区相对比例较高。其中泰州文化休闲型园区比例高达 50%，盐城、宿迁多元综合型园区比例分别高达 42.86%、38.46%。从科技性、创意性方面看，苏南文化产业园层次较高，苏中、苏北层次相对较低（表 5-2）。可见，江苏文化产业园发展呈现由北向南渐次升高的梯度格局。文化产业园产值规模呈现明显的地缘特征也反映这点。究其原因在于改革开放后的分区域发展模式和历史地理因素（南京市社会科学院，2013）。据统计，江苏国家级非物质文化遗产和民间手工艺大多分布在南京、苏州等苏南地区以及扬州、南通等苏中地区，而徐州、盐城等苏北地区相对较少。从经济基础和文化投入来看，2012 年苏南地区人均文物事业经拨款 86.29 元，比上年同比增长 51.8%；苏中地区人均 31.07 元，比上年同比增长 10.04%；苏北地区 24.10 元，比上年增长 27.93%。苏南地区财政拨款人均值和增速优势明显，苏中、苏北地区财政拨款人均值远远低于全省平均值且增速相对较慢。

5.5.5　一心一核两圈的宏观格局

由图 5-1、图 5-4 可见，宏观上江苏文化产业园形成一心一核两圈的发展格局。具体而言，作为省会城市，南京经济发达、高校众多，因而文化产业园起步早、发展快。据统计，2013 年南京市区有文化产业园合计 83 个，其中国家级文化产业园四个，省级（省重点）文化产业园 11 个。南京文化产业园数量多、密度大、等级高，使得南京成为江苏文化产业园发展的“高地”。同时，作为文化产业园发展较高水平区域，扬州、镇江文化产业园也较为密集，这样和南京文化产业园“高地”形成“宁镇扬”文化创意圈。作为江苏经济发达区域和风气领先之地，“苏锡常”影视动漫等文化产业发展较快，形成江苏文化产业发展的“高原”。据统计，2013 年，三市合计有文化产业园 98 个，其中国家级文化产业园 6 个，省级（省重点）文化产业园 8 个。由于文化产业园众多，“苏锡常”都市圈形成江苏文化创意圈。“宁镇扬”创意圈和“苏锡常”创意圈使江苏沪宁-沿江地区文化产业园分布形成哑铃形格局，未来，随着沿线县市文化产业园的发展壮大，沪宁-沿江文化产业带呼之欲出。作为淮海经济区中心城市，徐州经济实力雄厚、高校众多，文化产业率先发展，形成苏北乃至淮海经济区文化创意核。据统计，截至 2013 年，徐州市有文化产业园 13 个，其中 5 家为省级（省重点）文化产业园（表 5-3、图 5-1、图 5-4）。

5.6　江苏文化产业园区典型模式

通过对文化创意产业园的空间格局研究可以看出，社会经济发展水平和文化资源禀赋甚至交通、科技水平等发展条件的不同导致文化创意产业园发展水平差异巨大，深深地烙上了鲜明的区域特征。本节通过对各地区文化创意产业园发展类型的划分，总结江苏省文化创意产业园典型发展模式并探讨成长动力机制。

5.6.1　模式总结

1. 基于文化创意产业园生成机制的模式总结

根据园区的生成机制对全省十三地市文化创意产业园进行模式划分。通过计算得出十三地市文化创意产业园各种生成机制所占百分比，以此为依据，划分地域发展类型。因为全省只有苏绣文化产业集群一个自发而成的园区，因此总结模式时忽略不计，只考虑改造升级和主导建设两种生成机制百分比。为了便于描述，将改造升级型园区百分比记为 G，主导建设型园区百分比记为 D。模式界定为 $|G–D|\leqslant 15$，界定为两种生成机制并重型；$15<|G–D|\leqslant 45$，界定为以一种生成机制为主，一种生成机制为辅；$45<|G–D|\leqslant 80$，界定为一种生成机制为主，伴随另一种生成机制；$|G–D|>80$，界定为一种生成机制主导。通过计算，得出基于园区生成机制的江苏省十三地市发展模式总结（表 5-4）。

表 5-4　基于文化创意产业园生成机制的模式总结

地区	园区生成机制						类型判别	模式总结
	自发形成		改造升级		主导建设			
	数量/个	比重/%	数量/个	比重/%	数量/个	比重/%		
南京市	0	0	40	45	49	55	主导改造并重型	主导改造并重模式
泰州市	0	0	7	44	9	56	主导改造并重型	
无锡市	0	0	10	30	23	70	主导为主、改造为辅型	主导为主、改造为辅模式
徐州市	0	0	5	28	13	72	主导为主、改造为辅型	
苏州市	1	1.5	23	34	43	64	主导为主、改造为辅型	
南通市	0	0	5	29	12	71	主导为主、改造为辅型	

续表

地区	园区生成机制						类型判别	模式总结
	自发形成		改造升级		主导建设			
	数量/个	比重/%	数量/个	比重/%	数量/个	比重/%		
淮安市	0	0	5	33	10	67	主导为主、改造为辅型	主导为主、改造为辅模式
扬州市	0	0	6	32	13	68	主导为主、改造为辅型	
盐城市	0	0	2	14	12	86	主导为主、伴随改造型	主导为主、伴随改造模式
镇江市	0	0	2	13	13	87	主导为主、伴随改造型	
常州市	0	0	4	18	18	82	主导为主、伴随改造型	
宿迁市	0	0	1	8	12	92	主导建设型	主导建设模式
连云港市	0	0	1	7	14	93	主导建设型	

从表 5-4 中可以看出，南京市、泰州市园区的生成机制属于主导改造并重模式；无锡市、徐州市、苏州市、南通市、淮安市、扬州市园区的生成机制属于主导为主、改造为辅型；常州市、盐城市、镇江市园区的生成机制属于主导为主、伴随改造型；连云港市、宿迁市园区的生成机制属于主导建设型。

2. 基于文化创意产业园产业性质的模式总结

根据园区产业性质对全省十三地市文化创意产业园进行模式划分。运用专家打分法，分别计算出十三地市六种文化创意产业园评价值分别占各城市园区总评价值百分比，计算过程如下。

（1）计算十三地市六类园区发展水平评价值，计算公式为

$$P_{i,j}=4n_{i,X}+2n_{i,Y}+n_{i,Z},\quad i=1,2,\cdots,13;j=1,2,\cdots,6 \tag{5-2}$$

其中，$P_{i,j}$ 为 i 地区 j 类型园区发展水平评价值；$n_{i,X}$ 为 i 地区 j 类型园区的国家级园区；$n_{i,Y}$ 为 i 地区 j 类型园区的省级园区；$n_{i,Z}$ 为 i 地区 j 类型园区的普通园区。

（2）计算十三地市文化创意产业园发展水平评价值，计算公式为

$$A_i=4X_i+2Y_i+Z_i,\quad i=1,2,\cdots,13 \tag{5-3}$$

其中，A_i 为 i 地区文化创意产业园发展水平综合评价值；X_i 为 i 地区国家级园区；Y_i 为 i 地区省级园区；Z_i 为 i 地区普通园区。

（3）计算十三地市六大类文化创意产业园比重，计算公式为

$$Q_{i,j}=\frac{p_{i,j}}{A_i}\times 100\% \tag{5-4}$$

其中，$Q_{i,j}$ 为 $P_{i,j}$ 与 A_i 的比值乘以 100，表示 i 地区 j 类型园区评价值占 i 地区园区综合评价值的百分比（%）。

假设 U、V 为 i 地区百分比最高、次高的两类园区，若 $U-V\leqslant 15$，则认定这两类园区为 i 地区主导发展园区，$U-V>15$，则仅取 U 类园区为 i 地区主导发展园区；W 为百分比第三高的 j 类型园区，若有 $V-W<5$，则 W 一并计入 i 地区主导发展园区，以此为依据划分地域发展模式。为了便于整理，采取以下记述方法：A 代表文化科技型园区；B 代表传媒型园区；C 代表地方特色型园区；D 代表文化休闲旅游型园区；E 代表艺术型园区；F 代表综合型园区。通过上述计算方法得到各地区各类型园区比重和地区发展的类型判别（表 5-5）。

表 5-5 基于文化创意产业园产业性质的类型判别

地区	园区性质												类型判别
	A		B		C		D		E		F		
	评价值	比重%	评价值	比重%	评价值	比重%	评价值	比重%	评价值	比重%	评价值	比重%	
南京市	31	26	20	17	17	14	14	12	9	7	30	25	AF
无锡市	18	32	12	21	2	4	9	16	2	4	13	23	AFB
徐州市	4	17	0	0	4	17	4	17	4	17	8	33	F
常州市	11	29	6	16	4	11	11	29	0	0	6	16	AD
苏州市	31	33	12	13	19	20	8	9	9	10	14	15	AC
南通市	2	8	2	8	5	21	5	21	4	17	6	25	FCD
连云港市	3	18	2	12	6	35	5	29	0	0	1	6	CD
淮安市	6	35	0	0	2	12	5	29	0	0	4	24	AD
盐城市	3	19	1	6	2	13	3	19	0	0	7	44	F
扬州市	5	17	8	27	10	33	5	17	0	0	2	7	CB
镇江市	2	9	7	32	1	5	8	36	1	5	3	14	DB
泰州市	2	9	3	13	6	26	9	39	0	0	3	13	DC
宿迁市	1	6	0	0	5	31	4	25	0	0	6	38	FC

从表 5-6 中可以看出，基于园区产业性质划分的江苏十三地市文化创意产业园的发展模式主要有四种类型：①以文化科技型园区为主导的发展模式，主要有南京市、无锡市、苏州市、常州市、淮安市；②以地方特色型园区为主导的发展模式，主要包括连云港市、扬州市；③以文化休闲旅游型园区为主导的发展模式，主要包括镇江市、泰州市；④以综合型园区为主导的发展模式，主要包括宿迁市、南通市、徐州市、盐城市。

表 5-6　基于文化创意产业园产业性质的模式总结

<table>
<tr><th>地区</th><th>类型判别</th><th>一次类聚类分析</th><th>二次类聚类分析</th></tr>
<tr><td>南京市</td><td>AF</td><td rowspan="2">AF</td><td rowspan="5">A</td></tr>
<tr><td>无锡市</td><td>AFB</td></tr>
<tr><td>苏州市</td><td>AC</td><td>AC</td></tr>
<tr><td>常州市</td><td>AD</td><td rowspan="2">AD</td></tr>
<tr><td>淮安市</td><td>ADF</td></tr>
<tr><td>连云港市</td><td>CD</td><td>CD</td><td rowspan="2">C</td></tr>
<tr><td>扬州市</td><td>CB</td><td>CB</td></tr>
<tr><td>镇江市</td><td>DB</td><td>DB</td><td rowspan="2">D</td></tr>
<tr><td>泰州市</td><td>DC</td><td>DC</td></tr>
<tr><td>宿迁市</td><td>FC</td><td rowspan="2">FC</td><td rowspan="4">F</td></tr>
<tr><td>南通市</td><td>FCD</td></tr>
<tr><td>徐州市</td><td>F</td><td>F</td></tr>
<tr><td>盐城市</td><td>F</td><td>F</td></tr>
</table>

3. 基于文化创意产业园发展水平的模式总结

利用式（5-1）计算十三地市文化创意产业园发展水平评价值（表 5-7），然后利用 GIS 软件中的 arcmap 空间分析功能，把十三地市评价值导入 arcmap10.0 属性数据库中，利用自然间断点分级法分类，得到文化创意产业园发展水平的五个层级，表示江苏省文化创意产业园发展水平的空间分异态势，颜色越深说明发展水平越高（图 5-5）。文化创意产业园发展的五个层级分别为：高文化创意产业园发展水平区、较高文化创意产业园发展水平区、中等文化创意产业园发展水平区、一般文化创意产业园发展水平区、低文化创意产业园发展水平区。从图中可以看到，南京市、苏州市属于高发展水平区，无锡市属于较高发展水平区，常州市、扬州市属于中等发展水平区，徐州市、南通市、镇江市、泰州市属于一般发展水平区，盐城市、淮安市、宿迁市、连云港市属于低发展水平区。

表 5-7　十三地市文化创意产业园发展水平

地区	园区总数/个	国家级园区/个	省级园区/个	评价值
南京	89	9	5	121
无锡	33	6	5	56
徐州	18	0	6	24
常州	22	4	4	38

续表

地区	园区总数/个	国家级园区/个	省级园区/个	评价值
苏州	67	7	5	93
南通	17	1	4	24
连云港	15	0	2	17
淮安	15	0	2	17
盐城	14	0	2	16
扬州	19	3	2	30
镇江	15	1	4	22
泰州	16	1	4	23
宿迁	13	0	3	16
总计	353	32	48	497

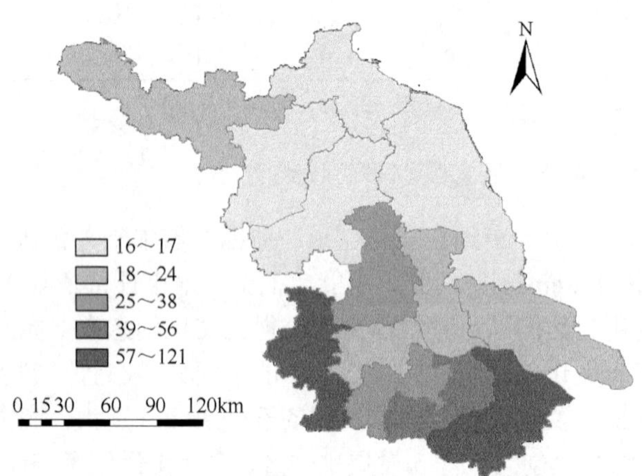

图 5-5 十三地市文化创意产业园发展水平

发展水平高的地区文化创意产业园的发展更具有典型性和示范性，因此结合前面两节对园区发展模式的两种总结，提炼出“南京模式”和“苏州模式”。南京模式：园区生成机制是主导改造并重型，园区的主导产业以文化科技和综合为主；苏州模式：园区的生成机制是以主导建设为主，改造升级为辅，园区的主导产业以文化科技和地方特色为主。在苏北地区徐州市处于一般发展水平，盐城市、连云港市、淮安市、宿迁市均处于低发展水平。苏北地区改造升级型园区占 18.7%，主导建设型园区占 81.3%，园区的主导产业以文化休闲旅游、综合、地方特色为主。因此苏北地区在文化创意产业园的发展上有一定的共性，在此基础上提炼出江苏省文化创意产业园发展的“苏北模式”。

5.6.2　典型地域发展模式

1. 南京模式

1）发展概况

南京市是江苏省发展文化创意产业园的领头羊城市。纳入本章统计的除了1998 年建立的江苏省爱涛艺术精品有限公司和 2001 年建立的江苏省演艺集团两个国家级文化产业示范基地之外，开创南京“苏荷模式”先河的是在 2002 年底，由艺术家吴翦和长江路上的“艺术神画廊”在河西江东村通过租赁仓库的形式组成的南京圣划艺术馆，填补了南京当代大型艺术机构的空白，文化创意产业园的发展开始萌芽。

南京文化创意产业园发展的时间段可以划分为三个时期。2005 年之前是文化创意产业园建设的萌芽时期，每年只有少量园区出现；2005～2010 年为波动发展期。2006 年文化创意产业园的数量开始迅速增加，2009 年、2010 年受 2008 年的经济危机影响园区数量有所减少；2011 年以来进入稳健发展期。2011 年开始文化创意产业园的数量开始强劲反弹，截至 2013 年，每年新建文化创意产业园的数量多于 10 个（图 5-6）。截至 2013 年全市共建立文化创意产业园 89 个：文化科技型的园区共 25 个，传媒型的园区 7 个，地方特色型园区 11 个，文化休闲旅游型园区 13 个，艺术型园区 6 个，综合型园区 27 个。从园区产业类型来看，综合型园区与文化科技型园区旗鼓相当，休闲型园区异军突起，地方特色型园区稳步推进，艺术型园区和传媒型园区稍显滞后。南京市园区的生成机制属于主导改造并重型，主导产业以文化科技和综合为主。截至目前，全市共有国家级园区 9 个，省级、省重点园区 5 个，市级园区 5 个（表 5-8）。

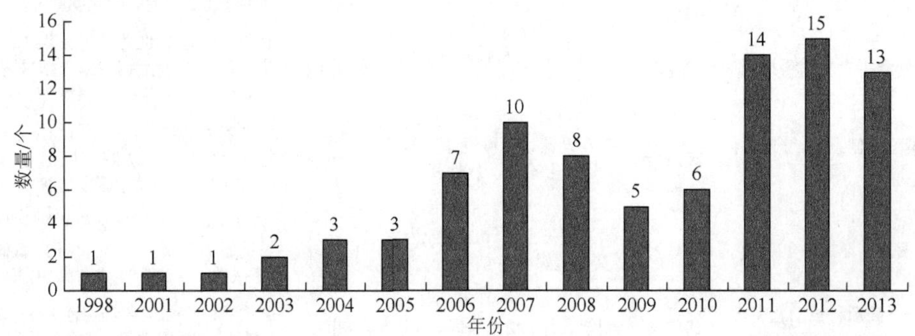

图 5-6　南京市文化创意产业园发展时序

表 5-8 南京市重点园区概况

园区名称	成立时间	主导产业	级别	发展重点与运行机制
江苏省文化产业集团	2003 年	影视制作与发行、网络数字传媒、文体演艺、教育培训、酒店经营	国家级	首家由省政府投资组建、省委宣传部管理的国有独资大型文化企业
江苏省演艺集团	2001 年	创作舞台艺术产品	国家级	由省属艺术表演团体整合而成，已构建起母子公司框架体制
江苏爱涛艺术精品有限公司	1998 年	制作、展览文化艺术精品	国家级	江苏省艺术品收藏、销售、交流和美术教育的现代化展馆
南京云锦博物馆	2004 年	云锦研究、生产、展示、销售	国家级	由南京云锦研究所主导运营，被授予“南京云锦”原产地的称号
江苏未来影视文化产业园	2011 年	影视拍摄、制作、文化旅游	国家级	依托石湫镇优良的环境，重点发展影视主题乐园、创意硅谷、拍摄外景区、影视制作、接待、会展演艺培训
南京国家级动画产业基地	2007 年	动漫游戏、音像出版物及衍生品研发生产	国家级	重点发展动漫企业，成为大型动漫企业的集聚地和人才培训中心
南京国家数字出版基地	2011 年	网络游戏、数字报业、数字出版、印刷、数字娱乐	国家级	引进数字出版产业企业，构建具有国际溢出辐射效应的产业基地
凤凰新华国家数字版权基地	2012 年	数字版权产业、高端创意产业	国家级	成功地实现了对旧厂区的提档升级和生产功能转换
南京国家广告产业园	2011 年	广告设计、广告媒体、城市设计、工业设计、动漫环境艺术	国家级	利用河西新城科技园的区位优势，打造长三角创新创意中心
1912 文化休闲艺术街区	2004 年	餐饮、娱乐休闲、观光、聚会	省级	保护的前提下合理利用南京丰富的民国文化资源，实现价值最大化
江苏东方影业有限责任公司	2005 年	影视节目制作、发行	省级	由江苏省电影发行放映公司等联合组建而成
垠坤·西祠数字网络文化产业园	2007 年	数字设计、数字娱乐、电子商务、休闲	省级	实现了新网络经济从线上到线下、由虚拟到现实的融合
晨光一八六五置业投资管理有限公司	2006 年	房屋租赁、广告代理、创意园开发建设和招商	省级	利用工业遗产和历史文化资源建立而成，走品牌化、规模化道路
江苏博济堂科技创业服务管理有限公司	2012 年	科技园区的开发，管理，运营	省级	运行的 J6 软件创意产业园利用江宁区旧厂房建设而成，吸引小而精、成长型的软件及文化创意企业
创意中央文化科技园	2012 年	创意设计、科技研发、时尚休闲	市级	利用主城区工业遗存，以集约型、生态型、文化型为标准，建立具有可持续发展实力的文化产业园
模范路创意设计产业集聚区	2012 年	工业设计、动漫设计、创意、广告设计、软件开发	市级	由“艺术金陵”等六个园组成。积极探索集聚区内大院、大企、大所三位一体联动创新发展模式
南京紫东国际创意园	2011 年	研发服务业设计服务业为主，文化传媒业咨询策划业为辅	市级	依托便捷的区位交通和仙林大学城的智力资源，打造园林式、低碳环保型、高度智能化的高端园区
白下高新科技创意文化产业园	2012 年	创意设计、动漫数码、云计算	市级	强调“科技+文化”的主题，坚持以科技带动文化产业的升级和发展
高淳陶瓷文化创意产业园	2011 年	陶瓷文化创意产业、高技术陶瓷产业	市级	引进和培育领军型陶瓷文化人才和创业家，同时提供各种创业平台

2）空间格局特征

从图 5-7 中可以看出，南京市文化创意产业园分布的主要特点是在老城区域集聚特征明显，已颇具规模，园区的分布大致呈现出由城市中心区向外围递减的规律。仅有 21 家分布在市区内环绕城公路外，其余园区全部分布在市区内环线内，主城区范围内的鼓楼区、建邺区、秦淮区、玄武区集聚了 59 家园区，是南京市文化创意产业园发展的核心部分；浦口国家经济技术开发区集聚了 9 家园区，呈片状分布；其他园区在各区呈零星散点分布，园区的空间格局具有“一极核、一片区、多散点”的特点。

图 5-8（a）显示的是 2010 年之前（包括 2010 年）建立的 47 家园区，图 5-8（b）显示的是 2011 年至今建立的 42 家园区。2010 年之前，有 42 家园区在鼓楼区、建邺区、秦淮区和玄武区呈高度云集状态分布，仅有五家园区分布在近郊区域。2011 年至今建立的园区已覆盖到南京全市范围，和 2011 年之前的园区分布差异较大，主城核心区密集程度大大降低，园区的建设开始由市中心向郊区扩散，表明南京市文化创意产业园的发展由主城核心区向核心边缘格局演化。

图 5-7　南京市文化创意产业园空间分布

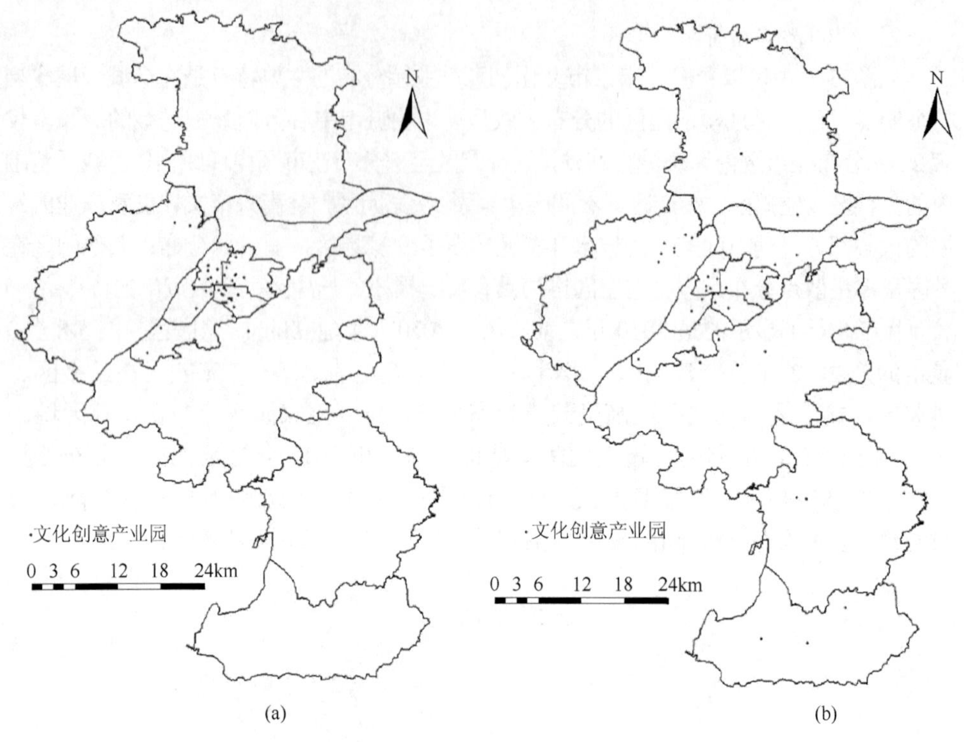

图 5-8　不同年份南京市文化创意产业园空间分布

分析南京市文化创意产业园空间格局形成的原因，中心性、可达性、环境、市场、人才、信息等都是影响园区区位选择的重要因素（黄江和胡晓鸣，2012）。例如，信息服务产业一般集聚在市中心；传媒业一般集中在交通干线上；艺术品业倾向于老城区和旅游区等环境较好的地方，文化休闲旅游业对环境和交通要求较高，会展业则对学术和交通要求较高。南京市老城区独一无二的历史文化为园区的建设提供了精神基础，工业遗产和其他废弃的建筑物为园区的建设提供了丰富的载体，较为完善的公共基础设施，浓厚的城市历史文化底蕴和便捷的轨道交通都是文化创意产业园建设的必要条件，符合文化创意产业园建设的一般规律。因此，园区发展之初，依托老城区的优越条件高度集聚，随着交通和基础设施的完善、外围郊区大学城的建设以及老城区的开发成熟，园区的建设逐渐向外围租金相对较低、环境优美、交通便利的近郊扩散。从本章搜集整理的资料来看，主城区范围内的文化创意产业园面积一般远小于近郊新开发建设的园区，这是由于受到主城区土地稀缺和旧厂房等工业遗产开发建设要求的限制，正是如此，依托工业遗产建设的文化创意产业园有了延续城市历史文化的意义。

3）成长机制

（1）深厚的人文底蕴和完善的文化设施

1982 年被国务院公布为首批国家级历史文化名城的南京是一座有 6000 多年的文明史、2500 年的建城史和 400 多年的建都史的古都，素有“六朝古都”“十朝都会”之称，悠久的历史孕育了源远流长的文化，其中六朝文化、明清文化、民国文化、近现代革命文化等文化遗存有着明显的存量优势。目前全市拥有世界遗产一处（明孝陵）；国家级文物保护单位 27 处、省级文物保护单位 127 处、市级文物保护单位 358 处；拥有南京云锦木机妆花手工织造技艺、东坝大马灯、南京白局、南京金箔锻制技艺、金陵刻经印刷技艺、秦淮灯会、金银细工制作技艺共七个国家级非物质文化遗产。丰富的历史文化资源不仅具有传承城市文明的社会效益，也具有促进生产力发展的经济价值。以南京云锦研究所为例，一个濒临破产的企业随着改革的不断发展实现了利税过百万。2011 年南京云锦研究所有限公司被文化部命名为“第一批国家级非物质文化遗产生产性保护示范基地”，生产性保护所产生的经济效益又反哺了非物质文化遗产的传承，使云锦的制造技艺形成了可持续发展的良好态势。

随着社会的飞速发展，南京市文化基础设施也得到了大幅度的完善。截至 2012 年底，全市共拥有博物馆 45 座，各级艺术表演场所 13 个，各级各类艺术表演团体 48 家，歌舞厅、游戏电子游艺经营场所等各类文化娱乐机构 709 家，有线电视注册用户 243.79 万户，广播电视数字化整体转换用户 166.88 万户，年末拥有移动电话用户 1153.1 万户，固定电话用户 288.92 万户，互联网用户 269.63 万户，建成示范文化站 14 个，文化室示范点 104 个。2012 年全市全年共举行对外文化交流 27 批次，还举办了“2012 百场公益演出广场行”“南京文化艺术节”等系列品牌文化活动，共开展广场文化活动 22291 场。丰富的文化遗产和完善的文化基础设施为文化创意产业园的发展提供了肥沃的土壤和适宜的环境。

（2）高水平的科教实力和人才资源

南京科教资源丰富、人文荟萃。截至 2012 年底，全市共拥有普通高等学校 54 所，在校大学生超过 70 万人，在校研究生近 10 万人，具有大学文化程度的人口共有 209.1 万人，占人口总数的 26.12%，两院院士共 80 名。全市共有各级工程技术研究中心 307 家，包括 16 家国家级研究中心、248 家省级研究中心和 43 家市级研究中心。全市有科技公共服务平台 112 家，国家级重点实验室 25 家，省级以上重点实验室 42 家。2012 年专利申请量达到 42732 件，比 2011 年增长 52.4%；发明专利申请量 16409 件，比 2011 年增长 41.4%，占 2012 年专利申请量的 38.4%；专利授权量 18612 件，比 2011 年增长 50%；发明专利授权量 4437 件，增长 28.5%，占全年专利授权量的 23.8%。2012 年全市共有 34 项成果上榜国家科学技术奖励，其中包括国家自然科学奖二等奖 4 项、国家技术发明奖二等奖 7 项、国家科技进步奖 23 项。2012 年南京市还出台了鼓励科技创新创业的“1+8”“科技九条”等政策，大力引进创新创业人才的培养。全年共引进领军型科技创业人才 1441 人，162 人入选省“双创计划”。2014 年发布的《江苏省区域人才竞争力报告（2013 年）》显示：南京位居 2012 年省内人才综合竞争力第一名。全市正式挂牌运营的科技创业特别社区共有 20 家，建成各类孵化器 85 个，拥有孵化面积 289 万平方米，孵化企业 3600 家。全市还建成了 13 个大学科技园、15 个战略性新兴产业中心。强大的科技实力和深厚的人文资源为文化创意产业园的发展提供了智囊团的作用，创造了极为有利的智力支持。

（3）优秀丰富的历史工业建筑

由工业化时代遗存下来的老厂房保留了城市独特的历史景观，是城市历史文明的重要载体。大批工业化时代遗留的老厂房和仓库等工业遗存是南京作为民国首都和重要工业基地的历史见证，是南京深厚地域文化的重要组成部分，2010 年南京市提出了“像对待文物那样对待工业遗产”。在完全保留原工厂格局的基础上，对旧厂房进行现代化重塑，以旧厂房为发展创意产业的载体，以文化创意为空间的灵魂，能够形成专业、强大的创意热能，带动经济飞跃式发展。主城区范围内的老厂房大都交通便利、空间开阔、环境安静优雅，厂房空间容易分割，对于文化创意和研发企业极具吸引力。保护和改造工业时期旧建筑作为手段是南京主城区发展艺术、设计、商业于一体的文化创意产业园的主要模式。自 2006 年南京市便开始鼓励老国企“退二优二”，发展研发、设计、文化创意等都市工业。由旧厂房改造而成的产业园租金逐年看涨，可以与市中心区域的高档写字楼相媲美。随着旧厂房置换前景看好，甚至引得南京工业大学和南京中医药大学也将老校区腾出来发展都市产业。以南京秦淮区的晨光 1865 创意产业园为例，园区由 1865 年创建的金陵机器制造局改造而成，园区内环境优美，历史文化底蕴深厚，目前入驻企业接近 200 家，文化企业占 85%，2012 年实现经营收入超 25 亿元，实现利税 1.2 亿元，形成了现代文化创意产业的集聚。数量众多的优秀工业遗产为文化创意产业园的建设提供了良好的空间载体，节省了建设园区的费用和场地。

（4）良好的产业基础

2012 年南京市地区生产总值为 7201.51 亿元，比 2011 年增长 11.7%，其中第一产业增加值 184.64 亿元，比 2011 年增长 4.9%，第二产业增加值 3170 亿元，比 2011 年增长 11.9%，第三产业增加值 3846 亿元，比 2011 年增长 11.8%，三次产业增加值比例由 2007 年的 3.5∶48.1∶48.4 调整为 2.6∶44.0∶53.4，经济呈“三二一”结构。2012 年全市高新技术产业完成工业总产值 2431.96 亿元，比 2011 年增长 18.0%。

近年来南京市还依托自身的文化资源优势，出台了“1+5+1”等政策加快文化及相关产业发展。文化产业增加值从 2005 年的 73.48 亿元增加到 2012 年的

366.72 亿元，占 GDP 比重从 2005 年的 3.05%增加到 2012 年的 5.1%（图 5-9），是全省率先超过 5%的地区，这标志着南京的文化及相关产业已经成为社会经济发展的支柱产业之一。文化产业内部结构不断优化，文化服务业成为优势行业的趋势凸显。2012 年，文化及相关产业的构成类别中，文化用品生产实现增加值 100.94 亿元，占文化产业增加值的 27.53%，文化服务类产业实现增加值 234.88 亿元，占全部文化产业增加值的 64%（图 5-10）。此外，从产业类别上看，软件产业、动漫产业、工业设计、广播影视和演艺业、会展等产业发展迅速。2012 年信息服务和软件行业实现业务收入 2076 亿元，比 2011 年增长 36.6%。良好的产业基础为文化创意产业园的发展提供了强大的后盾和依托。

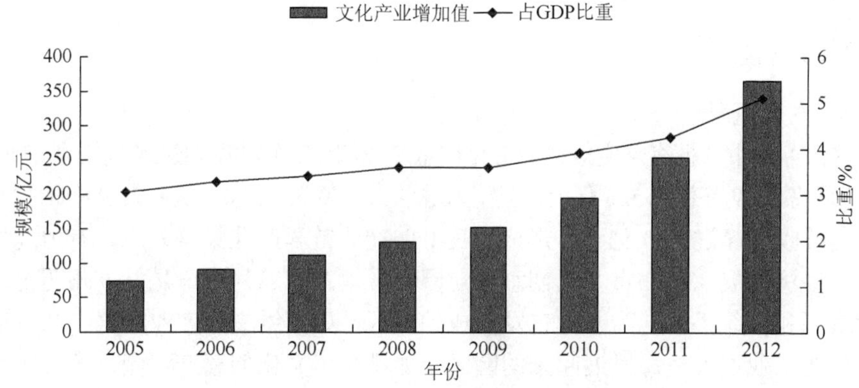

图 5-9　南京市文化产业增加值及占 GDP 比重

资料来源：南京市文化产业网 http：//njculture.longhoo.net/

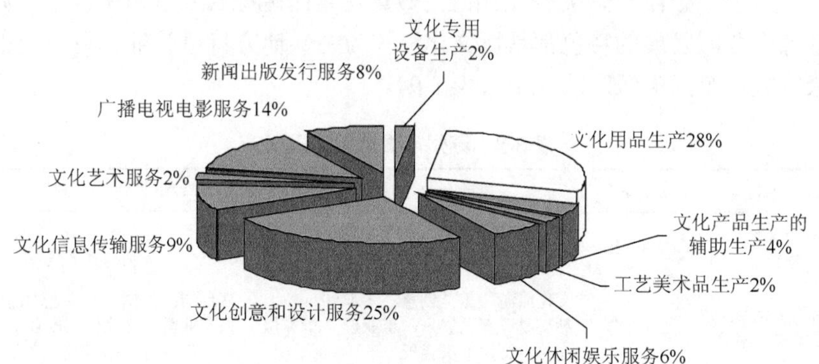

图 5-10　南京市文化产业增加值构成

资料来源：南京市文化产业网 http：//njculture.longhoo.net/

（5）完善的政府政策为文化创意产业园的发展提供了有力的保障

2006 年 8 月，南京市出台了《关于加快推进文化产业园建设的政策意见》，对文化产业园的类型、建设目标、组织管理、认定程序作了详细的说明，并制定了一系列政策扶持，文化创意产业园全面发展的集结号已吹响。为进一步明确导向、加强集聚，2012 年 7 月南京市文化改革发展领导小组颁布了《南京市文化产业园认定和管理办法》，对文化创意产业园的认定标准和认定程序作了全面介绍，提出园区的公共服务平台建设、技术攻关、人才培育等资金支持、文化产业发展专项资金支持、园区融资支持和人才支持等专项政策，并对市级文化产业园制定了一系列的考核制度，督促园区健康发展。2012 年 9 月颁发的《南京市文化产业发展专项资金管理办法》中规定对市级文化创意产业园的文化创业孵化器和公共服务平台建设进行每年不超过 200 万元的扶持。完善多样的政府政策为文化创意产业园的平稳发展提供了有力的保障。

2. 苏州模式

1）发展概况

目前苏州市共拥有一定规模的文化创意产业园 67 个，规划建筑面积约 1317 万平方米，累计投资总额 526 亿元，吸引入驻法人单位 5371 家，从业人员总计 12.9 万人，营业收入超过 200 亿元，形成了良好的产业链和产业集聚效应，有力地推动了社会经济发展。苏州市文化创意产业园发展模式有三种：一是以苏州历史文化旅游资源和传统手工艺为基础自发而成的园区，如苏绣文化产业集群；二是依托苏州传统工业遗址资源发展起来的园区，如桃花坞文化创意产业园，这类园区共 23 个；三是主导建设园区，这类园区共有 43 个。全市共拥有科技型园区 20 个，传媒型园区 8 个，地方特色型园区 14 个，文化休闲旅游型园区 8 个，艺术型园区 5 个，混合型园区 12 个。无论从园区的数量还是园区综合发展水平衡量，苏州市文化创意产业园发展的特色都是以文化科技为主、地方特色为辅。目前全市共有国家级园区 7 个，省级园区 5 个（表 5-9）。

表 5-9　苏州市重点园区概况

园区名称	成立时间	主导产业	级别	运行机制
苏州苏绣文化产业集群	2006 年	刺绣的研发设计、生产、销售、展示和旅游	国家级	形成“一街、一馆、一中心、一园”等刺绣发展载体
江苏周庄文化创意产业投资发展有限公司	2008 年	文化旅游、工艺创意、艺术品交易、演艺娱乐、工业设计、节庆会展	国家级	立足周庄古镇，形成艺术品生产交易产业链、文化休闲产业链、演艺产业链和创意设计产业链
胥口镇书画市场	2004 年	书画创作、装裱、销售	国家级	由书画名家一条街和郁舍村的农民画家共同支撑，即名家、农民共撑市场模式
国家数字出版基地苏州园区	2011 年	新闻出版业、数字出版业、游戏研发、电子图书	国家级	坚持规划引领，着力“招商、服务、管理”三轮创新驱动发展模式，力争 2020 年成为当地支柱产业

续表

园区名称	成立时间	主导产业	级别	运行机制
昆山国家影视网络动漫实验园	2008 年	动漫原创、动漫技术服务、人才培训	国家级	突出昆山定位、打造全国特色品牌
国家动画产业基地苏州园区	2005 年	动漫产业、游戏软件研发、传媒广告、数码娱乐、时尚设计、工业设计	国家级	在国际科技园内，利用开发区的政策优势，力争产值超过 50 亿，成为一流国际化动漫产业基地
张家港国家影视网络动漫实验园	2012 年	高端产业集聚区、国际外包服务基地，动漫、创意设计、软件研发	国家级	注重产值和出口，加速产业的集聚度，创造世界级动画品牌
太仓 LOFT 工业设计园	2009 年	工业设计、创意礼品设计	省级	利用原工业旧厂房以产业置换的方式改造升级而成
989 文化创意产业园	2010 年	工艺生产、影视广告业、设计产业	省级	利用老城区工业遗址改造升级而成，入驻企业虽小却精
太仓科教新城	2011 年	文化信息产业、动漫影视、工业设计、数字传媒、文化创意研发、会展服务	省级	位于太仓、上海、昆山三地交汇的中心地带，打造苏沪之间的商务休闲、现代服务业中间站
沙家浜江南水乡影视产业园	2004 年	影视制作、旅游、培训、研究	省级	以江南影视题材为特点，发展影视旅游，建设集革命历史、水乡文化、数码动漫于一体的影视基地
苏州文化艺术中心	2007 年	科技文化、艺术、娱乐、餐饮	省级	集苏州大剧院、观摩演艺餐厅、电影城、科技博览及商业休闲中心于一体，经营科技、文化、艺术产业
X2 创意街区	2007 年	创意设计、餐饮、娱乐、会展	普通	旧厂房建筑融合现代创意地产的设计理念，是苏州首个以创意产业为核心的 24 小时办公、生活圈
桃花坞文化创意产业园	2008 年	工业美术展示、销售、购物、餐饮	普通	旧工业建筑改造而成，“多生态互补共生”的全新模式，“传统与现代文化创意产业相辅共生”
山塘街	2008 年	文化展示、休闲旅游	普通	依托历史文化遗产，修旧如旧，融合江南水乡文化的休闲街区

2）空间格局特征

从图 5-11 可以看出，苏州市区内文化创意产业园数量最多，密集程度最高，张家港、昆山、常熟、太仓也都分别建设了若干颇具规模的园区（表 5-10），国家级园区和省级园区分布在苏州市各区域，园区发展相对均衡。园区空间格局可以总结为“一心一多组团”：一心指苏州市老城区，各个组团指昆山、太仓、张家港、常熟。苏州市按照“一市一品”的发展战略，各地区根据各自的区位条件和优势形成独特的发展特点。老城区作为文化创意产业园发展的中心地带，依托自身优越的文化资源条件重点发展地方特色型园区和文化休闲旅游型园区；吴中区重点打造以太湖为龙头项目的环太湖文化创意产业集群，以胥口书画为依托的民间工艺产业集群；工业园区则着力建设三大文化创意产业基地：以国际园为载体的国家动画游戏基地、以现代广电大厦为载体的新闻传媒基地、以科技艺术中心为载体的演艺娱乐基地；昆山依托周庄镇、千灯古镇群形成文化旅游产业集群和艺术创作集群，以国家影视网络动漫实验园为载体的特色动漫制作中心；太仓重点发展以科教新城为载体的特色创意设计板块；常熟依托沙家浜影视基地发展影视制作业和文化休闲业，依托大学科技园发展多门类的文化科技产业。

表 5-10　苏州市各辖区各类型园区数量

园区类型	苏州市/个	昆山市/个	张家港市/个	太仓市/个	常熟市/个	总计/个
文化科技型园区	13	3	1	2	1	20
传媒型园区	7	0	0	0	1	8
地方特色型园区	15	0	0	0	0	15
休闲旅游型园区	5	0	1	1	1	8
艺术园	5	0	0	0	0	5
综合型园区	9	1	0	0	1	11
总计	54	4	2	3	4	67

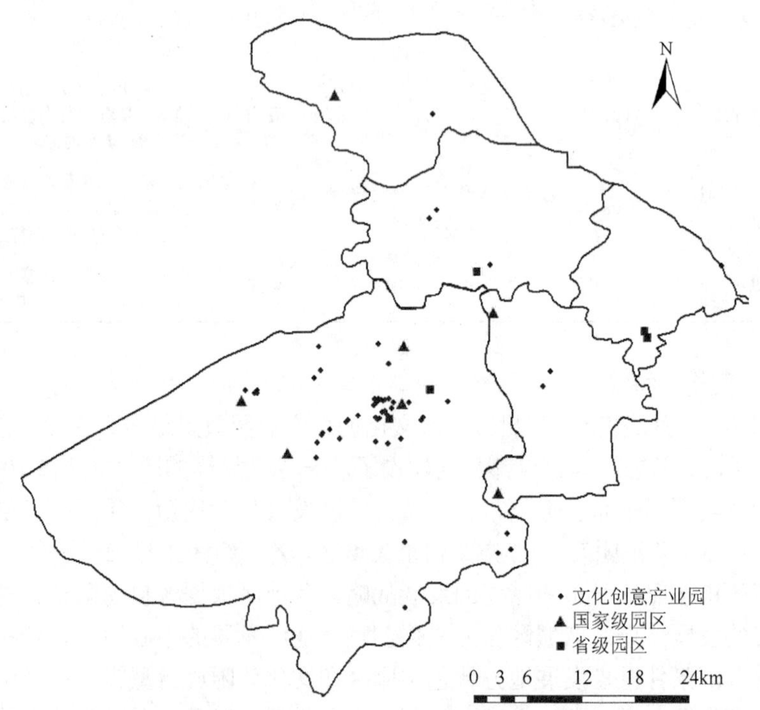

图 5-11　苏州市文化创意产业园区空间分布

3）成长机制

（1）深邃而独特的地域历史文化与强大的经济实力完美结合，为文化创意产业园的发展奠定了良好的基础

古城苏州市有文字记载的历史 4000 多年，是国家首批历史文化名城之一，吴文化的发祥地，历史上长期是江南地区的文化、经济、政治中心。苏州市丰富的文化遗产包括：以世界遗产为代表的古典园林；水乡古镇、古城、古遗址等物质形态的文化遗产；以刺绣、宋锦、雕刻等为代表的传统手工艺制品。全市共有以昆曲、评弹、古琴、吴歌等为代表的多达 30 项国家级非物质文化遗产，是省内拥有国家级非物质文化遗产最多的城市。此外，苏州还拥有周庄镇、甪直镇、木渎镇、沙溪镇等十处国家级历史文化名镇，以及平江路、三塘街两处国家级历史文化名街。丰富多样的文化遗产为苏州市发展文化创意产业提供了丰富的精神食粮和肥沃的滋生土壤。

2012 年苏州市实现地区生产总值达 12011.65 亿元，比 2011 年增长 10.1%，人均地区生产总值 114029 元。全市实现工业总产值 34528 亿元，比 2011 年增长 3.5%，规模以上工业总产值 28784 亿元，比 2011 年增长 5.2%。强大的制造业、开放外向型的经济和园区经济共同组成了苏州市优越的经济基础。依托制造业的优势，能够拉长文化创意产业和其衍生品的产业链条；依托开放型经济的优势，能在全球形成策划运营、信息传输、会展交流、出版发行的产业网络；依托“园区经济”的优势，便于划定区域组建文化创意产业园。苏州优越的经济基础还体现在社会经济发展的均衡上，2012 年全国百强县排名，辖区内常熟、张家港和昆山分别位居 2、3、4 名。总之，强大的经济基础和相对均衡发展的地区经济为文化创意产业园提供了得天独厚的发展环境和物质基础。

（2）产业转型升级和人才建设为文化创意产业园提供了适宜的成长空间

2006 年，苏州市颁布《推进经济结构调整和转变经济增长方式行动计划》和《增强自主创新能力行动计划》后，围绕以增强自主创新能力为核心的低碳经济转型全面展开，产业结构调整、新兴产业发展步伐明显加快。自 2010 年苏州入围国家创新型试点城市以来，全市加快了从全球制造经济到创新型低碳经济发展的转型，将服务外包作为实现经济转型升级、创新发展的重要抓手，走出了自身产业发展的特色。服务外包企业数量从 2007 年的 412 家猛增到 2012 年的 2000 多家，服务外包各项指标均居全国 21 个服务外包示范城市前列，实现了由“苏州制造”到“苏州创造”产业结构调整的华丽转身。初步形成了生物技术、新材料、新能源、新型平板显示、传感器、智能电网六大类新兴产业群，2012 年实现产值 12367 亿元，比 2011 年增长 11%，占全市规模以上工业总产值的 43%，比 2011 年提高 5.0%。信息技术的突飞猛进和移动互联网时代的到来使文化创意产业的发展成为必然，高附加值的文化创意产业又能加快产业转型升级。随着老城区“退二进三”政策

的逐步深化，污染重、附加值低的企业外迁，第二产业逐渐退出城区，工业企业原有厂房成为文化创意产业发展的优良载体。

2012 年全市研究与试验发展经费支出占地区生产总值比重达到 2.6%，全市省级以上高新技术企业已经达到 1864 家，省级以上高新技术产品共计 10031 个，省级以上企业技术中心 176 家，高新技术产业实现产值 11889 亿元，占全市规模以上工业产值的比重达到 41.3%。2012 年专利申请量 14 万件，比 2011 年增长 37%，授权量 9.8 万件，比 2011 年增长 27.2%，居全国大中城市第一位。2012 年底全市各类人才共 178.37 万人，包括高层次人才 11.4 万人，高技能人才 38 万人。截至 2012 年，入选国家千人计划累计 105 人，其中创业人才的比重达 70%。苏州汲取当地特色传统文化资源的精华，以强大经济基础为后盾，通过高新技术的武装和智力资源的催化，推动文化创意产业园实现跨越式发展。

（3）颇具规模的文化创意产业进一步促进了园区的发展

相较于北京、上海、广州等一线城市，苏州市的文化创意产业起步较晚，但科学的发展战略、强有力的制度保障和优越的社会经济条件以及集约化、规模化、特色化的发展道路使苏州的文化创意产业迅速崛起。2012 年全市文化产业营业收入 2600 亿元，比 2011 年增长 21.2%，占全市 GDP 比重达 5.6%。目前已基本形成了以文化艺术、印刷出版、影视传媒、动漫游戏为代表的核心文化产业群，以文化旅游、演艺娱乐、会展广告为代表的外围文化产业群，以文化用品、文化设备的生产制造和销售为代表的相关文化产业群。2012 年苏州原创电视动画片产量 47 部 24773 分钟，居全国首位，动漫游戏产值 5.17 亿元，比 2011 年增长 40%；全市已有七家国家认定的动漫企业：欧瑞动漫有限公司、士奥动画制作有限公司、卡酷影视动画科技有限公司、飞马良子影视有限公司、泰山动画有限公司、玉麒麟文化传媒有限公司、天润安鼎动画有限公司。此外，全市还积极拓展广告、发行、印务等主业，发展手机报、视频网站、地铁报等新媒体，并开拓演艺、会展、物流等相关产业。2012 年举办的首届苏州文化创意设计产业交易博览会是一个起点高、专业性强、开放度高的专业博览会，突出强调了创意产业在社会经济发展中的引擎作用，创博会举办的三天内，参观人数近 10 万人次，签约金额近 10 亿元。苏州良好的产业基础激发了文化创意产业园建设的活力。

3. 苏北模式

1）发展概况

本章研究中的苏北包括徐州市、连云港市、淮安市、宿迁市、盐城市五个城市。目前苏北五市共建设文化创意产业园 75 个，从搜集和调查访谈的资料来看，苏北五市文化创意产业园的发展水平差异不大，徐州市拥有 18 个园区，是这一地区的领头羊城市，宿迁市有 13 个园区，发展相对较弱，盐城市、淮安市、连云港市发展水平相当（表 5-11）。从园区的空间分布来看，苏北地区文化创意产业园的空间分布密集程度大大低于苏南地区，徐州市区园区最为密集，灌云县和新沂市目前还未有文化创意产业园，其他地区园区的空间分布较为均衡（图 5-12），这说明各地区积极跟随发达地区的脚步，建立文化创意产业园以期推动社会经济发展。从园区的生成机制来看，依托旧厂房等旧的建筑物改造升级的园区有 14 个：徐州市 5 个；连云港市 1 个；淮安市 5 个；盐城市 2 个；宿迁市 1 个。淮安市改造升级园区的数量虽然和徐州一样，但是无论从园区规模、性质还是依托的旧建筑载体都以徐州市更为典型。苏北主导建设园区共计 61 个，因此主导建设是苏北大多数地区文化创意产业园发展的主要模式。目前区域共有文化科技园 15 个，传媒型园区 3 个，地方特色型园区 12 个，文化休闲型园区 21 个，艺术型园区 4 个，综合型园区 20 个（表 5-11）。从园区主导产业来看，与苏南地区优先发展动漫软件制作和影视产业、传统工艺等产业为主的园区不同，苏北地区突出发展以文化休闲旅游、工艺品制作等产业为主的园区，因此园区大都有一定的地域“根植性”，带有鲜明的地方特色。区域共有 14 个省级、省重点园区，目前还没有一家国家级园区（表 5-12）。由此可以看出，苏北五市紧跟北京、上海和苏南发达地区的时代潮流，纷纷建立了文化创意产业园以抢占经济发展的制高点，但苏北地区缺少规模大、知名度高、带动能力强的园区，大部分园区“小、弱、散”，社会效益不明显。2009 年之前苏北地区仅有零星几个园区成立，真正开始发展是在 2009 年之后，这比苏南地区 2006 年就开始进入全面发展期晚三年左右（图 5-13）。综上所述，苏北文化创意产业园的发展具有显著的“后发性、多面性”。后发性是指苏北地区文化创意产业园的发展落后于苏南地区，多面性则是指园区基本上都是依据各地方独特的地域文化遗产或遗迹而生成，具有明显的地方“根植性”。

表 5-11 苏北五市各类园区数量

园区类型	徐州市/个	淮安市/个	盐城市/个	连云港市/个	宿迁市/个	总计/个
文化科技园	4	5	2	3	1	15
传媒型园区	0	0	1	2	0	3
地方特色型园区	2	1	2	4	3	12
文化休闲型园区	4	5	3	5	4	21
艺术型园区	4	0	0	0	0	4
综合型园区	4	4	6	1	5	20
总计	18	15	14	15	13	75

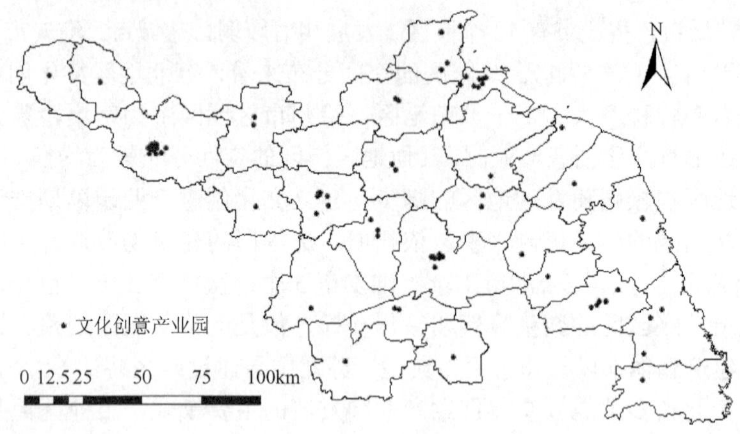

图 5-12　苏北五市文化创意产业园空间分布

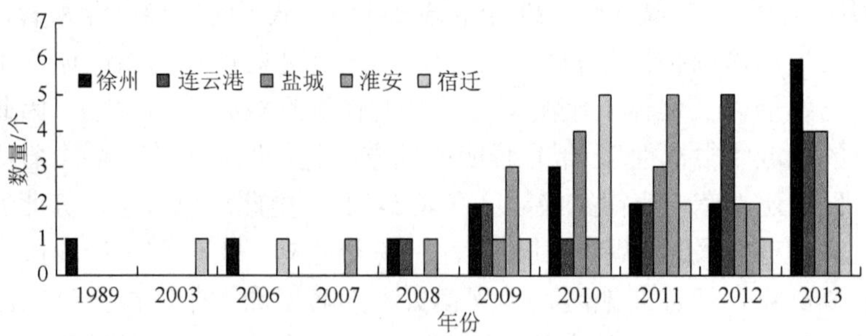

图 5-13　苏北五市文化创意产业园建设时间序列

表 5-12　苏北五市重点园区概况

园区名称	成立时间	主导产业	地区	运行机制
江苏大风乐器有限公司	1989 年	琵琶、扬琴、吉他、古筝等乐器的制作与销售	徐州	集研发、生产、销售于一体的大型乐器制造企业
徐州文化产业园	2008 年	戏曲生产及教育、休闲、文化创意、汉文化主题餐饮、书画艺术交流、图书发行	徐州	在旧建筑的基础上，依托汉文化资源，建成独具特色的国家级教育基地、文化体验中心、非物质文化遗产产品交易中心等
邳州宝石玉器城	2009 年	宝石玉器设计、加工、展示、交易	徐州	打造教育、研发、生产、交易、旅游等功能于一体的全国著名宝石加工交易基地
徐州圣博宏康创意服务有限公司	2011 年	主导运行的创意 68 是集创意办公、创意培训、大学生创业基地于一体的综合型园区。	徐州	多种功能于一体的徐州首个城市创意孵化产业园，最终打造成淮海经济区文化创意集聚高地
徐州新创文化发展有限公司	2013 年	文化用品、电子产品、工艺礼品	徐州	大型的文化用品生产企业，具有强大的示范、带动和辐射作用
徐州动漫创意产业园	2013 年	动漫创意、研发设计、旅游休闲、艺术创作	徐州	以产业集聚和教育培训功能为主，互动消费和展示会议为辅，打造多种功能于一体的动漫创意街区

续表

园区名称	成立时间	主导产业	地区	运行机制
沭阳凤凰画材有限公司	2003 年	油画布、颜料、印刷油画等画材生产、销售	宿迁	以生产美术用品和木制品为主导的走“国际化、专业化、品牌化”的道路画材企业
涟水天宫云锦织造有限公司	2007 年	云锦、织锦、丝绸及纺织品研发、生产、销售	淮安	前身为南京织锦厂，后搬到淮安，全球最大的专业云锦织造企业
江苏东方创意文化产业有限公司	2011 年	运行的东方一号文化创意产业园是集创意设计、展示、生产于一体的综合型园区	盐城	省内沿海第一个高端文化创意园，依托大丰湿地优良环境，打造具有鲜明特色的一流文化创意产业园
江苏安阳文化创意产业园股份有限公司	2012 年	节庆用品、家庭软装饰用品研发、生产	宿迁	主导建设的专业研发生产节庆用品的高新技术企业
盐城国际软件园和服务外包基地	2011 年	物联网、汽车电子信息、离岸服务外包产业	盐城	“市场化运作、企业化管理”的模式，力争建成高端的战略性新兴产业研发平台和人才集聚地
宿迁市文化创意产业园	2010 年	影视博览、文化演艺、休闲娱乐、工艺美术、书画艺术、动漫游戏、文化创意、出版印刷	宿迁	以市场需求为导向的集研发、交易、配套服务为一体的多元化园区和艺术品生产基地
东海水晶文化创意产业园	2013 年	天然水晶开发、设计、加工、包装	连云港	依托区域水晶资源打造的集开发、设计、加工、包装完整产业链于一体的园区

2）成长机制

通过前面的研究和总结，不难发现苏北地区和南京市、苏州市等地区文化创意产业园的发展有着许多不同之处，差异的出现绝非偶然，以下从社会经济发展、区位条件和区域文化、科教人文资源三个方面分析苏北地区文化创意产业园的形成机制。

（1）相对滞后的社会经济发展导致文化创意产业园发展缓慢

文化创意产业园是社会经济发展到一定阶段出现的产物，它的建设与地区产业结构、经济水平、基础设施等息息相关。江苏经济总量一直处于全国领先地位，但发达的背后却是巨大的地区经济反差（表 5-13）。2012 年人均地区生产总值苏南、苏北分别 101370 元和 40914 元，最高的昆山 369485 元和最低的丰县 19613 元相差了近 18 倍之多。经济的差异导致对文化创意产业园区建设投入的资金差别巨大，尤其是需要大量资金支持的软件制作、动漫网游等产业主导的园区。因此，苏北地区依托地域文化形成的文化休闲型园区和地方特色型园区所占比重较大，而需要大量资金为依托的文化科技型园区和传媒型园区占比例较小。此外苏北地区目前没有国家级园区，已建成的文化科技型园区也主要分布在市区范围内。2012 年苏南地区三次产业增加值比例为 2.3∶51.5∶46.2，第二产业和第三产业差别不大，特别是外向度极高的南京、苏州等地区都已经实现了“三二一”的产业结构；

而苏北地区三次产业增加值比例为 12.7∶47.5∶39.8，第一产业和第二产业所占比重较高。苏南五市高新技术产业产值达到 28663.20 亿元，占全省的 63.64%，而苏北五市高新技术产业产值仅为 6809.49 亿元，仅占全省的 15.12%。又因为苏北地区工业普遍起步较晚，现在还处于工业化进程阶段，服务业所占比重不高，因此即使跟随苏南的脚步有意扶持文化创意产业园的发展，苏北地区仍因为没有足够的资金和市场，以及不能像苏南地区那样利用前工业化时期遗留的旧建筑直接改造成园区来减少开发费用，最终导致苏北地区文化创意产业园的发展落后于苏南等发达地区，目前基本处于萌芽状态。

表 5-13　苏南、苏北主要经济指标对比（2012 年）

经济指标	苏南	苏北	比例关系
年末常住人口/万人	3301.71	2978.83	1.1∶1
地区生产总值/亿元	33381.66	12182.94	2.74∶1
人均地区生产总值/元	101370	40914	2.48∶1
地区生产总值构成/%	2.3∶51.5∶46.2	12.7∶47.5∶39.8	—
固定资产投资额/亿元	17401.28	8181.21	2.13∶1
社会消费品零售总额/亿元	10967.82	3932.66	2.79∶1
进出口总额/亿美元	4721.40	291.12	16.22∶1
实际外商直接投资/亿美元	220.80	71.18	3.10∶1
地方财政收入/亿元	5742.19	1960.71	2.93∶1
金融机构存款余额/亿元	52543.72	10297.13	5.10∶1
城镇居民人均可支配收入/元	35827	20822	1.72∶1

资料来源：《江苏统计年鉴（2013 年）》

（2）相对封闭的区位条件和保守的地方文化决定文化创意产业园发展内容的差别

从地理位置来讲，苏南地区北傍长江，东接上海，属于长三角的腹地，地处我国外向开拓的沿海发展轴和长江发展轴的结合部，是我国实施沿海和沿江发展战略的重要地区，无论对外还是对内交通联系都非常便利紧密，便于实施外向型的发展战略。而苏北五市属于“长三角”经济区的外围地区，难以受到发达地区的带动作用。以京沪高铁为例，其只是经过苏北地区的交通枢纽徐州，但经过苏南地区所有城市，基础设施和交通条件的落后导致苏北地区相对封闭保守，不能给文化创意产业园提供一个良好的生长空间。从历史原因来讲，苏南地区较早接受国外先进思想，生产方式和生产技术等方面都优于苏北地区，且苏南地区思想观念更新快，善于接受先进的生产方式捕捉发展机遇。而苏北地区地理环境和交通上的相对封闭，使它接受先进文化的影响小，区域的创意氛围不浓，创新意识不强。较为封闭的地理环境和保守的区域文化氛围，使得大多数地区往往依靠当地历史文化遗迹和区域传统特色文化来发展具有鲜明地域特色的文化创意产业园区，较少有文化科技型和传媒型等类型的与现代信息技术紧密结合的高科技园区。

（3）稀缺的科教人文资源决定文化创意产业园发展的质量不高

文化创意产业园的建设既需要强大的社会经济提供物质基础，也需要高水平的科教实力作为智慧引擎。江苏省整体科教水平居于全国领先地位，但具体到区域内部来看，各地科教水平和科研能力存在巨大差异（表 5-14）。例如，全省十所中央部属院校九所集中在苏南地区，而苏北地区仅有一所，苏北在一定程度上成了苏南地区高级人才输送地。动漫网游开发、软件制作、工业设计等文化科技型产业不仅需要大量的资金投入，还需要大量的掌握各种先进生产技术、能够灵活运用应用软件和仪器，同时能将创意产业化推向市场的复合型创意人才。人才的缺失直接导致了苏北地区文化科技型园区发展的滞后。另外，依托大学是文化创意产业园发展的路径之一，如南京市依托大学建立了中医药文化产业园、南大科学园文化产业园、鼓楼-南京艺术学院文化创意产业园、江苏工业设计园等一批特色鲜明、集聚效应明显的文化创意产业园。但是苏北地区仅徐州作为淮海经济区的中心城市，依托大学形成了江苏师范大学科技园文化创意产业园、泉山区软件园、淮海文化科技产业园，以及淮安市依托淮阴工学院建成了世界之窗工业设计园，其他地区未有依托大学建设的文化创意产业园。苏北一些地区尽管建设了文化科技型园区，但至今未形成一家国家级园区，缺乏带动能力强、品牌效应显著的园区，园区发展的质量和数量都和南京市、苏州市等发达地区有较大差距。

表 5-14　苏南、苏北高校、人才和科技资源对比（2012 年）

地区	苏南	苏北	比例关系
普通高校数/所	94	25	3.76∶1
普通高等教育毕业生数/万人	31.80	7.89	4.03∶1
普通高等教育招生数/万人	30.47	7.98	3.82∶1
普通高等教育在校生数/万人	112.41	28.86	3.90∶1
普通高校专任教师总数/万人	7.33	1.56	4.70∶1
R&D 人员总数/万人	28.23	11.29	2.5∶1
专利申请受理量/件	321196	53183	6.04∶1
专利申请授权量/件	193047	24139	8.0∶1

资料来源：《江苏统计年鉴（2013 年）》

5.7　江苏省文化创意产业园成长机制

5.7.1　独特的文化资源促进了文化创意产业园的特色发展

具有强烈根植性的地方特色文化是文化创意产业的独特投入品，能够突出创意者和创意产品的独特性，有助于提高文化创意产业园和企业的核心竞争力（孔翔等，2011）。地方特色的传统文化、惯例和技巧存在于特定的地区，生产出的产品虽能被模仿，但不能完全被复制，如巴黎的时装、中国的陶瓷和伦敦的剧院。地域特色文化资源体现在当地人们的技巧和才能中，既包括如旧建筑、遗迹遗址等的实体事物，也包括象征性的活动和地方手工艺产品和服务等。随着文化资源日益成为社会经济发展的核心动力，地方特色文化对文化创意产业园的发展形成强大的推动力，文化创意产业园经常出现在这些地方。目前江苏省共拥有国家级非物质文化遗产105 处（表 5-15），国家 5A 级旅游风景区 17 处（表 5-16）。本章所统计的园区中，依托国家级非物质文化遗产建设的园区共计 13 个：苏州桃花坞文化创意产业园、苏绣文化产业集群、扬州玉文化创意产业园、宜兴文化创意产业园、南京云锦博物馆、苏州宋锦文化产业园、苏州香山工坊古建文化产业基地、南京金箔文化产业园、扬州工艺美术集团、镇江醋文化博物馆、金陵竹刻艺术博物馆、常州梳篦厂、竹泓木船文化产业园，仅占国家级非遗数量的 12.4%，这说明江苏省地方特色型文化创意产业园还大有可为。依托国家 5A 级风景区形成的文化创意产业园共计 9 个：昆山文化创意产业园、无锡影视基地、无锡灵山佛文化博览园、南京夫子庙民间艺术大观园、常州中华恐龙园、常州天目湖生态休闲文化创意产业园、姜堰市溱湖湿地公园、沙家浜江南水乡影视产业园、虞山尚湖江南文化博览园。

表 5-15　江苏省部分国家级非物质文化遗产

序号	项目名称	项目类别	申报地区或单位	序号	项目名称	项目类别	申报地区或单位
1	白蛇传传说	民间文学	镇江市	6	海州五大宫调	民间音乐	连云港市
2	梁祝传说	民间文学	宜兴市	7	苏州玄妙观道教音乐	民间音乐	苏州市
3	董永传说	民间文学	东台市	8	昆曲	民间戏剧	江苏省
4	吴歌	民间文学	苏州市	9	苏剧	民间戏剧	苏州市
5	江南丝竹	民间音乐	太仓市	10	扬剧	民间戏剧	扬州市

续表

序号	项目名称	项目类别	申报地区或单位	序号	项目名称	项目类别	申报地区或单位
11	苏州评弹	曲艺	苏州市	34	南通板鹞风筝	传统技艺	南通市
12	扬州评话	曲艺	扬州市	35	苏州端午习俗	民俗	苏州市
13	扬州清曲	曲艺	扬州市	36	秦淮灯会	民俗	南京市
14	桃花坞木版年画	民间美术	苏州市	37	苏州甪直水乡妇女服饰	民俗	苏州市
15	扬州剪纸	民间美术	扬州市	38	高邮民歌	传统音乐	高邮市
16	苏绣	民间美术	苏州市	39	海门山歌	传统音乐	海门市
17	扬州玉雕	民间美术	扬州市	40	吟诵调	传统音乐	常州市
18	惠山泥人	民间美术	无锡市	41	天宁寺梵呗唱诵	传统音乐	常州市
19	宜兴紫砂陶制作技艺	传统技艺	宜兴市	42	无锡道教音乐	传统音乐	无锡市
20	南京云锦木机妆花手工织造技艺	传统技艺	南京市	43	东坝大马灯	传统舞蹈	南京市
21	宋锦织造技艺	传统技艺	苏州市	44	邳州跑竹马	传统舞蹈	邳州市
22	苏州缂丝织造技艺	传统技艺	苏州市	45	淮剧	传统戏剧	盐城市
23	南通蓝印花布印染技艺	传统技艺	南通市	46	锡剧	传统戏剧	无锡市 常州市
24	香山帮传统建筑营造技艺	传统技艺	苏州市	47	淮海戏	传统戏剧	淮安市 连云港市
25	苏州御窑金砖制作技艺	传统技艺	苏州市	48	童子戏	传统戏剧	通州市
26	南京金箔锻制技艺	传统技艺	南京市	49	徐州梆子	传统戏剧	徐州市
27	明式家具制作技艺	传统技艺	苏州市	50	扬州弹词	曲艺	扬州市
28	扬州漆器髹饰技艺	传统技艺	扬州市	51	徐州琴书	曲艺	徐州市
29	镇江恒顺香醋酿制技艺	传统技艺	镇江市	52	南京白局	曲艺	南京市
30	雕版印刷技艺	传统技艺	扬州市	53	建湖杂技	曲艺	盐城市
31	金陵刻经印刷技艺	传统技艺	南京市	54	苏州玉雕	传统美术	苏州市
32	制扇技艺	传统技艺	苏州市	55	光福核雕	传统美术	苏州市
33	剧装戏具制作技艺	传统技艺	苏州市	56	邳州纸塑狮子头	传统美术	邳州市

续表

序号	项目名称	项目类别	申报地区或单位	序号	项目名称	项目类别	申报地区或单位
57	常州梳篦	传统美术	邳州市	67	滑稽戏	传统戏剧	苏州市
58	丰县糖人贡	传统美术	丰县	68	姜思序堂国画颜料制作技艺	传统技艺	苏州市
59	扬派盆景技艺	传统美术	扬州市 泰州市	69	苏州评弹	曲艺	江苏省演艺集团
60	金银细工制作技艺	传统技艺	南京市 江都市	70	扬州评话	曲艺	江苏省演艺集团
61	苏州民族乐器制作技艺	传统技艺	苏州市	71	苏派盆景技艺	传统美术	苏州市
62	传统木船制造技艺	传统技艺	兴化市	72	南通色织土布技艺	传统技艺	南通市
63	封缸酒传统酿造技艺	传统技艺	丹阳市 金坛市	73	苏州书画装裱修复技艺	传统技艺	苏州市
64	富春茶点制作技艺	传统技艺	扬州市	74	碧螺春制作技艺	传统技艺	苏州市
65	茅山号子	传统音乐	兴化市	75	致和堂膏滋药制作技艺	传统医药	江阴市
66	跳马伕	传统舞蹈	如东县	76	季德胜蛇药制作技艺	传统医药	南通市

表 5-16　江苏省国家 5A 级风景区

江苏省国家 5A 级风景区	所属地区
苏州园林	苏州市
苏州昆山周庄古镇	苏州市
南京中山-中山陵风景名胜区	南京市
中央电视台无锡影视基地三国水浒城景区	无锡市
无锡灵山大佛景区	无锡市
无锡鼋头渚景区	无锡市
苏州吴江同里古镇景区	苏州市
南京夫子庙-秦淮河风光带	南京市
常州环球恐龙城景区	常州市
常州溧阳天目湖旅游度假区	常州市
扬州瘦西湖风景区	扬州市
南通市濠河风景区	南通市
泰州姜堰区溱湖国家湿地公园	泰州市
苏州市金鸡湖国家商务旅游示范区	苏州市
镇江三山风景名胜区	镇江市
苏州吴中太湖旅游区	苏州市
苏州沙家浜-虞山尚湖旅游区	苏州市

5.7.2 雄厚的经济基础促进了文化创意产业园的快速发展

文化创意产业园的建设和发展需要大量的资金、技术和人才作为基础。首先，区域经济发展水平高，就能满足园区发展需要的资金投入，反之，园区的发展就会阻滞不前。其次，创意产品需要相应的市场需求，市场需求取决于当地经济发展和人们物质文化生活水平。经济发展好，人民生活水平高，对文化创意产品等精神方面的需求量大，进而刺激文化创意产业园的发展。再次，文化创意产业园的发展也离不开区域原有的产业基础。2012 年江苏省 GDP 总量达到 54058 亿元，人均 GDP 达到 10827 美元，历史性的突破 1 万美元，连续三年居全国各省首位。根据一个国家发展方向和人民收入水平可以将一个区域划分为要素驱动、效率驱动和创新驱动三个发展阶段（表 5-17）。按照这一划分标准，江苏省社会发展水平正处于效率驱动转向创新驱动的过渡阶段，这表明江苏省须通过提高市场效率、发展高等教育培训以及创新来提升竞争力。经济飞速发展和人们物质生活水平不断提高的同时，精神生活也丰富起来，表现在文化教育和娱乐支出不断增多。2003 年江苏省城镇居民家庭和农村居民家庭的文教娱乐支出分别为 971.91 元和 379.2 元，而到了 2012 年则分别达到了 3078 元和 1210 元（图 5-14）。随着中国加入世界贸易组织（WTO）和经济全球化新格局的形成，江苏产业结构进行了一系列的优化调整，第三产业比重由 1989 年的 25.8%上升到 2012 年的 43.5%，三次产业比例为 6.3∶50.2∶43.5，形成了以二、三产业为主的发展格局（图 5-15）。产业结构的调整促进了以发展服务经济为主导的文化创意产业园的发展。苏南地区因基础设施完善、文化教育水平较高、科研实力强、对外交通便利等优势形成了以外向型经济为主导的产业结构。苏南的产业结构加快了江苏省产业结构优化的进程，加快了工业内部结构高级化与技术集约化，带来了先进开放、宽松多样的创意环境，促进了以资金密集型和技术密集型为特点的建筑设计、出版发行、动漫网游、时装设计等各类文化创意产业园的开发和建设并成为推动地方经济的新引擎。2012 年江苏省外商直接投资（FDI）总额为 357.60 亿元，占全国总额的 32%。经济的飞速发展为文化创意产业园提供了物质基础，人们文化及相关产品的消费水平的增高促进了文化创意产业园的发展，产业结构的优化调整使文化创意产业园的建设成为地区发展的不二选择。

表 5-17　区域竞争力发展阶段的划分

发展阶段	人均 GDP/美元
阶段 1：要素驱动阶段	＜2000
阶段 1～阶段 2：过渡阶段	2000～3000
阶段 2：效率驱动阶段	3000～9000
阶段 2～阶段 3：过渡阶段	9000～17000
阶段 3：创新驱动阶段	＞17000

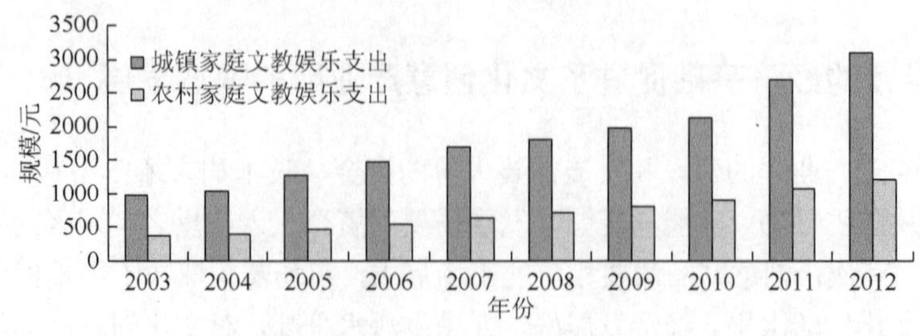

图 5-14　江苏省家庭文教娱乐支出变化

资料来源：《江苏统计年鉴（2013 年）》

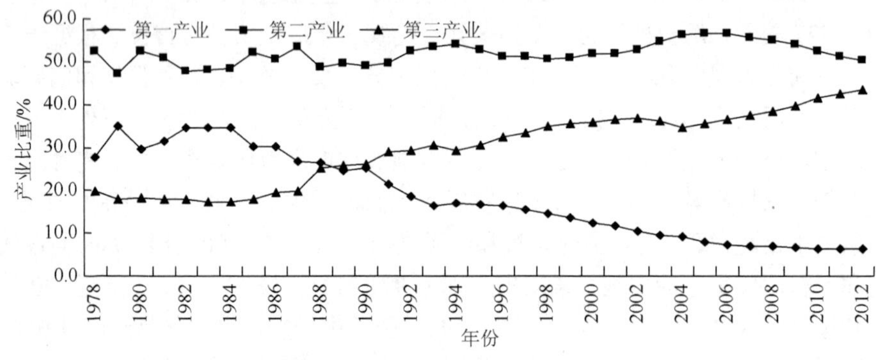

图 5-15　江苏省三次产业产值比重变化

资料来源：《江苏统计年鉴（2013 年）》

5.7.3　发达的科技教育促进了文化创意产业园的高质发展

科技的创新能促进文化产品的创作方式和生产方式的根本变革，运用科技手段经营的文化产品具有资源消耗低、含金量高和持续发展能力强等特点（陈怀珍，2014）。科技的发展使文化创意产业园从生产方式到产品性质发生了根本性的改变，例如，现代社会互联网和科技的迅猛发展催生出了以动漫网游制作、软件开发、工业设计等产业为主导的文化科技型园区。创意的本质属性就是个体的创造性，“3T”理论强调创意阶层的崛起是文化创意产业发展的必要条件。创意人群从广义上说应包括所有具有新观念、新技术和能创造新内容的人才。对于现在的经济社会来说，就是掌握了各种先进生产技术、能够熟练操作应用软件和仪器等，同时能将创意产业化进而推向市场的“新媒体人”，他们是创意产业发展的根本推动力。江苏省高校林立、人力资源荟萃，科技教育水平一直处在全国前列。高等学校数量越多，代表创意人才越多，人文氛围越浓厚，可以直接带动文化创意的活跃程度（焦斌龙等，2010），因此江苏省是技术密集型产业发展的良好载体。例如，动漫产业属于典型的资金密集型、技术密集型产业，苏南地区凭借自身强大的科教实力和雄厚的经济基础大力发展动漫产业，目前在江苏省已处于领先地位，陆续建成了常州、苏州、无锡、南京四个国家级动画产业基地。2005 年成立的常州国家动画产业基地是江苏省第一家由国家广电总局授牌的国家级基地，2010 年常州市政府全面整合了常州国家动画产业基地、常州软件园和中华恐龙园，重点发展动漫网游、软件制作和国际服务外包等产业。作为国内软件、动漫起步较早的城市之一，常州创意产业基地先后获得“国家数字娱乐示范基地”“国家文化产业基地”“国家火炬计划软件产业基地”等称号。基地拥有省级软件企业近 140 家，自主研发软件产品 346 个，原创动画年生产能力 1 万分钟以上。无锡国家动画产业基地分为新区国家数码娱乐产业中心和滨湖区的数码动画影视产业园，授牌当年（2005 年）市政府便制定了每年安排不少于 2500 万的扶持基金、构建技术平台等政策，目前已基本成为创意策划、生产加工、销售流通于一体的动画产业集散地。南京国家动画产业基地位于南京软件园，目前拥有飞麟、苗行天下和阿法贝等国家级动漫企业，累计获得各奖项 30 余项，“十二五”期间预计实现收入 25 亿元，已成为南京市动漫企业一大集聚区。2012 年成立的位于苏州国际科技园的国家级动漫产业基地原创动画产量达 16945 分钟，全年产值 5.17 亿元，居全省第一位；全市原产动画片 47 部 24737 分钟，居全国城市第一位。此外，江苏省强大的科技实力还催生了无锡国家工业设计园、张家港、昆山国家动漫影视网络实验园等一批科技水平高、带动能力强的国家级园区。

5.7.4　强力的产业政策保障了文化创意产业园的健康发展

作为新兴产业集聚区的文化创意产业园同社会其他方面一样，需要政府政策和保障措施来有效适度地调节从而营造良好的发展环境。政府制定政策应充分考虑当地社会经济发展状况、物质文化资源、原有制度环境以及市场环境等诸多因素（蔡荣生和王勇，2009）。政府制定的调节政策一般应包括政府对园区建设的合理规划、政府对文化创意产品的知识产权保护、政府对园区的资金扶持，例如，制定合理的财政、税收、融资等经济政策，在园区平台建设、市场规范、文化创意人才的培养和引进等方面提供扶持。

文化创意产业园发展起来之后关键的是创意产品能够顺利进入并开拓广阔的消费市场，因此政府政策还包括培育合理的文化创意产业和园区的市场化运作机制。目前江苏省涉及文化创意产业园方面的政策可以分为宏观政策和微观政策。宏观政策是就整个江苏省文化创意产业发展过程和发展目标制定的计划或政策（表 5-18）；微观政策则是针对不同园区有目的地制定发展计划或优惠政策。2006 年江苏省评选出第一批省级文化产业示范基地的同时制定了相关的管理办法，并明确提出对示范基地在资金、宣传、信息和平台建设等方面进行重点支持。2013 年省政府在《江苏省重点园区管理办法》中对重点园区的申报认定、扶持政策、管理考核作了详细说明。从本章搜集的园区资料来看，园区的政策主要集中于对入园企业给予租金、税收、平台建设和人才、生活服务等方面的优惠（表 5-19）。

表 5-18　近年来江苏省文化经济政策演变

阶段	时间	文件名称	主要内容	政策目标
文化大省规划建设阶段（2001～2006 年）	2001 年	《江苏省（2001—2010 年）文化大省建设规划纲要》	（1）制定切实合理的目标战略； （2）积极推动文化向创新体制转变； （3）推动建设文化城市和文化区域； （4）加快精神产品的社会化实现； （5）塑造文化产业的重点； （6）寻找新的文化产业增长点和市场； （7）改变人才培养理念，制定有效的文化人才培养计划	推动文化大省建设，充分认识文化大省建设的重要性、紧迫性
	2001 年	《江苏省政府关于加快文化大省建设若干经济政策的意见》	（1）继续征收文化事业建设费； （2）落实税收优惠政策； （3）支持文化设施建设； （4）扶持文化产业发展； （5）增加对文化事业的财政投入； （6）鼓励对宣传文化事业的捐赠	贯彻落实《江苏省 2001－2010 年文化大省建设规划纲要》，促进文化大省建设
	2002 年	《关于进一步加强基层文化建设的意见》	（1）高度重视基层文化建设； （2）加快推进基层文化设施建设； （3）不断丰富基层群众文化生活； （4）进一步增加对基层文化建设的投入	贯彻落实中央政策，进一步加快文化大省建设
	2006 年	《江苏省人民政府关于加快文化事业和产业发展若干经济政策的通知》	（1）加大对文化事业的财政投入； （2）加强农村文化建设和公共文化设施建设； （3）扶持文化产业发展； （4）支持重点文化产业发展； （5）落实税收优惠政策	推动文化大省向文化强省跨越，实现富民强省、“两个率先”目标
文化强省全面推进阶段（2006 年至今）	2006 年	《省政府办公厅转发省文化厅等部门关于加快动漫产业发展若干意见的通知》	（1）支持动漫原创作品创作生产和核心技术研发； （2）推动动漫企业发展； （3）扶持动漫产业基地建设； （4）拓展动漫产业海外市场； （5）加快动漫人才培养	推动全省动漫产业健康快速发展
	2006 年	《江苏省文化体制改革试点工作方案》	确定南京、苏州、无锡、常州、淮安、宿迁六市和 90 家文化单位作为改革试点，加快经营性和公益性文化事业改革，推动文化领域结构调整	促进全省文化体制改革的不断深入，力争在新一轮文化体制改革中走在全国前列
	2008 年	《江苏省省级现代服务业（文化产业）发展专项引导资金使用管理办法》	成立省文化产业引导资金管理协调小组，认真切实做好资金的使用引导工作。明确引导资金支持对象、范围和方式，说明申报条件和程序	推动江苏文化产业繁荣发展，加快文化强省建设步伐，把文化产业培育成全省国民经济支柱产业
	2010 年	《江苏省人民政府关于加快文化产业振兴若干政策的通知》	（1）加大财税扶持力度； （2）构建多元化投融资服务体系； （3）培育重点文化产业和骨干文化企业	加快文化产业振兴，推动文化强省建设

表 5-19　部分文化创意产业园优惠政策

园区名称	优惠政策	地区
南京晨光 1865 科技创意园	入园企业除了能享受租金上的优惠外，对文化类的企业还有 3 个月～3 年的免租期	南京市
无为文化创意园	对创新成长型企业设立专项资金进行扶持	南京市
茉莉江苏文化产业博览园	实施本地最优惠政府政策扶持；五年税收政策；协助员工子女入学等	南京市
江苏模范路创意设计产业集聚区	享有鼓楼区文化产业“1+7”政策；建有公共技术服务平台和公共投融资平台；设立文化人才基金	南京市
南京雨花紫金科技创意特别社	享受市区相关优惠政策；免费提供三年办公及研发场地；种子基金；税收优惠；人才优惠；特有服务体系和孵化体系	南京市
阳澄湖数字文化产业园	园区制定了租金、人才、资金等多方面的优惠政策及各项生活配套服务	苏州市
N 维空间站	建设了科技、金融投资、人才、版权保护等服务平台，还制定了相关奖励政策，从人才培训、引进、项目投入上给予全方位扶持	苏州市
苏州高博文化创意产业园	入驻企业享受苏州高新区相关优惠政策；提供技术服务，水电费按高博学院内部价格计算	苏州市
徐州创意 68	设立园区专项扶持资金，建立税收扶持政策，对入驻的较大规模的文化企业给予一定税收优惠，完善的商业配套	徐州市

5.8　江苏文化产业园区发展问题及优化

5.8.1　存在问题

文化创意产业园能够促进文化创意产业集约化、规模化发展，对文化创意产业具有加速、整合的作用，但文化创意产业园的建设和发展不能一哄而上、一蹴而就，应当结合当地情况，体现地域文化特色。从本章掌握的资料来看，目前江苏省文化创意产业园正处在快速成长阶段，发展模式基本上是借鉴北京、上海等一线城市的做法，园区发展中出现了不少问题，集中表现在园区重复建设、产业定位不明、集聚效应不明显等方面。

1. 文化创意产业园重复建设，同质化严重

江苏省内许多地区文化创意产业园的功能定位和发展策略都还处于初级认知的实践阶段，政府的规划引导是园区建设的主要推动力。随着国内发达地区掀起的文化创意产业园发展热潮，省内一些不具备发展条件的地区也纷纷一哄而上，没有对区位条件和园区建设环境进行考察就上马建设，导致文化创意产业园的重复建设和园区产业功能的同质化，有的园区有企业但无产业，或产业规模小、社会效益低，造成资源的巨大浪费。例如，南京和苏锡常地区建设了大量的动漫产业基地，动漫

企业密度非常高，而这几年苏北一些城市不顾自身区域条件是否合适，也未充分考察市场需求，便纷纷效仿发达地区建起了若干个动漫产业基地。相当一部分园区由于盲目跟风，在园区规划和建设方面互相抄袭模仿，成了大量缺乏地域特色的“复制品”。这种不顾社会发展实际情况跟风而上的做法势必造成行业的恶性竞争，继而引发园区的惨淡经营，这也是江苏省文化创意产业园数量虽多但质量不高的重要原因。

2. 商业地产模式明显，入驻企业杂乱无章

文化创意产业园本质是与文化关联的产业规模集聚的地理区域，它依托人力资本和知识产权，具有增加就业和提升相关产业竞争力的社会效应，园区的固定资产比重应相对较小（沙吉，2013）。目前江苏省内很多园区打着发展文化创意产业的名义实质发展房地产业，园区商业地产化趋势明显。园区建成后，由于商业服务等基础设施的高额投入而不断提高租金，导致园区内过多地入驻了娱乐、餐饮等与文化创意产业无关的服务型企业，文化创意企业所占比例较小。园区的配套设施多是物业服务等，园区存在和发展的目的是为了收取租金赢利，缺乏文化创意产业发展所必需的公共技术、信息、投融资等服务平台。商业地产化的园区制约了文化创意产业的品牌化、规模化发展，使文化创意产业园徒有虚名。许多园区建设初期没有准确的定位和长远的规划，近期利益驱使导致对入园企业没有严格的条件限制，入园门槛低，来者不拒，造成了入园企业杂乱无章、参差不齐、园区内容繁杂的状况，严重影响了园区的形象和发展。

3. 产业集聚效应不明显，产业间关联度低

江苏省目前已建成了一批发展水平较高、产业集聚效应明显、具有标志性意义和示范带动作用的文化创意产业园，但在园区飞速发展的过程中，许多园区产业定位不明，导致园区内入驻企业涉及产业范围广泛，因此产业间关联度不高，产业链的各个环节无法紧密连接继而导致产业链不完整，没有形成产业集群的协同关联效应，离“全方位产业链”还有很大距离。园区入驻的企业只是简单地聚集，企业间关联度不强，没有形成产业集群效应，文化企业之间没有通过交易、契约、合作的形式形成固定的网络化组织构架，正式或非正式的联系形成的信息和知识外溢、劳动力共享等集群优势在大多数园区表现不明显，园区内的企业竞争力并没有因为集聚而显著增强（何娣和朱喆，2009），处于“聚而不集”的状态。

5.8.2 优化路径

1. 强化文化底蕴，促进园区特色发展

立足园区条件，做大做强园区特色文化产业，形成特色文化产业发展、特色

园区打造和区域特色文化传承创新的良性互动。强化科技投入和人才招引，通过科技手段将地域特色文化转化为地域特色文化产品，从而将文化优势转化为产品优势、产业优势、园区优势。进一步强化国家级园区特色、提升省级园区层次、壮大省级以下园区规模，形成以国家级文化产业园为龙头，以省级文化产业园为主体，以省级以下文化产业园为补充的科学等级体系和梯度发展格局。针对江苏省文化创意产业园建设出现一哄而上、整体发展水平不高、杂乱无章的情况，应从各区域原有产业基础、资源优势和发展空间等实际情况出发，深度挖掘各区域和城市的特有资源，重点构建或扶持一批有浓郁区域特色、整体规模较大、集聚带动作用较强、区域影响力较广的标志性园区。根据国内外发达地区的经验总结，结合江苏省的实际情况，可以重点采取以下资源依托的方式发展文化创意产业园。

（1）科学开发“三旧”。“三旧”指废弃的旧厂房、仓库和旧街区。城市中因产业升级置换使许多三旧建筑面临闲置、废弃或再改造的境遇。“三旧”记载了一个城市的社会发展和历史文明过程，本身带有浓浓的地域文化气息，容易激发创意阶层的想象力和创造力。它具有空间宽敞明亮、租金较为廉价和基础设施较为完善的特点，因此往往成为文化创意产业园的滋生地。在一些工业化遗址等旧建筑较少的地区，旧校区、废弃的矿区和旧的市场也可以适当地拿来发展文化创意产业园，而不拘泥于普通意义上的“三旧”。

（2）依托大学等智力密集地区发展文化创意产业园。文化创意产业园的发展对科技、人才、创新具有极强的依赖性，需要完善的基础设施和交通条件等。高品质的大学、高水平的研发机构恰好满足了文化创意产业园的这些条件，因此成为园区发展的关键因素。例如，南京市依托大学建成了鼓楼文化创意产业园、河海大学文化科技园、南大科学园文化产业园等规模较大的园区，但这些高校仍未深度挖掘自身科教实力对文化创意产业园的促进作用。未来科研力量比较雄厚的地区可以借助自身优势，依托大学和科研机构构建文化创意产业园发展平台。

（3）依托重点经济开发区和科技园等开发文化创意产业园。各城市和地区应依托自身现有的国家级或省级开发区或科技园等，开发并发展能与区内主导产业相连接和配套的文化创意产业园，实现产业优化配置，延长优势产业的产业链条。

（4）依托民间工艺技术，加快工艺美术品制作类园区的发展。江苏省民间工艺品种类繁多，国家级非物质文化遗产百余项，人才荟萃。民间手工艺品制造业历来是省内文化产品制造业中的优势部门之一，地域文化特色明显，越有特色的产业其竞争力越持久。目前纳入本书统计的依托国家级非物质文化遗产建设的园区只有 13 个，开发潜力巨大。未来文化创意产业园区的发展方向之一应是大力扶持工艺美术类园区和基地的建设，从各个环节加大政府和民间资本的投入力度，鼓励这些园区和基地做大做强，打造一批在全省乃至全国有知名度的地方特色园区。

（5）开辟专门的新区，发展文化创意产业园。随着社会经济的快速增长和城市化建设的日新月异，城市不断涌现出各种新的功能区。各地区可结合城市新功能区的发展建设，相应合理地配置文化创意产业板块，引进和集聚国内外知名的品牌研发和设计等类型的文化创意产业机构，发展文化创意产业园，改善地区形象，带动社会经济发展。

2. 加快提档升级，促进园区转型发展

以省级重点文化园区建设为抓手，整合各类文化政策，通过规范管理和引导助推双管齐下，加快文化产业园提档升级步伐，促进园区发展由规模扩张转向内涵提升。基于南京、苏州文化产业园密集区，打造文化产业园区转型升级先导区。在强化政府直接推动的同时，进一步改革文化体制机制，深度激活文化市场，强化市场力量和文化企业建设文化产业园区的主导作用，逐步实现江苏文化产业园发展由政府推动向市场驱动转变，增强文化产业园内生发展能力和持续发展能力。

3. 整合文化资源，促进园区共同发展

运用产业政策引导企业整合，打造大型多媒体文化企业集团，实现跨产业、跨媒体、跨地区市场运作和运营；加强文化企业横向融合，鼓励龙头企业以多种方式兼并重组，形成产业竞争优势；出台相关政策，打破地区壁垒，加强部门协作和城乡、区域文化资源整合力度，创新资源开发利用方式和园区发展方式；基于三大都市圈，培育文化创意圈，打造区域文化产业协调发展示范区，形成城乡区域文化产业园统筹发展的良性格局。

4. 优化空间布局，促进园区统筹发展

基于江苏经济社会发展大局，着力打造“一心一核两圈四带”空间架构，形成结构完整、层次分明的空间布局，实现江苏文化产业园率先发展和全面推进的兼顾、特色发展与分工合作的统筹。具体而言，“一心”即南京文化创意产业发展中心。依托南京强大的政治、文化、经济、科技人才复合优势，重点发展软件开发、动漫网游、影视制作、工艺美术、等类型的文化产业园，将南京打造成全省文化产业园发展高地，强化其对全省的带动辐射作用。“一核”即徐州文化创意产业集聚核。借力徐州产业、技术、人才优势，深度实施“舞动汉风工程”，加快民间工艺、文化休闲、文化科技型园区提档升级，努力把徐州打造成立足苏北、服务江苏、辐射淮海文化创意高地。“两圈”即苏锡常文化创意圈和宁镇扬文化创意圈。立足地域毗邻优势，借力都市圈规划与建设，鼓励文化企业跨区兼并，着力打造江苏文化产业发展航母。“四带”即提升沪宁文化产业带、壮大沿江文化产业带、建构运河文化产业带、培育沿海文化产业带。

参考文献

蔡荣生，王勇. 2009. 国内外发展文化创意产业的政策研究[J]. 中国软科学，(8)：77-84.

陈怀珍. 2014. 面向科技融合的文化产业优化机制研究[J]. 长春理工大学学报（社会科学版），(2)：74-75.

陈见东. 2008. 符号、传播、地域美术与文化[J]. 艺术探索，22（5)：45-48.

樊盛春，王伟年. 2008. 文化产业园区理论问题探讨[J]. 企业经济，(10)：9-11.

佛罗里达. 2010. 创意阶层的崛起[M]. 司徒爱勤，译. 北京：中信出版社.

何娣，朱喆. 2009. 江苏文化产业集群发展对策研究[J]. 江苏社会科学，(5)：234-236.

何一飞. 2008. 中国文化产业园区建设问题研究[D]. 西安：长安大学.

胡惠林，王婧. 2012. 中国文化产业发展指数报告（CCIDI）[M]. 上海：上海人民出版社.

胡毋意. 2009. 文化创意产业的原创力研究——以台北上海两地六位文化人的理念与实践为例[D]. 上海：复旦大学.

黄江，胡晓鸣. 2012. 创意产业企业空间分布研究——以杭州市为例[J]. 经济地理，31（11)：1851-1856.

焦斌龙，焦志明. 2010. 集聚度，根植性与区域性特色文化产业群建设[J]. 中国流通经济，(8)：39-42.

孔翔，钱俊杰，杨鸿雁. 2011. 地方文化对文化创意产业集群的影响初探——基于北京798与上海M50的调研[J]. 中国文化产业评论，(3)：366-378.

李季. 2011. 世界文化产业园[M]. 北京：人民日报出版社.

李学鑫. 2010. 中国农区文化创意产业集群形成演化机理——以民权县王公庄绘画产业集群为例[J]. 地理科学进展，29（8)：1011-1017.

刘维公. 2003. 为什么我们需要创意文化园区?——创意文化园区是强心针?还是打错针?[J]. 典藏今艺术，(129)：102-105.

马仁锋，沈玉芳. 2010. 中国创意产业区理论研究的进展与问题[J]. 世界地理研究，19（2)：91-101.

南京市社会科学院. 2013. 江苏文化强省建设中的难点与突破路径[C]//科学发展、两个率先：江苏省决策咨询基地2012年成果报告集. 南京：江苏人民出版社.

牛维麟. 2007. 国际文化创意产业园区发展研究报告. 北京：中国人民大学出版社.

沙吉. 2013. 南京文化创意产业园发展路径探究[J]. 市场周刊（理论研究），(11)：30-32.

王缉慈. 2011. 文化创意园区的非创意现象[J]. 城市与区域规划研究，(10)：42-48.

王伟年，张平宇. 2006. 城市文化产业园区建设的区位因素分析[J]. 人文地理，21（1)：110-115.

向勇，刘静. 2012. 中国文化创意产业园区实践与观察[M]. 北京：红旗出版社：13-14.

肖雁飞. 2007. 创意产业区发展的经济空间动力机制和创新模式研究[D]. 上海：华东师范大学.

徐循华，臧正美. 2006. 论江苏文化创意产业的发展[J]. 艺术百家，(s1)：145-146.

张纯，王敬甯，陈平，等. 2008. 地方创意环境和实体空间对城市文化创意活动的影响——以北京市南锣鼓巷为例[J]. 地理研究，27（2)：439-448.

张立波. 2010. 文化产业园的产业链构建. 北京联合大学学报（人文社会科学版），8（4)：91-93.

张凌云. 2011. 文化产业园区有关理论问题重述[J]. 东岳论丛，(8)：109-113.

赵迎芳. 2009. 山东省文化产业基地建设的对策研究[J]. 山东农业大学学报（社会科学版），(3)：26.

周灵雁，褚劲风，李萍萍. 2006. 上海创意产业空间集聚研究[J]. 现代城市研究，21（12)：4-9.

Bassett K，Griffiths R，Smith I. 2002. Cultural industries，cultural clusters and the city：The example of natural history film-making in Bristol[J]. Geoforum，33（2)：165-177.

Brooks A C，Kushner R J. 2001. Cultural districts and urban development[J]. International Journal of Arts Management，3（2)：4-15.

Drake G. 2003. This place gives me space：Lace and creativity in the creative industries[J]. Geoforum，（34）：511-524.

Engel J S，del-Palacio I. 2011. Global clusters of innovation：The case of Israel and silicon-valley[J]. California Management Review，53（2）：27-49.

Florida R. 2002. The Rise of the Creative Class And How It's Transforming Work，Leisure，Community and Everyday Life[M]. New York：Basic Books.

Houston D，Findlay A，Harrison R，et al. 2008. Will attracting the"creative class"boost economic growth in old industrial regions? A case study of Scotland[J]. Geografiska Annaler：Series B，90（2）：133-149.

Hutton T. 2000. Reconstructed production landscapes in the postmodern city：Applied design and creative services in the metropolitan core[J]. Urban Geography，21（4）：285-317.

Hutton T. 2001. The new economy of inner city[J]. Cities，（2）：89-108.

Hutton T. 2004. The new economy of the inner city[J]. Cities，21（2）：89-108.

Hutton T. 2006. Spatiality，built form，and creative industry developmentn in the inner city[J]. Environment and Planning A，38（10）：1819.

McCarthy J. 2005. Making spaces for creativity：Designating "cultural quarters" [C]//Comunicacion Presentadaal 41st ISoCaRP World Congress Spaces for the Creative Economy. Bilbao.

McCarthy J. 2006. The application of policy for cultural clustering：Current practice in Scotland[J]. European Planning Studies，14（3）：397-408.

Montgomery J. 2003. Cultural quarters as mechanisms for urban regeneration part1：Conceptualising cultural quarters[J]. Planning，Practice Research，18（4）：293-306.

Montgomery J. 2004. Cultural quarters as mechanisms for urban regeneration Part2：A review of four cultural quarters in the UK，ireiand and australia[J]. Planning，Practice Research，（1）：3-31.

Pumhiran N. 2006. Reflection on the disposition of creative milieu and its implications for cultural clustering strategies[J]. Planning Practice Research，2006：112-116.

Pumhiran N. 2005. Reflection on the Disposition of Creative milieu and its implications for cultural clustering strategies[R]. Paper Presented to the 41st IsoCa-RPCongress.

Scott A J. 1996. The craft，fashion and cultural-products industries of Los Angeles：Competitive dynamics and policy dilemmas in a multisetoral image-producing complex[J]. Annals of AAG，86（2）：306-323.

Traganou J，Mitrasinovic M. 2009. Travel，Space，Architecture Design and Built Environment[M]. London：Ashgate Publishing Limited.

World Economic Forum. 2006. The Global Competitiveness Report 2005-2006[R]. WEF Publication.

Zukin S. 1989. Loft Living：Culture and Capital in Urban Change[M]. Rutgers：Rutgers University Press.

第 6 章　地域文化传承创新与动漫产业特色发展

国家广电总局指出："动画片以其独特的艺术形式、艺术形象和艺术魅力，深受广大群众尤其是少年儿童喜爱。大力促进我国影视动画产业的发展，对于振奋民族精神、陶冶道德情操、提高审美情趣、丰富文化生活、传播科学知识、提升精神境界、引导人们追求真善美、鞭挞假恶丑有着十分重要的作用，特别是对教育培养少年儿童树立正确的世界观、人生观和价值观，开启和引领少年儿童塑造远大志向、高尚情操、健康心态、健全人格、优秀品质，有着极其重要的现实意义。"另外，随着文化全球化的推进，世界各民族文化的传播和交流增加，文化资源和符号以文化产业形式的跨时空运作越来越频繁。动漫产业作为文化产业的后起之秀，在全球化过程中扮演着越来越重要的角色。作为新兴产业，动漫是人类精神文明的产物、一种文化的延续，也是一种现代文化的表现（赵芳，2012）。中国悠久的历史文化为动漫创作提供了良好的素材，但要实现地域文化与动漫艺术的有机整合，开发和创新中国原创动漫，仍是一个充满挑战性的课题。

6.1　相关研究现状

6.1.1　动漫的内涵与特征

1. 基本内涵

作为动漫王国，日本没有"动漫"或"动漫产业"的说法，在把漫画产业、动画产业以及游戏产业作为一个主题进行讨论时，往往采用内容产业、娱乐产业的说法。《关于推动我国动漫产业发展的若干意见》中将动漫产业概括为以"创意"为核心，以动画、漫画为表现形式，包含动漫图书、报刊、电影、电视、音像制品、舞台剧和基于现代信息传播技术手段的动漫新品种等动漫直接产品的开发、生产、出版、播出、演出和销售，以及与动漫形象有关的服装、玩具、电子游戏等衍生产品的生产和经营的产业。也有学者认为，动漫产业是以动漫创意为起点，以版权保护为核心，以漫画、动画、游戏、衍生品等为表现形式，版权开发利用贯穿于动漫产品开发、流通、销售等各环节的重要文化产业（李长庆等，2011）。根据不同媒体平台，漫画被分割为传统杂志漫画、手机漫画、网络漫画，动画业演变分化成电视动画、电影动画、网络动画（张宏，2015）。

2. 主要特征

（1）从产出视角看，动漫产业价值链具有盈利区间的拓展性、产业的延伸性和规模报酬的递增性。（张涛和楚小庆，2009；江苏省文化厅，2012）。在产业发展中，动画的电视播放、影院放映、网络放映是其一次利用，而衍生品是版权二次利用，其创造的价值远大于前者。二次开发利用，注重提升作品附加值：动画改编、衍生品如动漫玩具、手办等、形象产品开发。动漫衍生品开发还带动音乐、广告、主题公园和旅游等行业的发展。（马驿，2006）从阶段上看，初期可在玩具、画报、服装等投入少收效快的产业方向延伸，在资金许可的情况下，后期向游戏、电影、主题公园等产业方向延伸（张涛和楚小庆，2009；江苏省文化厅，2012）。

（2）从投入视角看，正如《关于发展我国影视动画产业的若干意见》中所指出的，动漫产业是资金密集型、科技密集型、知识密集型和劳动密集型的重要文化产业，具有消费群体广，市场需求大，产品生命周期长，高成本，高投入，高附加值，高国际化程度等特点。在全球文化工业中，生产和消费是建构差异的过程。而且这种生产是后福特式的设计密集型差异生产。全球文化工业的不确定性和差异更多是一个资本成功积累方式的问题，而不是反抗的问题（拉什和卢瑞，2010）。同时，具有创意密集，或者说高创意性特点。有学者认为，创意产业门类众多，可以粗分为简单创意产品和复杂创意产品的生产和交易（王辑慈等，2010），动漫属于复杂创意产品的生产和交易。利用高新技术，实现技法纯熟的场景切换，大胆自如地表现现实世界与虚幻空间的对接和穿越，是《起风了》等动漫在叙事方面的一大特色（秦刚，2015），这也是诸多动漫追求的场面与效果。

（3）从表现手法视角看，动漫具有鲜明的艺术性。立足动漫作家和从业者敏锐的感知度、艺术洞察力和现代高新技术，动漫创造一个亦真亦幻、美轮美奂的世界。展示与提供付诸感性的梦幻与想象，正是动画电影较之其他艺术形式的最大优势。“……动画通过调动天才般的想象力和创造性，建构充满梦幻和想象的动画世界，为观众构筑了一条条通往净化和愈合的精神通道，最大限度发挥了艺术作品的诗意性质和净化功能”（秦刚，2015）。动画还具有轻语言而重表现的特点，容易让人理解。轻语言而重表现甚至有时给人一种幼稚的感觉，但动画的幼稚具有深刻性，这种幼稚是一种不忘初心、童心、天真，是一种大道至简。正如宫崎骏所言，动漫门槛要低，但出口必须很高。正因为如此，日本动漫从业者意识到他们终于找到了可以将动画提升到艺术高度的可能性，之前的动画片，只是作为面向儿童的商品（秦刚，2015）。这也是宫崎骏动漫、日本动漫成功的原因。另外，动漫作品的艺术性使得动漫源于生活而高于生活，既有写实的成分，又强调立足现实的创意，以创意带来无尽的想象和思考。因此，动漫具有相对现实性，故事里的街道、公园和建筑物几乎都能找到相似的实景。（汤莉萍和殷俊，2006）。

（4）从内容主旨上看，动漫具有鲜明的时代性和民族性。作为肩负责任的文化产品，文化产业的二重性内在要求动漫作品的奇幻世界必须“返照”历史和现实。因此，动漫作品一方面出色地展示了奇幻世界，另一方面又内藏着与历史和现实的某种隐秘联系，而这种双重结构，将历史与未来、真实与想象、本土与异域跨时空相连。正如秦刚所言，宫崎骏的每一部作品，都与创作年代的时代背景，构成紧密的对应关系，宫崎骏创作的立足点，永远是对当下的观察与思索。动漫具有时代性，有时又有对现代文明的巨大的质疑。动画是消费型社会的批判和反思，但又是一种艺术门类，这是宿命般的巨大的矛盾。同时，在展示奇幻，表现现实中原不存在的世界方面，动漫无与伦比，但那也往往容易成为“逃避现实”的途径。所以，正如宫崎骏所言，动画创作其实也是“一个被诅咒的梦想”（秦刚，2015）。

6.1.2　地域文化与动漫产业

动漫是文化的传播载体，文化是动漫的灵魂，两者紧密相连（蔡有，2011）。作为一种艺术符号和文化传播媒介，动漫承担着文化传播的功能。从文化层面上来说，一方面成功的本土原创动漫必然促进传统文化的发展；另一方面地域传统文化的继承和发扬也可促进本土动漫的发展（田冰，2009）。研究表明，动漫内容的文化性根植于社会土壤大环境和整体地缘文化。因此，每个国家或地区制作动漫作品均是基于自己的文化传统和文化习性（谢地和陈萍，2010）。同时，动漫也是一种文化，动漫在生产与消费中，其内容、音乐、造型变成认知、趣味、悬疑、哲理（张涛和楚小庆，2009；江苏省文化厅，2012）。成功的动画作品为观影者展示诱人乡愁的风景，再现具有历史感的风物，描摹令人神往的想象空间的风土，刻画个性鲜明的出场人物的风骨，作品具有卓绝的画面表现力，和远超一般动画片的质感和厚度。在这一过程中，“将传统的意蕴像一枚彩石镶入色彩斑斓的镶嵌画一样，植入到一个与现代相同的故事之中，影片的世界便会因此而获得鲜活的感染力。同时，这也是我们对于自己是这个岛国的住民的一种确认”（宫崎骏，1988）。动漫通过具有自身特点的言说，回顾历史、关照现实、传承文化、强化认同，否则就有淹没于全球化失去自我的危险。正如宫崎骏所言，“在一个无国界（borderless）的时代，无立足之地的人是最受人鄙视的。立足之地就是过去，就是历史。在我看来，没有历史的人和忘记过去的民族，只能如蜉蝣一般消失，或者像一只鸡一样，只知道埋头生蛋，直到自己被吃掉。”这一背景下，作为我国着力发展的九类重点文化产业之一，拥有自主知识产权，紧跟国际尖端制作技术的民族动漫产业，将承载着产业对接和维护中国文化尊严的双重使命（张涛和楚小庆，2009；江苏省文化厅，2012）。在这一语境下，地域文化与动漫特色发展成为一个有趣而严肃的话题。

1. 文化尺度视角

从国家层面看，美国、日本、法国代表三种典型的动漫发展模式。在此重点围绕美国、日本动漫分析国家层面的民族文化与动漫的关系。日本动漫产业不仅是日本文化娱乐产业的中心和国民经济的亮点，在全球化娱乐文化市场中也占据重要地位。与美国带有强势文化色彩、以精品为基础、在全球范围内富有进攻性的动漫产业相比，日本走出了一条以低成本进行市场高度开发的成功道路（马骅，2006），其动漫发展模式表现为专业化、规模化的生产制作，竞争性、扩展性的出版播出策略，多元化、创新性周边开发（汤莉萍和殷俊，2006）。从艺术文化角度出发，日本动画具有鲜明的艺术特征，注重故事内涵，具备成熟的艺术形态和稳定的观众群体。具体而言，日本动漫突出天皇和菊、刀、樱等作为日本文化的象征性符号（菊：日本动漫的“圣”情节；刀：日本动漫的“武”精神；樱：日本动漫的死亡观与集体观念），反映了日本社会对天皇文明的崇拜与信仰，对崇武尚勇的武士道精神的推崇、对集体观念的重视。其中，以勇敢、忠诚、仁义为核心价值的武士道精神在日本动漫中表现尤为突出，热血动漫成为青少年的强心剂，因而动漫在民族魂的形成中具有突出的作用。樱花是日本的国花，既灿烂，又短暂，集体盛开而又集体凋谢的樱花是日本国民精神的象征。与如樱之死相携而来的死亡意识或多或少体现在日本动漫中，影响其创造的主题与风格。日本具有鲜明的民族精神与价值观，动漫作者对日本社会大众的文化心理的把握较准确，因而动漫产品的生产易于契合社会大众的文化接受心理。日本动漫不仅凝聚民族精神，传承民族文化，同时，日本动漫也重视以地方为题材的作品的创作与发表，不仅能提高地方的知名度和品牌，还带动本地旅游业的发展（李长庆等，2011）。总之，作为日本独具特色并具有国际影响的文化样式，动漫是理解日本民族的入口，它使竞争激烈、处在生活重压下的日本人可以轻松地获得他想知道的信息，满足了人们生活漫画化、漫画化生存的愿望和要求。可以说，漫画是日本人生存状态、思想观念的真实反映，漫画的内容、立场也直接影响了日本人对历史和世界的认知程度（马骅，2006）。

由于迥然不同的文化背景，美国动画相较日本而言具有多民族文化融合、造型风格易辨别、形象设计通俗易懂的特点。从形式上来看，美国动画讲究宏大的场景、细腻唯美的情节塑造等表现形式（王佳，2010）。从内容上看，美国动画制作惯用大题材手法，其动画故事内容取材包括原创故事、童话、神话、名著、历史故事等（赵芳，2012）。

从地域文化层面看，固有的生活方式形成稳定的社会习俗和地方民俗都可以用漫画、动画、主题公园、图书、手机动漫、网络游戏等动漫形式来加以表现（刘珂，2011）。我国文化具有鲜明的地域性特征，多样的地域文化为动漫创新提供了更广阔的视野，为动漫创作提供了更多、更独特的优秀素材。民族性的、地域性的传统文化以自身的个性风格和特殊内容，从拓展创作空间、丰富创作风格、提高作品内涵等方面对动漫创作起到了关键作用（韩波和洪京，2010）。具体而言，湖湘历史人物、文化典籍、民间故事、风土人情、宗教故事，为“湘派”动漫创作提供了取之不尽的素材资源。同时，进步中的“湘派”动漫，也为湖湘文化传统的发扬光大提供了不可或缺的途径，“湘派”动漫和“湖湘文化”完美结合。从动漫创作内容上讲，湖南早期的动漫作品《蓝猫淘气 3000 问》《虹猫蓝兔七侠传》等，体现湖湘文化强调敢为天下先，勇于奋斗，崇尚真理、兼容并蓄；从动漫创作手法和表现形式上讲，湘西的剪纸艺术、凤凰的印染艺术、湘南的竹木雕刻、湖南的舞蹈、曲艺、乐器、音乐、山歌各有特色，“湘派”动漫创作人不断从湖湘文化中汲取营养，动漫艺术界称誉湖南动漫创作人为“动漫湘军”，湖南长沙因此成为“动漫之都”（蔡有，2011）。又如布偶动画系列剧《阿凡提》取材于新疆民间传说，该片造型、背景从茫茫戈壁到宗教建筑，从日常用品到花纹装饰，都吸取了新疆的地域性元素（韩波等，2011）。由于受到独特的地域文化的影响，我国省域动漫表现出鲜明的地域风格。

2. 文化层面视角

从价值精神方面来说，在全球化时期，文化的识别力与文化传统和民族精神关系紧密，传统文化在当代语境中发挥言说力量，民族精神重于民族元素。传播民族文化不仅要传播民族性“元素”，更要注重民族精神气质的阐发和弘扬，这样才能使动漫作品具有强大的文化影响力（傅丽莉，2011）。因此，要打造中国民族动画品牌就必须找到中国独特的审美观、价值观和世界观（李筱，2011）。研究表明，尽管日本动漫大多数是商业行为，但是对日本的民族精神与价值观的反映却是动漫作者的集体无意识。动漫塑造的日本人形象，既反映了日本的价值观、现实，也是对日本民族精神与价值观的艺术再现。在这一过程中，日本动漫也承载着日本民族精神与价值观的变迁（李长庆等，2011）。但是，由于价值观念的抽象性等原因，在动画作品中加入中国元素容易，完全运用中国式理念创作却非常困难（李筱，2011）。其他文化方面，宫崎骏动画《幽灵公主》在宣扬日本青年坚强不屈的意志和艰苦奋斗的精神同时，除了故事情节改编自日本民间故事以外，其吸睛之处还在于贯穿整个动画片的主题曲。主题歌的旋律具有悠扬的日本古典音乐风格，歌词带有日本式的诗意，与日本民间乐器的完美结合，孕育出了一曲日本民族的旋律（王佳，2010）。

就我国而言，学者认为依靠优秀传统文化资源进行动漫创新，可从内容与形式两方面借鉴。由于有悠久的历史和厚重的文明积淀，我国传统文化中许多好的元素、符号、工具可供当代动漫业采借，为动漫作品提供丰富的形式供给（李秋香和李麦产，2009）。重温经典，可以发现我国动漫产业很早就开始了对传统文化元素的挖掘（韩波等，2011）。如中国早期的动漫《大闹天宫》（1949）、《小蝌蚪找妈妈》（1960），以水墨为主的多种中国的传统艺术形成其独特魅力，在同期的世界动漫领域中有着一个不可忽视的地位，甚至领先当时世界上许多国家（汤莉萍和殷俊，2006）。

6.1.3 存在的问题及其原因

从地域文化与动漫互动关系角度审视，我国动漫主要存在以下问题。

（1）动漫品牌少。动漫产业链较长，但高品质的原创动漫才是产业链的基石。中国动漫原创力薄弱，缺乏艺术风格鲜明、富有文化内涵的作品（傅丽莉，2011）。甚至可以说，没有民族原创性是新生代动漫创作者的通病，缺少自己的原创动漫产品与动漫品牌形象（韩波等，2011）。

（2）创作题材窄。《秦时明月》《中华小子》《风云》等武侠类动画片扎堆的现象反映了我们文化生产和输出的危机，古代文学典籍如《西游记》《封神演义》《聊斋志异》和《三国演义》等成为中国动画热衷于改编的文本资源，反映中国动漫取材范围较为狭窄、创作视野不够开阔（傅丽莉，2011）。

（3）原创能力弱。本土动漫的发展，在整个产业链上呈现出中间制作环节有优势、研发与开发两端滞后的态势。尤其是缺乏优秀的动画制作（李秋香和李麦产，2009）。

（4）艺术感染力小。在成功的动画片中，无论是依托传统文化，还是解构、重构传统文化，民族精神都是灵魂。我国动漫作品中，中国元素和传统文化之间过于简单、直接的对应关系，使国内动画片的叙事方式缺乏吸引力和深度，无形中削弱了文化精神呈现时应该具有的力度（傅丽莉，2011）。同时，中国动漫对中国的民族精神与核心价值观概括得不够鲜明，独特性不够。而且动漫热衷于灌输观念，喜欢说教（李长庆等，2011）。这些问题最终导致中国动漫相较于日本、美国而落后。而中国动画之所以落后，又关键在于缺乏民族特点的动画创作（韩波等，2011）。或者说，中国动画片丧失文化根性（傅丽莉，2011）。不同的地域文化给动漫作品提供创造、创新以及新的生命方式的价值表述。动漫设计的元素主要来源于对地域文化视野下的表层元素和深层元素的挖掘。我国动漫工作者缺乏对传统地域文化的理性认识和深刻剖析，不能将其深刻地表达出来，大部分人是亦步亦趋。重温中国动漫经典，可以发现，中国现代动漫个性的寻求、品牌的塑造还应来自于对中国传统文化的创造性借鉴（韩波等，2011）。振兴我国动漫产业，就是要不断回到延伸产业链的文化原点上来。博大精深的中华文化能够为发展本土动漫提供丰富的内容与形式来源（金辅堂，2006）。正是这些地域文化元素为动漫设计者指明了方向、提供了灵感，形成创立中国动漫品牌的坚实基础，而且历史文化底蕴浓厚的题材可发掘的空间很大。此时，地域问题不仅是一笔厚重的历史或地理遗产，更是一项重大的文化工程，也是用来创造和建构进行政治思考及知识生产的新的语境（韩波和洪京，2010；赵芳，2012）。

6.2　我国动漫产业发展概况

6.2.1　我国动漫产业发展情况

1. 发展阶段及其特征的定性分析

张宏认为我国动漫分为导入阶段、初级发展阶段、转型发展阶段（张宏，2015）。从我国动漫发展完整历程看，20 世纪 60 年代以来，我国动漫产业发展大概经历四个阶段（李秋香和李麦产，2009；王辑慈等，2010；张宏，2015）。

（1）高水平起步期。20 世纪 60 年代前后，中国动画在民族文化基础上，广泛地吸收和借鉴了以传统文化精髓的山水水墨画为主的多种中国传统绘画艺术和民间艺术，形成了以鲜明优美的美术风格著称于世的“中国学派”，诞生了《小蝌蚪找妈妈》《七色神鹿》《哪吒闹海》《孙悟空大闹天宫》等经典动画。这一时期的中国动漫以其独特的艺术魅力在同期的世界动漫领域中有着不可忽视的地位，甚至领先当时世界上许多国家。它们最大的共同点，是能够集中体现中华民族的文化特色（李秋香和李麦产，2009）。

（2）低水平滞后发展期。20 世纪八九十年代中国动漫几乎没有发展的势头，以代工、外包为主。改革开放以来，中国内地依靠廉价而丰富的人力资源优势，取代香港和台湾地区成为欧美、日本动漫的最大加工地。我国很多动漫企业依靠外包加工业务生存，进行手工原画、动画以及电脑上色、合成等制作。通过承接日本、美国等的动漫外包业务而获得收入，从中学习国外动漫创意、故事情节、人物造型等，从而反哺原创动漫作品（王辑慈等，2010）。

（3）快速提升期。2004 年，中国动漫迎来了产业的春天，从政府到社会各界对这个行业投入了前所未有的热情。是年，国家广电总局颁发《关于发展我国影视动画产业的若干意见》，政府以行政手段加大发展动漫产业的力度。首个“国家动漫游戏产业振兴基地”落户上海，又相继批准了北京动画频道、上海炫动卡通卫视、湖南金鹰卡通卫视三个动漫频道，正式命名首批国家动画产业基地 9 个，动画教育教学研究基地 4 个……2009 年国务院出台《文化产业振兴规划》，将动漫产业列为国家重点发展的文化产业门类之一，为动漫产业的发展提供难得的机遇（张宏，2015）。2004 年之后，国家不断强化发展民族动漫的各项举措，促进我国动漫快速发展，我国迅速成长为动漫大国（李秋香和李麦产，2009）。

（4）转型发展期。2011 年以来，动漫行业的外部环境发生变化，国家政策从“原创动漫扶持计划”“原创动漫推广计划”到“国家动漫精品工程”“国家动漫品牌建设和保护计划”，这些政策彰显了国家逐步引导实现从代工到原创、从原创到精品、从精品到品牌的发展路线。加之动漫企业自身、动漫播出途径等变化，我国动漫产业呈现转型化发展，政府从产量要求向精品要求改变。2014 年《中国动漫产业发展报告》指出，中国动漫企业有 4600 余家，从业人员 22 万人，587 家通过了相关机构认定，其中重点企业 43 家，具备持续生产合格动画电影能力企业 20 余家，年产值在 3000 万以上的规模动漫企业有 24 家，年产值超 1 亿元的大型企业有 13 家。动画企业从“小而全”向“细致化分工协作”转型。动画产品从低幼向家庭方向升级，动画传播渠道从电视向新媒体转向（张宏，2015）。这些方面的转型意味着我国动漫产业进入发展“新常态”。

2. 2004 年以来发展状况定量研究

国家广电总局自 2006 年 8 月 1 日起，取消国产电视动画片题材规划立项审批制度，实行国产电视动画片（含合拍动画片）制作备案公示管理制度。国产电视动画片制作备案公示由国家广电总局和省级广播影视行政部门进行两级管理，经过备案公示的国产电视动画片方可投产制作。因此，本章所有研究数据，均来源于国家广电总局网站的备案公示，制作省份由公示数据的制作单位所在地确定，联合制作发行的取第一制作单位所在省份，北京市数据包含中央台及中央直属单位制作部分。选取 2005～2015 年所有参与电视动画片制作并进行备案公示的省份作为基本研究单元，共有 27 个。包括北京、天津、河北、山西、内蒙古、辽宁、吉林、黑龙江、上海、江苏、浙江、安徽、福建、江西、山东、河南、湖北、湖南、广东、广西、海南、云南、重庆、四川、陕西、宁夏、新疆。从动画时长、获奖率、集中度三个方面对近年来我国动漫产业发展作一分析。

（1）产量。以动漫时长和部数来反映我国动漫产量。2005～2015 年我国动画片生产从产量上看呈现出先升后降的情况（图 6-1），整体产量在 2011 年达到顶峰，而后呈现逐年递减趋势，且制作分钟数与制作部数变化情况高度一致，总体上可划分为 2005～2011 年和 2012～2015 年两个阶段。

2005～2011 年，我国动画片生产量始终保持高速增长，年平均增长率为 35.23%，并于 2007 年突破 100000 分钟大关，达到 101900 分钟，2011 年快速增长至 261448 分钟。相比于日本、美国等动漫强国，我国此时的动画片制作单从产量层面已完全实现大幅度的超越，达到日本 2011 年产量的 3 倍。这个产量快速增长的过程充分体现了 2006 年以来我国一系列推动动漫产业发展的政策的有效性，

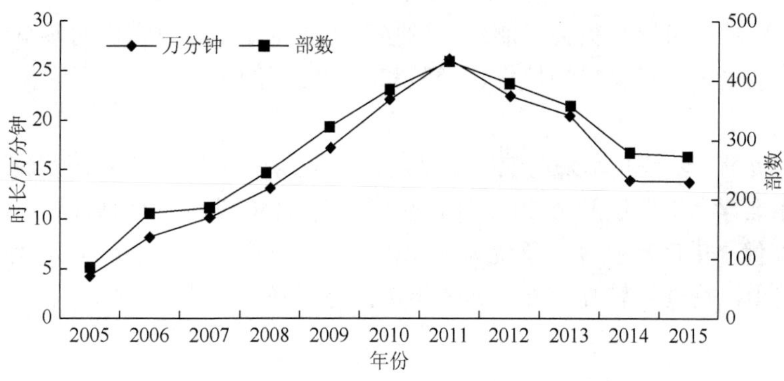

图 6-1　2005～2015 年中国动画片产量增长图

也体现出我国电视动画产业发展中前有广东、江苏、浙江、北京、福建、湖南等动画片制作大省的拉动，后有山西、四川、云南、海南、江西等省份积极跟进的态势。

从 2012 年开始，我国动画片的产量开始下降，年均下降幅度为 14.72%，且在下降过程中速度不断放缓，至 2015 年年产量保持在 140000 分钟上下。出现这种“有序”下降的原因主要有三。第一是我国之前电视动画产业集中程度一直非常高，主要集中于广东、江苏、浙江、北京、福建、湖南等几个动漫大省。仅前三位的广东、江苏、浙江三省年产量之和就一直占全国年产量的 40%以上（图 6-2），2008、2009 和 2015 年三年更是达到了 60%，因此全国动画片年产量的变化受排名前几位动画制作大省的影响非常大。而广东、江苏、浙江三省的产量变化也与全国产量变化表现出很高的相似性。第二是我国动漫产业发展环境和发展条件逐渐成熟、技术和人才积累逐渐完备，国家相关政策开始倾向性地从“扶量”向“扶质”转变（蔡有，2011），加上互联网时代各种网络媒体播放平台的刺激，原先走在电视动画产业发展前列的省份率先开始转型并向产业链的上下游尝试上探和下延，进行有计划的“提质降量”。第三则是因为受到第二个原因的影响，很多原先在行

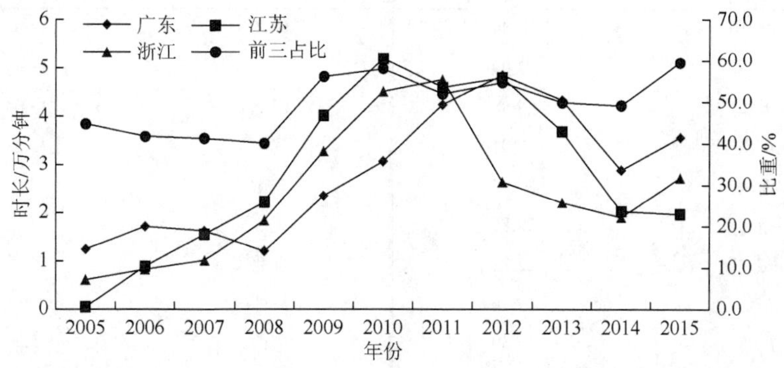

图 6-2　2005～2015 年排名前三位地区动画片生产量及其在全国占比图

业中后位置的省份突然失去了制作大省强有力的带动，导致它们的参与度和生产能力受到了影响，且又受到技术、经验和行业资源的限制，削弱了它们持续跟进的能力。

（2）质量。以获奖率来反映我国动漫发展质量。自2005年我国实施《优秀国产动画片推荐播出办法》至2015年，全国共有3140部国产动画片参评，共评选出587部优秀国产动画片，总优秀率18.7%，年平均优秀率20.45%，除2005年因产量较少，优秀率较高以外，其余年份优秀率基本维持在20%上下（图6-3）。

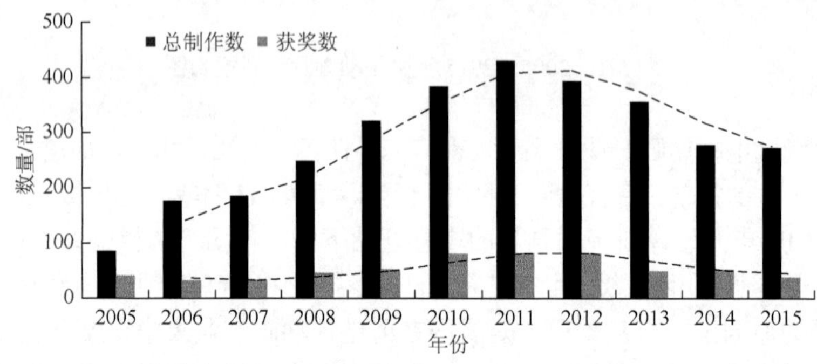

图6-3　2005～2015年优秀国产动画片获奖情况/部

依据获奖率含义，计算我国2005～2015年各省域单元动画片产质情况并进行降序排列（表6-1）。产质表显示，动画综合产质超过30%的省域有两个，最高的地区是北京，达到了34.49%，其次是上海，达到了32.99%。产质在15%～30%的为天津、湖南、河南、浙江、黑龙江、福建、广东和江苏，其余省份则在15%以下，还有少数省份因尚未有作品被评为优秀国产动画片而没有出现在表中。

表6-1　中国省域电视动画产业产质表

地区	产质（Q）/%	地区	产质（Q）/%
北京（含中央）	34.49	陕西	13.94
上海	32.99	云南	13.64
天津	28.58	河北	13.64
湖南	27.91	辽宁	13.51
河南	27.05	安徽	12.87
浙江	22.87	重庆	12.12
黑龙江	22.22	湖北	8.62
福建	17.46	江西	6.67
广东	17.39	广西	5.3
江苏	16.99	山西	2.27

结合前面的产量情况分析不难看出，北京、湖南、浙江三省拥有较高的总产量，其综合品质也处于中上水准。而上海、天津、河南三省则呈现出“低量高质”的特点，其中上海的产量排名一直稳定在中游的位置，且每年均有作品产出；天津、河南的产量略低于上海，但自有动画作品产出后，也较为稳定。福建、广东、江苏三省则表现出“高量低质”的特点，其产量常年位居前列，但产质相对于产量则略显落后。

（3）集中度。以各省产量前三大企业动画产量占全部产量之比（集中度）和龙头企业生产占比情况（首位度）反映我国动漫产业集中情况。产业集中度分析表（表 6-2）统计了各省域单元电视动画产业的行业集中度和行业首位度，将参与动画片制作的 27 个省域单元按集中度情况从低到高排列，表中列出了排名前 20 位的地区，其中，山西集中度为 100%，首位度为 86.34%，而内蒙古、吉林、江西、海南、云南、宁夏、新疆行业集中度与首位度均为 100%，这说明这些省域单元中获得播放许可证的正规动画制作单位小于等于 3 家。

表 6-2　中国省域电视动画产业集中度分析表

省域	江苏	广东	浙江	河南	北京	安徽	上海	福建	湖北	辽宁
集中度	46.62	52.56	58.53	66.74	69.50	70.25	71.24	75.86	77.16	79.79
首位度	26.16	29.96	30.48	36.35	42.98	46.44	41.30	47.27	49.73	45.70
省域	天津	湖南	河北	山东	黑龙江	重庆	陕西	四川	广西	山西
集中度	82.88	91.76	93.59	94.50	95.88	97.13	97.22	97.95	99.03	100.00
首位度	40.25	52.12	80.30	71.96	61.20	65.03	82.16	85.72	80.32	86.34

结合产量图（图 6-2）和集中度统计表（表 6-2）可以看出，我国电视动画产业具有明显的高集中性和不均衡性：从全国层面来看，仅广东、江苏、浙江三省产量之和就已常年维持在全国总产量的 40%～60%，其余省份与它们的产量差距较大。而从省域层面来看，集中度低于 60 的共有江苏、广东、浙江三省，分别为 46.62、52.56 和 58.53；从天津开始，集中度突破 80；从湖南省开始，集中度突破 90。表 6-2 和图 6-2 的对比表明：恰是全国集中度较高的江苏、广东、浙江三省，其省域内部的集中度反而较低，生产活力较高。全国层面的高集中性与省域层面的低集中度也恰好在一定程度上验证了“集中度”假说在我国电视动画产业中的存在。

此外，产业集中度分析表还反映出我国省域电视动画产业集中度与首位度之间的一致性，这种一致性进一步弱化了竞争作用，制约了地区动画片产量的增长。我国电视动画产业生产量与部数所表现出的一致性则说明我国动画片的平均每部时长较为稳定，二者的共同作用使得集中度和首位度较高的地区在产量和产质两方面的发展都会受到制约。

6.2.2 江苏动漫产业发展简况

1. 纵向动态变化

从表 6-3、图 6-4～图 6-6 可以看出，2007～2015 年江苏省动漫发展分成三个阶段：①缓慢发展阶段（2004 年以前）。这一阶段动漫作品没有统计，但从动漫企业注册情况来看，2004 年以前数量较少，江苏每年注册的数量最多在 5 家左右。②快速增长阶段（2004～2007 年）。这一阶段，动漫企业数量快速增长，2005 年新注册 9 家，2006 年 12 家，2007 年 25 家，同时获批三个国家动漫基地，动漫作品也不断涌现。③高速增长阶段（2008～2012 年）。2008 年以后，动漫企业数量、动画片数量保持高速稳健增长态势。全省的出品的动画片数量从 2008 年 49 部，到 2010 年增长到 88 部，达到最高峰，而 2010 年的动漫总时长 52309 分钟也达到峰值。其后，基本在此水平上徘徊。在这一阶段中，江苏又增加两家国家级动漫基地。④转型发展阶段（2013 年以后）。动漫作品经历 2011 年 68 部、2012 年 85 部之后，2013 年下降为 65 部，进一步减少为 42 部、32 部，动漫时长也是如此。虽然在动漫作品的数量、动漫时长、动漫企业注册数量的变化趋势上稍有差异，但基本上高峰值均在 2010 年，在 2011、2012 年前后也出现转折。这说明，和全国一样，江苏省动漫发展也从原来的追求数量和时长转变为追求动漫产品的质量。

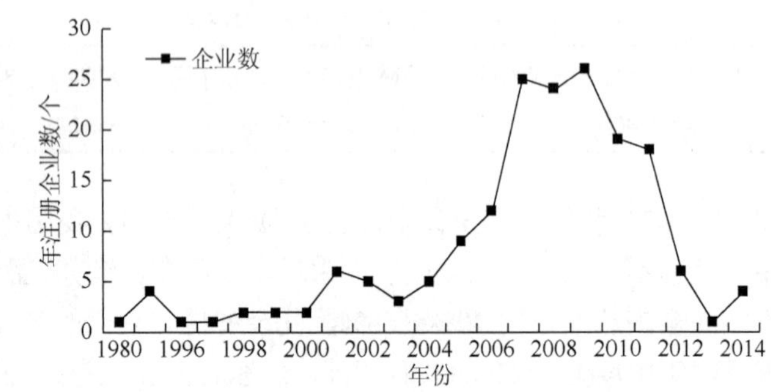

图 6-4 江苏省动漫企业注册数量变化

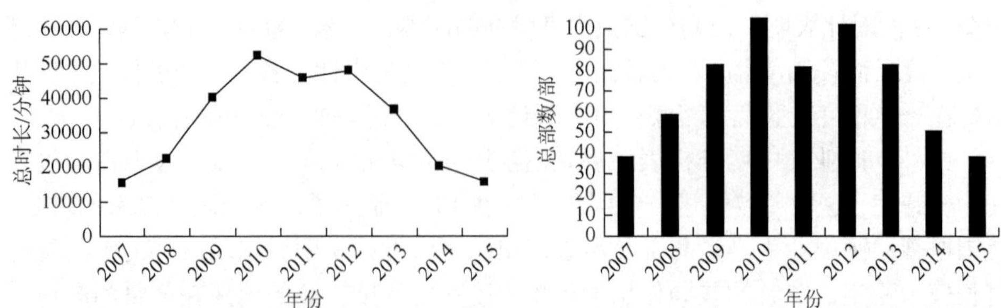

图 6-5 江苏动漫作品时长变化（2007～2015 年） 图6-6 江苏动漫作品数量变化(2007～2015年)

表 6-3　江苏动漫基地发展情况

地区	基地名称	成立时间	核心企业
无锡	太湖数码动画影视创业园	2004	江苏希际数码艺术网络股份有限公司
常州	常州国家动画产业基地	2005	卡龙影视动画公司
苏州	苏州工业园区动漫产业基地	2005	泰山动画
南京	南京软件园	2007	阿法贝、鸿鹰动漫、盛大网络
昆山	昆山软件园 动漫数字产业基地	2011	昆山软件园发展有限公司 昆山软件园动漫数字产业基地与台湾动漫文化创意产业发展交流协会签署战略合作伙伴协议
张家港	张家港软件（动漫）产业园	2012	江苏如意通动漫产业有限公司

2. 空间格局特征

从图 6-7、图 6-8 可以看出，江苏省三大区域动漫产品的数量之间存在较大差异。以苏州为首的苏南地区五市从 2007～2015 年一共出品 257 部，其中除镇江外，其余四市均为江苏省出品动漫的巨头；苏中地区以南通为代表一共出品 10 部，扬州、泰州均无作品；苏北地区出品了 14 部，其中以徐州出品 8 部为最多，淮安、盐城、宿迁也均有动漫出品。而江苏省内各地级市之间的差异也较为明显，2007～2015 年，动漫产品数量超过 100 部的只有苏州市和无锡市，其中苏州市是江苏省出品动漫最多的为 198 部，而在十个出品动漫作品的城市中，镇江和宿迁最少，均为 1 部。从动漫基地来看，苏州有三家国家级动漫基地，而苏北没有一家国家级动漫基地。动漫基地南北差异明显。从苏南内部来看，苏州在动漫企业、动漫作品、动漫基地建设等方面均表现出后来居上的态势（表 6-3、图 6-7 和图 6-8）。

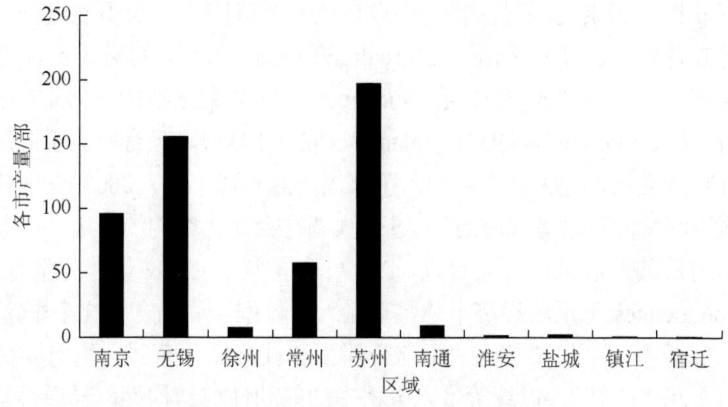

图 6-7　江苏各市动漫作品数量变化

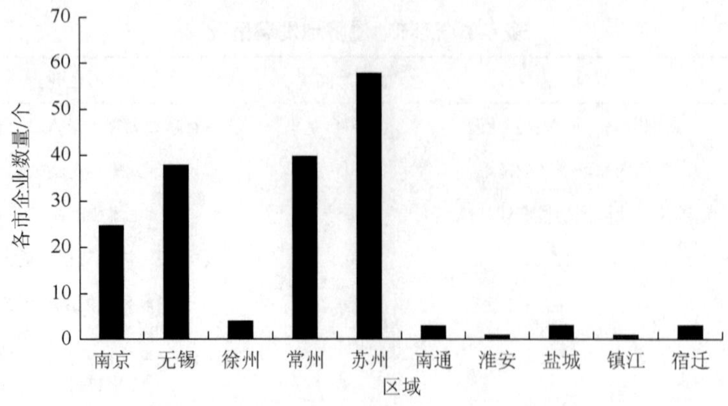

图 6-8　江苏各市注册动漫企业数量变化

6.3　研究思路与研究方法

6.3.1　嵌入理论与研究思路

1944 年，Polani 首次提出“嵌入”（embeddedness）概念，他指出“人类的经济行为嵌入或纠缠在经济或者非经济的制度当中，非经济制度的引入是非常重要的……”（张其仔，2001）。他用“嵌入”一词强调经济活动受到非经济因素的影响。因此，“嵌入”强调“文化”也可以是因变量。一定程度而言，“文化转向”与此不谋而合。同时，其强调非经济因素，意味着不仅包括地域文化，也包括权利、政策等政治性非经济因素，因而既要考虑文化嵌入，也要考虑政治嵌入（Zukin and DiMaggio，1990）。或者说，要注意“制度转向”“关系转向”等多维转向。此外，Granovetter 认为人类大多数行为是嵌入于人际关系网络之中，但也存在功利主义行为，因而必须将结构分析与理性选择分析相结合。可见，对“嵌入”分析，在重视地域文化等非经济因素的同时，仍要注意市场等经济因素，而不能过分夸大“文化嵌入”作用或者说“过度文化化”（overculturalized）。最后，Granovetter 的“嵌入”或者说社会嵌入是经济个体向社会（society）和社会文化结构（social and cultural structure）的嵌入（Polanyi，1957；Polanyi et al.，1958）。已有的关于嵌入性的研究主要从地方制度文化、地方社会结构入手（周尚意和沈小平，2008），弱化甚至忽视形成关系网络两端的行动者（actor），过分强调社会文化结构的作用，而忽视文化主体的能动作用及其背后机制（孟召宜，2009）。事实上，在文化地理学者看来，“嵌入性”（embeddedness）反映经济个体主动融入的过程（周尚意和沈小平，2008）。因此，在嵌入分析中，不仅要关注“网络”层面和社会文化背景，而且要关注关系两端行为者的内在“心智”，以统筹嵌入分析中的能动性与结构性、异质性与统一性。

基于此，本章的思路是：动画片是动漫企业的产品，动画片生产过程是一种经济行为。作为一种经济行为，动漫企业和动漫从业者在追求市场效益的同时，也嵌入到社会文化之中，深受地域社会文化影响。地域文化不仅影响动漫企业的组织管理方式、运行特征，而且影响其对文化资源的选择利用及动漫作品的内容风格。本章首先从动漫作品与地域文化交互的视角，分析江苏动漫作品利用地域文化的层面和路径，在此基础上，概括江苏动漫作品的风格特征，进而基于嵌入理论，从经济动机、个人认知、关系网络、社会结构等层面，揭示动漫产业地域文化特色形成的过程与机理（图 6-9）。

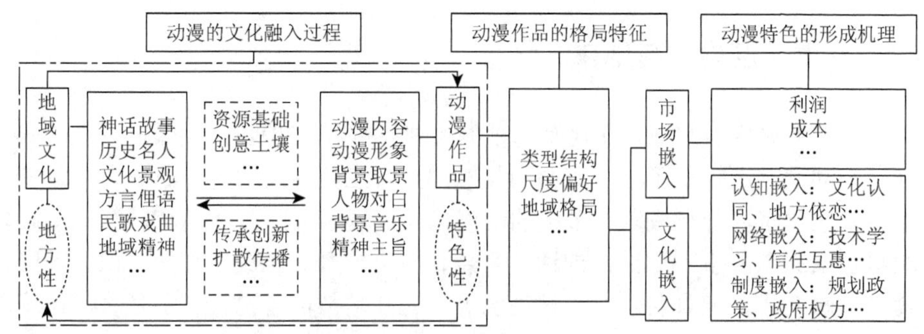

图 6-9 动漫产业地域文化特色形成的过程与机理

6.3.2 数据来源与研究方法

通过对文学作品、电影、音乐等文化产业内容的“文本”分析和符号解读等，可了解文化产业对文化嵌入方式以及对地方性、地域文化特色的影响（唐顺英和周尚意，2011）。故本章主要通过对动漫作品及其相关音频、视频、报道的听、观看、阅读，在此基础上进行文本解读，分析动漫作品中的地域文化，进而概括总结动漫作品的风格特征。根据不同媒体平台，动画业演变分化成电视动画、电影动画、网络动画。随着动画传播渠道从电视向新媒体转向（张宏，2015），电视动画、网络动画界限逐渐模糊。考虑到研究文本的可获取性和相对完整性，在此，主要分析 2007～2015 年以电视、网络为播放平台的江苏动画片或者说动漫剧。2007～2009 年的动漫数据来源于中国知网（http：//www.cnki.net/）里的中国动画年鉴。2010～2015 年的动漫数据来源于国家新闻出版广电总局（http：//www.sarft.gov.cn/），关于每个年度全国电视动画片制作发行情况的通告中的附件——《国产电视动画片发行许可证》的目录。2007～2015 年，江苏共生产动画 534 部、294466 分钟。在此基础上，甄别、筛选涉及地域文化的动漫作品 236 部进行重点分析，38 部反映江苏地域文化，其中以《沙家浜新传》《江水清清》《芦荡金箭》《水漫金山》《茅山小道士》《粉墨宝贝》《河小豚与江大鳄》系列、《阿福漫游记》等 10 多部动漫最为典型，因而也是本章关注的重点。

6.4　江苏动漫产业对地域文化的利用

美国社会学家卡斯特（Castells）说："媒体是我们的文化表现，而我们的文化主要是通过媒体提供的材料来运作的。"因而，动漫无法回避灿烂的地域文化，尤其作为观念意识形态呈现的认识模式。同时，将文化融入动漫作品，既能彰显地域文化，也可利用动漫传扬地域文化。

6.4.1　动漫选题内容与地域文化

动漫产业是内容产业，文化是动漫的灵魂（蔡有，2011）。我国地域文化丰富多样，为动漫选题提供了丰富资料和灵感源泉，江苏各地动漫企业一直注重充分利用多元文化资源，形成题材多样的动漫作品（表 6-4）。具体而言，江苏动画内容取材包括原创故事、童话、神话、名著、历史故事、非遗、文学知识、人居、美食、书画艺术、风景名胜、珍稀动物等，尤其是神话传说、文学名著、传统曲艺、历史名人倍受青睐。从地域上看，既有四大名著、唐诗宋词、历史名人等国家、民族文化，也有苏州园林、昆曲、沙家浜红色文化等江苏地域文化。通过原创、改编、移植，江苏地域文化融入动漫作品。如《茅山小道士》立足茅山丰富的道教文化，《水漫金山》的故事原型是"白蛇传"，《粉墨宝贝》以昆曲为创作支点。同时，作为新载体、新媒介，动漫利用历史场景与人物再现的手法轻松解读江苏乃至中国文化，并在海内外传播中国文化。可以说，"动漫+"不仅让传统文化实现了时尚表达，而且为文化传播传承打开了一扇新窗。

表 6-4　江苏动漫选题内容与地域文化的关系

典型动漫	时间与数量	制作单位属地及数量	动漫主题内容	地域文化
《沙家浜新传》、《鸡毛信》、《芦荡金箭》、《江水清清》等	2007 年 3 部、2008 年 1 部、2015 年 1 部	南京（1）、苏州（1）	抗战	红色文化
《笑林功夫》等 10 部，《粉墨宝贝》等 2 部，《云锦的传说》等 2 部，《欢欢喜喜逛园林》，《神奇的大运河》，《星猫之西域迷踪》等	2007、2008、2009 年各 1 部、2012 年 7 部、2013 年各 5 部，2014 年 3 部，2015 年 2 部	南京（3）、苏州（4）、无锡（1）	功夫、昆曲、京剧、苏州园林、大运河、丝绸之路	非物质文化遗产
《新八仙传奇》、《东游记》等 5 部，《济公传奇》1 部，《生肖山传奇》等，《东方神娃》等，《水漫金山》	2007 年 2 部，2008 年 4 部，2009 年 3 部，2010 年 2 部，2011 年 2 部，2012、2013 年各 3 部，2014 年 1 部	南京（2）、常州（1）、无锡（5）、苏州（4）、徐州（1）	后羿射日、故事、白蛇传、济公传说、十二生肖、云龙山传说等	民间传说、神话故事

续表

典型动漫	时间与数量	制作单位属地及数量	动漫主题内容	地域文化
《少年彭祖》,《星猫文化大讲堂》,《风行天下》2 部,《奇幻龙宝》等 2 部,《宰相刘罗锅》,《少年霍元甲》,《延陵季子》,《阿福漫游记》2 部,《中华美德少年》,《雪翎飘飘》	2007 年 3 部，2008 年 4 部，2009 年 1 部，2010 年 4 部，2011 年 3 部，2012 年 2 部，2013 年各 3 部，2014 年 1 部	南京（2）、无锡（3）、苏州（4）、常州（1）、徐州（1）	彭祖、轩辕、蚩尤、姬昌、诸子百家、解缙、季札、秦琼、范蠡、姜子牙、融、岳飞、范仲、毛泽东周恩来、林浩、邵帅、徐秀娟	历史名人、当代名人
《国粹京韵》等 2 部,《开心艺苑》等 3 部,《时迁演义》等 3 部,《笑掉江湖》等 4 部,《东北一家人》等 2 部,《象棋王》,《热血三国之三国鼎立》等 5 部	2007 年 1 部，2008 年 3 部，2011 年 4 部，2012 年 6 部，2013 年 4 部,2014、2015 年各 1 部	南京（3）、苏州（3）	京剧、昆曲、相声、笑话、评书、南北大鼓、南北快板书、东北二人转	传统曲艺
《秦汉英杰》,《玉玺传奇》,《大明王朝》,《星猫历险记—古城大冒险》,《中华大讲坛》等 2 部,《动漫书馆之东汉演义》	2007 年 1 部，2008 年 3 部，2010 年 2 部，2011 年 1 部	南京（1）、无锡（2）、苏州（2）	秦汉、明清历史	历史故事
《福五鼠之三十六计》等 4 部,《西游记》等 4 部,《风花仙子外传》,《亿唐剧场三国演义》,《亿唐剧场-水浒传》,《镜花缘》	2007 年 2 部，2009 年 3 部，2010 年 4 部，2011 年 1 部，2012 年 2 部	南京（2）、无锡（5）	孙子兵法、四大名著、镜花缘	文学名著
《唐宋风韵》系列等 5 部,《太阳宝贝之成语新说》等 6 部,《亿唐皮影戏寓言故事》等 11 部	2007 年 1 部,2009、2010 年各 2 部，2011、2012、2013 年各 4 部，2014 年 3 部	无锡（3）、苏州（4）	唐宋诗词、成语故事、寓言故事	文学知识
《人居风情之中华系列》,《星猫历险记》等 4 部,《消失的文明》,《快乐星猫-名胜篇》,《河小豚与江大鳄之藏宝图》等 7 部	2008 年 7 部，2009 年 2 部，2011 年 3 部，2013、2014、2015 年各 1 部	南京（3）、无锡（1）、常州（1）、盐城（1）	民居、饮食文化、国画、书法、河豚、扬子鳄、麋鹿、丹顶鹤、藏羚羊、湟鱼	中国人居、美食、书画艺术、风景名胜、珍稀动物

6.4.2　动漫形象造型与地域文化

鲜明的动漫形象与造型是动画片的核心。江苏动漫企业一直非常注重运用地域特色文化符号塑造性格鲜明、造型独特的动漫形象。具体来看，江苏动漫企业从江苏地域文化乃至更大地域范围内，选取历史人物、当代名人、地名、传统美食、珍稀动物等形成多元动漫原型（表 6-5)。在反映江苏地域文化的动漫作品中，范蠡、季札、彭祖等江苏历史名人，总理周恩来、捐献骨髓救母的邵帅、爱鹤烈士徐秀娟等江苏当代名人，麋鹿、扬子鳄等江苏特有的珍稀动物等都成为江苏动漫的形象原型与灵感来源（表 6-4)。其中，既有原汁原味的真实轮廓形象，也有创作者对文化原型解读、记忆、凝练抽象后的再造形象。通过再现、浓缩、精炼、提取、抽象、夸张等创作手法，借助这些性格鲜明或造型独特动漫人物的“言说”，江苏地域文化以“故事”形式展演，并通过观众与动漫人物的感应共鸣，江苏文化感动观众、获得认同。

来来来推个#国产动画#昆山粉墨文创发展有限公司《粉墨宝贝》! 虽然我看不习惯这种 3D 建模剧本暂时也看不出好坏，昆曲造型实在太好看了啊啊啊啊啊! 两只大闸蟹萌死了！而且动画里的唱腔和乐器演奏全部是昆曲演员真人录制！超有诚意有木有!（网友“楼兰桂花酱”，2015-6-12）

表 6-5　江苏动漫形象与地域文化关系

典型动漫作品	动漫形象与名称	动漫原型	创意源头
《海宝来了》《奇幻龙宝》	“郎朗”“姚明”小龙	郎朗、姚明、成龙	当代名人
《龙斗台球》	红头小子小晖	丁俊晖	
《欢乐正前方》《娱乐双炮响》《娱乐总动员》《娱乐百分百》	大男生“王为”和“闻风”，	北京交通台名牌栏目《欢乐正前方》主持人王为、闻风	
《吉娃娃和他的伙伴们》《欢乐友爱村》《生肖山传奇》《梦飞纸客国》	吉娃娃、喜刷刷、贝贝娃、淘淘猴	十二生肖	民间传说
《阿福漫游记》《阿福漫游记之无锡人杰》	阿福、阿喜	惠山泥人	工艺美术、非遗
《包子馒头》	“包子”“馒头”	包子、馒头	饮食文化
《果然一町》	大嘴芒、桃子、平平、大饼、跳跳橙、瘦甘、肥莲	芒果、桃子、橙子	水果形象
《河小豚与江大鳄》系列	小美、大宝、江大鳄	河豚、扬子鳄	珍稀动物
《丛林历险》	满多	麋鹿、熊猫	
《麋鹿传奇》	“麋鹿”	麋鹿	
《欧力牛和迪瑞羊》《环保小卫士》、《无敌淘气牛》	欧力牛、迪瑞羊	藏牦牛、藏羚羊	
《赛亚历险记》	赛亚	湟鱼（“赛亚”是藏语湟鱼的谐音）	
《南南猫和京京鼠》系列	南南猫、京京鼠、江江	南京、扬子江	地名、人名
《新的征程》《梦回姑苏城》系列、《金鸡湖之难》《力量大对决》	霸王鼠（吴江）、南泊虎	吴江、唐伯虎	
《粉墨宝贝》	乐粉儿（粉粉）、莫舞达（墨墨）、大闸蟹（面拖、清蒸）	昆曲脸谱与昆曲意象	昆曲、京剧
《水漫金山》	许仙、白娘子、小青	京剧脸谱	

6.4.3　动漫表现手法与地域文化

服装、民间音乐、标志性景观等文化元素不仅使得动画角色造型更加丰满，而且能够塑造引起观众共鸣的场景意境。我国历史悠久、文明积淀深厚，传统文化中好的元素、符号、工具可供动漫采借，从而为动漫作品提供丰富的形式供给（李秋香和李麦产，2009）。江苏动漫作品注重借鉴地域文化中传统工艺美术品如无锡惠山泥人、皮影、剪纸等方式和水墨国画等绘画技法以及木刻等传统手法，使动漫造型具有地域特色和中国风格。同时，动漫作品在场景设计、主题曲和背景音乐等方面，注重撷取地域文化中的风景名胜、民歌等元素符号，使动漫作品地域特色更为浓郁。动漫《水漫金山》背景多是金山寺，人物爱吃锅盖面，金山寺加锅盖面使得动漫《水漫金山》镇江味很浓。动画片《粉墨宝贝》以昆曲为灵魂，原汁原味的经典，让整部动画片“很昆曲”“有韵味”（表 6-6）。

表 6-6　江苏动漫表现手法与地域文化关系

典型动漫作品	表现方式、背景等
《海宝来了》（2010）	上海弄堂为背景，皮皮爸爸哼着小曲《茉莉花》。海宝喜欢学武功、吃小笼包
《亿唐皮影戏》系列（2009）	以皮影方式表达、解析孙子兵法、寓言故事、成语故事等
《国粹京韵》（2015）	以耳熟能详的经典京剧曲目选段为元素，运用意境独特的水墨丹青，巧妙结合京剧和水墨画两大国粹，打造三维水墨动画片
《秦汉英杰》（2007）	以人偶形式塑造动漫形象，造型具有民族特性
《星猫历险记—古城大冒险》（2011）	明城墙、秦淮河等著名景点，朱元璋、沈万三等历史人物，聚宝盆与中华门的美丽传说，国家级非遗云锦的制作工艺展示等融入动漫
《云锦的传说》（2012）	以水墨动画的形式展现世界非物质文化遗产南京云锦
《水漫金山》（2011）	以镇江金山湖风景区、金山 5A 风景区、古街巷周边环境为背景，画面运用水墨手法，人物造型借鉴京剧脸谱
《茅山小道士》（2015）	以茅山丰厚的道教文化及优美景观为背景，造型吸收国画、木刻等传统手法，画风具有中国散点透视特点，装饰性强。空间的纵深感、层次感、色调的鲜明柔和及“反光特效”的大胆运用，手绘人物造型、山水、建筑等充分展示东方线条的魅力。加之多元风格的民族音乐和片曲，亦梦亦幻
《河小豚与江大鳄之藏宝图》（2010）、《河小豚与江大鳄之五行神镜》（2011）	巧妙汲取河豚、刀鱼、鲥鱼、刘天华民乐、马蹄酥、二八酒、粉盐豆、江阴长江大桥等江阴地方特色文化元素
《果然一町》（2010）	以常州篦箕巷、古运河等为主场景，分镜头中有小桥、流水、古镇等，具有浓郁的江南水乡特色
《雪翎飘飘》（2009）	以盐城国家级珍禽自然保护区为背景，采用传统绘画风格，结合现代制作技艺，画面清新、人物可爱

作为首例将传统文化昆曲与现代动漫艺术表现形式相互结合的作品(《粉墨宝贝》)，……巧妙融入传统戏曲文化。片中，传统戏曲美感所在的“髯口胡须”“水袖戏服”等仿真飘逸视觉效果达到自然流畅、逼真的程度。[①]（中国日报中文网，2015-06-25）

……动画片《水漫金山》的主题曲，极具江南韵味，歌曲再现了民间传说《白蛇传》中白娘子和许仙的千年爱情传奇，柏文受邀演唱主题曲，导演正是看中了她极具江南韵味的演唱风格……。[②]（新浪音乐，2011-09-04）

……目前，(《茅山小道士》) 创作人员已去茅山等地采风取景，了解茅山道士的故事和作为革命老区的背景资料，人物设计、场景制作等工作也已展开……。[③]（江苏卫视网，2013-11-1）

可见，动漫作品注重利用物态文化景观，塑造故事发生背景；注重通过采风、开现场会等，强化对故事发生地的直观感受，突出写实性。同时，注重背景音乐的地方风格，以增加感染力。在对白、叙事中，注重运用评书、相声以及中国特色的搞笑、幽默方式，全方位打造动漫特色。然而，由于在动画作品中加入有形文化元素容易，运用中国式理念创作困难，同时，由于动漫工作者缺乏对传统地域文化的理性认识和深刻剖析，难以找到地域独特的审美观、价值观，因而不能将其深刻表达（韩波和洪京，2010）。这些使得江苏动漫作品中的文化元素和传统文化间有时过于简单、直接对应，甚至有的是地名直接借用和地方文化的直观呈现，地域文化开发利用肤浅。如《南南猫和京京鼠》系列、《梦回姑苏城》系列等动漫作品，仅仅以南京等地名化用为角色名，以金陵、姑苏为故事发生地，但实际地方性元素较少，仅套用一些表面元素，动漫作品与地域文化间有貌合神离之感。

6.4.4 动漫主旨精神与地域文化

动漫主旨体现地域人文精神，而地域人文精神使动漫具有了自己的价值追求。在全球化背景和当代语境中，传统文化以文化产业形式发挥言说力量。由于文化识别力与民族精神关系密切，因此影视动漫必须注重民族精神价值的阐释弘扬，动漫影视作品才能具有强大的文化影响力。所以，成功的动画，无论依托于传统文化元素，还是解构、重构文化元素，民族精神都是其“灵魂”（傅丽莉，2011）。考虑到动漫作品类型多样、主旨多元，在此将反映地域文化尤其是江苏地域文化的动漫作品的相关文本资料转换成 txt 文件，并合并成一个文本章档，然后运用 ROST WordParser 中文词频分析软件对文本内容进行系统分析，提取描绘人文精神、价值取向的高频特征词，进而结合原材料，将相关内容概括整理并按照频次高低顺序列出（表 6-7）。研究发现，江苏动漫作品一直注重通过江苏乃至更大地域历史、民间故事等的讲述寓教于乐，培养观众尤其是少年儿童形成良好的品德习惯。这些品德习惯既有传统文化要求的礼仪、团结、忠诚、合作等，也有具有鲜明时代性的环保、和谐等。通过核心价值、人文精神的宣扬，江苏动漫对青少年产生巨大影响。

昆曲是这部动画片（《粉墨宝贝》）的灵魂，我们就是要用原汁原味的经典，让孩子从小感悟传统之美。……观众的代际传承，对传统戏曲来说非常重要。动画片这种新颖的形式，不是简单地灌输如何唱昆曲，而是让孩子们在潜移默化中了解昆曲，引发他们对传统文化的兴趣，继而爱上昆曲。这样润物细无声的传播，能直抵人心，效果往往更好。[①]（江苏省昆院长李鸿良，2015-06-25）

（动画片《阿福漫游记》）通过寓教于乐的方式，让孩子从小就了解家乡的历史和文化，有利于孩子从小树立良好的世界观，长大后成为建设家乡、建设祖国的有用之才。[④]（某家长，2012-11-02）

表6-7 江苏动漫作品宣扬的人文精神与价值取向

影响对象	小伙伴、小朋友、小观众、小孩子、少年、青少年、幼儿
影响载体	故事、生活、历史
影响方式	教育、学习、引导、弘扬、宣扬、培养、养成、宣传、鼓励、传播
人与社会	维度：精神、意义、习惯、品质、性格、道德、品德、态度
	内容：智慧、善良、礼仪、爱（友爱）、正义、努力、文明、美好、和谐、和平、团结、乐观、坚强、健康、友谊、高尚、忠诚、合作、诚信
人与自然	维度：保护、拯救、保卫、守护、关爱
	内容：自然、（小）城镇、城市、星球、家园、人类、地球、世界、宇宙、生态、海洋

6.5 基于地域文化视角的江苏动漫产业主要特征

6.5.1 动漫作品类型以童话、冒险、教育等为主，深度契合儒家文化国情

立足百度百科、维基百科和各地市文广新局的备案，参考爱奇艺，大漫网等动漫网站的动漫主题分类和介绍资料，对动漫作品进行类型划分（其中11部作品由于资料缺失，未纳入分析）。考虑到动漫作品类型的复杂多元性，依据作品内容、风格，对每部动漫作品进行1～2个类型概括，进而统计江苏动漫作品类型结构（表6-8）。其中战争、竞技、热血、侦探、历史、社会、艺术、情感等类型的动漫作品分别有9、3、7、2、4、2、2、4部，数量较少，故未一一列出。由表6-8可见，江苏动漫作品中，童话类最多，共189部，占比35.4%；其次是冒险类，为165部，占比30.9%；教育、益智合计140部，占比26.2%；搞笑、科幻均为88部，占比16.5%。考虑到多数动漫是两种类型标注，以期全面反映动漫类型，因此，童话、冒险、教育、益智、搞笑、科幻等类型组合较多，反映江苏动漫观众群体低幼特征和教育益智取向以及寓教于乐的风格特征。另外，数量较多的数学、外语、成语等教育、益智主题类动漫，看似是对地域文化的背离，

就本质而言，其既是一种对市场的迎合，也是对儒家文化背景下重视教育、关注幼教等国情的积极响应。

表 6-8 江苏动漫类型结构及其动态变化

类型	2007 年/部	2008 年/部	2009 年/部	2010 年/部	2011 年/部	2012 年/部	2013 年/部	2014 年/部	2015 年/部	合计/部
童话	11	17	29	37	17	32	26	14	6	189
冒险	9	20	13	25	22	26	20	18	12	165
教育	5	9	16	26	8	5	11	4	8	92
搞笑	5	3	12	17	11	19	11	8	2	88
科幻	1	8	10	19	9	11	10	11	9	88
益智	2	5	3	12	7	10	4	3	2	48
魔幻	3	6	4	6	8	3	8	5	4	47
历史	6	6	2	4	7	9	10	1	1	46
现实	2	3	8	4	3	6	2	1	1	30
文化	2	1	0	3	3	5	2	4	3	23
动作	2	2	1	0	3	7	1	2	1	19
亲子	0	1	3	0	6	3	1	1	3	18
神话	2	3	3	3	3	0	1	0	0	15
励志	0	2	6	3	0	0	0	0	0	11

6.5.2 动漫作品内容偏好国家（民族）文化层面，倾向上推地域文化尺度

基于文本分析的统计表明，2007～2015 年，江苏 534 部动画中，涉及地域文化方面的动漫作品 236 部，其中《阿福漫游记》《水漫金山》《粉末宝贝》等 38 部反映江苏地域文化，涉及水晶、法力、魔力、权杖星相、魔法、星座、安徒生童话等西方文化的动漫作品有《晶码战士》《长龙小卫士》《星梦园》《亿唐格林童话故事》等 14 部，其余动漫作品选题多以我国国家、民族文化为选题内容。因此，综合来看，动漫作品选题内容呈纺锤形，即地域文化、西方文化均较少，更多考虑国家、民族文化层面，国家层面是江苏动漫嵌入的最重要层面。可见，“尽管这种嵌入在各种相互关联的地理尺度都可以发生，但最重要的尺度似乎是国家尺度，它是一个特殊惯例形成发展的重要‘集合体’”。因为竞争优势是通过一个高度本土化的过程产生和维持的。国家在经济结构、价值、文化、制度和历史方面的差异对于竞争的成功作用巨大。母国的作用同以往相比依旧重要，甚至更重要……（Porter，1990）。不仅动漫选题内容如此，动漫主旨精神亦是如此。虽然有《河小

豚与江大鳄》系列、《沙家浜新传》系列、《阿福漫游记》等动漫对江阴精神、无锡精神等江苏地域人文精神的反映，但其他较多的动漫作品多是反映大尺度的中华民族心理特征、思维方式和价值取向，弘扬伟大的民族精神和时代精神(表 6-7)。正因为如此，江苏动漫在生产过程中，导演、制片人等从选题内容、主题确定、人物构思、制作等方面不自觉地进行尺度上推，从地域文化走向民族、国家文化，实现微言大义、小中见大，同时将中国故事、民族风格和地方元素加以有效结合，形成立体多元的文化格局。

……（《茅山小道士》）该片以茅山环境为背景，巧妙地融入镇江民风民俗和文化元素，通过小道士“茅小胜”拜师学艺、下山游历的精彩故事，在中华文化的座标中，塑造了一个诙谐智慧、调皮可爱、武义高超的小道士形象，充分展示中华文化的源远流长和博大精深，以动漫形式展现江南历史文化名城镇江的胜境意韵和茅山丰厚的道教文化、优美景观……。[⑤]（镇江市文广新局，2016-01-04）

……52 集动画片《茅山小道士》原创故事精彩、智慧悬疑叙事、东方画风优美，有力塑造了“看我少年气自华”的新动画的新形象，全片呈现出“中国风·民族情·江南味”的新气象……。[⑥]（道教之音，2013-11-18）

同时，通过文化杂糅，甚至通过对不同民族的文化进行杂糅，超越民族界限，跨越文化差异，打造多元文化产品，提升文化产品影响力（王建陵，2008）。江苏动漫采用星座、水晶权杖等西方文化元素，改编《格林童话》等外国故事，不仅增加了产品的多样性，而且给人一种全球化的印象（赵芳，2012）。

6.5.3　动漫作品青睐知名度高的典型地域文化，倾向点面结合式全景展现

《阿福漫游记》《延陵季子》《商人范蠡》以无锡历史文化名人为原型，《江水清清》以震惊中外的南京大屠杀为背景，《沙家浜新传》以沙家浜国家 5A 景区为背景，《欢欢喜喜逛园林》以世界文化遗产苏州园林为内容，《水漫金山》的故事原型“白蛇传”2006 年被国务院公布为首批国家级非遗，位列我国四大民间传说之首。……可见，江苏动漫偏好地域文化中的世界非遗、国家级非遗以及风景名胜为代表的典型文化（表 6-9）。这点对于地域经济相对落后、区位不够优越的动漫企业更是如此。从反映地域文化动漫作品的制作企业空间分布来看，徐州、镇江等经济相对落后的市域和江阴、昆山、常熟等县域动漫企业的动漫作品具有更多的地方性特征（表 6-9）。如镇江广播电视台的《茅山小道士》、徐州市江苏宝伦文化传媒有限公司的《少年彭祖》、盐城市江苏华恒兄弟动漫制作有限公司的《麋鹿传奇》、江阴江苏漫瑞文化传播有限公司的《河小豚与江大鳄》系列，常熟市苏州天堂卡通数码制作有限公司的《沙家浜新传》《芦荡金箭》等。在注重典型文化支点、核心作用的同时，注重其他地方元素的巧妙融入。如《河小豚与江大鳄》

系列，在以河豚、扬子鳄塑造小美（河小豚）、大宝（河大豚）、江大鳄等动漫形象的同时，巧妙汲取刀鱼、鲥鱼、刘天华的民乐、马蹄酥、二八酒、粉盐豆、江阴长江大桥等江阴地方特色文化元素，使动漫作品与江阴地域文化全面深度契合。这种“点面结合”的全方位文化利用格局，实现江苏地域文化的全景性展现。

表 6-9　江苏动漫选题内容与江苏地域文化的关系

区域（数量）	动漫作品	动漫中的地域文化
南京（9）	《南南猫和京京鼠之金陵七色岛》《南南猫和京京鼠之麒麟传说》《南南猫和京京鼠之小金陵的故事》《大南南和小麒麟 1》《南南猫和京京鼠之守护金陵七色岛》（2009）、《南南猫和京京鼠之正义的呼唤》（2010）、《南南猫和京京鼠之拯救金陵七色岛》《大南南和小麒麟 2》（2011）、《星猫历险记—古城大冒险》（2011）	明代南京城、南京地名文化
连云港（1）	镜花缘（2012）	历史名著
无锡（5）	《阿福漫游记》《河小豚与江大鳄之藏宝图》《河小豚与江大鳄之五行神镜》（2011）、《延陵季子》（2012）、《阿福漫游记之无锡人杰》（2014）	历史名人、珍稀动物等生态文化
常州（2）	《果然一町》（2010）、果然一町（27-52）（2011）	篦箕巷、古运河等常州水乡特色
苏州（14）	《江水清清》《沙家浜新传》（2007）、《芦荡金箭》（2008）、《欢欢喜喜逛园林》《姜子牙之尚湖传说》《商人范蠡》（2010）、《新的征程》（2012）、《梦回姑苏城之失落的地图》《梦回姑苏城之金桂之冠》（2013）、《梦回姑苏城之失落的地图》《梦回姑苏城之金桂之冠》（2013）、《金鸡湖之难》《力量大对决》（2013）、《粉墨宝贝》（2014）	红色文化、水乡特色、历史名人
盐城（3）	《雪翎飘飘》（一）（2009）、《丛林历险》（2011）、《麋鹿传奇》（2013）	丹顶鹤、麋鹿等珍稀动物与生态文化
淮安（1）	《中华美德少年》（2012）	周恩来
镇江（2）	《水漫金山》（2011）、《茅山小道士》（2015）	民间传说、道教文化
徐州（2）	《少年彭祖》（2011）、《云龙传奇之九龙战记》（2013）	彭祖文化、三云品牌

6.5.4　动漫企业注重运用地域特色文化塑造动漫风格、打造动漫品牌

江苏动漫企业，尤其是重点企业注重运用地域传统文化、特色文化，通过系列动漫，形成风格鲜明的选题内容，塑造深入人心的动漫形象，打造形成动漫品牌。由于题材的熟悉性和编剧导演团队的固定性，动漫企业风格形成之后甚至表现出一定的发展惯性和“路径依赖”（path dependence），这又进一步强化其动漫作品特征。如南京合谷科技信息技术有限公司相继推出《星猫文化大讲堂（文化故事）》（2007），《星猫历险记》美食篇、国画篇、书法篇、文明篇、恐龙篇（2008），《消失的文明》、《快乐星猫》名胜篇（2009），《五星侠传奇》（2015）等动漫作品，均以中国传统武学文化为基础，通过夸张的表情、流畅的功夫动作，将诸子百家、

美食、国画、书法、神话传说、风景名胜等传统文化趣味性表现出来，进而结合《淘气星猫》（2008），《淘气星猫 2》（2009），《小星猫魔幻乐章》系列、《快乐星猫》系列（2012、2013、2014）等，着力打造“快乐星猫”动漫形象。南京江苏音图文化发展有限公司立足南京吴文化、非遗云锦、非遗京剧等文化，先后推出《东吴大帝》《云锦的传说》《云锦小当家》《国粹京韵》《传人》等动画作品，在弘扬国粹、传承经典的同时，形成自己的品牌和风格。而苏州天堂卡通数码制作有限公司陆续推出《沙家浜新传》《江水清清》《芦荡金箭》“红色”卡通作品，形成爱国题材动画片“三部曲”。

6.6　江苏动漫产业地域文化特色的嵌入性分析

江苏动漫注重文化融入，并逐步形成动漫作品类型呈金字塔状、动漫作品内容偏好国家（民族）文化层面，青睐美誉度知名度高的代表性地域文化，以及注重运用地域特色文化塑造动漫风格、打造动漫品牌等特征。这些特征的形成，既有动漫企业对利润、效益的考量从而嵌入市场的动因，也有地域意识形态、政策等文化背景的影响，即动漫企业和动漫从业者嵌入地域文化的动因。

6.6.1　基于利润、效益等考量的市场嵌入

文化遵循市场经济中普遍存在的积累规律，工厂逻辑培育文化产业的梦工厂（拉什和卢瑞，2010）。因而动漫企业像其他企业一样，成本、效益是其考量的重要维度，甚至是首要目标。江苏动漫企业亦是如此，一方面，其对市场和效益的关注，使得动漫题材多样，以适应多元市场，表现出对地域文化的相对远离与弱化；另一方面，动漫企业、动漫从业者也意识到地域文化是动漫作品的重要原材料，地域特色文化能形成比较优势。同时，动漫题材内容取材于原创故事、童话、神话、名著等历史文化底蕴浓厚的题材，不仅发掘空间较大，而且这些故事已历经时间考验，可以减低制作风险（赵芳，2012）。此时，地方性成为当地动漫公司打造特色动漫的重要资源。对于以内容为王的动漫产业而言，在技术手段相对落后情形下，内容取胜甚至是一种有利的途径（谢地和陈萍，2010）。

……仅这三分钟的样片（《粉墨宝贝》），就耗费了大量的人力、物力。估计全部动漫制作完成的话，每一分钟的成本至少在两万元人民币以上。……动漫是一个烧钱的行业。……其制作成本的压力确实很大。但如果要从政府获得奖金的支持，周期太久。所以，向市场要效益，推出可以迅速上市的衍生品，就成了不二选择。[⑦]……（粉墨文创官网，2015-06-11）

……筹备上市实现“零突破”毕竟是做企业，盈利能力也是企业成功与否的

硬指标。亿唐已开始上市前的准备工作……。[⑧]（直线网，2012-10-29）

无锡发展文化产业有几大优势，第一是历史文化资源禀赋，无锡历史文化资源深厚，其中有一环就是重商，商业的文化氛围、商业的历史价值非常明显；第二就是人文资源优势，如阿炳的故事，又是非常显现；第三就是文化的衍生品如紫砂陶瓷，和文化结合的、历史沉淀的、文化商品的资源也是比较丰富的。[④]（无锡亿唐动画设计有限公司董事长施向东，2012-11-02）

动画片《水漫金山》首夺“金海豚”大奖，而中国故事的神奇和传统美德是中外评委一致同意该片获奖的理由。[⑨]（京江晚报，2013-10-31）

……以江苏常州篦箕巷和古运河为场景的原创三维动画片《果然一町》……以一群生活在缤果镇的水果孩子为主角，讲述他们的生活和成长故事。尽管故事有些幼稚，但片中场景所体现的东方神韵以及浓郁的江南水乡特色文化受到了海外购片商的普遍青睐……预计海外版权销售总额可突破 200 万美元。[⑩]（中国文化报，2010-12-31）

6.6.2 基于认同、信任、意识形态等维度的文化嵌入

1. 基于心智模型的认知嵌入

经济发展是人的行动的结果，而人的行动受其思想、价值观、精神状态等文化因素制约。强调心理、态度等心智模型对经济发展的能动影响的观点隐含在许多经济学家、社会学家以及文化人类学家的思想之中（孟召宜，2009）。韦伯的新教伦理与资本主义精神的经典阐述是这种观点的代表（韦伯，2002）。动漫企业亦是如此。尽管日本动漫制作大多数是商业行为，对日本的民族精神与价值观的反映却是动漫作者的集体无意识（李长庆等，2011）。处于不同的文化环境，受到不同的文化影响，形成不同个人认知、文化认同等，从而形成不同的企业家精神，进而可能形成不同的动漫情结和动漫作品，最终形成一种文化自觉、文化责任乃至无意识。

由日本的史学家来讲述中国历史，我感到堵得慌，我觉得为什么中国历史要由日本人来解读？当时就想到要自己来做动画片，让日本的友人、让国际友人、海外华人共同来分享五千年的中国历史文化……[④]（无锡亿唐动画设计有限公司董事长施向东，2012-11-02）

……第一次看到昆曲，就被它那优美的动作、美丽的服饰、婉转的唱腔深深打动了。……祖先留下的优秀文化，一定要好好传承，不可糟蹋。……我当时就想，要是能把这么唯美的昆曲艺术通过动漫的形式展现，肯定会有更多人喜欢。[①]（《粉墨宝贝》动画片总导演，台湾著名漫画家林政德，2015-06-25）

而企业家精神通过个人魅力的感染扩散以及规章制度的转化落实，个体性的精神特质上升到企业层面，形成具有鲜明特质的动漫企业文化和动漫企业形象，同时也赋予动漫企业社会文化责任，从而推出具有鲜明地域文化内涵的动漫产品。甚至动漫企业通过关注公益动漫，使企业发展具有一定的道德经济取向（Scott，1976）。如江苏音图文化发展有限公司为宣扬社会道德、树立城市文明新风的公益系列宣传片《点点滴滴》，南京合谷科技信息技术有限公司为促进世界观、人生观、价值观建立的《星猫动画系列之公益小品》。

……在感性的激发与理性的权衡下，施向东决定回国创业。2008 年，亿唐动画作为无锡“530”企业落户崇安区。取名亿唐，其内涵是“追忆唐朝”、“为亿万唐人服务”。④（华语广播网，2012-11-02）

“（江苏漫瑞文化传播有限公司）漫瑞将致力于挖掘中华文化中被世界普遍认知的符号，创作动漫精品，打造动漫品牌，形成具有独立知识产权的动漫产业链，并开拓海内外市场，肩负起弘扬中华文明和发展文化产业使命。⑪（若邻网）

2. 基于多元关系的网络嵌入

动漫企业与地方政府、动漫基地、邻近企业、行业协会以及其他社会部门等，基于业务合作、技术学习、情感交流等形成情感关系网络、合作关系网络、技术咨询网络等，这些关系网络对于动漫作品的地域文化特色形成有着重要的影响。

（1）业务合作网络。动漫强调创意为王、平台为王。尤其是动漫发展早期，其回收成本、扩大影响、塑造品牌的一个重要甚至唯一渠道是电视台的动漫频道播出，因此，动漫企业和播出平台合作关系至关重要（王辑慈等，2010）。同时，具有平台资源的电视台也积极主动参与动漫作品制作，以拓展业务领域。此外，广播电视台作为我国文化宣传主阵地及其国企背景，公益性、主旋律是其考量的重要维度。如无锡电视台先后推出《少年霍元甲》《神娃学礼仪》《神娃学交通》等十多部体现主旋律、具有公益性动漫作品。另外，与名导演的合作保证了动漫作品的文化创意。

……在政策红利激励下，中国动漫也呈现出诸侯纷争的乱局。“拼故事、拼创意，不是中国动漫的强项”，在明确这条发展思路后，施向东开始实施“以动漫为载体传播中国文化”的发展策略，其与中央电视台《探索与发现》栏目合作的《大唐西游记》一炮打响，该剧荣获亚洲最佳制作奖、中国最佳制作奖。⑧（直线网，2012-10-29）

……《茅山小道士》由获第 26 届中国电视金鹰奖优秀动画片奖（第一名）的动画片《水漫金山》的原班创作人员，倾心打造的又一扛鼎之作。该剧由导演出品过《西游记》、《蓝皮鼠大脸猫》等动漫片的著名动画片导演陈家奇执导，编剧则由著名儿童文学作家葛冰担纲。……《茅山小道士》由镇江广播电视台、句容

茅山创业旅游有限公司、北京华江亿动文化传媒有限公司联合出品。……[12]（扬子晚报网，2016-01-04）

（2）技术学习网络。对于动漫企业而言，必须建构技术学习网络，以保证动漫作品中具有地域文化特色表现手法等的学习掌握。如无锡亿唐动画施向东为创新制作手法，与延安合作用安塞剪纸制作动画、与央视《探索与发现》合作用纪录片手法制作动画……[12]；而昆山粉墨文创发展有限公司不仅和中蟹网、央视少儿频道、芒果TV、爱奇艺、央视网形成长期战略合作伙伴关系，而且在动画片《粉墨宝贝》制作中，基于文化创意产业“项目”和“项目网络”的独特生产方式（李蕾蕾，2010），注重与江苏省演艺集团昆剧院、上海昆剧团、上海张军昆曲艺术中心、台湾动漫文化创意产业交流协会等协力联动。

……回忆起当初和林政德的合作，（江苏）省昆院长李鸿良很是感慨，“当年，林政德的公司就在我们昆剧院附近，他一有空就来兰苑剧场听戏，越来越痴迷。”……在研究昆曲的过程中，林政德产生了嫁接动漫的想法，……梦想很美，但圆梦的过程却充满艰辛。……创作过程中，李鸿良和省昆的名角们给林政德提供了很大帮助……《粉墨宝贝》中的昆曲唱段都是由单雯、施夏明、徐思佳、孙晶等省昆演员配唱……[1]（中国日报中文网，2015-06-25）

……为掌握更多细节，林政德无数次拜访省昆剧院和上海昆剧团。省昆剧院领导被他的痴迷和诚意所感动，称他为“昆曲义工”，但凡大型的演出都主动邀请他观看，后台也向他开放，让他抓拍每一个瞬间。……[13]（《粉墨宝贝》官网，2015-06-11）

3. 基于战略政策的意识形态嵌入

（1）地方战略政策环境的嵌入。哈维（Harvey）指出：地方为了吸引投资，不得不突出地方的独特性，运用广告以及形象建设等策略进行地方营销（Harvey，1996）。因此，推动地方文化发展、打造地方文化品牌是地方政府的重要职责。另外，以地方为题材的动漫作品不仅能提高地方的知名度，还能带动本地旅游业的发展（李长庆等，2011）。发展文化产业成为营销地方文化、壮大地方经济的重要方式。在此背景下，地方政府、动漫基地（园区）有明晰的文化定位和文化旅游战略，如盐城重点发展绿色湿地文化、红色铁军文化、白色海盐文化、蓝色海洋文化“四色”文化和射阳丹顶鹤、大丰麋鹿两大自然保护区；镇江重点开发金山“爱情文化”、茅山道教文化，而徐州着力打造楚风汉韵和“彭祖故国、刘邦故里、项王故都”。进而政府以参与、外包形式，营销地方文化，而动漫企业为得到地方政府官员与政策的支持，积极参与地方文化营销与文化品牌打造，这一联动过程使得动漫企业推出具有地域文化烙印的动漫作品。如由镇江电视台、南京电视台与江苏如意宝动画有限公司联合投资，南京鸿宝影视文化有限公司、中央新影集团动画制作的《水漫金山》；由镇江广播电视台、句容茅山创业旅游有限公司、北京华江亿动文化传媒有限公司联合出品，江苏虹之谷动漫娱乐有限公司制作的《茅山小道士》。镇江广播电视台参与制作《水漫金山》《茅山小道士》，一定程度而言是代表地方政府营销地方文化。而这些动漫作品成为地方生产（再生产）的一个重要动力。《阿福漫游记》《粉墨宝贝》等亦是如此。

……为更好地普及城市历史文化知识，以动漫片的形式对青少年教育和启迪，80 集动漫片《阿福漫游记》14 日进行首映，并正式启动了无锡城市历史文化动漫工程。……城市历史文化动漫工程作为我市重大的文化工程，总投入达到 900 万元。[14]（无锡商报，2011-04-15）

……来到昆山后，林政德欣喜地发现昆山市政府正在致力弘扬推广昆曲文化，双方一拍即合，合谷数码科技有限公司在昆山巴城成立，林政德也开始了他的昆曲“圆梦”。……[15]（昆山新闻网，2013-8-28）

动画片《茅山小道士》是继动画片《水漫金山》后的又一贴着镇江文化标签由镇江广播电视台制作的影视重磅力作……该片作为镇江文化产业的一项重点工程……[4]（华语广播网，2012-11-02）

……借助茅山地区影响力和市井文化，充分发挥道教文化以塑造人物智慧，通过这些智慧故事，编出一个内容丰富，而且深受当下观众喜欢的喜爱的和能够欣赏的一部动画片……使茅山文化能够深入人心。通过我们具体去塑造一些人物和故事，让它（茅山）家喻户晓……[3]（陈家奇，2013-11-17）

在动漫企业发展和动漫基地建设中，政府积极为动漫企业发展塑造良好的政策人文环境，动漫企业也积极响应地方政府。在互动中，合作关系、公私关系混合杂糅到一起，甚至企业业绩与政府政绩、企业目标与政府目标契合一致，形成发展合力、实现政企共赢。而这一过程进一步提升动漫企业嵌入到地方政策环境的积极性。

从湖南来到昆山软件园动漫数字产业基地，我们的选择绝对不错。在昆山的原创作品《山猫和吉咪》之嘉年华不仅在央视首播，还在首届美国国际电影节一举斩获“优秀动画片奖”、荣获中国动画学会颁发的“最具产业价值”提名奖；还被国家广电总局评为 2010 年第四批“国产优秀动画片”……这些成绩都与产业基地优越的环境和大力支持分不开[16]。（江苏山猫兄弟动漫游戏有限公司董事长吴晖，2011-12-02）

我们到无锡来也碰到了一些问题，比如说人才问题。在解决人才问题的时候，崇安区的区委书记跟何区长带领我们走到江南大学走到相关的院校，一起来搭建人才和我们企业之间的桥梁，作为一个区长带着我们跑，我觉得难能可贵。……[4]（无锡亿唐动画设计有限公司董事长施向东，2012-11-02）

亿唐已开始上市前的准备工作，为无锡文企实现上市“零突破”作准备。[⑦]（直线网，2012-10-29）

（2）国家战略政策环境的嵌入。以动漫形式传承创新地域文化、民族文化，不仅可以提升文化影响力、提高文化自信，而且可以振奋民族精神、陶冶道德情操、提高审美情趣、提升精神境界。因此，《国产电视动画片制作备案公示管理制度暂行规定》明确指出，国产电视动画片制作不仅要备案公示，而且“国产电视动画片题材的思想倾向和表现内容要符合党的方针、政策，符合中央的宣传精神，符合国家广电总局的各项要求”。所以动漫企业注重选题与重大纪念日、重大事件、重大战略的契合，注重对地域红色文化的传扬以及主旋律的响应（表 6-10）。由于我国审批制度特别强调动画作品的教育意义，动漫基地在这方面也明确地形成一种文化导向氛围，引导动漫企业的创意向国家既定的方向发展。这点和传播渠道结合影响更为明显（王辑慈等，2010）。同时，相关政府部门也通过政策倾斜、资金补贴与奖励以及获奖荣誉等鼓励动漫企业，让相关动漫企业有名有利、名利双收，以促进社会效益与经济效益相对平衡，实现市场调节和政策干预联动统一。如在国家层面，为鼓励和扶持少儿广播电视节目和国产动画原创作品的创作、生产和播映，在国家财政部的大力支持下，国家新闻出版广电总局设立少儿节目精品及国产动画发展专项资金项目。2015 年度七大类奖励项目获奖数额共 185 个，奖励资金共计 2067 万元。其中，《茅山小道士》获得优秀国产动画片一等奖，奖金 30 万元。《粉墨宝贝》《鸡毛信》获得优秀国产动画片二等奖，奖金 20 万元。而国家战略政策的变化，使得动漫作品的选题内容表现出嬗变性，但作品内容嬗变而主旨精神稳定、政策指向不变。综合作用结果，使得动漫作品既与时俱进，又始终如一。

表 6-10　江苏动漫作品与江苏省市及国家战略

动漫作品	制作单位	重大事件与政策	定位、目的与作用
《沙家浜新传》、《江水清清》(2007)、《芦荡金箭》(2008)	苏州天堂卡通数码制作有限公司	抗战胜利 60 周年，国庆 60 周年	铭记历史、珍爱和平，歌颂中华民族不屈的斗争精神和强烈的爱国情怀
《崽子兔爱运动（上、下）》(2008)	无锡广播电视台，无锡天使动漫文化发展有限公司	2008 年北京奥运会	倡导全面健身，弘扬奥运精神
《搜救犬阿虎》(2009)	苏州市舞之数码动画制作有限公司	汶川大地震一周年	弘扬抗震精神、悼念遇难同胞
《努努多的暑假》(2009)	苏州天堂卡通数码制作有限公司	汶川大地震一周年	普及地震知识，提高自救能力
《海宝来了》(2010)	南京鸿宝影视文化有限公司	2010 年上海世博会	上海世博会宣传动画

续表

动漫作品	制作单位	重大事件与政策	定位、目的与作用
《廉洁从政，从我做起》(2010)	苏州市纪委，苏州士奥动画制作有限公司	2010 年颁布《党员领导干部廉洁从政准则》	牢记廉政准则，严格自律，防微杜渐
《身边的故事——培养当代军人核心价值观》系列动漫作品（2012）	南京军区政治部宣传部，苏州士奥动画	2008 年，胡锦涛同志的强化官兵精神支柱、培育当代革命军人核心价值观的重要指示	《新时代军人动漫形象工程》，培育“忠诚于党、热爱人民、报效国家、献身使命、崇尚荣誉”当代革命军人核心价值观
《欢乐嘻游行》（2012）	江苏音图文化发展有限公司	2014 年南京青年奥林匹克运动会	宣传青奥会，宣传中国文化
《星猫之西域迷踪》（2013）	江苏昆山合谷数码科技有限公司	一带一路战略	促进交流、珍惜和平，培养宽容、互谅、互信、合作的精神品格
《加油吧！三二班》（2014）	江苏省文明委，江苏广电影视动漫传媒有限责任公司	2014 年江苏省文明委制定下发《关于在全省开展未成年人文明礼仪养成教育的意见》和《江苏省未成年人基本章明礼仪规范》	江苏省文明办宣传教育片，“八礼四仪”养成教育
《鸡毛信》（2015）	江苏广电影视动漫传媒有限责任公司	中国人民抗日战争暨世界反法西斯战争胜利 70 周年	国家新闻出版广电总局为纪念中国人民抗日战争暨世界反法西斯战争胜利 70 周年重点扶持的中国梦题材动画片项目

6.7　结论与建议

以江苏省 2007～2015 年备案的动画片为案例，运用文本分析法，探讨了江苏动漫作品与地域文化的互动路径，揭示了江苏动漫作品的风格特征，并从嵌入角度揭示其动力机制。具体结论如下。

（1）江苏动漫产业与地域文化间表现出立体式全方位互动性。具体而言，江苏动漫选题内容、动漫形象造型、动漫表现手法、动漫主旨精神注重选择利用和借鉴创新地域文化，将地域文化中的民风民俗、事态百象、人文精神等融入动漫作品，动漫产业成为市场经济条件下文化传承创新的重要力量与方式。

（2）江苏动漫产业对宏观层面的国家（民族）文化表现出明显偏好性。江苏动漫作品类型呈金字塔状，以童话、冒险、教育、搞笑、科幻为主，体现江苏动漫对我国儒家文化背景下重视教育、关注幼教国情的理性认识以及对这种国情背景下中国特色动漫市场的迎合与响应。动漫作品选题内容呈纺锤形，考虑国家、民族文化多，地域文化、西方文化少。同时，对地域代表性文化开发利用有尺度上推倾向性。

（3）江苏动漫产业对地域文化开发利用表现出选择审慎性、层次多元性和点面结合性。研究表明，涉及江苏地域文化的动漫作品占比低，且多青睐地域文化中世界非遗、国家级非遗以及风景名胜等代表文化。在注重典型文化支点、核心作用的同时，注重其他地方元素的巧妙融入，实现“点面结合”式全方位利用和全景性展现。另外，江苏动漫作品对地域文化开发层次多元，既有地名、人名借用式肤浅开发，也有通过系列动漫，形成风格鲜明的选题内容，塑造深入人心的动漫形象，打造形成动漫品牌。

（4）江苏动漫产业地域风格与文化特色的形成是多重嵌入的结果。其中，基于成本-效益考量的市场嵌入是动漫产业地域风格与文化特色形成的第一推动力。无论金字塔状动漫作品类型对儒家文化背景下中国特色动漫市场的迎合，还是作品内容偏好已历经时间考验、可降低制作风险的地域代表性文化，均体现动漫企业对资本积累规律和工厂逻辑的遵循。从文化嵌入看，个人层面的文化认知、文化认同引致的文化自觉、文化责任影响动漫情结，进而影响动漫企业和动漫作品，形成内在能动力量；动漫企业与播放平台、著名导演、相关机构的业务合作网络、技术学习网络对于动漫作品，尤其是具体动漫作品的地域文化特色至关重要，形成外在直接动力。地方政府的文化定位与文化战略、国家宏观层面的政策环境与发展战略通过引导匡正，促进动漫作品风格特色的塑造形成和持续保持，形成外在结构性力量。

针对于此，江苏动漫在后续发展中应注意以下几个方面。

（1）积极实施“动漫+文化”战略，以“文化+”提升动漫作品地域特色，“动漫+”开辟文化传播传承新路径，不断促进动漫、文化良性互动。

（2）积极开发利用地域文化，以地域文化为战略平台，深入发掘内涵，着力打造特色动漫品牌，以避免动漫作品选题撞车，并促进形成多元文化竞相发展格局。

（3）积极提高动漫从业人员文化艺术素养，增强其驾驭、应用、表达传统文化能力，深刻把握和深度呈现地方人文精神，给动画注入现代意义，赋予动漫作品文化灵魂，并实现复杂多元的地方文化在动漫作品中“形散神聚”。

（4）以市场为基础、以政策相引导，积极培育、拓展、繁荣动漫市场，丰富动漫作品类型，逐步改变童话、冒险、教育、搞笑、科幻为主和面向低幼的动漫作品格局，形成健康多元的动漫市场。在具体实践中，应积极贯彻国家广播电影电视总局《关于发展我国影视动画产业的若干意见》，通过深入实际、深入生活、深入群众，坚持动画创作贴近实际、贴近生活、贴近群众，加强创作力量，挖掘创作资源，引导创作方向，鼓励创作实践，力求创意独特、故事精彩、想象丰富、幽默夸张、滑稽有趣，避免概念化、教条化、说教化，增强吸引力、感染力和影响力，不断推出思想性、艺术性、观赏性、趣味性俱佳的国产动画精品，表现“中国特色、中国故事、中国形象、中国风格、中国气派、中国精神”，实现地域文化与特色动漫良性互动，并把这种互动不断推上新层次。

注　释

① 动漫+昆曲：传统文化的时尚表达，中国日报中文网，2015-06-25 http：//www. chinadaily.com.cn/micro-reading/dzh/2015-06-25/content_13885307.html.

② 新浪音乐，柏文演唱《水漫金山》主题曲，奠定温婉江南风. 2011-09-04，http：//www.sina.com.cn.

③ 动画片《茅山小道士》昨日开拍，江苏卫视网，2013-11-17，http：//www.jstv. com/area/zj/xwzj/201311/t20131117_1966104.shtml.

④ “千人计划”专家施向东和他的动漫情结.华语广播网，2012-11-02 13：52：33 http：//gb.cri.cn/1321/2012/11/02/6491s3910860.htm.

⑤ 原创动画片《茅山小道士》今日起在央视少儿频道播出，镇江市文广新局，2016-01-04，http：//www.jscnt.gov.cn/pub/jscnt/whzx/jdxw/201601/t20160104_36464. html）

⑥ 52 集动画片《茅山小道士》即将下山面世，道教之音 http：//www.daoisms. org/article/sort028/info-9957.html：2013-11-18.

⑦ 昆曲动漫《粉墨宝贝》创作背后的故事，粉墨文创官网，2015-06-11. http：// www.fenmobaby.cn/index.php/page-2-7.html.

⑧ 亿唐动画施向东：以动漫传播中国文化直线网，2012-10-29，http：//www. linecg.com/news_2819.html.

⑨ 京江晚报，http：//www.jsw.com.cn/site3/jjwb/html/2013-10/31/content_2138370. htm?s=001.

⑩ 中国文化报，《果然一町》预售告捷，2010 年 12 月 31 日.

⑪ 江苏漫瑞文化传播有限公司的公司简介和招聘职位信息-若邻网 http：// www.wealink.com/gongsi/jianjie/646004/.

⑫《茅山小道士》4 日起央视播出，镇江文化风味浓厚.扬子晚报网，2016-01-04. http：//www.jlonline.com/news/2016-01-04/0104409112016.shtml.

⑬ 昆曲“牵手”3D 动漫林政德打造《粉墨宝贝》，http：//www.fenmobaby.com/，2015-06-11.

⑭《阿福漫游记》拉开城市历史文化动漫工程序幕.无锡商报，2011-04-15，http：//news.thmz.com/col89/2011/04/2011-04-15924900.html.

⑮ 林政德：让国粹和动漫携手“粉墨登场”，昆山新闻网，2013-8-28 http：// www.ksnews.cn/video/item_193808.html.

⑯ 昆山软件园动漫数字产业基地晋升国家级，发布时间：2011-12-02 http：//donghua.cntv.cn/20111202/100405.shtml.

参 考 文 献

蔡有. 2011. “湘派”动漫创作与“湖湘文化”结合研究[J]. 电影文学，（2）：51-52.

傅丽莉. 2011. 中国动漫的民族性培育探析[J]. 民族艺术研究，（2）：107-112.

宫崎骏. 1988. 日本电影讲座：日本电影现在和未来[M]. 东京：岩波书店.

韩波，洪京. 2010. 中国传统地域文化在动漫产业中的影响[J]. 电影文学，（21）：80-81.

韩波，洪京，边中宇. 2011. 中国动漫产业应从中国传统文化中汲取营养[J]. 河北科技师范学院学报（社会科学版），10（2）：73-77.

江苏省文化厅. 2012. 文化产业的探索与研究[M]. 南京：南京出版社.

金辅堂. 2006. 动画艺术概论[M]. 北京：中国人民大学出版社.

拉什，卢瑞. 2010. 全球文化工业：物的媒介化[M]. 要新乐，译. 北京：社会科学文献出版社.

李长庆，等. 2011. 日本动漫产业与动漫文化研究[M]. 北京：北京大学出版社.

李蕾蕾. 2010. 文化经济地理学进展与“项目网络地理学”的提出[J]. 人文地理，25（2）：1-7，36.

李秋香，李麦产. 2009. 传统文化创造性采借与中国动漫业创新性发展[J]. 社会科学论坛，（4）：150-153.

李筱. 2011. 中外古典文化元素在现代动漫创作中的创新运用[J]. 文学界（理论版），（7）：214-216.

刘珂. 2011. 安徽动漫产业地域文化形态探析[J]. 当代电影，（5）：155-158.

马驿. 2006. 丑陋的日本人[M]. 济南：山东画报出版社.

孟召宜. 2009. 文化经济协同演化研究[M]. 南京市：江苏人民出版社.

秦刚. 2015. “捕风者”宫崎骏：动画电影的深度[M]. 上海：生活·读书·新知三联书店.

汤莉萍，殷俊. 2006. 世界文化产业案例选析[M]. 成都：四川大学出版社.

唐顺英，周尚意. 2011. 浅析文本在地方性形成中的作用——对近年文化地理学核心刊物中相关文章的梳理[J]. 地理科学，31（10）：1159-1165.

田冰. 2009. 动画形象的设计、传播与传统文化复兴的研究[D]. 无锡：江南大学.

王缉慈，等. 2010. 超越集群：中国产业集群的理论探索[M]. 北京：科学出版社.

王佳. 2010. 动画形象与品牌塑造之关系研究——以迪斯尼、宫崎骏、奥斯洛为例[D]. 济南：山东大学.

王建陵. 2008. 杂揉与全球化文化生产：以迪斯尼动画为例[J]. 华东大学学报（社会科学版），（4）：263-266.

韦伯. 2002. 新教伦理与资本主义精神[M]. 彭强，黄晓京，译. 西安：陕西师范大学出版社.

谢地，陈萍. 2010. 日韩动漫产业发展机制分析[J]. 现代日本经济，174（6）：31-36.

张宏. 2015. 动漫产业年度发展报告[C]//中国文化产业年度发展报告. 北京：北京大学出版社.

张其仔. 2001. 新经济社会学[M]. 北京：中国社会科学出版社.

张涛，楚小庆. 2009. 关于南京动漫产业价值链构造的几点思考[J]. 艺术百家，（s2）：16-18.

赵芳. 2012. 美国动漫电影的跨文化策略[J]. 河南师范大学学报（哲学社会科学版），39（1）：266-268.

周尚意，沈小平. 2008. 北京美术产业对地方文化的嵌入性程度分析[J]. 人文地理，（2）：26-32.

Harvey D. 1996. Justice. Nature and the Geography of Difference[M]. Cambridge：Blackwell Publishers.

Polanyi K，Arensberg C M，Pearson H W. 1958. Trade and market in early empires：Economies in history and theory[J]. American Journal of Sociology，63（5）：293.

Polanyi K. 1957. The economy as instituted process[A]//Trade and Market in Early Empires[C]. Glencoe：The Free Press.

Porter M E. 1990. The Competitive Advantage of Nations[M]. London：Macmillan.

Scott A J. 1976. The Moral Economy of the Peasant[M]. New Haven：Yale University Press.

Zukin S，DiMaggio P. 1990. Structures of capital：The social organization of the economy[M]. Cambridge：Cambridge University Press.

第 7 章　地域文化传承创新与区域文化产业发展模式

文化产业模式指一定地区根据其区位、文化资源禀赋、经济发展状况、社会发展阶段及历史机遇等条件，制定或形成的宜于自身发展、独具特色的产业发展目标、方式及其样态（赵德兴等，2009）。其实质上是从自身条件出发所选择的文化产业发展道路和战略选择（胡攀，2009）。因此，文化产业模式既是对文化产业内涵的积淀、凝炼和提升，也是其外延的厚植、迁移和拓展；既是文化产业的自我调节和自我发展，也是特定发展主体的理性思维和实践创造（刘怀玉等，2009）。一定程度而言，文化产业地域发展模式是对文化产业发展的综合分析和总体勾画，也是文化产业发展到一定阶段后，必然面对的问题。随着江苏各地文化产业发展模式的逐步显现，结合区域文化资源特色和国内外文化产业成熟的经验，形成有效而创新的区域文化产业发展模式，对于促进江苏地域文化传承创新和文化产业持续健康发展均有着一定的意义。

7.1　文化产业发展模式的内涵与特征

7.1.1　基本内涵

目前，关于文化创意产业地域发展模式的内涵的相关研究很少，多数学者从产业的角度来定义文化创意产业发展模式，提出文化创意产业发展模式是一种发展战略和发展方式（金元浦，2010），是在既定的外部环境和内部因素的基础上，通过产业内部和外部的一系列结构所反映出来的一种要素组合方式和资源利用方式，反映了对智力资源和文化资源的高度利用，是技术、文化、经济三者的有机结合（王三银，2009）；具体是指一定地区根据其区位、文化资源禀赋、经济发展状况、所处社会发展阶段以及历史机遇等条件的差异，所制定或形成的宜于自身发展、独具特色的产业发展目标、方式及其样态（钱竞和胡波，2006）。本章在相关概念的基础上，提出文化创意产业的地域发展模式是指在一定的宏观经济政策背景下，在具体的历史时期，文化创意产业的区域发展主体对区域发展条件、环境背景加以审视分析和综合评判，进而在宏观上进行总体性的能动选择和系统创新，在微观上通过具体的制度安排、规划规范、政策引导、资金倾斜等措施操作落实，把各种自然条件与人文因素、内在基础与外在机遇整合融汇，从而形成有区域特色的发展道路。

7.1.2　主要特征

1. 耦合性

地方文化创意产业地域发展模式的形成是其经济发展水平、地方文化、技术和人才、政府等综合作用的结果，它们彼此之间相互联系、互相促进。经济发展水平是前提，地方文化是发展源泉，技术和人才是推动力量，政府的宏观调控是保障。这些不同的空间要素在不同的地域形成时空耦合，从而形成各地区独具特色的文化创意发展模式。例如，北京是我国文化创意产业最为发达的城市之一，其文化创意产业的发展主要得益其积淀深厚的历史文化、高度聚集的各类文化人才、相对发达的经济发展水平、实力突出的科技和创新优势以及政府的重视，这些因素综合作用使得北京文化创意产业的发展模式主要是采取创意整合型模式，这使得其在发展文化创意产业上占得了先机和高位优势。

2. 阶段性

由于创意环境、创意人才和地方生产网络等社会经济条件的不成熟和不完善的，一些地区的文化创意产业注定是发展不完善的。因此，本章认为，文化创意产业在一个地区的发展，具有发展阶段的问题，如起步阶段、成长阶段和成熟阶段，不同的阶段对应不同的地域发展模式（表 7-1）（石杰和司志浩，2008）。不管处于哪一阶段，文化创意产业的发展对地区经济的贡献都是积极的，区别在于贡献的大小。

表 7-1　纵向演化：文化创意产业发展阶段

发展阶段	主导产业	相关产业发展情况	市场需求	成长机制	发展模式
起步阶段	以新闻出版、广播影视、传统工艺品设计等传统的文化产业为主，和先进技术相结合的新兴文化服务业较少	产业集聚还不完善，相关配套设施及后续的保障存在不确定因素，创意环境未形成	本地需求	依赖于本地区的生产要素，依赖于政府的投资	政府导向
成长阶段	以数字印刷出版、广播影视、动漫游戏、广告设计、工艺制造等产业为主，传统的文化产业逐渐与先进的技术相结合	相关的国内产业发展进程良好，产业集聚度较高，创意环境初步形成	国内需求	依赖于本地的人才和技术，以及初步形成的创意环境	市场导向
成熟阶段	以网络文化服务、软件与电子开发、数字休闲娱乐、咨询策划、创意设计等新兴文化产业为主，文化与先进技术、创意完美结合	形成差异化发展和精细化布局的现代产业格局，创意环境形成	国际需求	依赖于国际上先进的生产要素和创意思想，政府起到了很好的辅助作用	政府和市场相结合

3. 主导性

虽然一个地区文化创意产业地域发展模式的形成是经济发展水平、地方文化资源、技术、人才和政府等各个要素整合的结果，但是各个要素发挥的作用会有不同，有的起主导作用，有的会起辅助作用，它们之间是相辅相成的，但其中会存在一个或两个核心因素，来决定该地区文化创意产业的发展。例如，上海和深圳文化创意产业的发展主要是依靠本地相对发达的市场经济发展水平和应用新技术的能力，因此两市文化创意产业的地域发展模式为市场拉动型模式；而西安、成都等文化资源大市主要依托本地丰富的文化资源，用自身的文化品牌拉动市场。因此，两市文化创意产业的发展采取品牌扩张发展模式。

4. 根植性

文化创意产业以文化资源作为原料，作为历史沉淀的地方文化是创意发明的核心，也是文化创意产业形成独特竞争优势的重要动力之一。诸如特定传统、惯例和技巧等地方文化能对文化创意产品注入一种为其他地区所不能完全模仿的“气氛和气质”，如苏州的丝绸、景德镇的瓷器等。另外，国内外成功的文化创意产业集群都带有明显的本地特征，都与本地特有的经济基础、社会文化、资源条件、发展背景密切相关，例如，好莱坞的电影产业、巴黎、米兰的服装设计业、纽约百老汇的戏剧产业、拉斯维加斯的娱乐业等。因此，某一地方文化创意产业地域发展模式的形成必然根植于特定的文化氛围和背景之中，受当地的传统、习惯、风俗影响，具有鲜明的地域特色。由此可以看出，地域根植性是文化创意产业地域发展模式的重要特征。

7.2　文化产业发展模式的总结与概括

7.2.1　文化产业发展模式的总结

1. 产业集群视角

创意产业依托的文化资源具有较强的地域性、民族性和历史性，文化产业的发展不仅要求地理区位上的相对集中，而且要求在生产和创作上要相互匹配和协调。因此，与其他物质生产领域的产业相比，文化创意产业具有更强的集群化特征。随着创意产业的发展，其集群的趋势越来越明显，为了更好地了解文化创意产业的地域发展模式，对文化创意产业集群地域发展模式的研究是十分必要的。

按形成原因、集群结构、产业关联方式等可以将我国文化创意产业初步划分为六种不同集群类型。即首都创意产业集群、长三角创意产业集群、珠三角创意产业集群、滇海创意产业集群、川陕创意产业集群和中部创意产业集群（吴思，

2006）。其中，首都文化创意产业集群可划分为四种：政策主导型集群、区位诱导型集群、垂直关联型集群和水平关联型集群（范桂玉，2009）；其文化创意产业集聚区建设发展具体四种典型模式为资源聚集自发形成模式、原有资源改造利用模式、依托原有资源提升模式和全新规划建设模式（赵弘等，2008）。对于长三角文化创意产业集群从不同的维度出发，能够划分不同的发展模式，如从时间维度上看，长三角文化创意产业集群的形成主要有两种模式：一种是市场创造模式，另一种是政府导向模式；从空间维度上看，长三角文化创意产业集群发展有三种空间结构模式：集核式空间结构、点轴式空间结构和网络式空间结构；从时空结合维度上看，长三角文化创意产业集群发展要采取以下三种区域联动模式：圈层式区域联动模式、联盟式区域联动模式和梯队式区域联动模式（朱旭光，2009）。除此之外也有学者按照空间尺度的中观省域尺度，总结了我国一些省份的文化创意产业的发展模式，如根据不同时期和产业集群的不同发展阶段，湖南文化产业集群采取政府主导型和产业自主发展两种模式（曾咏梅，2008）。根据依托的资源不同，邹立清将浙江省文化创意产业集群发展模式划分为：点轴发展模式；网状式产业价值链整合发展模式；自上而下式，体现政府、企业和社会互动发展模式；依托实体创意产业园区构建“虚拟创意产业园区”模式（邹立清，2007）。而蒋三庚、厉无畏等则是更关注国际文化创业产业集群。蒋三庚等在总结国内外实践的基础上，提出不同的文化创意产业集群类型模式（表 7-2）和两大比较成熟的发展模式，即极化与非均衡发展模式和产业关联发展模式（蒋三庚等，2009）。厉无畏则提出国际大都市内部自然集聚的发展模式、伴随城市旧区改造与复兴的发展模式、新兴国家和地区政府推动形成的模式等三种模式（厉无畏，2008）。最后，有的学者从文化创意产业集群的空间布局出发，将其分为校区依赖型、旧区改造型、园区嵌入型和新区规划型等四种模式（曾光和林姗姗，2010）。

表 7-2 文化创意产业集群类型模式概况

划分依据	类型	特点	实例
集群形成原因	文化趋同型	文化创意产业的集聚源于共同的文化背景、机制观念或制度环境	北京 798
	位置决定型	其集聚源于特定的地理位置，或靠近特殊的创意群体，或靠近目标消费群体，或靠近交易市场	上海赤峰路建筑设计一条街
集群形成方式	自下而上的自发形成型	由市场自发驱动的产业集群，通常是艺术人士或创意企业的自发行为，在企业个人之间相互合作交流的关系基础上，同时形成创意产业链和价值链	伦敦东部的豪斯顿和左岸
	自上而下的政府推动型	人为培育而成的产业集群，通常是政府在区域产业总体发展战略和规划的指导下，综合评估区域经济、文化、社会等发展状况和环境条件，制定区域文化创意产业集群发展战略规划的结果	日本金泽市市民艺术村

续表

划分依据	类型	特点	实例
集群形成方式	自发形成与政府推动相互结合型	是一种“上下结合”的产业集群，即政府通过观察发现产业集群发展的雏形后，及时介入，经过培育与指导形成的产业集群	中国杭州的 LOFT49
集群内企业提供产品的形态	有形产品型	集群内企业所提供的产品以有形产品为主，其创意的表达要借助实体物品	北京通州区的宋庄画家村
	无形服务型	集群内企业所提供的产品以无形服务为主，其创意的表达和传递主要借助无形的服务来完成	北京长安街沿线文艺演出集聚区
集群内企业提供产品的特点	科技创意型	强调科技含金量，同时注重在文化内涵方面的不断提升	美国硅谷
	文化创意型	主要强调文化内涵，对科技的重视程度相对较低	上海田子坊
	综合创意型	兼具文化含量和科技含量	深圳南山创意产业园
集群内企业的产业关联方式	垂直关联型	指在多层次产业集群中，上下游企业间存在着原材料供应、成品或半成品生产和成品销售的投入产出联系的复合型产业群体，这种类型在影视行业中尤为常见	在中央电视台周围形成的以影视、传媒服务为主的庞大创意产业链条
	水平关联型	实质是同一产业群体，集群企业生产或经营的产品大致相同，面对共同的市场和用户，企业仅以提供差异化的产品来避免同质竞争	中关村高科技园区

资料来源：蒋三庚，王晓红，张杰. 2009. 创意经济概要. 北京：首都经济贸易大学出版社

2. 空间载体视角

文化创意产业园区是集创意产业与高新科技产业为一体，科技产业与文化产业相互交融、和谐共存的新型经济园区，是发展文化创意产业最有效的载体。载体昭示着不同发展模式的切入点、发展路径等，因此，对文化创意产业园区发展模式的探讨有利于更全面、更深入地了解文化创意产业的地域发展模式。

目前，具体到城市发展创意产业的主要模式是建立创意产业园区。由于城市之间的经济发展水平和文化基础不同，因此发展创意产业园区的措施和手段都不相同。一种是由政府对已经自发集聚了创意产业的地方，进行总体规划，并提供优惠政策支持其发展成为创意产业园区；而另一种是由政府积极主动规划，并通过政策性的支持发展创意产业园区（张京成，2006）。有的学者从创意产业区发展空间载体角度分析，分为内城创新模式（即城市衰退居住区域）、阁楼创新模式（即城市旧工厂空间）等（Hutton，2004；Zukin，1998）；从创意产业区发展功能分类，有文化区创新模式、新经济创新模式等（Hutton，2004; Brown et al.，2000）。具体来说，根据我国目前创意产业区发展的进展情况，在功能空间类型划分上，主要有三种类型：大学和科研院所依托型、老建筑改造型、新区创建型。具体到上海，其创意产业区发展主要有两种形式：第一，市场机制引导、自发形成，政府通过制度法案的颁布来规范和指导创意产业区的发展；第二，政

府有意识地引导，其形式也是通过制度法案促使创意产业在某些特定区域发展。因此，上海的创意产业区从一开始发展就深深打上政府的烙印，形成了政府主导、市场运作和中介服务的运作机制，从空间创新模式上来看，包括大学依托型、旧区改造型、新区增长极型和传统产业区更新型等四种类型；从时间发展阶段来看，经过三种空间动力模式：渐进式动力模式、“蛙跳式”动力模式和协同式动力模式（肖雁飞，2007）；从创意产业区创建所依托空间的不同，分为依托大学创建创意产业区、改造旧厂房和仓库培育创意产业区、开辟新区创立创意产业区、依靠传统布局建立创意产业区四种类型（厉无畏，2006）。

3. 区域比较视角

由于目前文化创意产业的发展还处于实践探索中，所以有大量的个案研究。从国家层面上看，发达国家在文化创意产业的发展中处于领先地位，发展模式包括英国与美国的市场主导型文化创意产业发展模式以及日本与韩国的政府主导型文化创意产业发展模式（张养志，2009）。发达国家创意产业发展模式具有以下共性：从战略上高度重视创意产业，积极营造适宜创意产业发展的宏观环境，提供适当的政策支持，积极开拓海外市场，注重创意人才的培养和引进。而关于我国的文化产业发展模式，周胜和段淳林总结有如下模式：文化创意产业区聚集模式、人文环境积累基础上的自发模式、科技依靠型发展模式、龙头企业带动发展模式、品牌化经营模式、品牌延伸与产业关联发展模式（周胜和段淳林，2009）。此外任秀琼提出我国创意产业发展的实践模式为创意产业园区发展模式和从创意产业的价值链出发，衍生出：原创产品模式、传媒盈利模式、价值链延伸模式（任秀琼，2008）。进一步，结合时间和空间尺度，金元浦提出我国文化创意产业的发展有着三个阶梯、三种模式。第一阶梯是东部发达地区，以珠三角、长三角、环渤海三大城市圈为主，主要包括北京、上海、深圳、广州等城市，其文化创意产业的发展采取渐进式模式。第二阶梯是中部的发展中地区，以武汉、郑州、长沙、太原等城市为主，其文化创意产业的发展采取综合式发展模式。第三阶梯是西部欠发达地区，主要包括昆明、西宁、乌鲁木齐、贵阳、兰州等城市，其文化创意产业的发展采取跨越式发展的模式（金元浦，2010）。同时一些学者对我国几个文化创意产业走在前列的城市，如香港、台北、北京、上海等，进行模式探讨（金元浦，2010；王鹏，2007；贾丰奇，2008；梅松文，2008）。王鹏提出香港文化创意产业的发展多归功于健全的自由市场体制，因此其文化创意产业的发展多采用市场主导型发展模式（王鹏，2007）；贾丰奇则总结了台北文化创意产业三种相对成熟的商业模式：闲置空间的重新利用、传统文化产业的创新经营和没落夕阳产业的创意升级（贾丰奇，2008）；另外，北京文化创意产业的发展多采取龙头企业带动发展模式、产业关联发展模式、科技支撑发展模式、体制转型发展模式、公共平台支撑发展模式和产业集聚区发展模式（梅松文，2008）；上海采取政府引导与市场配置相结合，集群化发展模式（田巧芳，2008）；武汉则采取“政府宏观政策引导，加强区域合作，集约化发展模式”（温燕，2008）。一个国家或地区产业发展模式能否成功，主要在于这种模式是否能够充分发挥自身的比较优势，形成自己的特色。发展模式本身没有优劣之分，但一个地方最终形成了怎样的发展模式，则有优劣之分。也就是说，在地区经济社会等诸多条件约束下，能发挥本地区比较优势的模式才是良好的模式。文化创意产业的发展有赖于发展模式的创新，而模式一旦形成，就可以当做经验进行借鉴和推广，但应注意的是不同的地区有不同的历史、文化和经济环境，选择文化创意产业的发展模式要因地制宜。

4. 综合分析视角

目前，对文化创意产业发展模式的研究，没有统一的标准。不同的学者研究的视角不同，提出了不同的发展模式。从宏观上来看，各国在具体发展道路上有各自的特点，形成了文化创意产业各自不同的发展模式，这些发展模式可以从不同的角度理解，既可以从文化创意产业自身的特点去理解，也可以从推动产业发展的外部环境去理解，概括起来主要有以下几个方面：一是从产业发展的调控方式来看，可以分为以计划调控为主和以市场调控为主的发展模式；二是从产业发展突破口来看，可以分为全面推进型和重点突破型的发展模式；三是从发展的资金来看，可分为外资为主和以内资为主的发展模式；四是从企业规模结构来看，可分为以大企业为主和以中小企业为主的发展模式；五是从目标市场定位来看，可以分为以出口为主和以国内市场为主的发展模式（泷泽意伲，2006）。钱竞和胡波总结出目前世界上文化创意产业的主要发展模式有：博物馆模式、公共游憩空间模式、商旅文联合开发模式、园区模式等（钱竞和胡波，2006）。胡晓鹏则提出特殊资源型发展模式、自然演进型发展模式、政策聚焦型发展模式、功能定位型发展模式、市场选择型发展模式、环境主导型发展模式等六类文化创意产业发展模式（胡晓鹏，2010）。另外，有的学者从文化创意产业产品市场价值形成机理及特点角度分析，文化创意产业的发展模式主要有：以文化产品为主体发展文化创意产业、以文化与创意相结合发展文化创意产业、通过虚拟经营从制造业中分离出文化创意产业、以中心城市为依托发展文化创意产业、企业产业化运作与社会各界文化创意活动相结合、专业化的职业文化创意队伍与民众的创意激情相结合等模式（周秀玲和王信东，2009）。同时也有学者从文化创意产业的驱动力来分析，其模式可分为：政府驱动型、艺术家驱动型、社区合作型、企业推动型、传统保护型、旧城系统改造型、文化工业积累型与旅游泛化型八种型态（创意开源，2008），以及竞争—保护模式、产业综合模式、集约化经营模式和特色推动模式（雷光华，2004）。目前有学者指出文化创意产业已经初步形成了以下发展模式：点轴极化扩散模式，即以点带轴、以轴带面、以面成体，极化点不断扩散，逐渐集聚发展，这种模式是集城市的深厚文化底蕴、悠久历史文明以及现代经济建设为一体的发展模式。最后田巧芳、蒋三庚还提出了楼宇集聚关联模式，即在新旧厂房的基础上发展楼宇工业并进而融入文化创意元素来发展文化创意产业，逐渐形成文化创意产业链条进行整体联动发展（田巧芳，2008；蒋三庚，2006），宋文光等对这种模式进行了补充，他认为此模式大致可分为政府引导型、文化创意企业聚集型、传统文化保护型、文化创意产业园区型和公共休闲空间型等五种形态（宋文光等，2010）。

7.2.2 文化产业发展模式的概括

不是所有的地方都能发展文化创意产业（因为创意阶层对区位的选择），但所有的地方都有可能利用本土文化发展创意产业，改变发展路径依赖，实现新飞跃（Florida，2002；Scott，2006）。因此，无论发达地区还是发展中地区都能依赖自身的先进技术、丰富的人才或者传统文化发展文化创意产业，并形成适合本地特色的发展模式。本章按照不同的视角对部分国家和地区的文化创意产业发展模式进行了总结（表 7-3）。概括来说，从产业调控方式来看，分为市场主导和政府主导两种模式；从产业发展次序来看，分为全面推进和重点突破两种模式；从产业发展资金来源看，分为外资为主和内资为主两种模式；从产业运作方式来看，分为竞争/保护模式、产业综合、集约化经营和特色推动四种模式；从企业规模结构来看，分为大企业为主和中小企业为主两种模式；从目标市场定位来看，分为出口主导和国内主导模式；从影响因素来看，分为特殊资源、自然演进等六种模式；从驱动力来看，分为政府驱动、艺术家驱动等五种模式；从产品特点来看，分为以文化产品为主体和以文化与创意相结合两种模式；其他还有点轴极化扩散模式和楼宇集聚关联模式。

表 7-3 文化产业地域发展模式解构与概括

视角	模式	典型国家和地区	特征
产业调控方式	市场主导模式	美国、英国	实行自由企业制度；政府加强宏观指导和公共服务
	政府主导模式	日本、韩国	政府运用宏观经济计划与产业政策来指导文化创意产业发展
产业发展次序	全面推进模式	美国、英国	主要是在文化创意产业比较发达的国家和地区，全面发展影视、出版等各大行业
	重点突破模式	日本、韩国	主要是在文化创意产业起步比较晚的国家和地区，集中力量重点发展优势文化行业
产业发展资金来源	外资为主模式	中国台湾、中国香港	众多的跨国文化企业垄断该地区文化创意产业的发展
	内资为主模式	日本、韩国	政府专项拨款，鼓励和扶持相关产业发展

续表

视角	模式	典型国家和地区	特征
产业运作方式	竞争/保护模式	澳大利亚	政府在国内和国际市场中扶持并鼓励文化创意产业竞争发展
	产业综合模式	美国	包括相关行业内部综合、跨行业综合和跨国产业综合三种方式
	集约化经营模式	日本	对文化创意产业实行集约化经营以开辟新的文化增长点
	特色推动模式	意大利	政府或文化主管当局通过培育自己的文化产品，打造自己的文化品牌，营造特色来带动文化创意产业的发展
企业规模结构	大企业为主模式	中国香港	从业者多为大型企业，通过实施大公司战略，保护本地市场，推进完善的产业链
	中小企业为主模式	北京	从业者多为中小型企业，甚至是以个人工作室的方式存在
目标市场定位	出口主导模式	美国	瞄准国际大市场，大力开发、促进出口，利用国内市场收回制作成本，通过海外市场赢利
	国内主导模式	上海、北京	主要是在文化创意产业起步较晚的地区，以国内或邻近地区为目标市场，集中力量生产优势文化产品
影响因素	特殊资源模式	景德镇	地区拥有可商品化的历史文化资源，是文化创意产业之具体行业的专业化区域
	自然演进模式	纽约	强调文化创意产业的自发生成性质，地区具有发达的经济水平和多样化的文化创意产业
	政策聚焦模式	曼谷、义乌	地区注重政策促进作用；这一模式一般与经济发展水平不是很高的区域联系在一起
	功能定位模式	上海、北京	这类地区经济发展水平和市场容量比较高，城市现有功能与目标功能存在差距
	市场选择模式	中国香港	由地区内特定的市场所引发的外来产业转入，造就了本地区的行业专业化的特色；该模式往往与某一地区强大的特定市场优势、社会发育程度和开放程度密切联系
	环境主导模式	上海、北京	该地区因其具有特殊的区位环境优势，引起大规模的外来文化创意产业嵌入本地区，并在形态上形成了不同类型文化创意产业园区的发展。一般来讲，这类地区大都具有比较高的经济发展水平、区位优势和产业配套能力
驱动力	政府驱动模式	日本、韩国	由政府积极推动文化创意产业发展的类型
	艺术家驱动模式	纽约	由艺术家率先推动文化创意产业发展的类型
	文化创意产业园区模式	北京、上海	文化创意产业园区内的企业集群，构成立体的多重交织的产业链环，从而促进文化创意产业的发展
	传统保护模式	丽江	对本地区的传统艺术或遗产文明的保护性移植、复制与传承，从而推动文化创意产业的发展
	文化工业积累模式	德国	该模式把旧厂区或老建筑群改造成景观公园，从而带动相关文化创意产业的发展

续表

视角	模式	典型国家和地区	特征
文化创意产业产品特点	以文化产品为主体发展文化创意产业	苏州、扬州	向市场推出的主要是文化产品。该模式适用于地区拥有较为丰富的文化资源或发展文化产业的其他优势
	以文化与创意相结合发展文化创意产业	北京、上海	以创意为特色和“卖点”，向市场推出的主要是文化与创意相结合的产品。该模式适用于地区拥有较为丰富的文化资源及较为丰厚的智力资源，同时在更大区域内该地区或企业具有较大的文化、经济的影响力时
其他发展模式	点轴极化扩散模式	伦敦	以点带轴、以轴带面、以面成体，极化点不断扩散，逐渐集聚发展，这种模式是集城市的深厚文化底蕴、悠久历史文明以及现代经济建设为一体的发展模式
	楼宇集聚关联模式	上海	即在新旧厂房的基础上发展楼宇工业，进而融入文化创意元素来发展文化创意产业。这种模式适合那些集“老工业城市和现代工业中心”于一体的城市

资料来源：根据相关论文资料整理

7.3 文化产业发展模式形成嬗变的动力

7.3.1 经济发展水平是文化产业发展的基本前提

文化创意产业的发展需要有高素质的文化创意人才，较好的投资条件和技术条件，因此在经济发达的区域，人才和设备的积累就更能满足产业的发展。其次，文化创意产业的发展需要大量的资金投入，区域经济基础好，就有能力为文化创意产业发展提供所需的资金，反之，就会受到限制。再次，文化创意产品所需的消费市场也依赖于当地的经济发展水平，区域经济发展水平越高，对文化创意产品的需求就越大，消费就越强，强劲的消费能力循环刺激文化创意产业的发展。对文化创意产业的理解绝不能局限在以文物古迹、山水资源作为主体，比较研究表明，仅靠富有的文物古迹、山水资源做大做强文化创意产业的城市还属鲜见。以我国为例，西北、西南、中原地区这些资源相当丰富，但恰恰是由于经济不发达或欠发达，区域的文化消费市场极其狭窄，文化创意产业发展比较滞缓。与此相对应，东南沿海地区这类资源相对较少，但由于经济发展迅猛，建筑设计、出版发行、时装设计等文化创意产业的发展也由平淡走向繁荣，并由此成为当地经济新的产业支柱。因此，对文化创意产业的认识必须转换观念，打破固有的“文化创意产业等于传统文化经济”的思维方式和发展模式，在经济发展的多个层面上，孕育并成长起文化创意产业。

7.3.2　地方文化和创意氛围是文化产业发展的重要源泉

作为历史沉淀的地方文化是创意产生的核心力量，也是文化创意产业形成独特竞争优势的重要动力之一。因为特定传统、惯例等地方文化，存在于特定的城市区域，从而可以形成具有地方独特性的地方产品。这些产品虽能被其他地方模仿，但不可能完全复制，特别是在新的文化经济中，创意产品时刻拥有与直接起源地点相关的特征，如巴黎的时装、伦敦的剧院、意大利 Caltagirone 的陶器等。地方文化对创意产业发展的强大动力作用，主要在于文化资源正日益成为经济发展的核心动力。文化资源体现在人们的技巧和才能中，不仅可以是事物（如建筑），也包括象征性活动和地方手工艺产品和服务。文化遗产作为文化资源的重要组成部分，指的是过去创造力的总和，这种创造力的结果是保持社会不断前进和向前运动。创造力不仅是不断对新事物的发现，也包括怎样合理地处理旧事物。而创意氛围是创造力产生的源泉，一般而言，城市创意氛围的形成得益于城市的硬件条件（如城市便利（amenity）设施的创造力），以及城市的软件条件（如创意网络的创造力、艺术氛围的创造力和城市 R&D 转换能力），从而产生城市创造力，构成了创意产业发展的动力。具体来说，通过城市便利设施和公共空间的营造吸引创意阶层；通过推动社会网络的形成提升创意网络的创造力；通过艺术教育和设施的完善提升艺术氛围的创造力；通过大学的作用提高城市 R&D 的转换能力，从而促进文化创意产业的发展。

7.3.3　高新技术是文化产业创新发展的推动力量

科技创新和文化创意是现代经济增长的双引擎。创意产业中，技术尤其是信息技术是文化创意扩张的动力，为创意向产品的转化及产品的商品化提供了实现路径。技术可分为支持性和嵌入性两类。前者不直接影响创意产品和服务的内容，它们通过改善产品物理形态、提高个性化水平、降低生产成本、改变消费模式等支持创意产业的发展；后者直接参与创意产品和服务的生产，直接影响了产业的生产过程、组织结构、市场行为。在创意产业区内，具有创业精神的创意工作者利用新经济技术，快速形成地方生产网络，把创意转化为生产，并通过新经济的网络化和信息化发展快速传播，最终形成产业，并通过互联网等新经济技术手段形成全球生产网络，使创意产业区的影响不仅仅局限于某一特定区域的地理范畴。在此，互联网这一新经济技术起到关键作用。正是互联网掀起了创意经济的蓝色风暴，互联网就像阿基米德用来撬动新创意产业的支点。几乎任何一个创意产业的推介活动都离不开传媒网络的参与，信息化使创意产品实现了革命性的传播和推广，使创意产业具有放大效应并加大了创意产业地缘优势。因此，作为文化和科技传播的主要载体，传媒网络则是创意产业不可或缺的纽带，将信息化和创意产业密切地联系在一起。

7.3.4 完善的知识产权保护制度是文化产业发展的前提保障

文化创意产业勃兴的关键在于文化创意，而文化创意的根本除了必要人才以外，还与保护文化创意成果资本化过程中的收益保障制度有关。这也就是通常所说的知识产权、智慧产权。在一般意义上，只有具有健全的知识产权保护制度，才能够提高创意人才的积极性进而促进文化创意成果的不断增加。因此，我国要想切实发展文化创意产业，就需要完善知识产权保护制度，而我国在这方面可谓任重道远。当前，我国对文化产业知识产权保护的法律制度主要有《中华人民共和国著作权法》《中华人民共和国商标法》《中华人民共和国专利法》《计算机软件保护条例》和《信息网络传播权保护条例》等。随着经济、社会、文化的快速发展，科学技术的不断进步，在文化产业的知识产权保护中，出现了法律的真空地带。如通过网络侵害商业秘密、侵犯版权等问题，国外均有立法，但我国原有的知识产权的保护条例已不能涵盖这些范围。政府应当及时制定或修订相关法规以进一步完善我国的知识产权制度，解决知识产权立法上存在的滞后现象。另外，培育文化产权交易市场对于现阶段我国文化创意产业的发展有着特殊的意义。产权的界定不是目的，而是为了交易。文化产权交易市场的建立有利于文化内容和创意获得市场定价，在文化创意活动引入市场竞争机制，能够盘活整个产业链的源头，激发整个产业的活力，还能够起到与资本市场对接，繁荣文化市场的作用。因此，应加快优化文化产权交易制度，完善相关领域的法律。

7.3.5 人才和教育是文化创意产业发展的活力所在

创意产业的本质特征之一，就是高度推崇个体创造性。从根本上看，文化创意产业的高速发展主要依靠文化创意人力资本的投入产出和文化创意阶层的崛起。今天的文化创意产业越来越多地被表述为：国民经济中从事于利用人们的“智力资本”进行文化服务和文化产品的生产与流通的新兴产业。事实上，几乎所有保持了长久生命力的世界著名企业都是文化创意高度发达的企业，而多数世界著名企业家都是富有文化创意、推崇文化创意的企业家。研究表明，从事诸如广告、建筑、交互休闲软件、音乐、电视和电影等创造性产业职位的人们，是至少受过三级教育的复合型高级人才。因此，创意人才，不仅包括从事科学与工程学，建筑与设计，教育与艺术，音乐与娱乐等工作的人们，还包括商业、金融、法律、保健以及相关领域的创造性专业人才。也就是说，创意人群包括所有创造新观念、新技术和新的创造性内容的人才。可见，智力资本、创新和新的信息技术之间已经建立起复杂的深刻的联系。因此，创意人才是推动创意产业发展的根本动力。大量的创意人才是良好教育的结果，所以文化创意产业可以说是建立在教育的高度发展基础之上的。文化创意产业的发展依托于国民素质的普遍提高和国民创造力的激励发扬。1998 年，英国国会在一个报告中指出，“人民的想象力是国家的最大资源。想象力孕育着发明、经济效益、科学发现、科技改良、优越的管理、就业机会、社群与更安稳的社会。想象力主要源于文学熏陶。文艺可以使数学、科学与技术更加多彩，而不会取代它们。整个社会的兴旺繁荣也因此应运而生。”由此可见，创造性的教育与开发是文化创意产业可持续发展的深厚基础。

7.3.6　政府的适度调节是促进文化创意产业发展的有效手段

政府是国家公共权利的行使者，在促进经济、社会、政治、文化发展等方面扮演着重要的角色。同经济发展一样，文化创意产业的发展不能完全依靠市场调节，它同时需要政府这只“看得见的手”来主动有效适度地调节，以解决市场失效问题。同时优化文化创意产业制度，为文化创意产业发展创造一个良好的制度环境需要健全的市场机制，更离不开一个“好政府”。政府作为国家公共权利的行使者，应转变职能，改变不适应文化产业发展的管理方式，不直接干涉文化创意产业的微观经营活动，要由过去的以微观管理为主，转变为以宏观调控为主，变直接管理为间接管理，并适时退出某些领域，创造公平公正的制度环境。英国、奥地利、比利时、丹麦等西方发达国家对文化管理采取“一臂之距”的模式很有借鉴意义。政府在法律的指导下依法对文化产业进行管理，实行管办分离，与市场保持“一臂之距”；非政府公共文化机构奉行与政府保持“一臂之距”的原则，不受政府直接管辖，可自主经营，独立运作。政府必须在文化产业发展中清晰合理界定自己的职能，在制度的规范下行使自己的职权。例如，对于不该由政府插手的经营性文化事业单位，应加快推进其转企改制的步伐；对于国有文化资产的管理，政府应按照所有权和经营权分离的原则，剥离国有文化资产的使用权，将目前文化单位所使用的文化资产授予文化企业法人代表经营管理，政府不再直接下达指令性文化产品生产计划。

7.4　江苏文化产业地域模式的类型划分

7.4.1　指标体系与数据来源

本章在对文化创意产业内涵特征和发展条件综合分析的基础上，借鉴文化产业竞争力评价指标体系（傅利平等，2010；叶丽君，李琳，2009；赵彦云等，2006），遵循科学性、系统性、层次性、代表性、可操作性、可比性等基本原则，基于实际研究需要，构建了江苏文化创意发展综合评价指标体系（表 7-4）。评价体系由准则层、要素层、指标层三个层面构成，共计 32 个具体指标。其中，非物质文化遗产得分（X_1）由国家级非物质文化遗产、省级非物质文化遗产分别赋予 0.5 分、0.3 分计算汇总所得（由于有些非物质文化遗产项目为多个城市共享，故存在某一项目重复计入多个城市的状况。）。国家 3A 级以上景区得分（X_2）由国家 5A 景区、4A 景区、3A 景区分别赋予 0.5 分、0.4 分、0.3 分计算汇总所得。数据来源于《江苏统计年鉴（2010 年）》《江苏省文化统计年鉴（2010 年）》、中国非物质文化遗产网、江苏政府网站、江苏旅游政务网，其中少数民族占总人口比重为 2000 年第五次人口普查数据，国家 3A 级以上景区数为 2010 年数据，娱乐、教育、文化服务支出和各类专业技术人员数为地级市市区数据。

表 7-4 文化创意产业竞争力评价指标体系

准则层	要素层	指标层	单位
文化资源基础	历史文化资源	非物质文化遗产得分（X_1）	—
		国家 3A 级以上景区得分（X_2）	—
	公共文化服务	博物馆数（X_3）	个
		每百人公共图书馆藏书量（X_4）	册
		艺术表演团体数（X_5）	个
		千人国际互联网用户（X_6）	户
文化消费	地区经济实力	地区生产总值（X_7）	亿元
		人均地区生产总值（X_8）	元
	居民消费需求	城镇居民人均可支配收入（X_9）	元
		城镇居民恩格尔系数（X_{10}）	%
		娱乐、教育、文化服务支出占总支出比重（X_{11}）	%
		人均娱乐、教育、文化服务支出（X_{12}）	元
创意环境	技术支撑	各类专业技术人员数占从业人员比重（X_{13}）	%
		每十万人口在校大学生数（X_{14}）	人
		人均教育支出（X_{15}）	元
		每十万人口专利数（X_{16}）	件
		规模以上高技术产业企业总产值（X_{17}）	亿元
		地方财政科学技术一般预算支出（X_{18}）	亿元
	创意人才	文化机构高级职称从业人员（X_{19}）	人
	宽容程度	第三产业从业人员占总从业人员比重（X_{20}）	%
		第三产业产值占总产值比重（X_{21}）	%
		少数民族占总人口比重（X_{22}）	%

续表

准则层	要素层	指标层	单位
文化产业发展	产业规模	文化产业增加值（X_{23}）	亿元
		文化从业人员数（X_{24}）	人
	产业相对水平	文化产业园区得分（X_{25}）	—
		文化产业增加值占 GDP 的比重（X_{26}）	%
		文化从业人员占总从业人员比重（X_{27}）	%
	产业发展潜力	文化部门文化、文物事业经费支出（X_{28}）	千元
政府行为	体制改革	文化部门中其他经济成分机构比重（X_{29}）	%
		文化部门中其他经济成分从业人员比重（X_{30}）	%
	投入扶持	文化部门财政拨款（X_{31}）	千元
		地方财政文化体育与传媒一般预算支出（X_{32}）	亿元

7.4.2 研究方法、数据处理与类型划分

本章在对数据标准化的基础上，首先利用因子分析方法对江苏省 13 个地级市的文化创意产业发展情况进行综合评价，进而对 13 个地级市进行聚类分析。

1. 数据标准化

所选数据指标分正指标和逆指标两类。正指标为发展目标越大越好型指标，逆指标为越小越好型指标。为消除因指标量纲不同对计算结果影响，利用式（7-1）对指标进行标准化处理。式中，λ_{max} 和 λ_{min} 分别为所选指标中的最大值和最小值。

$$X=\begin{cases}\dfrac{x_i}{\lambda_{max}}, & x_i\text{为正指标}\\[2ex] \dfrac{\lambda_{min}}{x_i}, & x_i\text{为逆指标}\end{cases} \tag{7-1}$$

2. 基于因子分析法的江苏文化创意产业发展评价

因子分析方法是根据相关性大小将多个实测变量转换为少数几个不相关的综合指标的多元统计分析方法，其可以比较客观地把握文化创意产业竞争力评价指标体系中单个指标对总体的影响程度，将众多的指标变量归结为几个公因子，从而分析出影响区域文化创意产业竞争力的不可观测的主要影响因素，并简化数据结构，确定综合评价数学模型的权重，计算综合评价值（陈友华，2010）。

在具体分析中，首先通过巴特利特球度检验。结果表明，KMO=0.781，接近 0.8，巴特利特球形检验卡方统计量为 232.259，单侧 p=0.000＜0.01，说明数据比

较适合进行因子分析。接着确定提取主成分的个数，进而采用特征值准则与因子累计方差贡献率相结合的方法确定主成分，即选取特征值大于或等于 1 的主成分作为初始因子，同时因子个数满足方差累计贡献率达到 80%以上。为使因子具有可解释性，利用最大方差法则，对因子载荷进行了旋转。表 7-5 方差解释的结果表明，第一个因子的特征值为 9.008＞1，第二个因子的特征值为 1.847＞1，两个因子的累计方差贡献率达到了 90.455%＞80%，基本上保留了原来指标的信息，因此选择两个主因子对原指标进行简化（表 7-5）。并根据式（7-2）计算出每个样本的因子得分。

$$A_{ik} = \sum_{j=1}^{n} W_j P_{ij} \tag{7-2}$$

其中，A_{ik} 表示第 i 个城市第 k 个主成分的因子得分；W_j 表示第 j 个指标的因子回归系数；P_{ij} 为第 i 个城市的第 j 个指标值。

在此基础上，以所选主成分的方差贡献率为权数，将各个因子得分进行综合，得出每个样本城市的综合因子得分 S_i，然后根据综合因子得分排序（表 7-6）。公式如下：

$$S_i = \sum_{k=1}^{m} A_{ik} B_{ik} \tag{7-3}$$

其中，S_i 表示第 i 城市的主成分综合得分值；B_{ik} 表示所选用主成分的方差贡献率。

表 7-5 解释的总方差

成分	初始特征值			提取平方和载入			旋转平方和载入		
	特征根	方差贡献率/%	累积贡献率/%	特征根	方差贡献率/%	累积贡献率/%	特征根	方差贡献率/%	累积贡献率/%
1	9.008	75.067	75.067	9.008	75.067	75.067	5.868	48.899	48.899
2	1.847	15.388	90.455	1.847	15.388	90.455	4.987	41.556	90.455

由表 7-6 可见，江苏省各城市间的文化创意产业发展水平不平衡，文化创意产业竞争力从强到弱依次为南京、苏州、无锡、常州、镇江、扬州、南通、徐州、泰州、盐城、连云港、淮安、宿迁。对比表明，苏南地区的文化创意产业发展程度较高，苏北地区的文化创意产业发展程度偏低。其中南京、扬州、徐州分别位于苏南、苏中和苏北地区的首位。

表 7-6 2009 年江苏各市文化创意产业发展综合得分

城市	主因子 1 得分	主因子 2 得分	综合得分	综合排名
南京	0.08127643	2.690028508	115.7612	1
苏州	2.54506282	−0.958224379	84.63105	2

续表

城市	主因子 1 得分	主因子 2 得分	综合得分	综合排名
无锡	1.14645032	−0.219320312	46.9462	3
常州	0.60850728	−0.644177302	2.985966	4
镇江	−0.0309906	−0.426293633	−19.2305	5
扬州	−0.0802744	−0.355296998	−21.6457	6
南通	0.12272997	−0.668594838	−21.7828	7
徐州	−0.6329649	0.159177302	−24.3145	8
泰州	−0.0706675	−0.548962395	−24.3137	9
盐城	−0.6413458	0.169010276	−24.3378	10
连云港	−0.9287936	0.499502744	−24.6597	11
淮安	−0.8375376	0.142321132	−35.0405	12
宿迁	−1.1845325	0.195762677	−49.7873	13

3. 基于聚类分析法的江苏文化创意产业发展类型划分

本章采用系统聚类方法，聚类方法选择组间平均连接法，测度方法选择欧氏距离的平方，计算公式如下：

$$\mathrm{SEUCLID}(x,y)=\sum_{i}^{n}(x_i-y_i)^2 \tag{7-4}$$

根据城市间文化创意产业发展核心竞争力、发展潜力的表征不同，利用聚类分析法通过统计分析软件 SPSS17.0 将 13 个地级市划分为五个层次（图 7-1），分别为：第一层次：南京；第二层次：苏州；第三层次：无锡；第四层次：扬州、常州、南通、镇江、泰州；第五层次：徐州、盐城、连云港、淮安、宿迁。

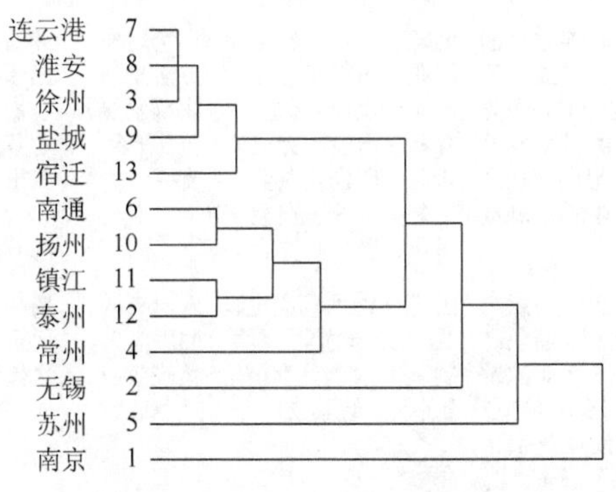

图 7-1　江苏城市文化产业聚类分析谱系

依据聚类分析结果，结合因子分析中各地区文化创意产业竞争力排名情况以及 13 个城市的文化创意产业发展的实际状况，将江苏省 13 个地级市根据文化创意产业竞争力的强弱划分为四大类地区（表 7-7）。

表 7-7 江苏省 13 个地级市聚类

类别	样本城市	典型城市	文化创意产业综合发展状况
第Ⅰ类	南京	南京	最好
第Ⅱ类	苏州、无锡	苏州	较好
第Ⅲ类	扬州、常州、南通、镇江、泰州	扬州	一般
第Ⅳ类	徐州、盐城、连云港、淮安、宿迁	徐州	较差

7.5 江苏文化产业典型模式及主要特征

由前面分析可见，南京、苏州、扬州、徐州分别是江苏省文化创意产业四种发展地域模式的代表。在此对四个文化创意产业发展模式的成长机制、重要经验和做法进行分析和比较，以加深文化创意产业发展模式的认识（表 7-8）。

表 7-8 江苏文化创意产业地域发展模式比较

模式	成长机制	主导产业	主要特征	典型产业园
南京模式	深厚的人文资源和强大的科技人才为文化产业发展提供强有力的保障，发育完善的文化市场为创意产业发展奠定了较好基础，众多的特色文化创意产业园区为文化创意产业发展提供了良好的空间载体，民营资本和各类社会资本成为南京文化创意产业发展的主力军	软件产业、动漫产业、工业设计、广播影视和演艺业、会展业	政府引导、科技支撑、集约发展、多元投资	国家动画产业基地南京软件园，国家动画产业基地南京数码动漫创业园，国家动画产业基地江苏文化产业园，南京世界之窗创意产业园，晨光 1865 都市产业园，垠坤·西祠数字网络文化产业园，垠坤·幕府智慧产业（幕府三 O 工业园）
苏州模式	深邃文化与雄厚经济基础完美的结合为文化创意产业发展提供了良好的前提条件，产业转型升级为文化创意产业发展提供了良好的发展空间，集聚效应明显的文化产业园区为文化创意产业的发展提供良好载体	创意设计业、文化旅游业、出版发行业、新闻传媒业、数字内容和动漫业、会展广告业、印刷复制业、工艺美术业、演艺娱乐业、影视制作业	市场运作、经济推动、集群发展、公共平台支撑	苏州苏绣文化产业群，苏州工业园区动漫产业园，沙家浜江南水乡影视产业园，苏州胥口书画产业基地，桃花坞文化创意产业园，苏报集团印刷数字化产业园
扬州模式	资源禀赋优势明显为文化创意产业发展提供了肥沃的土壤，特色产业强势发展为文化创意产业的发展增强了竞争力，逐步形成的产业园区为文化创意产业发展提供了集聚载体，持续推进的科技创新为文化创意产业发展增强了动力	工艺美术业、印刷出版业、文化旅游业、琴筝制造业、文教体育用品制造业、玩具业	政府支持、品牌为首、集聚效应、产业联动	扬州文化创意产业园（省级），扬州智谷（国家级），扬州工艺美术集聚区（国家级）

续表

模式	成长机制	主导产业	主要特征	典型产业园
徐州模式	丰富的文化资源与人才优势为文化创意产业发展提供了良好的前提条件，产业转型升级为文化创意产业发展提供了优良环境，各类文化创意园的快速发展促进了产业集聚，文化体制改革为文化产业发展提供了强劲的动力，重点文化产业集团带动作用明显	文化旅游、新闻出版、演艺娱乐、广播影视、报业传媒、艺术培训、广告会展	政府扶持、产业集聚、体制转型发展、龙头企业带动	徐州淮海文博园，徐州创意 68 产业园，徐州软件园，江苏师范大学文化科技创意园

7.5.1 南京模式

南京借助江苏省会优势、高校优势和历史文化资源优势，以《南京市促进文化创意产业发展的若干政策》为政策支撑，以文化创意产业集聚区为政策实施手段，大力发展新闻出版、旅游、软件、动漫、工业设计、广播影视等文化创意产业，按照“政府引导、产业主导、企业主体”的发展路径，成功地整合了资源，启动了市场，走出了一条“创意整合型”的发展道路。该模式典型特征是“政府引导、科技支撑、集约发展、多元投资”。

（1）政府引导。政府积极搭建文化公共服务平台，通过组建创意产业中心、设计中心等引导和支持有积极性、有能力的地区、企业和社会其他组织参与文化创意产业园区建设。鼓励和引导高校、企业以及各类协会等社会资源，发挥专业优势，参与南京文化创意产业的建设和发展。另外，政府还采取各种措施加强对文化创意产品的知识产权保护。

（2）科技支撑。南京凭借其丰富的科教资源、人才优势，利用一批先进的自主知识产权的技术，为数字多媒体、动漫游戏、工业和软件设计等文化创意产业向更高层次发展提供了强有力的技术支撑。

（3）集约发展。通过产业园区的建设，达到产业集中和集群发展，根据产业园区特色，集中力量发展优势行业，延伸产业链，达到集约化发展目的。概括起来，南京文化创意产业聚集区主要有三种模式：第一种是以数字娱乐为主要内容，利用现代信息网络技术，重点发展软件、游戏、动漫等行业的文化创意产业集聚区，如国家动画产业基地江苏文化产业园；第二种是以南京传统工业资源为基础发展起来的文化创意产业集聚区，如垠坤·幕府智慧产业园；第三种是以南京历史文化资源为基础发展起来的文化创意产业集聚区，如南京 1912 时尚休闲街区。

（4）多元投资。南京鼓励民营和外资投入文化创意产业，逐步形成了投资主体多元化、投资方式多样化、投资机制市场化的文化投融资体制，呈现出国家、集体、股份制、民营、个体及中外合作、外商独资等多种所有制形式并存的发展格局。

7.5.2 苏州模式

苏州模式在发展中突出市场机制作用，敢于汲取新思想，应用新技术，抢占了文化产业的发展先机，形成“市场拉动型”发展模式。该模式具有“市场运作、经济推动、集群发展、公共平台支撑”的特征（孙勇才，2008）。

（1）市场运作。苏州是国内市场发育程度较高的城市之一，其大部分文化创意产业门类是在没有任何产业基础，几乎没有国家及地方政府资金投入和政策扶持的条件下，在自由竞争环境下成长起来的，具有鲜明的市场原发性，较少受计划经济体制下资源配置的约束，市场化和产业化程度较高。

（2）经济推动。苏州是全国经济发展程度较高的城市之一，经济基础雄厚，区位优越。依据经济优势，苏州吸引了大量的高新技术人才，也吸引了众多高新技术企业，尤其是市场适应力更强的中小企业，从而为其文化创意产业的发展奠定了良好的发展基础，大力推动了文化创意产业的发展。

（3）集群发展。苏州文化创意企业大多是中小企业，为帮助这些中小企业抵御风险、共享信息，苏州着力推进集群发展，走专业化、集约化、规模化的发展道路，推进文化产业融合。现今苏州已形成了一批特色鲜明、优势突出、差异化发展的文化创意产业基地和园区，大大提高了产业的竞争力，也带动了周边地区发展。概括起来，苏州文化创意产业聚集区主要有三种模式：第一种是以苏州历史文化旅游资源，特别是传统手工艺为基础发展起来的文化创意产业集聚区，如苏州苏绣文化产业群；第二种是以苏州传统工业资源为基础发展起来的文化创意产业集聚区，如桃花坞文化创意产业园；第三种是以数字娱乐为主要内容，利用现代信息网络技术，重点发展软件、游戏、动漫等行业的文化创意产业集聚区，如苏州工业园区动漫产业园。

（4）公共平台支撑。文化创意产业的发展离不开政府的引导作用，苏州市政府积极作为，但不越位，主要是通过建设文化创意产业孵化基地和提供专业化技术支撑的公共平台等手段，从宏观层面上为文化创意产业的发展提供技术支持、管理服务、人才培训、投融资服务等一系列支持条件，从而为文化创意企业发展创造良好的环境，以推动文化创意产业快速发展。

7.5.3 扬州模式

该模式充分发挥历史文化资源和自然资源特色，用品牌拉动市场，放大品牌资源效应，进行品牌扩张，形成“品牌扩张型”模式。该模式具有“政府支持、品牌为首、集聚效应、产业联动”的典型特征。

（1）政府支持。为促进文化创意产业的发展，扬州市政府不断增加对公共文化事业的投入，积极落实税收优惠政策。进一步推进文化与市场的对接，文化与科技的结合，兴起了文化产业项目招商、文化集聚区建设的新一轮热潮，形成了促进文化创意产业发展的良好氛围。

（2）品牌为首。扬州依据其丰富的历史文化资源，本身就成为一个文化品牌，为放大品牌资源效应，扬州市政府着力把其打造成为“博物馆之都”，很好地实现了品牌扩张。另外，扬州培育了古筝、玩具等一批具有代表性的文化产品品牌，在国内外享有盛誉。

（3）集聚效应。扬州市顺应文化创意产业发展趋势，在古城保护和城市建设中，为文化产业提供集聚载体。概括起来，扬州市文化创意产业聚集区主要有三种模式：第一种是以扬州传统工艺为基础发展起来的文化创意产业集聚区，如扬州工艺美术集聚区。第二种是以传统历史文化资源为基础发展起来的文化创意产业集聚区，如东关历史文化街、教场民俗文化街等；第三种是以新能源、软件开发、动漫设计为主要内容，利用众多高新技术企业和人才打造的文化创意产业集聚区，如扬州智谷、扬州文化创意产业园等。

（4）产业联动。扬州在促进文化创意产业发展的过程中，通过其内部各行业之间、与其他产业间的融合互动、相辅相成、相互促进实现共同发展。例如，扬州实现了传统工艺与文化、旅游、装饰、礼品、收藏等产业的结合。另外，以集群化、网络化的产业园区为中心，向周边扩散，带动关联产业的发展，形成一个互动的良性循环，如五亭龙玩具城新建“财富广场”，为动漫设计、动漫衍生品研发、动漫娱乐企业提供载体，成为集研发、生产、展览、销售为一体的玩具中心。

7.5.4　徐州模式

该模式的发展思路是按照战略规划对文化创意产业进行整合，通过发挥政府和企业的招商力度来实现项目带动、区域集聚和规模化发展，形成了独具“战略先导型”发展模式。该模式的典型特征是“政府扶持、产业集聚、体制转型发展、龙头企业带动”（张长立和魏红丽，2008）。

（1）政府扶持。政府通过制定规划、提供优惠政策、完善公共服务体系等，推动和引导文化创意产业的发展；科学规划产业园区和集聚区，鼓励和引导高校、企业等社会资源，发挥专业优势，参与徐州文化创意产业园区的建设和发展，如中国矿业大学科技园、江苏师范大学文化创意产业科技园等，提高运作水平。

（2）产业集聚。为推动文化创意产业的发展，徐州加快文化产业集聚区的建设，全市文化产业集聚区的建设充分发掘地方文化底蕴，或依托历史资源优势、或依托高校资源优势、或依托山水资源优势，实现历史文化与现代文化、文化与科技、文化与生态的融合。概括起来，徐州文化创意产业聚集区主要有三种模式：第一种是以历史街区、旧厂房等为基础发展起来的文化创意产业集聚区，如徐州创意 68；第二种是以重点院校为基础，利用高校特色专业和人才资源为基础发展起来的文化创意产业集聚区，如江苏师范大学文化创意产业科技园、中国矿业大学科技园；第三种是以数字娱乐为主要内容，利用现代信息网络技术，重点发展软件、游戏、动漫等行业的文化创意产业集聚区，如徐州动漫产业基地。

（3）体制转型发展。文化体制改革是体制转型推动文化创意产业发展的根本。近年来，徐州抢抓机遇、锐意进取，大气魄推进文化体制改革，大思路规划文化创意产业发展，通过体制创新、政策出新，充分解放生产力，建立市场化的企业运作机制，将文化资源优势转化为产业发展优势。

（4）龙头企业带动。为加快文化创意产业健康发展，徐州实施集团带动工程，集中力量启动徐州文化产业集团和徐州演艺集团运营，把其建设成为淮海经济区规模最大、实力最强的旗舰型文化企业，在树立品牌的同时，带动节目制作、广告经营、技术服务、演艺传播等相关行业发展。

7.6 江苏文化产业地域发展模式优化思路

7.6.1 因地制宜分类调控，实现多元模式特色发展

一个地区的区位、文化资源禀赋、经济发展状况、所处社会发展阶段以及历史机遇等条件相互耦合，综合决定了其独具特色的文化创意产业的地域发展模式。因此，要根据江苏省不同地区的环境条件，因地制宜发展文化创意产业，实现多元地域发展模式特色发展。具体而言，南京和苏州的文化创意产业发展较早，具有一定的先发性。因此从政府定位上看，强调政府宏观引导，积极作为但不越位，通过积极搭建文化公共服务平台和建设文化创意产业孵化基地，从宏观层面上为文化创意企业发展创造良好的环境。从产业发展上来看，应注重软件产业、数字和动漫产业、工业设计等创意产业和新闻出版、广播影视等传统文化产业的协调发展，形成全面推进格局。而扬州和徐州的文化创意产业发展相对较晚，具有一定的后发性。因此从政府定位上看，强调政府的支持和支撑作用，政府通过制定规划、提供优惠政策、完善公共服务体系等，通过加强政策倾斜，推动和引导文化创意产业的发展，从而缩小区域差异，实现共同发展。从它们的产业发展上来看，此类地区根据本身的资源优势，首先在特色产业上重点突破，如徐州的文化旅游业、扬州的工艺品制造业等，然后有次序、有步骤地发展相关产业。

7.6.2　优化省域空间布局，实现多元模式统筹发展

以区域经济发展状况和文化资源禀赋为基础，以文化创意产业集聚区为主要载体，以差异化为发展战略，依托产业基础和中心城市，着力构建江苏文化创意产业“一心一核一圈四带”空间架构，形成层级结构分明、功能完整突出的文化创意产业空间布局主架构。通过优化宏观战略布局，实现多元模式统筹发展（李思屈，2011）。具体而言，着力打造一个文化创意产业中心，即以省会城市南京为依托的江苏文化创意产业综合中心；积极构建一个文化创意产业集聚核，即以淮海特大城市徐州为依托的江苏苏北文化创意产业集聚核；重点培养一个文化创意产业圈，即以苏州、无锡、常州三市为依托的文化创意产业圈；加快形成四条文化创意产业带，即沿沪宁（沿江）文化创意产业带、淮扬文化创意产业带、海洋文化创意产业带、东陇海文化创意产业带。

7.6.3　构建合理的文化创意产业体系，促进多元模式内涵发展

文化创意产业的发展具有阶段性特征，不同地区文化创意产业的发展处在不同的阶段，从而决定其独具特色的地域发展模式，最终决定其不同的产业内涵、产业体系和产业方向。因此，江苏必须根据不同地区文化创意产业的发展实际，构建合理的文化创意产业体系，从而优化文化创意产业结构，使其文化创意产业的发展有丰富的内涵，进而促进江苏省文化创意产业多元模式内涵发展。具体应以因地制宜、分类发展为原则，做大做强出版发行、文化旅游、广播影视等支柱产业，不断提升加强工艺美术品、演艺娱乐、会展策划等传统产业，着力培育引导创意设计、动漫游戏等新兴产业（张培奇和孟召宜，2011）。

7.6.4　加快建设文化创意产业集聚区，夯实多元模式发展载体

有效的空间载体是文化创意产业发展的重要因素（顾江和昝胜锋，2009），加快发展文化创意产业的关键是设立文化创意产业园区，为众多文化创意企业提供孵化、创业、成长空间。并在此基础上，加强各文化创意产业园区之间的空间连接、功能联系和产业联动，逐步发展为产业规模较大、产业链比较完备、竞争优势明显的文化创意产业集聚区。不同的文化创意产业地域发展模式体现不同的空间集聚区发展，因此江苏应当立足区域文化创意产业中心城市，从产业基础、发展空间、资源优势等实际发展条件出发，扶持构建一批集聚效应明显、整体规模

较大的具有国际影响力的标志性的创意产业园区。依据国内外发展经验，江苏可以通过以下路径发展文化创意产业园区。

（1）依托大学，发展文化创意产业园区。南京、徐州等高校集中的地区可采取该模式发展文化创意产业园区。

（2）改造旧的厂房、仓库、校区、市场和废弃矿区，培育文化创意产业园区。苏州、徐州等工业发展基础较雄厚的地区可采取该模式发展文化创意产业园区。

（3）依靠国家级开发区和科技园，孵化文化创意产业园区。南京、苏州等科技发展领先的地区可采取该模式发展文化创意产业园区。

（4）开辟新区，创立文化创意产业园区。南京、苏州等先发地区和扬州、徐州等后发地区均可根据本身的实际情况，适当采取该模式发展文化创意产业园区。

7.6.5 市场主导和政府引导有机统一，合力促进多元模式创新

健全的自由市场体制，能够使企业具备较强的适应性和灵活性，并随国际政治、经济形势的变化，作出快速的经济结构调整和转变。同时，文化产业发展的内在增长引擎源于政府主导性的发育和成长，尤其是在生产导向阶段（赵德兴等，2009），加之文化创意产业涉及文化安全、意识形态等重要问题，因此需要政府的正确引导和适当监管。所以，江苏应注重市场、政府两手力量同抓和力量互补，不断促进地域文化创意产业地域发展模式创新。在具体实践中，对于南京、苏州等市场机制相对完善的地区，应加快建设文化创意产业市场创新体系，如创新市场管理体系、拓展市场新领域、创新发展文化要素市场和创新经营方式等。而对于扬州和徐州等文化创意产业后发性地区，市场主体少，消费低、市场拉动小，因此其创新源于政府的推动，如税收、资金引导和人才队伍建设（张长立和魏红丽，2008）。由此不难看出，政府政策倾斜和引导资金至关重要。同时，应加强政府的宏观调控，不断推进发展型政府向服务型政府的转变，逐步加快文化事业单位改革，探索公共文化设施“国有民营”的新路子；逐步推进国有文化企业股份制改造，加快建立现代企业制度，并积极吸收社会资本和外资参与国有文化企业的股份制改造。

参考文献

陈友华. 2010. 德菲尔法、聚类分析与因子分析在民生调查中运用研究——以南京市建邺区为研究个案[J]. 华东经济管理，(1)：122-128.

创意开源. 2008. 创意经济的八种驱动模型[DB/OL]. http：//www.openn.net.cn[2008-3].

范桂玉. 2009. 北京市文化创意产业集群发展机制研究[J]. 特区经济，(10)：84-86.
傅利平，宋俊生，邓晶，等. 2010. 近年来文化产业竞争力及其评价研究综述[J]. 学术论坛，(6)：168-171.
顾江，昝胜锋. 2009. 亚洲国家文化产业集群发展模式比较研究[J]. 南京社会科学，(6)：38-41.
胡攀. 2009. 文化产业发展模式比较[J]. 改革，(6)：145-147.
胡晓鹏. 2010. 文化创意产业的地区发展模式研究[J]. 中国地质大学学报（社会科学版），(1)：25-30.
贾丰奇. 2008. 台湾地区文化创意产业商业模式研究[D]. 上海：上海师范大学.
蒋三庚，王晓红，张杰. 2009. 创意经济概要[M]. 北京：首都经济贸易大学出版社.
蒋三庚. 2006. 文化创意产业研究[M]. 北京：首都经济贸易大学出版社.
金元浦. 2010. 我国文化创意产业发展的三个阶梯与三种模式[J]. 中国地质大学学报（社会科学版），(1)：20-24.
雷光华. 2004. 西方国家文化产业发展模式与发展趋向探析[J]. 湘潭大学学报（哲学社会科学版），(2)：130-133.
李思屈. 2011. 浙江模式与国家战略：论中国文化产业发展的四项战略[J]. 中国文化产业评论，(14)：159-176.
厉无畏. 2006. 创意产业导论[M]. 上海：学林出版社.
厉无畏. 2008. 创意产业是城市新增长点[J]. 中国科技产业，(7)：40.
刘怀玉，黄椒成，陈景春. 2009. 江苏运河文化产业发展阶段及其模式新探[J]. 江苏商论，(11)：38-140.
泷泽意伲. 2006. 日本文化产业的发展与启示[J]. 国际贸易，(10)：34-38.
梅松文. 2008. 北京文化创意产业发展的几种模式[J]. 炎黄纵横，(10)：60.
钱竞，胡波. 2006. 创意产业发展模式借鉴与探索——以上海为例[J]. 经济论坛，(4)：47-48.
任秀琼. 2008. 我国创意产业发展模式研究[D]. 福州：福建师范大学.
石杰，司志浩. 2008. 文化创意产业概论[M]. 北京：海洋出版社.
宋文光，杜继勇，许志平. 2010. 文化创意产业形成的市场基础与发展模式研究[J]. 北京工业职业技术学院学报，(1)：99-101.
孙勇才. 2008. 苏州文化与苏州经济模式的选择[J]. 江苏科技大学学报（社会科学版），(4)：59-62.
田巧芳. 2008. 北京市文化创意产业的发展模式研究[D]. 北京：中国地质大学（北京）.
王鹏. 2007. 香港文化创意产业的发展历程、经验与启示[J]. 改革与开放，(8)：15-17.
王三银. 2009. 南京文化创意产业发展模式研究[D]. 南京：南京航空航天大学.
温燕. 2008. 武汉文化创意产业发展模式研究[D]. 武汉：武汉理工大学.
吴思. 我国初步形成六大区域创意产业[EB/OL]. http：//www.chinahightech.com[2006-10-30].
肖雁飞. 2007. 创意产业区发展的经济空间动力机制和创新模式研究[D]. 上海：华东师范大学.
叶丽君，李琳. 2009. 我国区域文化产业竞争力评价与差异分析[J]. 科技管理研究，(3)：94-97.
曾光，林姗姗. 2010. 创意产业发展的空间布局研究：以江西省为例[J]. 井冈山大学学报（社会科学版），(2)：71-75.
曾咏梅. 2008. 基于“钻石体系”的湖南文化产业集群的系统架构[J]. 理论界，(7)：148-150.
张长立，魏红丽. 2008. 区域文化产业化发展模式研究——以徐州市文化产业为例[J]. 江苏商论，(2)：138-140.
张京成. 2006. 中国创意产业发展报告[M]. 北京：中国经济出版社.
张培奇，孟召宜. 2011. 江苏文化创意产业：现状、问题与对策[J]. 中国文化产业评论，(14)：239-252.
张养志. 2009. 发达国家文化创意产业发展模式研究[J]. 国外社会科学，(5)：90-94.
赵德兴，李惠芬，谭志云，等. 2009. 国内主要城市文化产业模式比较研究[J]. 青海社会科学，(3)：11-14.
赵弘，唐勇等. 2008. 北京文化创意产业发展与集聚区建设研究[J]. 首都经济论坛，1（23)：10-14.
赵彦云，余毅，马文涛. 2006. 中国文化产业竞争力评价和分析[J]. 中国人民大学学报，(4)：72-82.
周胜，段淳林. 2009. 全球化背景下文化创意产业创新模式研究[J]. 经济问题，(3)：23-25.
周秀玲，王信东. 2009. 文化创意产业发展模式研究——兼论文化创意产业促进其他产业的升级与发展[J]. 当代经济，(21)：48-51.

朱旭光. 2009. 长三角文化产业集群模式的三维分析[J]. 经济论坛，(4)：52-55.

邹立清. 2007. 浙江省文化产业集群模式研究[J]. 经济论坛，(20)：20-22.

Brown A，O'Connor J，Cohen S. 2000. Local music policies within a global music industry：Cultural quarters in Manchester and Sheffield[J]. Geoforum，(31)：437-451.

Florida R. 2002. The Rise of the Creative Class and How It's Transforming Work，Leisure，Community and Everyday Life[M]. New York：Basic Books.

Hutton T. 2004. The new economy of the inner city[J]. Cities，21 (2)：89-108.

Mommaas H. 2004. Cultural clusters and the post-industrial city：Towards the remapping of urban cultural policy[J]. Urban Studies，41 (3)：507-532.

Scott A J. 2006. Creative cities：Conceptual issues and policy questions[J]. Journal of Urban Affaires，28 (1)：1-17.

Zukin S. 1998. Loft Living Culture and Capital in Urban Change[M]. London：Radius.

第 8 章　市域文化传承创新与文化产业特色发展

市域文化产业是指依托城市独特的文化传统，充分整合当地的文化资源而发展起来的中尺度的地域特色文化产业（欧阳文风，2011；方正，2015）。发展市域文化产业对形成城市文化氛围、优化城市人文环境、提高城市生活质量、塑造良好的城市形象具有重要的影响和作用，城市的文化产业越发达、文化特色越鲜明、文化环境越完善，城市的文化品位就越高，文化魅力和吸引力就越强（沈露莹，2008）。作为新兴的产业部门，近年来文化产业越来越受到各地政府的重视，特别是地市一级的政府，纷纷制定发展规划、出台一揽子地方政策、给予丰厚的优惠条件，以期促进产业结构的提档升级。因此市域文化产业在当地政府的引领、政策的大力扶持、市财政大量投入作用下（王存福，2014；宋莹，2016；金苏明，2015），市域文化产业呈现集群化、规模化跳跃发展，各城市文化产业在各市的经济中所占比例越来越多，并逐渐成为重要的就业渠道（方正，2015；贺清云等，2014），此外市域文化产业中新技术新思想得到广泛应用，信息化、时代性的特征越来越明显（庄志杰，2012）。城市与文化产业的布局有着显著的互动作用，一方面城市的地域文化基底影响着市域文化产业的布局，另一方面合理的城市文化产业布局能够使文化产业更好地创新协作，提高文化企业竞争力，进而提升城市地域文化的竞争力。为了促进市域文化产业的发展，通过城市文化产业规划大力推动文化产业园区和基地建设，并将此作为加快文化产业发展的突破口和基础工作来抓（陈汉欣，2009），对龙头文化企业的培植也是重要的发展抓手。从布局特征看，市域文化产业呈现明显的空间集聚，多分布于城市主城区内部，不同的文化产业行业通常有不同的产业集聚中心。从不同文化产业行业来看，周尚意等利用集中化程度指数和洛伦兹曲线对北京市文化产业的集中度分析，得出广播电影电视业、体育业、广告业、书报刊出版印刷发行业、文化艺术业在空间的集聚程度逐渐降低（周尚意等，2006）。从城乡尺度来看，城乡文化产业存在着在产业结构、产业层次、产业规模、文化消费等各方面的二元结构，这种二元结构也存在着互动作用，城市文化产业的发展会促进地域文化产业的整体创新，而乡村文化产业的发展会使地域文化产业保持其本真度、独特性（向泽映，2008）。

市域文化包括城市文化与县域文化，或者说城市文化与乡村文化，因此市域文化开发要注重城乡统筹，尤其是通过大开发、大项目、大思路、大布局，实现区域统筹。尤其要注重全域性开发，通过全域性旅游为带动，实现城乡统筹区域一体化发展。同时，由于实力有限，要注意重点开发和统筹开发，在此，以历史文化名城徐州为案例，全面探讨市域文化传承创新与文化产业特色发展的关系。在具体实证研究中，历史文化名城徐州，从纵向文化史层角度来看，以两汉文化、汉源文化为重点、亮点，因此要突出汉文化开发；而从横向的文化格局来看，要重点抓住故黄河文化开发利用，通过故黄河开发实现以城带乡。在此基础上，注重多元特色文化开发，形成文化产业集聚集群的态势。

8.1 徐州地域文化主要内容

8.1.1 徐州地域文化概说

江苏地域文化多元，其中苏北为楚汉文化区，讲北方方言，以徐州为中心，主要包括徐州市、宿迁市区以及连云港的东海、赣榆两县。其中，东海县南部虽属江淮官话区，但考虑其距淮扬较远受其影响小，而距徐州近受其影响大，故将其悉数划归楚汉文化区，以保证东海县行政区划完整，并使楚汉文化区东西相连成片。楚汉文化区和江淮文化区大致以淮河为界（孟召宜，2009）。由于徐州汉文化遗存较多，有“两汉文化看徐州”之说，故有学者将其称为徐汉文化。同时，楚汉文化地处苏鲁豫皖四省接壤的淮海地区，故又称为淮海文化（朱存明和安宇，2000）。从文化渊源上看，该区既深受中原文化、齐鲁文化影响，也深受荆楚文化的浸润默化，形成“楚风”“汉韵”比翼齐飞、相得益彰的文化格局。楚汉文化是江苏北部主要文化流派。该区在与齐鲁文化、中原文化广泛交流的同时，也辐射影响到鲁南、豫东及皖北地区。

作为楚汉文化中心，徐州内部也是地域文化多元，有两汉文化、彭祖文化、苏轼文化等。其中以两汉文化最为著名，在江苏形成吴韵汉风齐飞的格局。近年来随着其他城市更多汉文化遗址的发现和挖掘，徐州为突出自身特色，将两汉文化改称为汉源文化，这似乎更为贴切，同时体现了新时期徐州汉文化开发的新定位和新思路。下面按照历史文化形成的先后顺序分述。

8.1.2 徐州典型历史文化

1. 彭祖文化

彭祖文化——彭祖故国是徐汉文化的源头。据《史记》《汉书》记载，尧帝时封彭祖在此建大彭国，彭城由此得名。彭祖是传说中徐州人的始祖、国内公认的烹饪界的鼻祖和“治气养生”（气功）的创始人。徐州的彭祖文化丰富而富有内涵，文化景观包括彭祖祠、彭祖庙、彭祖井和彭园，以及养生文化、烹饪饮食文化等，在国际上特别是东南亚国家和地区有着巨大的吸引力。

2. 西楚文化

西楚文化是徐州文化的重要底蕴。春秋战国时期，徐州深受楚文化影响并曾经从属楚地，“夫自淮北沛、陈、汝南、南郡，此西楚也”，即从沛郡西至荆州是西楚，故徐州文化亚区地处西楚，“其俗剽轻，易发怒，地薄，寡於积聚”。而“彭城以东，东海、吴、广陵，此东楚也”，即从徐州彭城历扬州至苏州皆为东楚之地。同时，徐州为项羽故都。项羽是秦汉之际一位叱咤风云的盖世英雄。他于公元前 206 年推翻暴秦统治，自立为西楚霸王，定都彭城。他在户部山上营建的戏马台是他指挥士兵操练、检阅部队阵容、观赏士卒戏马的场所。戏马台遗址、户部山等构成徐州重要的文化载体。近年来徐州新修了楚园、建设了相关的楚文化广场，逐步改变了长期以来徐州文化开发中汉多楚少的局面。

3. 汉源文化

汉源文化是徐汉文化的主体和精髓。徐州是刘邦故里、两汉文化的起源地和集萃地。徐州是汉高祖刘邦的故乡，有“千古龙飞地、一代帝王乡”之称，又是其主要亲族的世袭封地，有“五里三诸侯”之说。统一的中国古代文化即是在两汉时期形成的，徐州既是两汉文化的起源地，又是两汉文化荟萃的地方，是各种汉文化资源最集中的代表，尤以“汉代三绝”著称，即汉墓、汉兵马俑、汉画像石。徐州的汉文化旅游资源数量多，档次高，有较高的艺术观赏价值，在海内外有广泛的影响。

4. 战争文化

战争文化是徐汉文化的特色。徐州是历史上的兵家必争之地。徐州居我国东部南北要冲，战略地位十分突出，为历来兵家必争之地。“自古彭城列九州，龙争虎斗几千秋”。有民谣歌咏：“九里山前古战场，牧童拾得旧刀枪。顺风吹动乌江水，好似虞姬别霸王”。历史上在徐州一带发生的战争多达 400 余起，其中较大规模的战争就有 200 多起，著名的有春秋时期的晋楚彭城之战、秦末的楚汉相争、台儿庄战役、淮海战役，等等。至今徐州遗台故垒犹存，主要的景观有：沛县的射戟台、歌风台；铜山汉王的拔剑泉；项羽阅兵的戏马台；悲歌散楚的子房山；韩信十面埋伏打败楚霸王的九里山古战场；邳州土山镇关羽被困之地；铜山区吕梁陈周大战旧址；淮海战役烈士陵园等。

8.2　徐州文化产业发展历程

徐州文化产业从 2000 年以来，经历从无到有、从萌芽到培育、从培育到快速发展、从快速发展到现在的稳增长、调结构进而提质发展的过程。

8.2.1 文化产业萌芽起步期

2007年之前，我国相继出台《关于非公有资产进入文化产业的若干规定（2005年）》《关于鼓励进而发展民营文化表演团体的意见（2005年）》《关于文化领域引进外贸若干意见（2005年）》《关于推动我国动漫产业发展若干意见（2006年）》等关于文化产业的文件政策，降低文化领域准入门槛，谋划布局动漫产业发展，从国家层面开始规划布局文化产业发展。相应地，江苏在2006年也开始着力推动从“文化大省”向“文化强省”迈进，并出台了《关于加快动漫产业发展若干意见（2006年）》的通知。针对于此，徐州市开始关注动漫产业，积极调研动漫市场发展情况，推动文化产业从国家规划层面向地方具体实施转变。总体而言，在这一阶段徐州市文化产业开始发展萌芽，相关文化事业领域有了一定的发展，但文化产业发展还很不突出。主要的思路是找准问题，明晰原因，初步搭建管理架构，为文化产业发展作好铺垫。

1. 推进转企改制，积极谋划文化产业发展布局

2005年，市政府着手对七家经营性事业单位进行转企改制。当时局属单位的经营范围仅在电影演出、演艺、广告会展、艺术培训、文化旅游产品开发几个方面。同时开始关注文化产业，组织申报国家级文化产业示范基地，推荐徐州会堂、徐州中山堂、江苏大风乐器有限公司等申报国家级文化产业示范基地。推荐中山堂、欢乐谷大剧院、江苏大风乐器有限公司为江苏省文化产业典型案例材料。组织睢宁县文体局、市博物馆、市汉画像石馆赴深圳文博会参观学习。开始对全市演出业、音像业、娱乐业、网吧、文化旅游、图书报刊、艺术培训、文物和艺术品进行调研。2006年4月25日，国务院办公厅转发财政部等部门《关于推动我国动漫产业发展的若干意见》（国办发32号），徐州市开始关注动漫产业，积极调研动漫市场发展情况。2006年被定为文化系统改企转制攻坚之年。

2. 找准发展症结，客观理性把脉文化产业发展

这一阶段主要问题一是文化市场整体规模、档次、水平相对滞后，二是经营发展秩序略显紊乱，三是管理工作与管理任务矛盾凸显，四是文化产业的体制、方式滞后。究其原因，主要是经济制约、观念制约、体制制约综合作用的结果。尽管这个时期的文化产业注重的是市场经营，忽视生产和创新创意，但文化产业的发展已进入萌芽状态。

8.2.2 文化产业培育发展期

2007～2009年是徐州文化产业培育发展期。我国在2009年发布了文化产业振

兴规划，江苏省也出台了《江苏省文化产业引导资金使用管理办法（试行）（2007 年）》等政策文件，并在 2007 年正式成立省文化产业办公室，指导并大力促进文化产业的发展，徐州市在这一时期也积极探索培育文化产业的发展。可见这一时期不论是国家还是地方对文化产业发展都提上了一个新高度。徐州市文化产业大致从 2007 年开始规划，到 2009 年基本形成结构比较合理、有一定规模和水平的文化产业，基本形成繁荣健康、有较强辐射力的区域性文化市场。这一阶段的主要思路是响应上位政策，推动园区建设，健全产业体系，为文化产业大发展夯实基础。

1. 初步摸清家底，明晰文化产业发展基础

2007 年，局市场和产业处对全市文化产业发展情况进行了初步统计，当时全市共有文化经营单位 724 家，从业人员 4491 人，注册资金近 2 亿元，年营业额 8810.2 万元，创税 1125.6 万元。724 家文化经营单位中，网吧 310 家，游戏经营单位 100 家，歌舞娱乐场所 60 家，演出场所 14 家，演出单位 7 家，音像制品零售出租 218 家，音像制品批发单位 2 家，桌台球经营单位 13 家。而县区（市外）的文化产业发展仅为音乐、舞蹈、书画、棋艺培训和非遗产品的自发性简单开发，如剪纸、农民画、布艺、吹糖人等项目，其规模较小，销售范围较窄，年销售额不足千万元。

2. 主动响应政策，积极推进园区基地建设

2007 年，江苏省政府开始设立文化产业发展引导资金和在全省范围内评选省级文化产业发展示范基地，徐州市中山堂娱乐中心这一文化产业项目获江苏省文化产业引导资金 300 万元的资助扶持；江苏省大风乐器有限公司被评为江苏省第一届省级文化产业发展示范基地。2008 年 10 月 23 日，江苏省财政厅、文化厅、广电局、新闻出版局联合发文《江苏省省级现代服务业（文化产业）发展专项引导资金管理办法》。2009 年 3 月 27 日，财政部、海关总署、国家税务总局联合下文《关于支持文化企业发展若干税收政策问题的通知》（财税 31 号）。徐州市政府出台了《徐州市文化产业文化事业发展的若干经济政策》，对加快发展和培育文化产业起到积极推动作用。徐州市文化局着手改造淮海食品城为徐州文化产业园。2008 年该园被命名为江苏省省级文化产业示范基地。2010 年邳州宝石玉器城被命名为江苏省文化产业示范基地。2007～2010 年，徐州市 12 个文化产业项目得到 1650 万元省级文化产业引导资金资助和扶持。

3. 健全结构体系，全面推进文化产业发展

依托丰富的文化资源，形成了文化旅游业、新闻出版业、演艺娱乐业、广播影视业、艺术培训业、工艺美术业、广告会展业等较为合理的文化产业结构体系，特色文化产业、非公文化产业发展不断加快。这期间，徐州文化局市场和产业处在继续做好局属 19 家经营性事业单位的创收外，开始对演出市场、广告业、节庆

活动、书画古玩市场、印刷出版业、艺术培训业进行摸底，对重点行业进行培育。鼓励五家影院加入院线，四家民营演出公司引进外地院团到徐州演出，年均创收5000多万元；支持培育广告会展业发展，积极创造其良好的发展环境，使全市广告企业达760家，从业人员6400人，年广告收入达5亿元；重点培育了一些在国内国际有重大影响的民俗节庆品牌，如汉文化国际旅游节、李可染艺术节、马可艺术节、胡琴艺术节、睢宁儿童画艺术节、沛县中国刘邦文化节、丰县梨花节、云龙山庙会、泰山庙会等；培育13家民办书画院，50家书画销售店铺，支持建设五家古玩奇石玉器市场，年均经营额1.2亿元左右；全市建成出版发行网点481家，印刷企业420家，复印打印企业482家。2010年产值超过40亿元；全市艺术培训网店300个，年均举办1500余期，培训人员近10万人次；艺术品生产企业2家。2007年，徐州文化竞争力位居全国第5位。2008年，全市文化产业经营收入达240亿元，比上年度增长了26.32%，逐步成为拉动徐州国民经济快速发展的新增长点。

基于徐州市重点发展新兴媒体业、文化旅游业、印刷发行业、演艺娱乐业、广播影视业、艺术培训业、工艺美术业等产业门类，扶持发展徐州文化产业集团、徐州报业传媒集团、徐州广电集团、中国矿业大学出版社等骨干文化企业，优先开发建设以实景演出为内容的徐州文化旅游主题公园、徐州户部山历史文化街区、徐州汉文化博览园、徐州民间博物馆景区、徐州奇石交易博览园等特色文化园区，加快发展徐州文化产业园、徐州大学科技园、金山桥印刷工业园和徐州创意68产业园等高科技文化创意产业园区，着力打造沛县民族乐器、邳州工艺美术和铜山汉王石刻等专业化生产基地。

8.2.3　文化产业快速发展期

2010～2015年是徐州文化产业快速发展期。2010年开始，徐州市文化产业进入快速发展期。2011年党的十七届六中全会通过了《中共中央关于深化文化体制改革、推动社会主义文化大发展大繁荣若干重大问题的决定》，标志着全国文化产业进入一个全新的快速发展阶段。徐州市也相继出台《徐州市文化产业示范基地评选命名管理办法（试行）（2010年）》《支持重点文化产业发展的意见（2012年）》等文件，为文化产业发展营造良好生态。2010年徐州市文化体制改革基本结束，市文化局产业处正式由管局属文化产业转变为负责全市文化产业的发展和服务，开始规划全市“十二五”文化产业发展。规划由局产业处编制，提出“十二五”总体目标：加快发展文化产业，文化产业成为新的支柱产业，到“十二五”末，其增加值占地区生产总值的比重达到5%，文化的创新能力大大增强，文化产品更加丰富，文化交流活动不断增多，努力实现由文化大市向文化强市的跨越。突出“汉风楚韵，情义徐州”的文化个性，深入推进“舞动汉风”工程，把我市建设成为淮海经济区区域性文化中心，文化综合实力位居全省前列。这一时期的思路是深化文化改革，完善创新政策，实施“三重一大”，多管齐下助力文化产业大发展。

1. 深化改革、完善政策，助力文化产业大发展

坚持区域集中、产业集聚、企业集群的发展战略，加大扶持力度，强化政策保障，大力推动文化产业快速增长。围绕“十二五”文化产业发展规划，徐州市出台了《关于加快推进重点现代服务业发展的若干政策（2010 年）》《中共徐州市委关于徐州市文化产业发展座谈会的会议纪要（2011 年）》《中国徐州市委、徐州市人民政府关于成立徐州市加快文化产业发展推进重大项目建设领导小组的通知（2011 年）》等十多个文件来推动徐州市文化产业快速发展。市文广新局产业处专门排出民营文化企业 20 强予以重点支持。市政府成立文化产业集团、演艺集团、报业集团、广电集团等四大国有大型文化企业，带动了文化产业快速发展。为了加强融合发展，出台《徐州市金融支持文化产业发展繁荣的意见》，引导驻徐金融机构进一步改进和提升对文化产业的金融服务，推动文化金融互动发展。组织举办全市文化产业银企对接会，策划开展金融机构进企业“一对一”活动，加强金融创新，优化服务方式，灵活务实地支持文化产业发展繁荣。截至 2015 年底，共举办四次银企对接会，为文化企业授信近 50 亿元。每年组织徐州市文化企业申报国家和省级文化产业发展引导资金，截至 2015 年底，共有 88 个项目获得国家、省级 8360 万元的无偿资助。同时，徐州市本级 2013 年设立了 1000 万元的文化产业发展引导资金，加大对文化企业的扶持。

2. 引进来走出去，招商增智促进文化产业发展

为适应文化产业发展的新形势、新机遇、新挑战。徐州文广新局产业处组织文化企业参加深圳文博会、苏州创博会、连云港文化产品交易会、常州国际动漫周、无锡文博会。大力举办文化产业发展系列专题讲座，先后组织文化企业家赴清华大学、北京大学、复旦大学、厦门大学等高校进行知识更新和管理培训，定期邀请专家学者和业界精英讲授文化产业方面的相关知识。推动徐州（深圳）文化产业招商推介会规模提升、效益增强，多管齐下推动文化产业持续健康发展。

3. 实施重大项目，强力推进文化产业发展

徐州市委、市政府将 2012 年作为徐州市“文化建设年”，将文化产业发展摆上了更加突出的位置，并在文化产业政策配套扶持、项目招引培育、工程调度推进等方面创新思路，取得了突破性进展。2012 年实施 92 项文化产业项目，计划总投资 395.65 亿元，年度投资 120.44 亿元。其中，重点推进 16 个文化产业项目，总投资 139.55 亿元。92 个文化产业项目中，结转项目 33 项，其中包括文化旅游业 20 项、数字文

化业 1 项、演艺娱乐业 2 项、文艺服务业 6 项、文博展销业 3 项、出版印刷业 1 项；新开工项目 42 项，其中包括文化旅游业 8 项、数字文化业 1 项、演艺娱乐业 4 项、文艺服务业 13 项、文博展销业 16 项；前期推进项目 17 项。重点推进的 16 个文化产业项目是：淮海经济区文化艺术品交易市场、龟山博物馆展示区、创意 68 产业园二期工程、徐州动漫影视基地、徐州画家村、潘安湖湿地公园、张道陵故里复建项目、中阳壹号历史文化商业街区、千岛湿地景区、江苏耀和乐器有限公司乐器生产项目、白塘河湿地佛教文化景区、两汉三国文化旅游景区、宝石玉器城二期工程、军霞健身器材提档升级项目、窑湾古镇保护与开发二期项目、东方花厅文化风情园。

4. 县市合力，推动文化产业城乡均衡发展

徐州市委主要领导提出各县（市）、区专门成立文化产业服务机构推动和发展文化产业。得到各县（市）、区的积极响应，鼓楼区、泉山区、丰县等县（市）、区，积极摸底、考察和调度布局地区文化产业的发展；仅在 2012 年内云龙区和新沂市就分别在无锡市与深圳市举行文化产业推介会，新城区考察深圳文化创意产业并积极组织本地区文化创意产业与深圳市文化创意产业的对接工作。

8.2.4　文化产业提升发展期

2015 年以后，徐州文化产业发展进入提升发展期。当前我国经济发展进入新常态，正从高速增长转向中高速增长，经济发展方式正从规模速度型粗放增长转向质量效率型集约增长。顺应新时期文化产业发展趋势，徐州文化产业发展思路是立足质量并重、结构优化、融合发展，不断推动文化产业迈上新台阶。

8.3　徐州文化产业发展现状与存在的问题

8.3.1　发展现状

1. 文化产业综合实力显著增强

“十二五”期间，徐州文化产业年均增速 15%，到 2015 年文化产业增加值达 234.03 亿元（表 8-1）。文化产业经济地位不断提升，持续引领经济增长。文化旅游、演艺娱乐、工艺美术等传统文化产业蓬勃发展，2014 年全市实现旅游收入 430.48 亿元，比上年增长 15.5%。动漫影视、广告会展、网络信息服务等新兴文化产业加快发展。成功举办徐州文博会，探索发展会展经济。动漫业从无到有，“中国 · 徐州国际动漫艺术节”成功举办，动漫博物馆、动漫影像基地相继建成，《百吉学堂》《少年彭祖》等一批原创动画片陆续推出，动漫品牌加快打造，衍生产品开发生产

和销售好戏连台，基本形成完整的动漫创意、游戏开发、影视制作、衍生品开发和人才培训产业链。引进培育蒙牛电商等一批龙头文化科技企业，新兴业态比重不断提升，行业结构不断优化，产业体系健全、资源集约利用的文化产业运行框架和地方特色鲜明、总体实力不断增强的文化产业发展格局逐步形成。随着徐州文化产业的快速发展，徐州在淮海经济区、苏北均表现出一定的优势（表 8-2、图 8-1）。

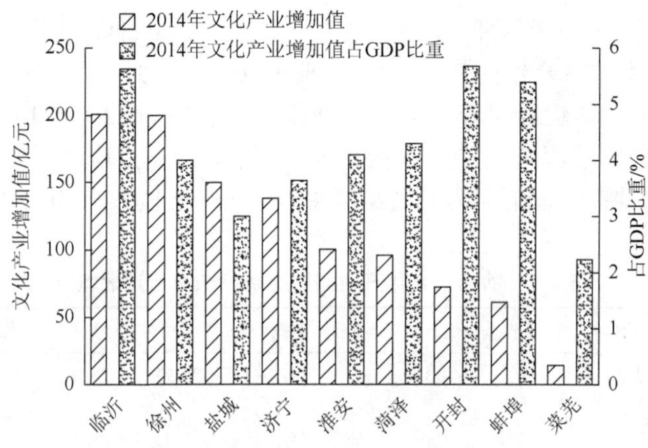

图 8-1　徐州与淮海经济区主要城市比较

表 8-1　徐州市 2010～2014 年文化产业增加值、占 GDP 比重、增长率

年份	文化产业增加值/亿元	占 GDP 比重/%	增长率/%
2010	105.03	3.57	103.08
2011	122.22	4.15	28.57
2012	139.42	3.47	14.07
2013	199.61	4.50	41.98
2014	200	4.00	0.01
2015	234.03	4.58	17.02

资料来源：根据相关资料整理

表 8-2　苏北五市文化产业增加值　　单位：千元

年份	连云港	淮安	盐城	宿迁	徐州	徐州排名
2011	229428	361481	301268	265115	431848	1
2012	290235	281924	653848	456519	482896	1
2013	419820	281957	461854	504717	561831	1
2014	629954	288863	389591	509695	512871	2

资料来源：《江苏省文化统计年鉴（2014 年）》

2. 文化产业园区实现跨越发展

园区类型不断丰富、园区水平不断提高（表 8-3）。联姻北京中关村，成立（徐州）中关村信息谷创新中心，创建徐州文化创意产业先导基地。徐州峰华正茂广告产业园建成运营。截至 2015 年，徐州共建设淮海文博园、龟山博物馆展示区、汉文化景区等 30 多个文化特色片区和产业园区，有市级文化产业示范基地 32 家、省级文化产业示范基地 5 家、省级文化产业示范园区 1 家、省级重点示范园区 1 家、国家级文化产业示范基地 1 家。大风乐器获得国家文化产业示范基地称号，国家级园区实现零突破。特色文创园区建设彰显集群效应。淮海文博园、创意 68 产业园、江苏师大文创产业园被纳入《全国资源型城市可持续发展规划》，跻身国家重点培育的 50 个接续替代产业集群。龟山民博文化园项目入编《2014 中国文化产业重点项目手册》。

表 8-3 徐州市文化产业园区经济增长率与江北城市比较 单位：%

年份	南通	连云港	淮安	盐城	扬州	泰州	宿迁	徐州	徐州排名
2012	70.87	—	−99.13	—	985.41	76.55	35.10	73.74	3
2013	−60.84	—	623.23	—	−74.57	−6.46	691.04	−4.35	3
2014	38.62	−77.67	−67.51	−33.88	−34.36	14.20	−3.16	−0.10	3
平均增长率	−7.24	—	−97.97	—	81.16	88.60	934.93	66.01	4

资料来源：《江苏省文化统计年鉴（2014 年）》

3. 文化原创供给能力显著提升

“舞动汉风”工程、“书香徐州”建设、文艺精品创造成果丰硕，精心创作推出大型音舞诗剧《汉风华章》、现代柳琴大戏《迁变彭城》、城市推介歌曲《彭城怀古》、汉文化影视剧《解忧公主》《汉帝刘邦》等传承历史文脉的精品力作。大型柳琴戏《鸭鸣湖畔》、徐州琴书《虞姬赋》荣获 2013 年首届江苏省文华奖“优秀节目展演奖”。《百吉学堂》《米粒木匠》《如意岛上小精灵》《云龙传奇》等原创动漫登陆央视，并获评 2012 年动漫创意奖、国家精品动画一等奖。《云龙传奇》等出口国外。成立彭城画派研究会，组织举办汉风墨韵 · 李可染暨“彭城画派”书画作品北京展、上海展，制定形成《关于培树彭城画派、推进书画徐州建设的意见》，“书画徐州”建设取得阶段性成效。以精品工程为龙头，文化产品供给能力实现新突破。

4. 文化市场主体活力不断提高

报业、广电集团不断完善现代企业制度，演艺、文产集团积极创新运作模式，文化体制改革不断深化，大型企业走向市场能力不断增强（表 8-4）。市场主体培育成效显著。截至 2015 年，全市注册文化企业法人单位 8362 家，注册资金超过 80 亿元，从业人员 30 多万。民营骨干文化企业品牌、行业地位日益巩固，大风乐器、汉纳国际欢乐谷入围省“民营文化企业 30 强”。文化产业发展扶持政策不断完善，相继出台《关于加快文化产业发展推进重大项目建设的实施办法》《关于支持重点文化产业发展的意见》等十多个文件推动文化创意产业快速发展。制定落实《徐州市金融支持文化产业发展繁荣的意见》，举办四次银企对接会，为文化企业授信近 50 亿元。从 2013 年起，市财政每年安排 1000 万元设立市文化产业专项扶持资金。通过改革创新和政策完善，科学有效的宏观文化管理体制逐步形成。

表 8-4　2014 年徐州市文化部门文化产业经济与江苏省、江北城市比较

区域	江苏省	徐州	南通	连云港	淮安	盐城	扬州	泰州	宿迁	徐州排名
增加值规模/千元	4362227	214553	223453	116932	155268	180087	216276	121300	92678	3
占总值比重/%	27.81	41.83	32.66	18.56	53.75	46.22	36.15	16.41	18.1	3
2011～2014 年平均增长率/%	71.68	37.70	58.59	74.50	38.52	72.34	61.97	61.17	149.76	8

资料来源：《江苏省文化统计年鉴（2014 年）》

5. 区域文化中心建设取得重大突破

“十二五”期间，徐州先后建成艺术馆、音乐厅、奥体中心、档案馆、名人馆、好人园、报社和电视台新楼、徐州乐园等一批高水平的文化地标，高水平升级改造徐州博物馆、龟山汉墓、民间博物馆区、汉文化景区等文化旅游设施，市图书馆、文化馆建成国家一级馆。徐州重大文化功能区建设走在全省前列，城市标志性文化设施在布局、数量、规模迈上新台阶，“八大中心”尤其是区域性文化中心建设进程加快，徐州市作为区域性文化、旅游中心的综合服务功能和辐射带动能力得到显著提升。

8.3.2　存在的问题

在取得显著成绩的同时，徐州文化产业仍存在的一些突出矛盾和问题：文化企业小散弱，大型文化企业龙头带动作用不强；文化产业基础弱、贡献低，文化产业和徐州经济地位、区域性中心城市地位极不相称（表 8-5）；传统产业亟需升级改造，新兴业态比重低，占比仅为 30%左右；文化园区重建设、轻管理、弱经营（表 8-6）；市场主体核心竞争力不强。2014 年全市仅有文化创意和设计服务企业 43 户，高新技术类文化创意和设计服务企业仍空白（表 8-7）；文化与其他产业、要素融合度、渗透性不足；扶持政策缺乏系统性、连续性、导向性，民营文化企业活力不强；文化创意人才总量不足和结构性匮乏并存，尤其是高层次创意设计人才缺乏，环境、政策不能有效吸引高端人才集聚；部分国有文化企业虽然转制，但事业单位的管理模式尚未完全改变；政出多门、分头管理、责任分散，缺乏有力的统筹协调机制和平台。

表 8-5　2009～2014 年徐州与江苏、全国文化产业发展状况比较

年份	全国文化产业增加值占 GDP 比重/%	江苏文化产业增加值占 GDP 比重/%	徐州文化产业增加值占 GDP 比重/%
2009	2.52	3.09	2.03
2010	2.75	3.34	3.57
2011	3.28	3.65	4.15
2012	3.48	4.31	3.34
2013	3.63	4.52	3.35
2014	3.76	4.61	3.36
2015	3.97	4.52	3.41

表 8-6　2014 年徐州市文化园区文化产业经济与江苏长江以北城市比较

区域	江苏省	徐州	南通	连云港	淮安	盐城	扬州	泰州	宿迁	徐州排名
增加值规模/千元	6769732	72435	20336	5160	2801	6335	135715	353088	142911	4
占总值比重/%	43.16	14.12	2.97	0.82	0.97	1.63	22.69	47.77	28.04	4
2011～2014 年平均增长率/%	407.66	66.01	−7.24	—	−97.97	—	81.16	88.60	934.93	4

资料来源：《江苏省文化统计年鉴（2014 年）》

表 8-7　徐州市经营性文化产业增长率与江苏长江以北城市比较

区域	南通	连云港	淮安	盐城	扬州	泰州	宿迁	徐州	徐州排名
2014 年经营性文化产业增长率/%	67.1	81.4	47.8	57.6	69.3	75.3	88.4	60.2	4
2011～2014 年平均增长率/%	26.5	209.9	−44.5	9.8	2.2	34.9	93.4	9.6	4

资料来源：《江苏省文化统计年鉴（2014 年）》

8.4　徐州楚汉特色文化与文化产业特色发展

徐州处于齐鲁文化、中原文化、楚文化的交汇点，作为西汉、东汉、三国时曹魏和西晋等三朝封国的国都，长达 500 多年，徐州是汉高祖刘邦的故里，是中国汉文化的发祥地。在历史上，徐州籍人士中涌现 11 位开国皇帝。西汉在徐州共传 12 代楚王，东汉传一代楚王、五代彭城王。徐州汉文化遗址广泛分布。同时，两汉时期徐州人在经学、文学、目录学等方面均作出标志性成就。是故，史学界有“明清看北京、隋唐看西安、两汉看徐州”之说。两汉文化是徐州成为国家历史文化名城的主要历史内涵。可以说，徐州的唯一性、不可超越性正在汉源文化。以汉王陵、汉画石像、汉俑徐州三绝为代表的汉文化资源开发，对于徐州而言不仅极具潜力，而且是首位之选和重中之重（姚君洲，2007；张燕和陶云，2003）。

8.4.1　立足楚汉文化资源，科学确立特色目标定位

区域文化产业在经历了“十一五”和“十二五”时期“从无到有”的发展阶段之后，“十三五”时期区域文化产业发展呈现六大转向。从“增量扩充”到“存量优化”的路径转向，面向市场化的经济社会效益协同的认识转向，战略制定、推广、实施主体多元化的主体转向，战略目标与产业模式的高度升华的思路转向，中观操作性和微观落地性并举的内容转向，大数据时代量化选择与分解的技术转向（周依敏等，2014）。新时期，立足徐州楚汉文化、发展特色文化产业是文化产业发展新阶段对徐州提出的新要求。面对新形势，针对新问题，徐州必须树立新目标，探寻新思路，破解新问题，塑造新优势。

1. 规划内容上，突出楚汉文化重点

在《徐州文化产业规划》《徐州市文化产业集聚区发展总体规划》《徐州市文化产业园（文化产业集聚区）发展规划》等相关规划编制中，在遵循文化产业发展规律和文化产业园发展特点的基础上，应立足地域文化与区域文化产业互动机理和协同发展规律，统筹地域文化特色强化与特色文化产业创新；在规划中对徐州楚风汉韵要浓墨重彩，突出楚汉文化资源优势。围绕楚汉文化开发和特色文化产业发展、特色文化园区塑造，加快动漫影视业、文博展销业、工艺美术业等专项规划的编制，加快楚汉文化创意开发步伐，全面拓展楚汉文化开发的深度、高度。

2. 发展思路上，突出楚汉文化主线

楚汉文化是徐州文化的主体和精髓。以楚汉文化为核心，以彭祖文化、楚汉文化为经，以军事文化、名人文化为纬，梳理徐州城市文化历史脉络；围绕楚汉文化开发，形成产业链上的“瞻前顾后”和“左顾右盼”，科学构建徐州特色文化产业体系。最终，围绕楚汉文化这一核心的挖掘、梳理、开发和核心的外延扩展，实现徐州多元文化的形散神聚和文化产业体系的纲举目张，打造形成以楚风汉韵

为特色、为亮点的文化品牌。

3. 发展定位上，突出楚汉文化优势

楚汉文化既是影响深远的地域文化，也是上承先秦、下接魏晋的历史文化，更以汉族、汉字、汉语、汉学等成为华夏文明的代名词。因此，作为两汉文化的发源地、荟萃地，徐州在江苏乃至全国有着不可替代的历史文化地位。徐州应立足楚汉文化优势，通过着力发展特色文化产业，建设特色文化园区，打造楚汉文化中心，在江苏形成汉风与吴韵比翼齐飞的新格局，共同塑造“吴韵汉风”的江苏文化新形象；在全国，通过打造楚汉文化品牌，进一步强化“明清看北京，盛唐看西安，两汉看徐州”的文化格局。最终，通过发掘整理丰厚的楚汉文化资源，宣传推介楚汉文化独特魅力，让楚汉文化走出历史、走出徐州、走向全国、走向世界。

8.4.2　创意开发楚汉文化，壮大徐州特色文化产业

地域特色文化是文化产业发展的原料和创意的源泉。研究表明，国外文化产业发展模式有资源依托型、需求导向型、供给推动型、创意驱动型、产业带动型。从“文化”到“文化产业”，转化手法主要有四个，即古作今用、洋作中用、虚作实用、外作内用。古作今用，一指区域文化产业规划的历史文化资源和物质载体以古典和现代两种方式呈现；二指挖掘传统文化产业内涵，提升传统文化产业品质，同时积极培育文化产业新形态，实现新旧共荣。洋作中用是指合理借鉴西方发达国家先进经验和创意设计理念，规划具有地域特色的文化产业形态和项目、活动等。虚作实用要求区域文化产业规划既要重视实体建设规划，充实发展硬实力，又要大力规划品牌建设内容，夯实软实力。外作内用特指文化产业资源的内外呼应和市场的内外呼应，规划实现内外资源优势互补、内外市场彼此补充的双赢局面（周依敏等，2014）。在具体实践中，立足文化特质，形成产业特色。因而，徐州应立足丰厚的楚汉文化资源，以楚汉文化品牌为基点，大力发展以其为基准点的“同心圆”型文化产业，把基点优势延伸到文化旅游业、文博会展业、文化演艺业、动漫影视业、创意设计业等产业领域，逐步将楚汉文化元素渗透到多业态多领域，并通过楚汉文化促进产业融合和资源整合，形成产业联动的集群发展态势和以特色立足、以内容取胜的发展道路。

1. 立足楚汉文化资源，重点发展文化旅游业

旅游业是文化资源优势转化为产业优势的有效途径。徐州旅游业是徐州文化产业的半壁江山，是徐州文化产业的龙头。徐州应进一步做优做靓徐州汉代三绝品牌，加快推进历史寻踪游、观光游为一体的大文化旅游；进一步深入挖掘、整合楚汉文化资源，打造文化旅游综合体；进一步做响汉文化旅游节，加强徐州旅游资源的推介，广

泛宣传汉文化独特魅力，提高徐州文化旅游的知名度、美誉度；进而通过汉文化旅游的率先发展，带动军事文化旅游、文化娱乐旅游、民俗旅游，在做强“中国汉文化旅游名城”品牌基础上，将徐州建设成为区域性旅游中心城市。最终，形成丰厚的楚汉文化资源强力支撑旅游业、快速发展的旅游业不断彰显楚汉文化特色的良性互动格局。

2. 立足楚汉文化遗存，规范发展文博展销业

依托徐州博物馆、户部山历史文化街区、徐州文化产业园等文化载体，充分发挥遗存丰富、交通便利、市场广阔优势，做优做响淮海经济区文化艺术品展示交易中心、徐州艺术馆、龟山小镇民间博物馆区等，定期举办文化艺术品展销会、拍卖会、寻宝鉴宝活动，有效利用各类博览场所，整合艺术品、收藏品市场及艺术品拍卖行，完善壮大文物商品市场，积极培育市场中介组织，活跃艺术品交易市场。进而结合徐州书画优势和徐州香包、邳州玉器加工、沛县乐器等文化产品优势，发展工艺美术业。最终，形成丰厚的楚汉文化奇珍助推文博展销业、不断壮大的文博展销业保存展示楚汉文化特色的良性互动格局。

3. 传承创新楚汉文化，着力发展演艺娱乐业

搜集整理徐州民间小调和地方曲艺，提升提高睢宁落子、邳州竹马舞，通过多种方式再现汉代乐舞。深入挖掘汉代文化艺术，利用现代声光电技术，倾力打磨反映汉代恢弘历史、具有浓郁民俗风情的汉风大戏，打造扛鼎之作。创新改良柳琴戏、徐州琴书等地方剧种，推出一批具有徐州文化特征和品牌价值的演艺精品，强化曲艺地方特色。支持徐州演艺集团做大做强，大力吸收社会资本投入文化演艺业，激活地方文艺演出市场，着力建设区域性演艺娱乐中心。积极推进现代传媒与地方文艺相结合，推进演艺业与旅游业、会展业等联合，促进徐州文化演艺业向健康规范、规模化、综合性、高档次方向发展。积极组织异地巡演，加大汉文化宣传力度，努力扩大徐州文化演艺品牌的知名度和影响力。最终，通过着力发展演艺娱乐业，不断宣扬楚汉文化特色。

4. 创意提升楚汉文化，加快发展动漫影视业

梳理楚汉风俗传统、历史人物、事件传说、标志性文化元素，通过创意提升，激发创意灵感，激活文化存量。利用丰富的科技、人才资源，提升影视动漫的生产能力，倾力打造根植两汉文化背景、反映汉代历史的原创动漫影视产品，以生动活泼的艺术形式演绎徐州楚汉文化，对外形成楚风风化天下、汉韵润泽九州的辐射力和感召力，对内熏陶提升全体市民的精神气质，促进广大群众对徐州楚汉文化的深度感知和充分认同，激发自信心和自豪感。培育民营影视制作企业，积极举办 COSPLAY 动漫嘉年华、动漫艺术节节庆活动，扩大动漫产业影响力，营造全民创意氛围。围绕创意，在抓好原创同时，狠抓动漫衍生产业，打造一条充

分体现动漫市场价值的产业链，逐步将影视动漫业打造成徐州文化产业中的新兴支柱产业。最终，形成楚汉文化丰富动漫影视内容、动漫影视提升宣扬楚汉文化特色的良性互动格局（朱雪和陈麓，2015）。

5. 借鉴楚汉文化元素，融合发展文化设计业

深入研究楚汉文化艺术，汲取创意灵感，通过古为今用和推陈出新，将楚汉文化元素融入工业设计、服装设计、城市设计、美术设计；以工业设计、建筑设计、艺术设计为桥梁，推动文化产业向一、二、三产业延伸，推进文化向经济渗透，提高产品品牌价值，提升经济发展质量。通过有形文化元素的借鉴和无形文化氛围的催化，提高创意设计水平，强化设计特色，不断提升自主创新能力，促进产业结构优化升级，促进“徐州制造”向“徐州创造”跃升、“徐州产品”向“徐州精品”转变。最终，通过着力培育文化设计业，不断放大扩张楚汉文化特色。

8.4.3 彰显徐州楚汉文化，促进文化园区特色发展

立足楚汉文化资源，着力发展文化旅游集聚区、历史文化街区、影视动漫产业园、综合创意产业园四类文化产业园区，打造特色文化产业载体，将文化产业园打造成楚汉文化交流的平台、创意的高地。立足楚汉文化格局，强化市域市县联动开发，强化市区云龙区文化旅游集聚区建设、鼓楼区创意产业园建设和铜山区动漫软件园建设，不断优化文化产业布局，在城乡统筹发展、区域均衡发展、园区特色发展中推进楚汉文化梯度开发。

1. 文化旅游景区

着力发展汉文化景区、徐州博物馆、小龟山汉墓，加快发展汉之源景区、汉皇祖陵景区，规划发展白集汉墓、北洞山汉墓、卧牛山汉墓，逐步形成“一核两带三园多点”的楚汉文化旅游格局。具体而言，“一核”指依托汉文化景区、徐州博物馆、小龟山汉墓、汉画像石馆，将徐州城区打造成汉文化旅游高地；“两带”指徐州-丰沛、徐州-睢宁两大汉文化旅游带；“三园”指汉文化景区、汉之源景区、汉皇祖陵景区；“多点”指白集汉墓、北洞山汉墓、卧牛山汉墓等若干个旅游点。通过文化与旅游相结合、继承与创新相结合、产品创意与服务创意相结合，将文化旅游集聚区打造成为楚汉文化保护传承区、集中展示区和特色荟萃区。

2. 历史文化街区

围绕“项羽故都”主题，以戏马台、霸王楼等文化遗存为基础，完善配套设施，引进文化项目，打造精品工程；将民俗风情融于街肆，通过历史积淀与现代时尚的文化碰撞，强化文化记忆，深化文化体验，形成独特引力和特殊魅力；以

创意激活文化、以文化带动业态、以业态促进地产，通过历史文化的活化、休闲业态的市场化、商业地产的盈利化，将户部山打造成为地方文化主题鲜明的商业步行街区和开放式休闲景区，逐步形成以古玩收藏、书画创作展示为主，结合创意设计、培训、拍卖等服务为一体的文化产业聚集区。最终通过文化与经济相结合、保护与创新相结合，形成楚汉风情展示区和历史遗珍集散区。

3. 影视动漫园区

借力央视、江苏省大汉影视文化传播公司等强势媒体集团，联动沛县汉城和中国（贾汪）大洞山军事影视基地，整合九里山古战场、龟山汉墓、白云洞、白云寺等旅游文化资源，着力激活中央电视台外景基地徐州汉城，将其打造成为集影视摄制、制作、旅游、娱乐于一体的特色影视基地和新型旅游景区；依托江苏师范大学、中国矿业大学等高校人才优势，加快建设铜山区中国视觉工业创新产业园，完善提升云龙动漫影视创意产业基地，将徐州动漫影视园区打造成为集动漫影视创意的研发设计、制作发行、展示培训、动漫衍生品的设计开发、旅游休闲等为主要业态，融合创意与生活、创意与文化、创意与消费于一体的动漫创意街区和动漫影视创意港。最终，通过叙述楚汉历史等徐州故事，借鉴汉代艺术等徐州符号，影视动漫产业园成为楚汉文化创意提升区、创新活力区和传承宣扬区。

4. 综合创意园区

依托历史底蕴和地理优势，利用省级文化产业示范基地品牌，借助仿汉建筑群，徐州文化产业园强化楚风汉韵，着力打造集汉文化体验、文化创意产业开发、民间艺术淘宝、书画艺术交流、古玩奇石展销、宾馆会所、旅游度假、休闲娱乐等一体化的综合性文化产业园。创意 68 文化产业园以发展创意产业和生产性服务为重点，以创意办公、创意培训、大学生创业基地、商业配套、人才聚集等五大业态为抓手，打造集广告设计、咨询服务、文化传播、中介服务、人才培训、商务办公、休闲娱乐、文化展示于一体的城市创意孵化产业园区。依托汉文化创意产业研发中心、省社科重点研究基地淮海发展研究院等智库优势，发挥国家级“高校学生科技创业实习基地”品牌效应，江苏师范大学文化创意园加快发展文化设计技术和汉文化产品设计，着力推动汉文化产品的相关应用向更深、更广领域发展，弘扬汉文化传承，集聚汉文化产业资源，打造成为立足徐州、面向苏北、服务淮海、辐射全国的自主创新基地、高新技术企业孵化基地、创新创业人才聚集培育基地、产学研结合示范基地。

8.5　徐州故黄河文化与文化产业特色发展

历史上，故黄河作为徐州人民的母亲河，对徐州境内的生态环境、自然景观、城镇形态、生产生活等有着举足轻重的影响。同时，长期的水灾与治水，也铸就了徐州人民战天斗地、勤劳勇敢的英雄主义精神和安贫乐道、替天行道的思想观念。而这种文化和精神与“刘邦故里、项羽故都”以及战争文化等一脉相承，成为徐州城市核心价值的重要组成部分。可以说，徐州因故黄河而形成独特的个性与精神。同时可以说，故黄河不仅是一条自然河流，更是一幅历史画卷，她在穿越徐州城市发展时空的同时，成为徐州城市历史文化长廊的缩影。故黄河所反映的徐州城市历史变迁，既是解读徐州城市发展的重要基因，也是挖掘、提炼徐州城市特色的构成要素。尤其是随着近年来徐州进行黄河古道的二次开发，并将黄河古道文化发展纳入其中，故黄河文化开发保护成为徐州文化产业发展的重要资源和空间载体。在此遵循文化特质、空间特征、产业特色的思路切入，对徐州故黄河沿线文化资源进行梳理、解读，进而提出特色文化产业发展思路。

8.5.1　故黄河文化对于徐州的重要意义

1. 故黄河的发展变迁

古代徐州地处淮河下游。在淮河众多支流水系中，泗水是徐州境内最重要的一支干流。泗水支流众多，流经铜山的汴水历史上曾是连通黄河和淮河的重要运道。汴水于徐州市东北汇入泗水。黄河泥沙含量大，具有“善迁”“易袭”等特点。有史记载以来，2000 年间黄河决口泛滥 1500 多次，改道 26 次，其中 132 次波及徐州（邹逸麟，2006）。从 1128 年黄河于武阳决口改道，侵汴夺泗流经徐州入淮河，到 1855 年从仪封铜瓦厢决口，再次改道离开徐州，转向东北夺道大清河，由原先的苏北滨海县注入黄海，改至山东利津县注入渤海。这期间，黄河之水在徐州流淌了 727 年。此后，遗留在豫、鲁、皖、苏四省一条黄河古道，长达 600 余公里。其中，故黄河在徐州境内分为两条河流，总长度为 234 公里。原主河道称为废黄河，从苏皖交界处的丰县二坝（蟠龙集），流经丰县、铜山、徐州市区东至睢宁的叶海村出境，继续东流入黄海，徐州市范围内全长 173 公里。经过数百年的黄河泥沙淤积，现今的故黄河河床一般超出两岸地面 4～6 米。在徐州城区的故黄河，西起丁楼闸，东至李庄闸，全长 16.4 公里，水域面积 128 万平方米。其中，从三环西路桥至汉桥 9.6 公里的主河段穿过主城区，河道宽 70～100 米。分洪道称大沙河，从二坝入境，经丰县、沛县入昭阳湖，全长 61 公里。黄河古道跨越了徐州全市五区（铜山区、鼓楼区、云龙区、开发区、泉山区）一市（邳州市）三县（丰县、沛县、睢宁县），共 30 个镇 245 个行政村、9 个街道办事处，区域总人口约 136.94 万人。

2. 故黄河对徐州城市形成发展的重要影响

作为徐州市的母亲河，故黄河不仅对徐州的生态环境、自然景观、旅游事业、生活饮水等有着举足轻重的影响（张承银和范浩生，2000），而且是揭示徐州城市兴衰、解读城市精神、认识城市形态和城市景观的重要契入点。具体而言，因汴泗交流，徐州“缭青山以为城，引长河以为带”，形成徐州特有的山水形胜格局。因“其城三面阻水”，故徐州城墙呈弧形，城廓打破北方城市常有的方形形制而略呈半圆形，兼具北方规整与南方自由的双重特点（张悦和于海漪，2003）。秦汉以来，水患多次肆虐徐州，使得徐州地势“形如仰釜，周围水涨，地泉涌出，小雨而溢”。因屡遭洪水泛滥，徐州城市屡遭破坏，甚至数次被大水所毁，而历代修筑的防洪治水的堤围土城在城市周围纵横环绕，其痕迹在今天徐州的街巷格局与城市地形中仍有所反映，同时，新城重建于原来的城池之上，因此形成“城上城，府上府，街上街，井上井”的奇观（阮仪三，1992；陈苑，2008）。可以说，故黄河环抱而成的老城是徐州历史文化的核心，故黄河不仅延续了徐州城市的历史记忆，而且强化了徐州城市总体形态的城市历史意向（张悦和于海漪，2003）。

在长期的水灾与治水中，徐州城市在坚强延续的同时，徐州地域也创造了独特的治水文化和徐州特有的城市精神，即在抗灾和重建家园过程中，徐州人民形成战天斗地、勤劳勇敢的英雄主义精神和安贫乐道、替天行道的思想观念。而这种精神与“刘邦故里、项羽故都”以及徐州的战争文化等一脉相承，形成徐州城市的核心精神。可以说，徐州因故黄河而形成独特的个性与精神。此外，历史上，古汴水自西向东流至徐州，汇聚北来的古泗水后转折向南入淮，徐州从而成为以泗水勾连鲁南、由汴水上达中原、南至江淮的“五省通衢”和商贸都会。到汉代，重要的漕运要津地位促进了徐州与各地间经济、文化交流及商贸往来，尤其是徐州与江淮和中原地区的水系联系，使徐州呈现商旅云集、人口稠密的繁荣景象。到元代，随着海运的兴起，徐州地位一度衰落。至明代早中期，徐州得运河之利，“物华丰阜，可比江南”，在国家交通体系中地位得到恢复和提升。明中期以后，黄淮交汇徐州段河道的交通优势地位逐渐被泇河所取代，徐州开始走向衰落。徐州运河在几经移废后，今天又被加以修建，仍然以航运沟通南北（张悦和于海漪，2003）。可见，徐州市兴衰与徐州水系变迁息息相关，而故黄河的出现和形成直观地揭示了徐州城市兴衰的原因所在。

8.5.2　徐州故黄河沿线历史文化资源概况

1. *历史遗迹*

徐州故黄河沿线具有较为深厚的历史文化底蕴，两汉三国文化遗存丰富，宗教文化源远流长，军事文化绵延不断。同时，故黄河沧桑形成的“悬河”景观更是不可多得的历史变迁遗迹（表 8-8）。其中丰县段，作为汉源之地，在大沙河沿线分布有张道陵故里、邀帝城、汉高祖斩蛇处碑亭、丰西泽中亭、李卫纪念馆、状元李蟠碑园、飑王墓旧址、月照井、知青纪念馆等历史文化遗迹，形成以刘邦文化、道教文化为主体的汉文化遗迹富集区。作为故黄河江苏段的起点，在故黄河沿线分布明故黄河河堤、渊子等水文化遗迹。大沙河、故黄河二者交叉形成“入”字形历史文化景观格局。沛县段，作为汉兴之地，沛县安国镇素有“五里三诸侯，一代帝王乡”之称，大沙河沿线分布着颖阴侯“灌婴之食邑”的碑刻、栖山汉墓群、“重修泰山行宫碑”、刘邦村、刘邦故居、阎尔梅墓等诸多历史文化遗迹，形成以刘邦文化为主体的汉文化遗迹富集区。市区段，作为典型的汉韵之地，在故黄河沿线分布有彭祖井、彭祖墓、彭祖庙、刘交墓群、北魏千佛洞、九里山古战场、户部山、戏马台、“城中城”、牌楼、黄楼、镇水铁牛、护城石堤、小龟山汉墓、楚王陵、兵马俑、林东观音寺、文征明《疏凿吕梁洪记》碑、吕梁汉墓等历史文化遗迹，形成以两汉文化、彭祖文化、战争文化为主体的多元文化遗迹富集区。睢宁段，作为重要的汉韵之地，睢宁故黄河两岸分布有双孤堆古墓群、刘楼汉墓群、岠山墓群、二龙山墓群等 18 处汉代墓群、戚姬苑、葛洪洞、宗善禅寺以及旧城湖（下邳古城）、张良店、圯桥（后建，原桥已不存）、潘公再生处旧址、季子挂剑台、白门楼旧址（后建水闸、原址已不存）、羊山寺遗址等，形成以两汉为主体、三国文化、宗教文化为补充的历史文化区。邳州段，历史文化遗存主要分布在土山镇、八路镇、议堂镇，尤以土山镇最为集中，主要有土山关公约三事、三国古战场、土山古镇、三官庙、葛洪炼丹井、葛洪洞、土山关帝庙、土山关帝庙园林、土山镇土楼、关帝庙马迹亭、关帝庙楼阁、关帝庙碑碣、土山镇明清古街、土山老门桥、济夫桥、石屋山石窟、石屋寺、崮子汉墓等，形成以三国文化为主体、两汉文化和宗教文化为补充的历史文化区。

表 8-8　故黄河沿线主要历史文化遗存类型与分布

所在地	墓葬遗址	古建遗迹	宗教景观	故黄河遗迹
丰县段	—	状元碑园、邀帝城遗址、汉高祖斩蛇处碑亭、张道陵故居	—	明黄河大堤、蟠龙集、大沙河
沛县段	栖山汉墓群	“五里三诸侯，一代帝王乡”，“颖阴侯灌婴之食邑”的碑刻	—	大沙河
睢宁段	岠山汉墓群、二龙山汉墓群、双孤堆古墓群、刘楼汉墓群	白眉楼闸、双河村、张良店	羊山寺	百里黄河九道弯，五个弯弯在中间
邳州段	崮子汉墓	土山古镇、王家大院	石屋寺、关帝庙	—

2. 非遗文化

徐州故黄河沿线非物质文化遗产丰富多彩、特色鲜明，有糖人贡、泥模、纸塑狮子头、年画、花鸟字、民间花灯、面塑等民间美术，有武术等传统体育竞技，有坠子、荷叶落子、苏北大鼓、竹马舞、柳琴戏、徐州琴书等地方曲艺，有麦秆画、芦苇画、工艺镜（相）框、工艺铸铁、徐州风筝、饣它汤工艺、编结工艺、彭祖烹饪术等传统手工技艺，以及四平调、梆子戏为代表的戏曲，等等。其中，江苏省政府认定的第一批省级非物质文化遗产保护项目 7 个，江苏省政府认定的第二批省级非物质文化遗产保护项目 15 个，国务院认定的第二批国家级非物质文化遗产保护项目 4 个。这些非物质文化遗产与历史文化遗迹动静呼应、今古相和、相得益彰，共同构成一条绚丽多彩的故黄河历史文化长廊（表 8-9）。

表 8-9　故黄河沿线非物质文化遗产类型与分布

所在地	民间美术	传统体育与竞技	曲艺	传统手工技艺	戏曲	民间文学	传统音乐
市区	民间花灯、泥塑	—	—	风筝、饣它汤工艺、编结工艺、彭祖烹饪术	柳琴戏、梆子戏	彭祖传说、徐州琴书	徐州唢呐★
铜山	面塑	—	—	—	—	—	—
丰县段	糖人贡＊▲、吹糖人★	—	坠子★	麦秆画、芦苇画、工艺镜（相）框、工艺铸铁	四平调★	张道陵★、刘邦★、丁兰刻木的传说	徐州唢呐★
沛县段	泥模＊	武术＊	荷叶落子	织锦★、鼋汁狗肉烹制技艺★	—	刘邦系列故事★	徐州唢呐★
睢宁段	—	—	民间舞龙虎斗★、云牌舞★、睢宁落子舞＊、苏北大鼓★	—	—	古邳镇民间故事	徐州唢呐★
邳州段	纸塑狮子头＊▲、年画＊、剪纸＊▲、花鸟字	—	竹马舞＊▲、柳琴戏、徐州琴书	蒲扇编织、绣花鞋、泥玩具、蓝印花布★	—	胡打算、周七猴子传说	—

注：＊表示江苏省政府已认定的第一批省级非物质文化遗产保护项目；★表示江苏省政府已认定的第二批省级非物质文化遗产保护项目；▲表示国务院已认定的第二批国家级非物质文化遗产保护项目。

3. 故黄河景观

黄河泥沙含量大，具有“善迁”“易袭”特点。从 1128 年到 1855 年，黄河在徐州流淌过 727 年。经过 700 余年的河沙淤积，河床超出两岸地面 4～6 米，形成独特的悬河景观。蜿蜒百里的故黄河不仅为沿线留下了极为独特的地貌，如丰县的明大堤、丰县梁寨的渊子、睢宁的九曲龙形河道，而且留下了“悬河”“城中城”、牌楼、黄楼、镇水铁牛、护城石堤等治水纪念物、牌楼、户部山、“禁碑”等漕运文化、故黄河公园景观桥等多座桥梁等物质文化资源。同时，还有“苏姑显灵”“铁牛镇水”“泗水捞鼎”等历史传说，宋知州苏轼、明总理河道潘季训治水保城的历史故事，围绕治水、结合黄楼和护城石堤而作的文学作品等故黄河精神文化资源。厚重的历史、多样的文化使得故黄河既是自然之河，也是人文之河。

8.5.3 徐州故黄河沿线历史文化资源特点

1. 时间：历史悠久，文化之源

彭祖筑彭城、建大彭国，为徐州文明开化“元祖”之一，大彭国文明是徐州文化的母体，也是徐州称彭城之源；“天下第一羹”雉羹、彭祖烹饪术，使得彭祖成为中国烹饪文化的鼻祖，徐州成为中国烹饪文化的发祥地；彭祖烹饪术、导引术、房中术开启朴素的中国生命科学文化之门，徐州成为养生文化之源；丰沛作为刘邦诞生地，汉文化发祥地，不仅留下众多古迹传说，而且使得丰沛文化成为大汉文化的母体，丰沛成为汉源汉兴之地；张道陵是道教的创始人，被尊为第一代天师。其生于丰县，后创建道教。后葛洪曾于岠山修行炼丹，故道沿线成为道教文化重要发源之地。作为中国烹饪文化、养生文化、两汉文化、道教文化等历史文化的起源地，徐州故黄河沿线区域文化资源具有久远性、原生性、厚重性，从而具有强劲吸引力、感染力和竞争力。

2. 历程：系列连贯，文化厚重

“天下第一羹”雉羹、彭祖井、彭祖墓、彭祖庙等反映了大彭国的兴衰史；而烹饪术、导引术、房中术等形成系列彭祖养生文化。丰县的刘邦古迹传说、沛县的五里三诸侯、徐州的十三位楚王和五位彭城王、睢宁县的四位下邳王，四地完整演绎汉之源、汉之兴、汉之韵的风采，全面阐释了西汉—东汉—东汉末年（三国）两汉兴衰史；汉代三绝汉代陵墓、汉画像石、汉兵马俑从不同层面展现汉文化的成就；而沛县栖山汉墓汉画像石是西汉晚期、东汉早期代表，徐州地区出土汉画像石多为东汉中晚期，十三位楚王、五位彭城王、四位下邳王的连缀细致刻画了汉代社会的政治、经济、军事、科学技术、文化艺术等历史变迁演化过程。吕梁山的孔子观洪处、张道陵故居、葛洪井、羊山寺、宗善禅寺等使得故黄河沿线儒道释俱全。故黄河历史文化或纵向上通过不同的历史文化史层，展现一幅完整连续的历史画面，具有很强的故事性，跌宕起伏，扣人心弦；或横向上通过不同的文化侧面，展现完整的文化类型，从而在有限时空中有着厚重的文化，并易于构成一个完整的旅游产品和旅游线路。

3. 格局：带状延展，河谷文化

故黄河文化在黄河改道之前受汴水、丰水、泗水、沂水等影响，后受黄河影响，因而故黄河文化其本质是流域文化，是水文化。其以丰县的明大堤、丰县梁寨的渊子、睢宁的龙形河道等“悬河”、徐州“城上城，府上府，街上街，井上井”的奇观、治水纪念物、漕运文化、桥为表现，以航运、灾害，抗争为内涵，以带状蜿蜒为形态，以水的两面性而引致的发展波动性、周期性为特征。黄河作为中华民族的母亲河，泗水作为淮海大地上的重要文化之河，二者的交汇形成的变奏曲成为展示水文化的重要之地。同时，故黄河沿线历史文化资源集聚分布于两岸以外 5～10 公里的狭长地带，这种带状密集的文化分布特点，易于实行集群型、组合式的规模开发，形成体量大、线路长、节点多、容量广的旅游廊道。

4. 结构：史多迹少，非遗丰富

由于黄河泥沙含量大，具有“善迁”“易袭”特点，因而故黄河沿线历史文化资源具有口头传说多、文献记载多而遗迹少、遗存更少的特点。例如，古邳镇作为下邳国所在地和三国文化富集区，古邳八景均为后建，而原有文化或在地下、或在旧城湖等水下、或由于历史久远和战争频发而烟消云散；丰县的刘邦文化、道教文化亦是如此。史多迹少特点一方面减少了景观依托、增加了开发难度，另一方面，也为创意给予充足的空间和自由。与此同时，传统技艺、民间艺术等非物质文化遗产由于拳不离手、曲不离口，并通过口耳相传和谋生需要而世代相传，成为黄河故道活文化。历史文化物态景观少、非物质文化遗产多特征为文化开发的动静结合奠定了基础，而非物质文化遗产的空间可移动性也为要素集聚和整合开发提供了可能。

5. 状态：自然本真，原生质朴

故黄河沿线由于开发的滞后性、交通的封闭性、经济的落后性、地理区位上的偏僻性，使得故黄河沿线历史文化资源多处于未开发或初步开发阶段，如故黄河沿线的悬河景观、睢宁的九曲河流、丰县的明大堤、渊子、邳州的土山古镇等仍未开发，而故黄河生态文化、漕运文化等水文化以及刘邦文化、三国文化、道教文化等开发也刚起步。因而沿线自然景观和人文图景表现出自然本真、原生质朴特征，具有天然的亲和力和独特的吸引力。

6. 内容：多元富集，组合良好

故黄河沿线既有“悬河”、治水纪念物、漕运文化、公园景观、桥等物质文化资源，也有历史传说、历史故事、文学艺术、节庆文化、英雄主义等精神文化资源，而且这些资源主要集中在市区及城郊、大彭镇、吕梁山、丰县华山镇、沛县鹿楼镇、安国镇、睢宁姚集镇、古邳镇、邳州土山镇。既有两汉文化，也有彭祖文化、三国文化。类型多样、文化富集、多元交融、组合良好不仅易于文化资源的整合利用和规模开发，而且有利于文化资源的多元开发和多样旅游产品的推出和丰富旅游线路的设计。同时，在这些资源中，以刘邦为代表的汉之源，以故黄河为代表的黄河水文化景观具有世界性影响，而以张道陵故居为代表的道教文化之源，以九镜塔为代表的佛文化之首，以彭祖文化为代表的养生文化，以古邳八景为代表的三国文化富集区具有全国性影响，而织锦、蓝印花布等非物质文化遗产影响也超越地域。这些不同级别的文化资源有利于故道沿线的梯度利用和重点开发。

7. 特质：多元杂合，北雄南秀

源于地理区位、文化区位和历史时期的由于天灾形成的人口聚散带来的文化集散，故黄河区域文化具有多元交汇性、南北过渡性特征。分布于苏北、鲁南地区的邳州蓝印花，在苏鲁接壤地区以羊羹与雉羹为代表的羹文化圈，由西北传入的丰县吹糖人，师从山东流派的铜山面塑，灾民迁徙带到沛县的织锦工艺，融合南北武术特点的沛县武术，广泛流行于苏北、鲁南、皖北、豫东等地区的丰县四平调、丰县坠子，流传于苏皖北部的睢宁苏北大鼓，流传于以徐州为中心的苏鲁豫皖接壤区的江苏柳琴戏，源于山陕官员迁调、商贸流通、义军转战、灾民流奔等渠道传入江苏北部徐州的陕西、山西梆子与苏北民歌小调、杂耍曲艺、说唱艺术以及方言俚语、风俗民情相结合形成的徐州梆子充分展现了故黄河文化的多元交汇。而邳州泥玩造型的写意夸张、手法的粗放大气，邳州蓝印花布花纹造型的古朴豪放，睢宁苏北大鼓的唱腔洪亮、声贯全场，丰县坠子的质朴典雅、粗犷豪放，沛县荷叶落子兼有南北路艺术风格的声调高亢，江苏柳琴戏兼具南方音乐的古朴舒雅和北方音乐的火爆激越形成的清丽秀美、热烈泼辣，铜山面塑的色彩艳丽、朴实简练，邳州年画的淳朴厚重、生动泼辣、简练夸张，造型粗犷、用笔狂放，徐州剪纸集北方剪纸的豪放、粗犷、浑厚和南方剪纸的细腻、清秀，形成了热烈、夸张、粗犷、抽象的风格，邳州纸塑狮子头的造型夸张、色彩鲜艳、粗犷豪放、诙谐幽默，徐州唢呐热烈欢乐的气氛、雄浑壮阔的场面、豪放泼辣的曲调和深刻细腻惟妙惟肖的刻画充分展现了故黄河文化的北雄南秀的过渡性和以粗犷大气为气质与神韵的雄性文化特征。连南接北、承东启西的独特区位和楚风汉韵、南秀北雄的地域性形成独特的吸引力与魅力，从而赋予区域文化比较优势和绝对优势。文化熔炉特征也使得故黄河文化具有特有的文化厚度和容纳深度。

8.5.4 徐州故黄河文化特质的解构与解读

1. 两汉文化：故黄河文化的主干

以彭祖庙、彭祖井及彭祖烹饪文化、养生文化为代表的彭祖文化，以刘邦文化、汉代三绝、张道陵故居、虞姬庙为代表的两汉文化，以白眉楼、关帝庙为代表的三国文化，以苏轼为代表的宋文化，以阎古古、户部山为代表的明清文化构成故道文化的变迁历程和文化史层，它们的绵延跌宕形成故黄河文化变迁的特有韵律。在这其中，彭祖文化是源头，是起点。汉文化是强音，是高潮，是巅峰，是主干。因此，在文化史层开发中，应着力挖掘、整理、保护、开发两汉文化。

2. 战争文化：故黄河文化的灵魂

故黄河沿线有刘邦斩蛇起义、楚汉相争、三国之战、阎古古抗清复明等为主要内容的历史战争文化以及红色文化遗迹。同时，源于特殊区位和水系特征，故黄河沿线的历史又是一部以乐观英雄主义为主旋律的自然抗争、社会战争史。基于此形成的积极抗争、乐观豁达是故黄河区域文化的思想灵魂、精神脊梁、价值支柱。这种战争文化、抗争精神又与徐州喜好武术等民俗一脉相承。可以说，以战争文化为重要内容的英雄主义文化既是故黄河区域多元文化的精神实质，也是区域多元文化的价值核心，是故黄河沿线另一条可以穿越时空和统摄多元文化的人文之脉。

3. 非遗文化：故黄河文化的灵性

非遗文化是故黄河区域历史文化的沉淀，与沿线人民的衣食住行、婚丧嫁娶、休闲娱乐等日常生活息息相关，非遗文化通过与日常生活的紧密结合与口耳相传成为区域文化保护开发与传承创新的重要方式。非遗文化源于生活，有着浓厚的生活气息、鲜明的地域特色。作为平民文化、草根文化，形成了与两汉文化、彭祖文化、战争文化、名人文化等精英文化、主流文化的互补与互动，从而使得故道沿线区域文化更趋丰满，更具活力。其草根性、地域性、传统性，以及源于日常生活而内生的顽强生命力，源于原生态而内生的特有吸引力，源于鲜明地域特色而内生的独特魅力，使其全面体现了故黄河文化的多元风采和旺盛活力。

4. 河谷文化：故黄河文化的体魄

故黄河作为徐州重要的水体，在徐州大地上流淌了 720 余年（1128～1855 年）。黄河屡屡决口，历史上给沿岸人民带来沉重的灾难。地方志上，“河决”“河大决”“河溢”“又溢”等字眼比比皆是。但是洪水过后留下营养物质极其丰富的淤泥，为徐州的农业生产提供了充足的养料。同时，故黄河是自然的，也是文化的。她给徐州人民也留下了宝贵的文化资源和精神财富。故黄河沿线人民始终生活在黄河带来的大恩泽和大劫难的交替中，近千年的发展历程表明，沿线的兴衰史就是一部水系变迁史。故黄河既是自然河流，也是人文之河。今天故黄河是区域历史的记忆、区域文化的载体、区域文化的缩影、区域文化的纽带、区域人文精神的脊梁。

8.5.5 加快故黄河文化开发、彰显徐州文化特色的主要思路

国内外文化产业发展模式主要有资源依托型、需求导向型、供给推动型、创意驱动型、产业带动型。在具体的文化资源开发中，从“文化”到“文化产业”，转化手法主要有四个，即古作今用、洋作中用、虚作实用、外作内用等资源转化手法（周依敏等，2014）。这些对于故黄河文化资源的开发与产业化有着重要的借鉴意义。

1. 加快故黄河两汉遗存开发，彰显徐州两汉文化特色

丰县的刘邦古迹传说、沛县的五里三诸侯、徐州的十三位楚王和五位彭城王、

睢宁县的四位下邳王，四地完整演绎汉之源、汉之兴、汉之韵的风采，全面阐释了西汉—东汉—东汉末年（三国）两汉兴衰史；汉代三绝汉代陵墓、汉画像石、汉兵马俑从不同层面展现汉文化的成就；而沛县栖山汉墓汉画像石是西汉晚期、东汉早期代表，徐州地区出图汉画像石多为东汉中晚期，十三位楚王、五位彭城王、四位下邳王的连缀细致刻画了汉代社会的政治、经济、军事、科学技术、文化艺术等历史变迁演化过程。故黄河沿线两汉文化遗迹众多、时间完整、内容丰富，不仅是沿线文化的一朵奇葩，也是区域文化的巅峰、骄傲，承载着沿线人民的情结。通过加快故黄河两汉遗存开发，在时间上拉长，在空间上拓展，在内容上丰富，在产品上多样，进一步全面彰显徐州汉风汉韵，强化“两汉文化看徐州”。

2. 加快故黄河战争遗迹开发，彰显徐州军事文化特色

加快战争遗迹开发，一是以刘邦斩蛇起义、楚汉相争、三国之战、阎古古抗清复明等为主要内容的历史战争文化，呼应九里山古战场；二是以红色文化为主题，以丰县范楼镇千里井惨案纪念碑，沛县栖山镇李云鹏烈士墓、日军栖山大屠杀铭恨碑、鹿楼镇鸳楼村革命烈士陵园，铜山阎窝惨案纪念馆、狼山狙击战纪念亭、狼山狙击战烈士陵园，睢宁县中共邳睢铜地委旧址、吕集烈士陵园、叶场围困战旧址，邳州小萝卜头纪念馆为代表的近现代战争文化，呼应淮海战役。进而，二者通过时间和内容上的双重叠加，全面强化、展示徐州“兵家必争之地”形象。

3. 加快故黄河非遗传承创新，彰显徐州民俗文化特色

在文化产业园区、旅游集聚区、休闲娱乐区，以工作室、文化大院、民俗村、民俗博物馆、土特产品连锁店、非遗视界、文化大篷车等方式，形成集非遗集中展示、传承创新、休闲娱乐、休闲购物、文化体验等为一体的开发性传承形式。促进文化搭台经济唱戏；积极建设展示馆、博物馆、文化产业园区等，促进丰县坠子，邳州泥玩、纸塑狮子头，沛县荷叶落子、武术，铜山面塑，徐州唢呐、柳琴戏、剪纸为代表的民俗文化、非遗文化传承创新、保护开发，全面展示徐州抗争豁达、粗犷大气的民俗文化特色。

4. 加快故黄河水体多元开发，彰显徐州水韵文化特色

水文化既是故黄河区域文化的直观表现，也是其深层次的本质所在。作为故黄河沿线可以贯穿古今和串联全线的重要文脉，水文化揭示了多元文化的内在关联和文化演化的历史逻辑，将各种文化要素进行时空压缩并实现形散神聚，因此，二次开发，应以水为先，通过系列节点开发和全线整体治理，打造水文化长廊。其水文化保护开发关键点与落脚点在于两方面：①物态水文化，即以悬河景观、桥、运河、水库、漕运、治水工程为内容的水工程文化；②精神水文化，包括与水有关的“苏

姑显灵”“铁牛镇水”“泗水捞鼎”等历史传说；宋知州苏轼、明总理河道潘季训治水保城的历史故事；围绕治水，结合黄楼、护城石堤而作的文学作品。

8.5.6　加快故黄河开发、彰显徐州文化特色的主要措施

1. 空间集中开发，打造文化亮点

故黄河沿线开发要重点突出、点线结合，通过打造“一带一核八区多点”的空间结构，实现集中集约开发。其中，“一带”即故黄河景观带。以故黄河中泓黄金水道为主线，以两岸绿化带为两翼，以丰县的明大堤、梁寨渊子、睢宁的龙形河道等“悬河”“城中城”治水纪念物、漕运文化、桥、水灾等水文化为内容，以沿线观光农业为点缀，以沿线旅游快速通道相贯通，将故黄河景观带打造成为徐州绿色生态走廊、历史文化长廊、旅游观光走廊。“一核”即故黄河休闲旅游集散核。以故黄河市区段为中轴，以水文化为底蕴，以两汉文化、战争文化、彭祖文化为核心，以民俗文化、名人文化为补充，以龟山汉墓、楚王陵、九里山古战场、汉城、彭园、户部山等历史文化遗迹开发为抓手，着力将故黄河市区段打造成为故黄河旅游带的核心区、示范区。“八区”即八个重要的文化旅游集聚区。以两汉文化、彭祖文化、军事文化为核心，围绕“彭祖故国、刘邦故里、项羽故都”和“兵家必争之地”文化品牌，着力建设丰县汉源文化景区、沛县安国汉兴文化景区、徐州小龟山汉墓景区、楚王陵汉文化景区、户部山景区、大彭彭祖文化景区、邳睢汉韵文化景区、古邳-土山三国文化景区，形成故黄河文化旅游休闲带上的重要节点和集散地。“多点”即若干旅游休憩景点。以宗教文化、名人文化、民俗文化等文化为主题，以非遗文化、民俗文化的创意融合、历史文化遗迹的全面保护、重要生态的恢复保护为取向，以文化广场、文化大院、民俗村、文化遗址公园、文化景观保护区等灵活多样的方式为手段，以二坝湿地、明大堤、渊子、双孤堆等众多小型汉墓等为载体，打造小型文化休闲景点，形成主次分明、层级清晰的开发格局和保护与开发和谐统一的局面。

2. 产业联动开发，形成发展合力

通过产业联动和资源整合开发，进一步扩大故黄河文化资源的利用范围，同时进一步丰富徐州旅游的文化内涵。具体有以下几点。①汉文化景区中的故黄河文化资源的展示。史料记载，早在汉代，黄河就曾经影响徐州，而保存于徐州汉文化景区的故黄河文化土层则直观地展示了其形成历史。从汉武帝元光三年到清咸丰年间，仅有史可证的黄河改道就有 20 多次，黄河水携带了大量淤泥堆积在河道，经过长年累月的积淀，形成了别有特色的故黄河文化土层。这座文化土层共分为十个层级，徐州市的文化代表——“汉代三绝”中的汉兵马俑就出土于第九层黏土层。②户部山历史文化街区的开发。户部山位于旧时州城之南，故称“南山”。明天启四年（1624

年），徐州城面临洪水覆城，是时徐州户部分司署（也称徐州广运仓）为避水难迁往戏马台，把聚奎堂作为临时办公的处所。尔后即在台上筑石垣，修屋宇以为署。自此，戏马台所在的南山遂名为户部山。而后，官宦之家和商贾豪富为避水患也纷至沓来，筑造无数院落。从明代持续到民国，在长达 300 余年的历史中，户部山一直是徐州城经济和文化的重心。近年来，围绕戏马台、户部山民居等，徐州着力打造具有徐州特色、凸显徐州文化底蕴的历史文化街区。在历史文化街区建设中，故黄河文化底蕴得以彰显。③彭城壹号。2008 年，徐州在对市级机关北大院改造的基础上，通过发挥核心商圈优势，引进餐饮、休闲品牌经销商，打造徐州体验式“月光经济区”——彭城壹号。在彭城壹号核心区，有着徐州“城下城”景观的保护地。这一文化景观的存在，使得彭城壹号在引领徐州休闲时尚新潮流同时，也唤起人们对千年彭城的遥想。因此，故黄河文化资源在此提升了彭城壹号的文化品位、增添了彭城壹号的文化底蕴，与此同时，其也借彭城壹号增添了活力、扩大了影响。

3. 加强宣传推介，扩大辐射影响

搜集、整理档案、书籍、实物等故黄河文化研究资料，建立故黄河文化资料库，为广大故黄河文化研究专家和爱好者提供方便。建设故黄河文化博物馆，集中展示治理黄河、开发黄河、管理黄河、保护黄河、欣赏黄河的历史、业绩以及治河人物、治河文物、科学技术、治河理念、治河方略、治河手段、治河工器具等，让人们近距离地接触和感受黄河文化的魅力。充分利用报纸、广播、电视、网络，举办讲座、论坛等多种方式，宣传推广故黄河文化，普及故黄河文化知识，营造重视故黄河文化建设的浓厚氛围。由于故黄河在市场上的知名度还比较低，建议邀请一些知名人士来体验故黄河文化游，媒体也给予配合大力宣传，在市场上树立一种名人效应，吸引更多的人来参观。最终，通过加强宣传推介力度，不断扩大辐射影响。

4. 加强文化保护，促进持续发展

由于故黄河沿线生态脆弱、史多迹少以及现代文化冲击性的非物质文化遗产的迅速弱化乃至消失，故黄河沿线历史文化资源具有稀缺性、脆弱性和不可再生性，因此，加大对故黄河文化资源的保护，是实现故黄河文化资源可持续发展的前提。具体而言，要增强公民的保护意识，对这些不可再生的历史资源要细心呵护，并以法律形式加以明确；应建立民俗博物馆、非遗展示馆、文化大院、文化遗址保护区；明确开发红线，建立禁止开发区、限制开发区；明确开发方向方式，科学处理文化资源的开发与保护的关系；加强悬河景观、明大堤、二坝湿地、渊子、百里黄河九道弯等水文化的保护，加强丰县状元碑、邀帝城遗址，沛县栖山汉墓群、颖阴侯灌婴之食邑的碑刻，市区楚王山汉墓、千佛洞等，睢宁县岠山汉墓群、二龙山汉墓群、双孤堆古墓群、刘楼汉墓群、旧城湖、双河村，邳州市崮子汉墓、土山古镇、王家大院、石屋寺等弥足珍贵的汉文化、三国文化、状元文化遗址、文化遗迹保护。

8.6　徐州多元特色文化与特色文化品牌塑造营销

美国杜克大学商学院凯勒（Keller）教授在《战略品牌管理》一书中首次提出了“城市品牌”的概念。“如同产品和人一样，地理位置可以品牌化。在这种情况下，品牌是根据某个特定的地理名称确定的，品牌的功能，就是让人们认识和了解这个地方，并对它产生一些好的联想”（凯勒，2003）。事实上，城市文化产业的开发更多的是基于一种地域性的固有的文化资源和传统品牌的整理，以及这种文化资源中所蕴涵的文化意义的揭示、解释和评估（胡惠林和樊刚，2004）。地域文化品牌亦是如此。现代城市竞争在某种意义上就是一种文化品牌的竞争，而品牌的竞争实质是城市文化的竞争。在文化产业大发展背景下，塑造、推广和管理城市品牌，推动以文化产业和文化活动为主体的城市文化的创新发展，不断地提升城市的知名度和美誉度，是现代城市发展的基本路径。在发展实践中，地域文化品牌打造和城市文化创新发展可遵循文化资源的整理与评估—文化产品的创意与开发—城市文化品牌的培育与营销—文化产业的整合与升级—文化战略的确定与实施的基本路径（沈山等，2007）。对徐州而言，在文化产业发展中，应以特色文化为支撑，以文化创意相赋形，以文化体验为保障，通过文化引领、活动支撑、媒体放大、项目推进，打造文化品牌，以文化品牌增强文化产业的经济竞争力和市场感召力，进而通过文化产业发展壮大和产业升级推动文化品牌创新，形成文化产业与文化品牌互促互进的良性格局。

8.6.1　立足特色文化资源，科学凝练徐州文化品牌

1. 立足徐州汉风楚韵，倾力打造楚汉文化核心品牌

楚汉文化是体现徐州城市文化品格的核心内容（沈山等，2007）。楚汉文化既是影响深远的地域文化，也是上承先秦、下接魏晋的历史文化，更以汉族、汉字、汉语、汉学等成为华夏文明的代名词。因此，作为两汉文化的发源地、荟萃地，徐州在江苏乃至全国有着不可替代的历史文化地位。徐州应立足楚汉文化优势，通过着力发展特色文化产业，建设特色文化园区，打造楚汉文化中心，在江苏形成汉风与吴韵比翼齐飞的新格局，共同塑造“吴韵汉风”的江苏文化新形象；在全国，通过打造楚汉文化品牌，进一步强化“明清看北京，盛唐看西安，两汉看徐州”的文化格局。

2. 立足徐州多元文化，凝练形成特色文化系列品牌

深挖两汉文化资源，依托文化旅游千亿元产业，高擎“舞动汉风”旗帜，精心打造“两汉文化”品牌，推动“汉风”与“吴韵”比翼齐飞，使两汉文化真正成为江苏代表性的文化符号和国内外知名文化品牌；做好彭祖故国、刘邦故里、项羽故都“三故”名片，做响云龙山、云龙湖、云龙公园“三云”品牌；深挖军事文化、苏轼文化等文化资源，着力打造“军事文化”“东坡文化”品牌；依托“中国书法名城”优势，抓好“彭城画派”培树，办好“水墨彭城·全国写意中国作品展”，精心打造“书画文化”品牌，形成国内外有影响力的画展品牌。办好淮海文博会，打造“文博徐州”品牌，建设国内知名的专业化、品牌化的艺术品产业交易交流平台。增强李可染艺术节、汉文化旅游节、彭祖文化节等节会的影响力、辐射力，着力打造区域文化节庆会展品牌。传承创新梆子戏、柳琴戏、徐州琴书等地方曲艺和剪纸等非遗，打造地方性文化品牌。最终形成地方著名文化品牌、区域驰名文化品牌、全国知名文化品牌、国际有名文化品牌体系，全面展示徐州文化的美誉度和影响力。

8.6.2 发展壮大文化产业，持续打造徐州文化品牌

1. 发展文化产业集群，产业联动打造徐州特色文化品牌

顺应新时期文化产业发展集群化、品牌化、融合化发展趋势，依托徐州特色文化资源，通过创意转化、科技提升和市场运作，强势塑造营销文化品牌，促进文化企业产品精品化、文化产业发展优质化，通过品牌引领，文化产业发展层次不断提升。另外，以旅游千亿元产业为依托，着力实施旅游+行动计划，促进旅游业与工艺美术、演艺娱乐、节庆会展等相关文化产业融合发展、联动发展、一体发展，推进形成特色文化产业集群，通过放大特点、形成焦点、打造亮点，形成一批国际知名、国内著名、区域驰名的品牌景区、品牌活动、品牌赛事、品牌剧目、品牌产品，加快品牌塑造步伐。最终，通过构筑特色文化品牌塑造和特色文化产业优质发展的良性互动格局，实现徐州文化品牌打造和文化产业优质发展的双赢。

2. 优化文化产业布局，区域聚力打造徐州特色文化品牌

市域文化产业优化布局应注重产业上集聚集群、空间上城乡统筹，形成以徐州为文化枢纽，以凤城镇、沛城镇、睢城镇、邳州市、新沂市为文化节点，以窑湾、赵庄、古邳等为重要文化载体，以文化产业园区、文化旅游景区、特色文化街区、特色文化村镇为平台，以文化旅游、创意农业、创意设计、工艺美术、数字文化等为内容，依托故黄河、大运河生态文化廊道和陇海铁路、连霍高速现代交通走廊，通过资源整合、空间聚合、区域联合，构建“一核一廊两翼两带”的

空间架构，形成一核引领、一廊牵引、两翼联动、两带聚合的区域协调城乡一体发展格局，构筑形成区域聚力打造文化大品牌态势。具体而言，通过五区联动，打造文化产业引领核，聚力打造“书画徐州”等文化品牌；通过开发区、高新区、创意园等联动，建设东陇海创意走廊，聚力打造“设计徐州”“创意徐州”文化品牌；通过丰沛联动，形成汉源文化融合发展翼，聚力打响“千古龙飞地、一代帝王乡”的旅游品牌和“汉源”文化品牌；通过邳州、新沂、睢宁三县联动，形成山水文化创意开发翼，聚力打造文化旅游新三角。通过打造故黄河特色文化旅游休闲带、大运河文化旅游创意产业带，市县聚力打造徐州故黄河文化品牌和大运河文化品牌。最终形成大项目带动、大产业构建、大区域联动、大品牌塑造的发展新格局。

8.6.3　运用多元多样手段，保护营销徐州文化品牌

1. 运用多元媒介资源，宣传营销徐州文化品牌

以“中国徐州汉文化国际旅游节”“中国沛县刘邦文化节”等重大节庆活动为载体，打响文化品牌。办好“彭城画派”优秀作品境内外巡展，推进彭城画派市场推广。借助深圳文博会、南京文交会等国内外著名的文化峰会、艺术节、博览会、影视节等平台，宣传推介徐州文化品牌。借力人民网、凤凰网、新浪、搜狐、腾讯等知名网络媒体，向国内外力推汉文化旅游品牌等。通过引进来、走出去，多渠道、多手段宣传推广徐州文化品牌，让徐州文化产品走出徐州、走向全国、走向世界。

2. 完善创新体制机制，积极保护徐州文化品牌

完善传统工艺、技艺的认定保护机制，鼓励挖掘、保护、发展徐州老字号等民间特色传统技艺和服务理念，加大特色文化品牌的创造、运用、保护和管理力度。引导文化企业更加积极主动适应市场需求变化，打造知名品牌，学会包装、善于推介、精于营销。建立健全文化品牌授权机制，建立文化品牌营销推广平台，扩大优秀文化品牌产品生产销售。

8.6.4　深入实施文化工程，不断提升徐州文化品牌

1. 加强徐州文化研究，厚实文化品牌提升根基

积极实施徐州文化世纪传承工程和徐州文化精品建设工程，整合徐州社科力量，打造徐州文化智库，深入研究并重新审视徐州楚汉文化、彭祖文化、东坡文化、战争文化等传统特色文化，加快研究徐州故黄河文化、山水文化、工业文化、创意农业文化等，理清徐州文脉和体系，深入探讨文化资源化—文化资本化—文化产业化—文化品牌化的过程与逻辑，为打造形成以汉风楚韵为核心的多元文化品牌提供科学依据。

2. 加强政策规划引领，明晰文化品牌提升方向

积极实施文化品牌建设聚力工程，在《徐州文化产业规划》《徐州文化旅游规划》等相关规划编制基础上，在遵循文化产业发展规律和文化产业园发展特点的基础上，立足徐州文化特色和文化品牌建设规律，对徐州文化品牌进行科学策划与规划，为政府相关政策完善创新和进行文化市场调控提供科学依据，也为文化企业、文化园区等发展主体培树文化品牌提供决策参考。通过明晰方向，政府、社会、企业目标统一，易于形成聚力打造文化品牌的格局。

3. 明确发展主体责任，明晰文化品牌提升动力

积极实施文化品牌建设提速工程，逐步明确企业、园区、政府等不同层面的发展主体的责任，促进多元主体多层次联动打造系列品牌，形成企业文化品牌、园区文化品牌、城市文化品牌竞相发展、一体发展格局（表 8-10、表 8-11），使得“彭祖故国、刘邦故里、项羽故都”城市形象、“楚风汉韵、南秀北雄”的城市风格更为鲜明，文化徐州品牌建设初见成效，文化徐州的影响力、美誉度明显提升。

表 8-10　徐州特色文化品牌打造的层次与内容

发展主体	品牌层次	内容与思路
企业	文化企业品牌	立足文化企业业绩，通过筛选扶持，重点推动报业传媒集团、广电传媒集团、演艺集团、文产集团、江苏汉纳国际文化发展有限公司、大风乐器、宝石玉器城、绪权印刷、原动力、海惠沃特包装、徐州工程机械等 50 家市场前景好、创新能力强、经济实力较为雄厚的文化企业，推出系列文化精品
园区	文化园区品牌	立足徐州两汉文化、彭祖文化、红色文化、军事文化、山水文化、民俗文化、名人文化、节庆文化、产业文化等文化资源，通过文化名企、文化名品汇聚和联动发展，提升淮海文博园、徐州软件园、龟山民博文化园、户部山历史文化街区，淮海文化科技产业园、江苏师大文创产业园、创意 68 产业园、邳州宝石玉器城、窑湾古镇、沙集家居创意设计产业园等十个文化产业园区（街区）建设水平，完善园区认定评选扶持机制，引导文化园区优质发展，打造一批旅游名区、文化名园、历史名街
城市	城市文化品牌	整合开发汉代三绝、汉史名城、“三故”、“三云”、兵家必争之地、中国儿童画之乡、一城青山半城湖、中国书法名城、“彭城画派”、“新彭城书派”等文化名片，形成一批文化名企、文化名园，高水平发展文化旅游业、生态休闲业、书画产业、文博会展、创意设计等，打造形成两汉徐州、山水徐州、兵家徐州、创意徐州、文博徐州、书画徐州六个城市文化品牌

表 8-11　徐州城市文化品牌打造内容与思路

城市品牌	形象定位	内容与思路
汉源徐州	畅游彭城	围绕汉文化主题，以汉城、汉皇祖陵、汉文化景区为龙头，以徐州为中心，以丰、沛为节点，以文化旅游为抓手，打响“千古龙飞地、一代帝王乡”旅游品牌，打造汉文化寻根旅游高地
书画徐州	水墨彭城	立足享誉中外的徐州籍书画大师，提升发展徐州艺术馆、张伯英艺术馆、李可染艺术馆，加快珠山艺术街区、新彭城书画院建设，着力培树“彭城画派”“新彭城书派”，办好彭城画派研究会和主题画廊，探索举办中国徐州书画艺术文化节，打造交流平台，形成书画创作、交流、交易一体发展，出版发行、文化旅游、文化娱乐、文教体育、文博会展等联动发展格局，精心打造“书画徐州”文化品牌，形成全国知名的区域性书画艺术中心

续表

城市品牌	形象定位	内容与思路
文博徐州	淘宝彭城	立足徐州民间收藏浓厚的民俗传统，提升发展淮海文博园、户部山艺术街区，加快推进龟山民博文化园、珠山艺术街区等项目建设，以徐州民间工艺博览会为平台，构建特色鲜明的区域性文物展示、交流、交易中心
兵家徐州	英雄彭城	立足楚汉相争、淮海战役、九里山古战场、宿北大战等军事文化资源，运用现代声光电技术和数字虚拟技术，提升发展淮塔景区、九里山古战场景区，推出互动性、体验性旅游产品，全面展示兵家必争之地的文化底蕴和南秀北雄的城市性格，建成全国著名的军事文化旅游目的地
山水徐州	养生彭城	依托优良的生态基底，立足“一城青山半城湖”“彭祖故国”等文化名片，加快开发彭祖文化，借力彭祖健康养生文化节暨健康产业成就展，以彭祖养生文化产业园和健康产业园为载体，通过彭祖养生文化与现代餐饮、休闲观光旅游、现代会展等联动发展，形成“养生文化看彭祖，彭祖文化看徐州”品牌，建成区域性山水休闲旅游中心、全国养生文化中心
创意徐州	酷尚彭城	立足徐州产业优势和人才技术优势，依托徐工集团重点实验室、徐州软件园，加快建设沙集家居创意设计产业园、徐州文化产业先导基地，重点发展工业设计、城市与建筑设计、创意家居设计、服装设计，构建特色鲜明的创意设计产业形态，打造形成区域性创意设计高地

8.7　徐州多元特色文化与特色文化产业集群打造

顺应新时期文化产业发展集群化、品牌化、融合化发展趋势，立足徐州文化产业实际，徐州特色文化产业集群打造应以转型升级为主线，以数字化、品牌化、融合化为导向，着力实施互联网+、旅游+、文化+三大行动计划，构筑形成“452”现代文化产业新体系，即 4 大优势文化产业，5 大特色文化产业，2 大新兴文化产业（表 8-12）。

表 8-12　徐州特色文化产业集群建构思路

产业类型	整体思路	具体产业与具体思路
优势文化产业	以数字提升为手段，促进优势文化产业转型发展	（1）广播影视业：强化创新主流内容服务，全面提升引领引导能力，丰富广播影视内容服务，全面提升公共文化服务效率，进一步加强数字化、网络化改造提升，进一步深化管理创新，打造一批影视精品
		（2）新闻出版业：坚持新闻宣传第一发展理念，完善提升智库建设，积极提升数字化技术装备水平，加强数字新闻出版人才队伍建设，加强新闻出版品牌建设
		（3）现代广告业：积极发展新兴广告，加快提升传统广告，推进现代广告业与相关产业融合发展，推动产业集聚集群发展
		（4）印刷复制业：大力发展绿色印刷复制，大力发展数字印刷复制；鼓励印刷包装企业开展服务创新；推动印刷复制与相关产业融合发展；创建印刷产业园区
特色文化产业	以品牌塑造为引领，推进特色文化产业优质发展	（1）文化旅游业：大力推进文化旅游+，推出一批核心旅游产品；打造一批精品旅游线路，完善旅游公共服务；加快重大旅游项目建设
		（2）演艺娱乐业：强化文艺精品创作、精心打造演艺娱乐品牌、加强演艺人才引进培养、培育拓展演艺娱乐市场、推进演艺娱乐资源重组、注重科技包装

续表

产业类型	整体思路	具体产业与具体思路
特色文化产业	以品牌塑造为引领，推进特色文化产业优质发展	（3）节庆会展业：打造节庆会展品牌、培育节庆会展市场主体、加强节庆会展载体设备、提升节庆会展服务水平、优化节庆会展布局、注重联动发展
		（4）文博展销业：优化盘活资源、提高展陈水平、加强文化产品创意开发、培育壮大古玩文物市场、构建特色博物馆体系
		（5）工艺美术业：加强品牌培育营销、指导企业分类发展、引导企业集聚发展、加强人才队伍建设、推进市场体系建设
新兴文化产业	以跨界融合为导向，推进新兴文化产业加快发展	（1）创意设计服务业：推动跨界融合发展、强化科技支撑作用、鼓励企业加大研发设计投入、强化人才培养、促进创意设计消费、引导产业集聚发展
		（2）文化软件服务业：培育龙头骨干企业，加强产业资源整合；打造众创空间，完善金融服务；强化人才支撑保障，培育集聚软件人才；强化载体园区建设，引导产业聚集发展

8.7.1　以数字提升为手段，促进优势文化产业转型发展

以数字提升为手段，以徐州广电传媒集团、徐州报业传媒集团两大国有文化企业为龙头，以广播影视业、新闻出版业为核心，以现代广告业、印刷复制业为两翼，以互联网+为导向，深度推进报网融合、台网融合、报台协动联合，促进优势文化产业转型发展，打造形成形态多样、手段先进、特色鲜明的新型主流媒体群，牢牢掌握意识形态工作领导权、主导权、话语权。

8.7.2　以品牌塑造为引领，促进特色文化产业优质发展

依托徐州特色文化资源，通过创意转化、科技提升和市场运作，强势塑造营销文化品牌，促进文化企业产品精品化、文化产业发展优质化；以旅游千亿元产业为依托，着力实施旅游+行动计划，促进旅游业与工艺美术、演艺娱乐、节庆会展等相关文化产业融合发展、联动发展、一体发展，推进形成文化产业集群；引导特色文化资源合理开发，推动特色文化产业有序集聚，形成一批集聚效应明显、孵化功能突出的特色文化产业基地、园区。最终通过大项目带动、大品牌塑造、大产业构建，实现文化旅游、演艺娱乐、节庆会展、工艺美术、文博展销五大特色文化产业优质发展、集群发展。

8.7.3　以跨界融合为导向，促进新兴文化产业加快发展

依托徐州产业经济优势和科技教育优势，加快实施文化+行动计划，着力推动

工业设计、创意农业设计、创意家居设计、工艺美术设计等创意设计服务业和软件开发、数字内容服务、动漫游戏等文化软件服务业加快发展，促进新兴文化产业成长壮大，强势塑造“创意徐州、酷尚彭城”文化品牌，将徐州打造成为淮海经济区文化创意和设计中心（图 8-2）。

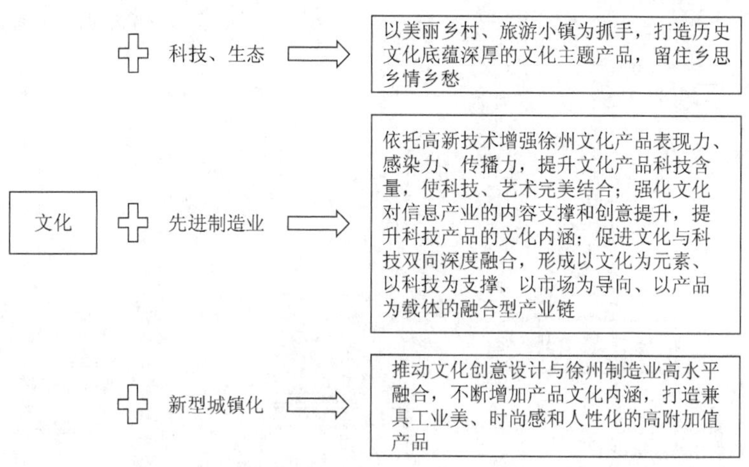

图 8-2　徐州文化产业融合发展路径与思路

8.8　徐州多元特色文化格局与文化产业特色布局

由于文化产业是我国现代产业体系中的后发产业和新兴产业，产业资源整合不足、供给需求不匹配、生产要素利用不合理、区域发展不平衡等一系列问题突出存在，在制定区域文化产业发展战略和编制区域文化产业规划时不可避免地会遇到多种多样的问题，区域文化产业规划布局呈现复杂性（周依敏等，2014）。就徐州而言，市域文化产业优化布局应注重产业上集聚集群、空间上城乡统筹。应注重：以徐州为文化枢纽，以凤城镇、沛城镇、睢城镇、邳州市、新沂市为文化节点，以窑湾、赵庄、古邳等为补充，以文化产业园区、文化旅游景区、特色文化街区、特色文化村镇为载体，以文化旅游、创意农业、创意设计、工艺美术、数字文化等为内容，依托故黄河、大运河生态文化廊道和陇海铁路、连霍高速现代交通走廊，坚持市场为基础、企业为主体，坚持功能明晰化、产业集聚化、业态融合化方向，通过资源整合、空间聚合、区域联合，逐步构建“一核一廊两翼两带”的空间架构，形成一核引领、一廊牵引、两翼联动、两带聚合、多点支撑的区域协调城乡一体发展格局（图 8-3）。

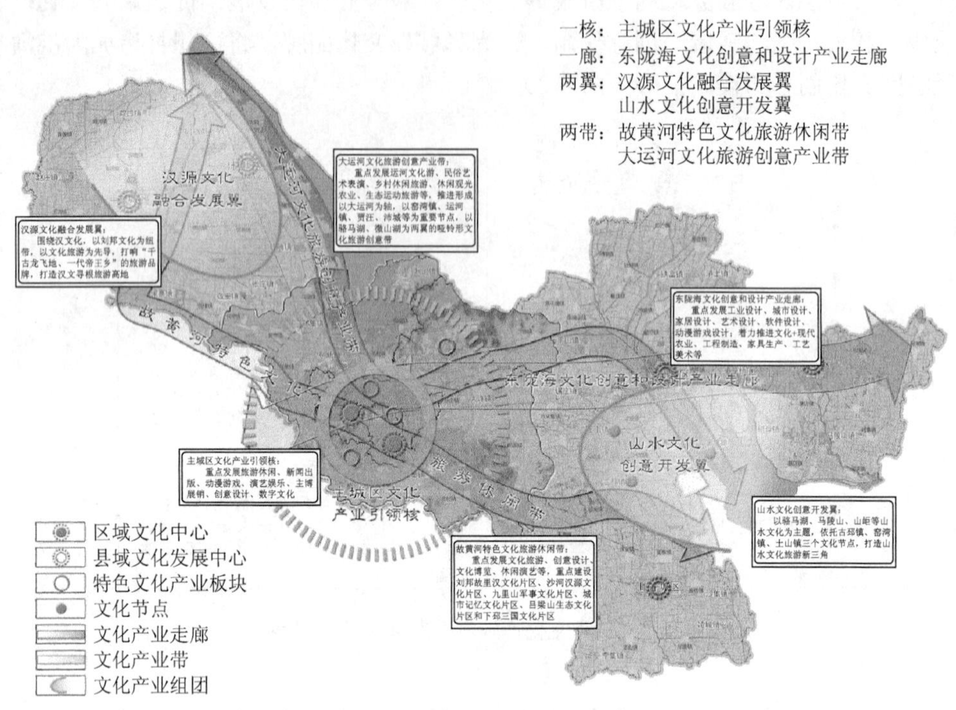

图 8-3　徐州市文化产业空间布局优化示意图

8.8.1　打造文化产业引领核心，形成区域文化创意产业高地

以文化旅游景区、文化产业园区、特色文化街区为载体，以强化管理运营、引智引资、功能提升为抓手，老城区提升发展创意 68、江苏师大文化创意产业园、户部山历史文化街区、淮海文化科技园，着力发展文化旅游、休闲娱乐、新闻出版、动漫游戏；新城区以报业传媒、演艺集团等大型企业为龙头，依托奥体中心等文化载体和经济技术开发区、高铁商务区等城市功能区，着力发展演艺娱乐、创意设计；云龙区重点发展文化旅游、文博展销，泉山区重点发展创意设计、数字文化，鼓楼区重点发展文化信息、旅游文博，铜山区重点发展生态旅游、休闲娱乐，贾汪区重点发展文化旅游、乡村休闲，最终，通过双心并举、五片联动，将主城区打造成全市乃至更大区域文化产业创意高地和文化产业发展先导区（表 8-13）。

表 8-13　徐州主城区文化产业布局优化思路

区域	产业内容、重要载体与发展定位
云龙区	以文化与科技、旅游深度融合为取向，着力发展文化旅游、文博展销、文化创意、休闲娱乐等产业，以“老校区、老街区、老院子”创意开发为重点，以“两园、两区”为龙头，加快推进回龙窝历史街区、快哉亭特色街区建设，积极启动原市政府大院项目、农科所及能源学校地块项目，形成两汉文化旅游板块、明清民俗文化板块、民国文化休闲板块、文博会展板块、创意文化板块、主题消费文化板块六大板块竞相发展格局，将云龙区打造成历史文化与现代文明交相辉映的城市风貌区和文化创意旅游休闲融合发展示范区
鼓楼区	紧抓纳入全国老工业基地调整改造试点城市机遇，以文化产业为转型升级新引擎，以老街区、老校区、老厂房创意开发和历史文化资源深度开发为重点，着力发展旅游文博、休闲娱乐、创意设计、电子商务、广告传媒、科技服务等产业，加速推进文庙历史文化街区、九里山风景区、淮海文化科技产业园二期等骨干项目落地建设，提升发展龟山民博文化园、创意 68、淮海文化科技产业园，加快推进“文化+创意”“文化+旅游”“文化+科技”融合发展，实现产业联合、要素融合、空间聚合，将鼓楼区打造成全国知名的文化融合发展示范区、文化创意转型发展样板区
泉山区	充分发挥高校科技人才富集优势，依托徐州软件园、中国矿业大学国家大学科技园等，以中关村信息谷创新中心、江苏汉纳国际文化发展有限公司、中国矿业大学出版社有限公司、百吉堂多媒体公司等为龙头，重点发展创意设计、影视动漫、出版印刷、文化旅游、服务外包、文化信息、数字文化等；加快建设珠山步行街、彭城欢乐世界、文化创意产业先导基地，充实提升徐州动漫文化产业园、泉山区文化科技产业园，推动多园联动和产学研政协同创新，依托楼宇经济，打造“众创空间”，形成大众创业万众创新示范区和文化科技融合发展先导区
铜山区	发挥生态环境、文化资源优势，加快推进楚王山汉墓群遗址公园、吕国风情小镇等项目，重点打造沿故黄河观光农业走廊、大运河水岸农家度假休闲区，建设形成汉王大彭两汉文化组团、吕梁山水文化组团、利国滨湖生态休闲组团，着力发展文化旅游，加快发展健康产业、演艺娱乐；依托高新区产业技术优势，以原动力、特快特、大华等企业为龙头，发展壮大大学生文化产业园、邻里文化创意产业园，加快筹建高新区文化产业园，积极发展出版发行业、创意设计业，促进创意设计与制造业融合发展，强力塑造创意创新集聚核，打造形成一核两带三片的文化产业布局，将铜山区建成全国养生文化中心、苏北创意经济发展实验区
贾汪区	依托生态文化、煤矿文化、汉文化等，借助资源枯竭城市转型升级契机，以潘安湖、大洞山、督公湖 4A 级景区为龙头，以现代农业、第三空间创意开发为引领，以薰衣草文化创意园、大洞山军事影视基地等为支撑，加快推进潘安湖花海、西大吴休闲农庄、欢乐岛建设工程等功能性项目，积极推进大吴健身器材产业集群、健康产业园项目建设，做靓做响潘安湖、督公湖、大洞山文化旅游板块，做大做强多元文化旅游、山水生态旅游、创意农业旅游，形成文化旅游带动，演艺娱乐、体育产业、节庆会展、影视动漫联动的产业融合发展格局，将贾汪建设成苏北特色山水新城和江苏省资源枯竭城市转型升级典范区

8.8.2　建设东陇海创意走廊，积极促进文化产业跨界发展

依托东陇海产业带，抓住“一带一路”机遇，以高端工程机械智能制造国家重点实验室、创意 68、淮海文化科技园、沙集家居创意设计产业园、徐州文化创意先导基地、新沂电子商务创意产业园、宝石玉器城等为平台，通过古为今用和推陈出新，将楚汉文化、彭祖文化、地方民间文化融入动漫游戏及工业设计、城市设计、家居设计、艺术设计等创意设计中；着力推进文化+，重点推动文化与现代农业、工程制造、家具生产、工艺美术等优势产业融合发展，实现深厚的文化底蕴向文化创意产业优势加速转化，塑造“创意徐州”品牌，构建特色鲜明、具

有较强竞争力的文化创意产业，牵引推动徐州文化产业上层次、走出去，将东陇海沿线打造成江苏省重要的文化创意产业集聚带和文化融合发展示范区。

8.8.3 推动形成东西发展翼，促进县域文化产业联动发展

立足文化产业基础、地域文化特色和区位特点，推动形成东西两大发展翼，实现县域整合、区域联动发展格局（表 8-14）。

表 8-14 徐州县域文化产业布局优化思路

市域层面	县域层面	产业内容、重要载体与发展定位
汉源文化融合发展翼	丰县	深挖汉文化，提升大沙河文化，加快开发故黄河文化和道教文化，形成文化旅游、乡村旅游带动，节庆会展、工艺品生产联动的产业格局；以汉皇祖陵景区、果都大观园、大沙河国家湿地公园为龙头，加快汉皇祖陵、张道陵故里、大沙河步道等项目，建设完善中阳壹号历史文化商业街区，构建形成中部老城文化旅游集散中心、西部文化旅游集聚区、南部生态观光创意农业区和大沙河旅游观光带、故黄河生态休闲带“一心两带两区”的空间布局，将丰县建成徐州都市圈重要的汉文化旅游地和生态农业观光目的地
	沛县	依托“一帝一湖一河”，以“大汉之源”为目标，以汉文化、水文化和民俗文化为突破，通过旅游带动，做大做强文化旅游、工艺美术、创意农业等，大力推进大风乐器产业园、安国湿地、千岛湿地等项目，加快建设汉城国家 5A 景区和大沙河百里休闲农业观光带，打造形成县城汉文化旅游中心、微山湖生态文化旅游带、大沙河乡村民俗休闲带，构建“一心两带”的发展空间格局，将沛县建成海内外汉源文化体验交流中心和徐济之间文化产业高地
山水文化创意开发翼	新沂市	以花厅文化为底蕴，以东陇海文化产业集团等为龙头，以大型旅游节庆活动为载体，借力“智慧新沂”云计算数据中心、新沂市电子商务产业园等平台，通过资源整合和文化融合，做大文化旅游和园艺两大产业，辐射带动会展、影视传媒、文化中介服务和教育培训业等相关行业，有序培育文化创意、动漫游戏、网络文化等新兴文化业态。加快推进城区水环文化圈、南部花厅文化创意园、东部国际园艺产业园建设，深度开发一山一湖一古镇，形成“一心两片”的空间布局，将新沂打造成苏鲁边界休闲娱乐度假的圣地和“一带一路”上的特色文化城市
	邳州市	以生态文化为基底，以三国文化为主题，以市区为中心，以土山、八路、铁富等为节点，以艾山风景区、宝石玉器城为龙头，提升发展港上银杏园、鲜花创意产业园，加快建设关公文化产业园、奇石文化产业园，积极推动微电影拍摄基地、民俗文化博览园、岠山景区等项目，加快京杭运河休闲度假区规划建设，形成一心带动、一带牵引、南北联动的空间格局，和文化旅游、生态休闲着力发展，工艺美术提升发展，影视文化、艺术品交易、创意设计探索发展的产业格局，将邳州建成大运河沿岸重要的旅游休闲节点和东陇海沿线新兴的文化驱动型城镇
	睢宁县	围绕中国儿童画品牌，以三国两汉文化为主题，以宗教文化、民俗文化为特色，重点发展三国文化游、农业观光游和休闲度假游，积极发展印务包装、演艺娱乐等优势产业，加快发展创意设计、高端印刷等新兴产业；依托故黄河、白塘河湿地公园、岠山风景区、庆安湖等资源，以县城为核心，以古邳镇、双沟镇、李集镇为节点，加快下邳古城、儿童画创意产业园、岠山旅游区、徐沙河滨河风光带等规划建设，积极推进沙集家居创意设计产业园、睢宁故黄河文化长廊规划建设，构筑“一核一轴三节点”的布局结构，将睢宁打造成为徐州东南部的“城市会客厅”

（1）汉源文化融合发展翼。借助地域毗邻和文化认同优势，以生态文化为基底，围绕汉文化主题，以刘邦文化为纽带，以大沙河相贯通，以文化旅游为先导，通过市场合作和政府助推，共同打响“千古龙飞地、一代帝王乡”的旅游品牌，形成以丰城、沛城为中心的汉之源文化双核，打造汉文化寻根旅游高地。

（2）山水文化创意开发翼。以花厅文化、下邳文化为底蕴，以山水生态文化为主题，围绕运河文化、两汉三国文化两条主线，充分利用“一山一湖一古镇”的美誉度，依托古邳镇、窑湾镇、土山镇三个文化节点，构建形成一湖两山三古镇的发展格局，将徐州东南片区打造成为自然文化辉映、山水人文交融、活力创意迸发、现代历史激荡的文化旅游新三角。

8.8.4　构建两条全域产业带，促进文化产业空间聚合发展

（1）故黄河特色文化旅游休闲带。以故黄河、大沙河为骨架，以沿线公路为纽带，加快推进下邳古城、大沙河步道、吕国风情小镇、故黄河沿线公路西段等项目，深挖文化资源，积极推进文化与生态、旅游、城镇的融合发展，加快推进文化旅游业、大力提升文化创意产业、创新发展文化博览业、着力发展文化休闲业、整合提升艺术品业、积极培育文化演艺业等相关产业，重点建设刘邦故里汉文化片区、沙河汉源文化片区、九里山军事文化片区、城市记忆文化片区、吕梁山生态文化片区和下邳三国文化片区，构筑“一带六区多点”的空间格局，将故黄河建成徐州历史文化长廊、城市记忆走廊、生态文化绿廊、文化景观画廊，打造成为全国知名的汉文化品牌基地、文化与区域融合发展样板区。

（2）大运河文化旅游创意产业带。以高水平规划为引领，深挖运河文化历史、人文景观、民俗文化，在寻找古迹、搜集传说、整合文物、复原景点等基础上，重点发展运河文化游、民俗艺术表演、乡村休闲旅游、休闲观光农业、生态运动旅游等，遵循点状开发、线状保护原则，加快推进窑湾古镇民俗文化商业街、邳州京杭运河休闲度假区、潘安湖花海、西大吴休闲农庄等功能性项目，加快建设沿微山湖国家 5A 级旅游风景区，推进形成以大运河为轴，以窑湾镇、运河镇、贾汪、沛城等为重要节点，以骆马湖、微山湖为两翼的哑铃形空间格局，形成内部沟通东西两翼、外部实现交融南北的文化廊道，将徐州运河沿线打造成运河文化旅游创意发展示范区和南水北调工程文化旅游先导区。

8.8.5　推动产业园提档升级，构筑形成多点支撑发展格局

坚持区域集中、产业集聚、企业集群原则，推动文化园区提质增效，构建产业要素集聚、服务平台建设及政策措施落地的功能性空间载体，形成培育主体、

集聚要素、辐射引领的发展路径，将文化园区打造成战略新兴产业的策源地、文化开放合作的先导区、高端文化人才的聚集地，高水平建成一批富有文化创新活力的集聚区、示范区、先导区，构筑多点支撑的空间格局（表 8-15）。

表 8-15 徐州文化园区提档升级的路径

区域	发展思路	发展重点
文化旅游景区	依托深厚多元的历史文化和独具特色的山水文化，以云龙湖景区、汉文化景区等为龙头，加快体制改革和市场化进程，推动景区资源所有权与经营权分离，提升景区市场化经营质量；引入大型旅游集团，采取经营权买断、委托管理、合作等手段，整合景区资源，促进形成大开发、大景区格局；实施精品项目带动战略，走规模化、主题化之路，建设精品景区；树立大旅游发展观，实施旅游+，促进文化旅游与会展、文博展销、工艺美术、演艺娱乐联动发展，以景区为载体，构筑产业集群，拉长产业链，打造兼具观光、休闲、参与、体验等多功能的复合型旅游综合体；实施互联网+景区行动，打造智慧景区，逐步将徐州文化旅游景区打造成旅游经济开发区、文化产业发展先导区	积极建设旅游度假区、文化旅游产业园、旅游景区等文化休闲旅游园区，大力引进文化休闲、文化演艺、文化娱乐、文化体验、休闲度假等服务业态，着力提升汉文化景区、吕梁景区等，着力推动督公湖旅游区、汉皇祖陵旅游区等重点文化休闲旅游园区建设，形成徐州打造具有全国影响力的文化旅游目的地的重要支撑
文化产业园区	依托城市“三旧”地区和开发区、软件园，以淮海文博园、淮海文化科技产业园、江苏师大文创园、创意 68 产业园等为龙头，强化园区公共服务平台建设，形成产业集聚、创新要素汇集平台，打造园区经济增长的动力引擎；实施互联网+行动，打造智慧园区；完善园区（基地）、认定评选扶持机制，促进文化产业园提质增效；实施二次创业行动计划，打造文化产业园区升级版；重点园区设立管委会，实现服务体系建设常态化、管理科学化、运行规范化；以国家级、省级文化产业园区（示范基地）为龙头，加快建设各种层次、各种特色的文化产业园区，形成分工协作、联动发展和特色强化、错位发展的良性格局，将徐州文化产业园打造成为文化产业集聚创新区、文化经济融合示范区、战略新兴产业的策源地、高端文化人才的聚集地	建设一批以文博展销、数字文化、工业设计、创意设计、工艺美术、影视动漫等文化业态为主导，具有地域优势的文化创意产业园，重点建设淮海文博园、徐州动漫产业园、创意 68、江苏师大文化创意产业园、龟山民博园、徐州文化创意先导基地等，加快推进文化产业集群发展
历史文化街区	依托传统建筑集中、历史文化遗存丰富的城市风貌区，以保护性开发为基础，以强化经营管理和功能建设为保障，积极招引产业投资商、运营商以及文化创意、交流交易和文化休闲企业，立足文化、创意、科技、商业四大元素，以文化为底蕴，以科技为支撑，以创意相融合，以商业增活力，建设形成汇集娱乐休闲、时尚餐饮、旅游休憩、创意创新于一体的体验式时尚生活街区和包容型创客栖息地，将徐州历史文化街区打造成历史文化与现代文明交相辉映的现代人文示范区、城市旅游热点区、文化产业创意集聚区	积极建设文化休闲街区、文化艺术街区、文化创意街区等，建构多种类型的现代都市文化空间，打造形成城市客厅、文化展厅，重点建设户部山民俗街区、回龙窝历史街区、老东门时尚街区、徐州中华老字号街区、彭城壹号时尚文化休闲街区

在具体建设中，要注重重点突出，以培育淮海文博园、徐州软件园、龟山民博文化园、户部山历史文化街区、淮海文化科技产业园、江苏师大文创产业园、创意 68 产业园、邳州宝石玉器城、沙集家居创意设计产业园、窑湾古镇等十个特色文化产业集聚区为重点，加快文化功能区和产业集聚区建设，打造全市文化产业科技创新的孵化器、文化企业快速成长的助推器和文化产业集聚发展的大平台（表 8-16）。

表 8-16　徐州市重点园区发展思路

序号	园区名称	发展思路与定位
1	淮海文博园	充分发挥“中国·徐州民间工艺博览会”综合效应，强化传统文化产品制造、销售与科技、创意设计有机结合，打造形成集汉文化体验、文化创意、艺术淘宝、旅游娱乐、时尚休闲等于一体的淮海经济区文化艺术品交易展示中心
2	徐州软件园	大力发展软件与服务外包、多媒体制作等开发和外包业务、移动互联网、云计算应用与服务等战略性新兴产业，打造国家级文化科技孵化器；加快发展工业设计、时尚设计等，打造形成战略新兴产业的策源地
3	龟山 民博文化园	加强基础建设，完善功能配套，进一步增加文化和创意内涵，打造形成以民间藏品展示、交流、交易为主体，同时兼具旅游、教育、休闲等功能的代人文示范区、文化产业创新区、城市博览聚集区
4	户部山 历史文化街区	延续历史文脉、拓展文化内涵，加快古建修缮、充实街区载体，拓展街区外延、强化运营管理，加大宣传推介、实施旅游联动，引进文化创意、时尚休闲、文博展销等项目，逐步形成汇集娱乐休闲、时尚餐饮、旅游休憩、展示交易、文化创意于一体的体验式时尚生活街区和特色文化产业聚集区
5	淮海文化 科技产业园	以 BAT 为龙头，通过政校企联手、产学研合作，重点发展电子商务、软件开发与服务外包、动漫与艺术设计、物联网应用技术等，加快培育网络信息服务、电子商务、互联网金融等新业态
6	江苏师大 文创产业园	加快创意大楼的招商引资，强化创意设计、研发孵化、交流展示、产品制造、产品流通等核心功能支撑，加快发展创意设计、文化数字化及其产品开发，建成立足苏北、服务淮海、影响全国的文化创意示范基地
7	创意 68 产业园	利用上海圣博宏康的创意优势，加快整合四大功能板块，着力发展创意设计、广告设计、工艺美术、艺术培训等，打造集商务办公、文化传播、创意设计、休闲娱乐、文化展示于一体的淮海经济区文化创意集聚高地
8	邳州 宝石玉器城	以“中国（邳州）华夏玉雕节暨宝石玉器博览交易会”为平台，打响“中国玉雕之乡”金字品牌，树立品牌，形成原材料交易、设计加工、展示交易一条龙的产业链，努力打造中国最大的宝石玉器加工交易中心
9	沙集家居创意 设计产业园	立足电子商务基础，依托电子商务综合服务中心，创新“沙集模式”，立体提升“沙集网购”内涵、外延、形态，强化创意设计，形成集泛家居设计、电子交易、生产加工、物流仓储和商务服务为一体的“互联网+”产业园和大型泛家居电商总部区，把沙集镇打造成国内外知名的家具领头羊
10	窑湾古镇	以“运河风情”“百年窑湾”为文化轴心，以民俗文化与古镇风情为主题，以古运河为依托，重点展示运河历史与民俗、商贸文化，形成河湖相映，水镇相连的特色景观，打造集文化旅游、休闲度假、生态保护、民俗风貌为一体的特色旅游片区

参 考 文 献

陈汉欣. 2009. 深圳文化创意产业的发展特点与集聚区浅析[J]. 经济地理，(5)：757-764.

陈苑. 2008. 徐州老城历史文化要素分析[J]. 山西建筑，34：(28)：24-25.

方正. 2015. 武汉文化产业发展模式研究[J]. 特区经济，(9)：70-71.

贺清云，朱政，黄霞. 2014. 城市文化产业发展模式研究——以长沙市为例[J]. 湖湘论坛，(2)：63-68.

胡惠林，樊刚. 2004. 文化产业创新与发展[M]. 济南：齐鲁书社.

金苏明. 2015. 苏州文化产业发展思考与建议[J]. 统计科学与实践，(5)：41-43.

凯勒. 2003. 战略品牌管理[M]. 李乃和，等，译. 北京：中国人民大学出版社.

孟召宜. 2009. 文化经济协同演化研究[M]. 江苏：江苏人民出版社.

欧阳文风. 2011. 长沙文化产业的战略定位及其发展路径[J]. 中南林业科技大学学报，5（3）：15-18.

阮仪三. 1992. 历史名城特色要素的分析[J]. 城市规划汇刊，（6）：15-18.

沈露莹. 2008. 上海文化大都市战略与文化产业发展[J]. 上海经济研究，（9）：58-63.

沈山，吴婧，胡瑞山. 2007. 楚汉文化品牌与徐州城市文化创新发展[J]. 徐州师范大学学报（哲学社会科学版），（1）：99-103.

宋莹. 2016. 传承与创新并举文化与产业共荣——苏州文化产业发展现状分析[J]. 中国商论，（3）：166-168.

王存福. 2014. 青岛市文化产业的“对标”分析与发展思路[J]. 中国石油大学学报，30（2）：33-38.

向泽映. 2008. 重庆城乡文化产业统筹发展模式及分区策略研究[D]. 重庆：西南大学.

姚君洲. 2007. 从品牌传播看徐州两汉文化品牌推广[J]. 徐州教育学院学报，（6）：45-46.

张承银，范浩生. 2000. 徐州在故黄河的景观文章[J]. 城乡建设，（12）：10-11.

张燕，陶云. 2003. 汉文化资源：徐州城市品牌之依托[J]. 城市管理，（1）：51-52.

张悦，于海漪. 2003. 彭氏故国人居新城——徐州城市特色的保护与发展研究[J]. 现代城市研究，（3）：20-25.

周尚意，姜苗苗，吴莉萍. 2006. 北京城区文化产业空间分布特征分析[J]. 北京师范大学学报（社会科学版），（6）：127-133.

周依敏，刘敏，王海平. 2014. “十三五”文化产业规划：从“增量扩充”到“存量优化”[J]. 现代管理科学，（12）：15-17.

朱存明，安宇. 2000. 淮海文化研究[M]. 北京：西苑出版社.

朱雪，陈麓. 2015. 浅析新媒体环境下徐州楚汉文化的动漫品牌[J]. 美与时代，（2）：100-101.

庄志杰. 2012. 浅议用信息化建设推动唐山市文化产业创新发展[J]. 中国报业，（4）：49-50.

邹逸麟. 2006. 历史时期黄河流域的环境变迁与城市兴衰[J]. 江汉论坛，（5）：98-105.

第 9 章　县域文化传承创新与文化产业特色发展

县域经济是国民经济最基本的区域单元，更是全面建成小康社会的坚实基础，壮大县域经济支撑，在发展传统产业的同时，更要注重加快文化产业中新兴产业的发展。县域文化产业作为一种新型的经济形态，是推进县域新型城镇化的重要动力，是促进县域经济结构转型的必然选择和促进城乡文化产业一体化的客观要求，同时是促进县域“软实力”提升的重要途径。因此，县域文化产业发展对于县域转变经济发展方式、促进产业转型升级、提升地区竞争力有重要的意义。江苏省经济发展水平居于全国领先地位，其文化产业发展水平也高于其他地区，由于城乡差距及其他不利因素，导致江苏省县域文化产业在与城市文化产业竞争中处于劣势地位。本章在分析江苏省县域文化产业发展现状的基础上，对江苏省县域文化产业发展水平的空间格局进行研究，提出江苏省县域文化产业的典型地域发展模式。研究对于促进县域文化产业发展、协调县域之间文化产业发展、统筹城乡文化产业发展，进而促进江苏文化产业发展有重要的实践意义，对于其他县域也有着重要的借鉴作用。

9.1　相 关 概 念

9.1.1　县域文化

“县域文化”也是一个十分宽泛的概念，其概念界定主要是从文化的概念上演变而来。从文化角度上讲，县域文化指的是在特定县域生活的人们在从事政治、经济、精神等活动中创造的具有浓厚县域特色的人文精神、价值观念、民族艺术、思维方式、行为方式、心理情感、道德规范，等等（文选德，2002）。县域文化主要包括五个方面的内容：根植于区域文化土壤和民众心灵的价值观念和人文精神、具有当地特色的文化活动、独特的本地化的群众艺术和民族风情、与县域经济融为一体的文化事业和产业以及以县城、集镇为重点，以乡村为基础的县域文化基础设施。从地域范围上讲，县域文化是指与县域经济、县域行政并列的一个概念，指的是生活在特定县域范围内的人所创造的所有文化总和。其内容主要包括群众艺术和民俗风情、观念形态和价值取向、大众文化生活及大众文化产业、文化基础设施、公益文化事业，等等（湖北省社会科学院课题组，2004）。从精神角度上讲，县域文化是指在县域社会经济活动中表现出来的一种艺术形态、道德信仰、规章制度、民族风情以及知识技能等综合性文化现象，是一个县的形象和灵魂（王涛，2012）。简单地说，县域文化是指在县级行政区划内以村寨文化为主体、以历史文化为依托、以农业文化为背景形成的独特的文化（柏定国，2005）。也有学者将县域文化理解为区域文化或地域文化，是指在特定区域范围内的全部物质和精神财富的总和，它是这一区域内社会经济和政治等在观念形态上的反映，主要包括人的思维方式、人文心态、价值观念、风俗习惯、民族艺术、社会生活规范、文化发展模式以及由之产生的功能机制（疏仁华，2007）。总体而言，各个学者从不同视角对县域文化进行界定，但都紧紧围绕"特定县域内形成的文化"这一主题。因此，本章认为县域文化是指在特定县域内人们长期创造而形成的独特的文化，县城文化是其中心、乡镇文化是其依托、农村文化是其背景的地域文化。

9.1.2 县域文化产业与农村文化产业

1. 县域文化产业

"县域文化产业"是在"县域文化"的基础上由其产业化诉求而提出的。县域文化产业是县域经济和县域文化相融合的结果，对县域文化产业的开发不仅是文化活动，也是经济活动。从不同视角对县域文化产业的界定也各不相同。从地域范围来说，县域文化产业强调在特定县域范围内，以提供文化产品与文化服务为主的行业，它既包括娱乐、印刷、文艺、包装、传媒、体育等传统型文化产业，也包括工艺服务、广告形象设计、信息咨询、旅游等新兴文化产业（文选德，2002）。从产业角度上讲，县域文化产业是指在市场经济条件下，以县域文化为资源、以县域经济为基础、以人民群众为主体、以建设农村现代文明为方向的文化产业（柏定国，2005）。从地方性角度讲，县域文化产业是指将地方生活、生产以及生态的文化等加以发挥应用所形成的具有地方特色文化的产业（郭鉴，2008）。也有学者直接从行业分类角度进行界定，认为县域文化产业是与县域经济融为一体的文化事业和产业，包括电影电视剧发行、动漫、网络游戏、文体表演、包装装潢、书报刊分销、旅游文化服务、艺术品经营、印刷品印刷等文化行业（沙雪斌，2012）。目前还没有关于县域文化产业概念的明确界定，本章基于以上观点将县域文化产业定义为：在县域行政区划地理空间内，以市场为导向、以当地特色文化资源为依托，进行的文化及相关产品的生产与销售等一系列相关活动的集合，它是在县域单元内形成的文化产业。

2. 乡村文化产业

乡村文化产业也称为农村文化产业，它是县域文化产业的重要组成部分，有学者甚至按地域将文化产业分为城市文化产业和农村文化产业（张忠，2013），足见农村文化产业研究的重要性。对农村文化产业界定上，各个学者从不同视角提出了自己的观点。基于与城市文化产业的对比，农村文化产业是指“在农村地区发展的文化产业，它包括工艺美术业、表演艺术业、媒体信息业、群众文化业、文化旅游业、音像业、娱乐健身业、图书报刊业等”（李秀芳，2006）。基于农村文化资源的商品化，将农村文化产业定义为“以市场为导向，以农民为创作和生产主体，以提高经济效益为中心，多采用家庭作坊式生产模式，将文化资源转变成为现代文化商品和文化服务的生产过程”。基于农村产业发展途径，将农村文化产业定义为“开发农村具有地域特色和民族传统的民间艺术、古村落旅游、民俗表演项目、民间工艺项目、民俗旅游等项目，实施地方特色文化产业战略，大力扶持适合农村发展的文化业态，将农村的文化资源优势变为产业优势及经济优势的一系列活动总称”（张捷，2012）。基于传统文化精神视角，将农村文化产业定义为“以中国传统农村文化为基础，以市场需求为导向，以‘以人为本、天人合一、贵利尚中、刚健有为’为精神指导，从事文化产品及文化服务的经营性活动，其目的是满足广大农民的精神文化生活需求，用文化的生产力来促进农民自身的发展的同时也促进农村发展及农民增收”（张永丽和甘露，2012）。目前，人们对农村文化产业的概念还未达成共识，大部分是在文化产业概念的基础上演变而来的。普遍来说，农村文化产业不同于城市文化产业，它主要是指在农村地区发展的具有农村特色性的文化产业，它既具有大文化产业的普遍属性，又具有农村地区的独特性。

9.2 国内外相关研究现状

9.2.1 国外研究进展

20 世纪 80 年代，西方学术界掀起了进行文化产业研究的热潮。学者从文化产业对区域和城市的作用（Hall，2000）、文化产业集群（Coe，2011；Pratt，2004）、文化产业发展机制（Scott，1999；Best，2001；Putnam and Bowling，2000）、文化产业的生产体系及产业链（Scott，1999；Ernste and Meier，1992）等方面进行了大量的研究。国外关于文化产业的研究大多集中于城市地区，对县域或农村地区的文化产业研究相对较少。由于国内外行政区划不一致，也可以将县域文化产业理解为小城镇文化产业或乡村文化产业、农村文化产业等。

1. 乡村文化产业主要内容

国外对乡村文化产业的研究主要集中于乡村文化产业发展的意义、特征、现状及对策建议（Paulsen and Staggs，2005；Collins，2004）等方面。柯林斯（Collins）认为农村创意产业在农村经济中将发挥越来越重要的作用（Collins，2004），大力发展工艺品产业等文化创意产业不仅能够促进乡村文化产业的发展，而且对于乡村经济的发展有重大促进作用。由于城乡经济、文化发展的差异，乡村文化产业发展有其独特性：从产业类型来说，乡村文化产业主要有文化旅游业、工艺品制造业、博物馆业等独具乡村特色的产业；从主导产业来说，乡村文化艺术创意是乡村文化产业的灵魂，节庆文化、文化旅游、文化演艺、艺术品等应作为乡村文化产业的主导产业（Matarasso，2005）；从区位选择来说，乡村凭借其宁静的氛围、优美的自然环境可以激发艺术家和文化工作者的创造性，完善的基础设施保证生活的舒适性，以“地方品质”吸引创意阶层来此定居（Verdich，2010；McGranahan and Wojan，2007；McGranahan and Wojan，2011），从而促进乡村文化产业的发展。目前，国外乡村文化产业虽有一定程度的发展，但还落后于城市地区，甚至有学者认为城市地区是文化创意的唯一源泉（Gibson，2008）。基于此，对于如何推动乡村文化产业发展，各个学者提出了不同看法：从产业选择来说，乡村地区拥有丰厚的文化底蕴、文化资源，乡村文化产业的发展应突出其独特的文化艺术环境，以特色文化带动乡村创意产业的发展（Matarasso，2005）；从人才支撑角度来说，创意人才是文化创意产业发展的关键，鼓励创意人才从城市移居乡村，以“创意下乡”重构乡村经济和文化生活（Matarasso，2005），推动乡村文化产业发展；从产业政策来说，乡村创意产业的发展对推动“创意国家”建设有重要意义，国家应出台相关的产业政策，推进乡村新兴创意产业发展（Bell and Jayne，2010）。此外，国外乡村文化产业研究的具体方面还包括流行音乐和乡村音乐对乡村文化产业环境的影响（Gibson，2002；Luckman et al.，2009）、乡村地区的文化艺术环境（Bunting and Mitchell，2001）及乡村的文化符号和文化经济研究（Floysand and Jakobsen，2007；Kneafsey and Ilbery，2001）等。

2. 乡村文化产业影响因素

乡村文化产业的形成有着不同于城市的特点，研究表明，国外乡村文化产业主要受文化资源基础、乡村质量水平、产业政策、市场需求及创意人才五个方面因素的影响。①文化资源基础。乡村文化资源对文化产业的产生有重大影响，乡村文化产业集群即是建立在该地区丰富的历史文化资源和文化政策的基础之上（Harvey et al.，2012；Pedro et al.，2014）。而当地居民对本地文化的认同与文化产业的发展也有密切的关系（Kneafsey，2001），国外许多乡村地区依托当地的名人文化、自然风光、传统技艺等，大力发展乡村文化旅游业、生态旅游业、工艺品制造业等（Collins，2004；Panyik et al.，2011；MacDonald and Jolliffe，2003；Beeton，2004），极大促进了乡村文化产业的发展。②乡村质量水平。区域经济的发展依赖于知识和创意的不断组合，而拥有创意的人往往被吸引到能够提供高品质生活质量的区域（McGranahan and Wojan，2007）。虽然城市地区在创意人才的比例方面拥有绝对的优势，但也不是由大城市垄断的（佛罗里达，2010），美国的部分乡村地区专注于文化设施建设，以完善的服务设施和地方品质吸引文化创意类人才和企业在此聚集，从而促进创意阶层的崛起。③产业政策。以往的乡村政策的制定忽视了文化对经济的贡献，现在乡村地区也开始注重制定并实施文化产业政策。通过一系列的乡村文化产业政策及战略，以文化旅游、工艺美术、传统音乐、食品艺术等促进乡村文化产业发展（Bell and Jayne，2010）。④市场需求。节庆文化、小剧场、演播厅、艺术旅游或"环境艺术"等被看做乡村文化创意经济的独特卖点（Matarasso，2004），吸引了广大消费者。⑤创意人才支撑。Florida 从人力资本角度分析了创意阶层的重要性（Florida，2002），McGranahan 和 Wojan 通过一个多变量的预测模型，对乡村创意产业所创造的就业机会进行研究，结果表明创意阶层人数的大小与总就业人口比例之间有很强的正相关（McGranahan and Wojan，2007），创意人才的引进是促进文化创意产业的发展的有效途径之一。

3. 乡村文化产业集聚状况

产业集聚问题的研究产生于 19 世纪末，第一个较为系统地研究产业集群现象的是 Marshall（Marshall，2004）。文化产业集聚具有较强的地域根植性，产业的发展在地理位置上相对集中，在生产创作上相互匹配和协调，相比其他产业有更强的集聚化特征，聚集经济对文化生产和文化产业的发展有重要作用（Scott，1997，2006）。文化产业集群不仅存在于那些大城市中，甚至在很多国家的乡村同样存在。基于乡村文化产业集群特征，文化创意产业在乡村地区发展的关键即为文化产业集群的产生，而这种文化产业集群并不是对城市文化集群的简单复制，乡村文化产业集群应该依托当地的特色文化资源，发展当地的特色文化产业（Jayne，2005）。基于乡村文化产业集群的形成原因，Glen 和 Olivero 以北美漫画业为例，指出物流业、信息技术的发展有可能会导致某些文化行业的分散，逐步扩散到自然环境条件较好的乡村地区（Glen and Olivero，2008）。而 Jonathan 通过调查加拿大 109 个小城市的文化生产者的区位，发现了所谓的反向城市化现象，相较于大城市中的便利，小城市良好的自然环境及低廉的房租等成为吸引加拿大艺术家创意聚集的关键（Jonathan，2012）。基于乡村文化产业集群的网络关系，哈维（Harvey）等以英国小城镇 Krowji 为例，在对当地民族志研究的基础上，分析了文化创意产业在乡村兴起的原因以及乡村文化创意产业群形成机制、内部关系、空间动态及地缘关系（Harvey et al.，2012）。研究表明，通过建设文化创意产业园来促进文化集聚，即划定一个具备多种文化用途以及文化生产和文化消费功能的区域，文化产业在空间上协同产生集聚作用，从而产生集聚经济（McCarthy，2006），对乡村文化产业发展有重要作用，文化产业集聚理论对于乡村文化产业集聚区及文化产业园建设提供了理论指导。

4. 乡镇文化产业发展模式

目前，比较典型的国外小乡镇文化产业、乡村文化产业发展模式有三种：以欧洲国家为代表的资源依托模式，以美国为代表的市场主导模式，以韩国、澳大利亚为代表的政府主导模式。欧洲国家凭借其悠久的历史、丰富的人文资源，大力发展具有典型地方性的特色文化产业。以英国为例，其小乡镇文化产业发展模式以资源依托型为主。英格兰中部小镇斯特拉福特依托其优美的自然环境、莎士比亚故乡的文化资源，进行了全方位的文化产业项目延伸开发，并以莎士比亚名字对博物馆、纪念馆、图书馆进行命名，形成了一系列的“莎士比亚”文化产业链，使“莎士比亚”成为小镇独特的“文化名片”，这种依托名人资源效应带动小镇文化产业发展的模式在欧洲地区普遍存在。美国乡镇文化产业发展同城市地区基本一致，都是以市场为导向，产业政策遵循“无为而治”，“好莱坞模式”是美国乡镇文化产业发展最为成功的模式之一，甚至已经成为美国乡镇文化产业的代名词（张胜冰等，2006）。20 世纪初，好莱坞还只是一个小村落，但其凭借优美的自然风光、舒适的气候开始吸引众多电影公司来此拍摄影片，随着许多影视公司相继进驻好莱坞，其规模越来越大，渐渐形成了美国最重要的影视核心区，“好莱坞模式”的成功为美国其他乡村地区发展文化产业提供了借鉴。此外，美国西部乡村还以文化旅游带动文化产业发展，形成了“生态系统”模式、“旅游生态”模式、“文化生态”模式、“农家乐”模式等典型模式（张颖，2011）。而澳大利亚文化产业发展模式则是以政府主导型为主，其乡村文化产业发展特点是在政府主导下，充分发挥自身优势，依据当地文化遗产、自然资源等，以文化旅游业的繁荣促进乡村文化产业发展，从而进一步缩小乡村与城市文化产业之间的差距（Mueller and Thomas，2001）。

9.2.2 国内研究进展

国内对文化产业的研究起步较晚，研究集中于文化产业发展战略（胡惠林，2009）、文化产业理论（邓安球，2009）、文化产业发展现状及问题、文化产业发展对策研究（黄永林，2012；王婧，2013）等几个方面。而关于县域文化产业的研究起步更晚，研究方面相对较窄，多侧重于经验实践研究，基础理论研究方面较薄弱。

1. 县域文化产业发展内容

目前，关于县域文化产业的研究内容主要集中于县域文化产业发展的现状、面临的问题及对策建议（沈妩，2013；刘舸，2013；赵琦，2012；周传蛟，2009）等方面。我国当前县域文化产业发展势头较好，各级政府开始注重县域文化产业发展，人民群众对文化资源的开发和保护意识增强，文化市场也日趋繁荣，一些民间文化旅游、文艺演出、节庆文化、工艺美术品制造（李敏，2012；赵晓红和胡宇霏，2013）等行业得到初步发展，文化产业对当地经济发展的贡献越来越大，县域文化产业得到显著发展。然而，县域文化产业发展过程中也面临资金投入不足、产业结构不合理、文化资源水平不高、人才资源缺乏、产业政策普遍缺乏、市场狭小等一系列问题（牟俊翰和蔡尚伟，2012；杨吉华，2010；杨菊，2009；孙妮和曲长祥，2007）。对于县域文化产业发展中面临的一系列问题，学者从不同角度提出了自己的见解。从融资渠道来说，文化基金会具有文化主导示范、鼓励文化创新、吸收社会资源等作用，可以为县域文化产业募集社会资金提供多方面渠道（王俊华等，2013；董彦岭和朱兴婷，2009），从而解决县域文化产业发展中资金不足的困境。从主导产业选择来说，县域文化主导产业的选择对文化产业的健康、持续、快速发展有重要意义，杨吉华从产业关联度、需求收入弹性、成本费用利润率、区位商、就业综合指数、技术进步率六个方面进行实证分析，得出县域文化产业发展的六大主导产业：文化旅游业、演出业、工艺品生产、传统书画业、文化用品制造业、特色文化产业（杨吉华，2012）。从产业集聚角度来说，文化产业集聚区是提升文化产业集约化、专业化、规模化的重要载体，县域文化产业因为分散、规模小、档次低等原因难以形成规模效益（叶取源等，2005）。因此，县域文化产业应依托当地丰富的人文资源和自然资源，大力发展文化产业集聚区，促进文化产业的集约发展（李学鑫和史本林，2013）。此外，也有学者从全局考虑县域文化产业面临的困境，认为只有在着力改造传统文化产业的同时培育新兴文化业态（唐金培，2009；沈成宏和薛万昌，2011），以特色文化品牌战略、资源整合战略、城镇化带动战略、产业集群战略、精品带动战略等为着力点，加大文化创意力度，从而实现县域文化产业健康有序发展。

2. 县域文化产业成长机制

县域文化产业的产生与发展是多种因素相互作用的结果，离不开文化资源基础、经济发展水平、产业政策保障、政府积极引导、人才科技支撑五个因素的影响。①文化资源基础。文化资源作为文化产业的独特投入品，是文化产业核心竞争力的重要源泉（孔翔等，2011）。发展县域文化产业必须充分发挥地方特色文化资源优势、盘活文化资源、创造特色文化产品、打造特色文化品牌（管宁，2009；钱雪峰，2010；陈志超和胡薇，2013；黄建红，2013），使资源优势变为产业优势。②经济发展水平。县域文化产业的发展以地方社会经济水平为基础（李敏，2012），如果没有一定的经济水平及文化消费能力为依托，县域文化产业很难发展成功。依据当地经济社会发展水平，合理制定县域文化产业发展方向，推进县域文化产业合理、有序发展。③产业政策保障。完整的文化产业发展政策不仅为县域文化产业的发展指明了方向，也为其营造了良好的发展环境（张晓莲，2004）。依据县域特色文化资源，完善文化产业发展的规划，确立文化产业发展战略（刘志勋，2012；杨吉华，2012；王风民，2007），为县域文化产业发展提供强有力的政策保障。④政府积极引导。政府在文化产业发展中起主导作用（李敏，2012），主要表现为政府在文化产业发展中培育、规范文化市场，对文化产业实施分类指导，形成高效合理的运行机制（王连球，2009）。政府对于引导文化产业良性、健康发展有重要意义。⑤人才科技支撑。在县域文化产业发展过程中，人才与科技问题值得重视（杨丽，2013）。然而，我国县域高层次人才短缺、科技水平远落后于城市地区。发展县域文化产业应注重创新用人机制、积累人才资本、引入高科技创意（于志勇，2013；陈双，2012；张新勤，2008），为县域文化产业提供人才和科技支撑。

3. 县域文化产业集聚集群

随着文化产业的不断壮大以及产业结构的日趋合理，文化产业的集群化发展趋势进一步增强，大量零星的文化行业开始整合成文化产业集聚区、产业园等。文化产业集聚可以形成规模经济，从而达到知识信息共享并产生溢出效应（潘瑾等，2007）。城市并不是文化产业集群发展的唯一区位选择，县域和农村同样可以形成文化产业集群。县域文化产业集群是指在县级行政区划内，大量有密切产业关联的文化企业和相关机构的空间聚集，它以文化产业为基础，以市场为导向进行生产和经营。血缘、亲缘、地缘等构成的社会资本、非贸易性联系以及农区独特的文化资源、偶然历史事件、文化传统等是影响农村文化产业集群形成的关键因素（李学鑫，2010；Boschma and Lambooy，1999）。基于技术学习的视角，李学鑫探究了农区文化产业集群的形成机理，发现探索性学习、转换性学习、集体性学习、挖掘性学习是促进农区文化产业集群形成的原因，而基于认知临近、关系临近、地理临近，农区文化产业集群的知识获取能力及分享能力等潜在吸收能力较强（李学鑫，2012）。基于要素禀赋的视角，农村文化产业集群的形成和发展与农村地区所特有的资源禀赋存在千丝万缕联系，相比于独特的政策、制度条件、人际关系等，特殊的地方文化资源、民间艺术、民俗等地方特色优势是集群根植性的源泉（孔翔等，2011；高艳丽，2013）。基于文化创意视角，周尚意认为地方文化资源的发掘和利用只是实现地方文化产业集群互动发展的有效途径之一，文化创意者的新创意是文化产业集群产生的关键（周尚意和沈小平，2008）。此外，覃成林认为农区产业集群的形成与地区传统技艺、资源优势、人际关系、偶然因素关系密切，集群的演化受到创新与模仿的交互作用、低价格要素和管理成本、市场的引导、集群的规模扩张等因素的制约（覃成林和李二玲，2007）。经验表明：发展文化产业最有效途径就是建设文化产业园，促进文化产业集聚化、集群化发展。因而，在县域文化产业发展过程中，将竞争性或互补性的相关文化产业板块和文化产业基地连接成大的文化产业集群，以优质的文化服务和多样性的文化产品形成县域文化产业的规模效应和协同效应（唐金培，2009）。

4. 县域文化产业发展模式

城市地区处于文化产业发展的领先地位，形成了以创意整合型为主的北京模式，以市场拉动型为主的上海、深圳模式，以品牌扩张型为主的西安、成都模式，以及以品牌胜出型为主的长沙模式（赵德兴等，2009）等。而县域处于城市经济文化发展的外围地带，农村地区是其广大腹地，县域文化产业在发展水平、发展速度、成熟程度等方面都低于城市文化产业，有着不同于城市文化产业发展的模式。从文化产业形成驱动力上看，我国县域文化产业发展模式分为政府主导型、企业主体型、自发形成型三种模式（李敏，2012；李学鑫和史本林，2013）或资源转化型、政府主导型、资金推动型及需求引发型（张振鹏，2013）四种模式。其中，政府主导型产业发展模式是我国目前县域文化产业发展的主要模式之一。依据文化产业路径的不同，农村文化产业发展模式分为乡村演艺型模式、乡村旅游型模式、乡村休闲度假型模式（管宁，2009），以及以民族文化为基础的文化旅游模式、以历史文化为主的保护性开发模式以及以手工艺和演绎为主的市场开发模式等（陈健萍，2013）。依据文化产业形成主导因素，不同地区的文化产业发展模式存在较大差异：河南农村文化产业发展可以分为自然资源依托型、历史文化传统观光型、自然资源+传统手工艺型、打工模仿型、外部嵌入型五类模式（李学鑫和史本林，2013）；广西农村文化产业发展主要有休闲文化旅游型、民族生态文化型、文化知识致富型、文化项目带动型四种模式（徐辉元等，2010）；山西农村文化产业发展模式有农村旅游模式、传统工艺模式、文化资源模式、创业发展模式（郭玉兰，2007）；山东省县域文化产业发展模式有民俗文化产业模式、名人文化产业模式、文化旅游带动模式、文化用品生产模式、工艺品制造主导模式等（杨吉华，2012），以及在经济欠发达地区相对通用的优势促进模式、内容迁入模式、集群联动模式（王蔚，2008）等。也有学者直接以区域名称对文化产业发展模式进行命名，如“大村模式”“沂水模式”“大芬模式”“平泉模式”（范周，2008；杨红梅，2012）等。

9.3　江苏县域文化产业总体分析

9.3.1　江苏县域文化概况

文化与文化产业是相互依存、相互促进的关系，二者密不可分：文化的发展决定并影响着文化产业的发展；文化产业的发展影响并改变着文化的影响力（游婉萍和马诗怡，2012）。县域文化产业的形成，必须以一定的文化载体为基础。江苏省县域文化产业的发展与其独特的县域文化有着千丝万缕的联系：江苏省县域积淀深厚、丰富多彩的特色文化资源是县域文化产业发展的根基和土壤，是取之不尽的宝贵资源；江苏省县域文化产业的发展又进一步扩大了县域文化的影响力。

1. 源远流长、丰富多样

江苏省县域文化底蕴丰厚、类型多样，具有极大的挖掘潜力和市场空间：宜兴紫砂陶制作、涟水红窑云锦、太仓江南丝竹、如皋丝毯织造等民间技艺；赣榆徐福传说、海门张謇文化、东台董永传说、宜兴梁祝传说、新沂柳琴戏等民间文学；东海水晶雕刻、睢宁儿童画、大丰麦秆剪贴、金湖香火戏等民间艺术等，丰富的文化资源为文化产业发展提供了基础。目前，江苏省很多县域文化资源处于初步开发或尚未开发的状态，保持着当地独特的风情。大力挖掘县域文化资源，以特色文化资源促进当地文化产业发展，不仅符合当代新农村建设的趋势（陈艳梅，2007），也是城乡文化产业一体化背景的客观要求。

1）历史悠久、文化名镇众多

江苏省历史悠久、文化底蕴丰厚。吴文化与汉文化源远流长，是中华文明的重要组成部分。在历史的演进中，江苏形成了吴文化、淮扬文化、金陵文化和楚汉文化四大区域特色文化。江苏无论在文化人才、文化资源、文化产品，还是文化创造力和影响力，都在全国享有较高地位，为华夏五千年文明的形成和发展作出了重要的贡献。被国家列为全国历史文化名城的有南京、苏州、扬州、徐州、镇江、淮安、宜兴、常熟等 11 个，数量名列全国第一。江苏省厚重的历史文化底蕴也为县域地区留下了丰富的历史文化遗存。江苏省县域地区拥有昆山市周庄镇、太仓市沙溪镇、昆山市千灯镇、宜兴市周铁镇、江阴市长泾镇、泰兴市黄桥镇、常熟市沙家浜镇、东台市安丰镇、昆山市锦溪镇、海门市余东镇、兴化市沙沟镇、张家港市凤凰镇、如东县栟茶镇、东台市富安镇、常熟市古里镇等国家级历史文化名镇，以及宜兴市丁蜀镇、如皋市白蒲镇、新沂市窑湾镇、丹阳市九里村等省级历史文化名镇（村）。这些历史文化名镇（村）不仅反映了区域历史兴衰、留下了特色文化资源，更重要的是沉淀了当地独特的文化，构成了具有鲜明地方特色的文化品牌。它们所蕴涵的丰富多彩的历史文化底蕴，为县域文化产业发展奠定了良好的基础。

2）非物质文化遗产多样

不同的地区由于自然环境、历史传统、社会文化背景的不同形成了不同特色的文化资源。其中，非物质文化遗产作为县域文化资源的重要组成部分之一，指的是过去创造力的总和，这种创造力促进社会不断前进，同时最能够体现当地的文化特色。随着文化资源日益成为社会经济发展的核心动力，地方特色文化对文化产业的发展形成强大的推动力，而县域主导文化产业经常与特色文化紧密相连。江苏省县域非物质文化遗产丰富多样，拥有国家级非物质文化遗产 28 项

（表 9-1），省级非物质文化遗产 108 项，市级非物质文化遗产 718 项，涉及民间文学、民间音乐、民间美术、曲艺、传统戏剧、传统技艺、传统体育、传统民俗等各个方面。目前，江苏省县域地区对非物质文化遗产开发尚处于起步阶段，部分地区依托非物质文化遗产资源，兴建了宜兴文化创意产业园、徐福文化产业园、竹泓木船文化产业园、金坛刻纸研究所等文化产业园，有力地促进了江苏县域文化产业的发展。

表 9-1　江苏省县域国家级非物质文化遗产

序号	项目名称	项目类别	申报地区或单位	序号	项目名称	项目类别	申报地区或单位
1	梁祝传说	民间文学	宜兴市	15	泗州戏	民间舞蹈	泗洪县
2	董永传说	民间文学	东台市	16	骆山大龙	民间舞蹈	溧水区
3	董永传说	民间文学	金坛市	17	东坝大马灯	民间舞蹈	高淳区
4	靖江宝卷	民间文学	靖江市	18	金坛刻纸	民间美术	金坛市
5	董永传说	民间文学	丹阳市	19	秦淮灯彩	民间美术	句容市
6	徐福传说	民间文学	赣榆县	20	邳州纸塑狮子头	民间美术	邳州市
7	江南丝竹	民间音乐	太仓市	21	丰县糖人贡	民间美术	丰县
8	高邮民歌	民间音乐	高邮市	22	建湖杂技	传统体育	建湖县
9	海门山歌	民间音乐	海门市	23	宜兴紫砂陶制作技艺	传统技艺	宜兴市
10	茅山号子	民间音乐	兴化市	24	传统木船制造技艺	传统技艺	兴化市
11	竹马（蒋塘马灯舞）	民间舞蹈	溧阳市	25	封缸酒酿造技艺	传统技艺	丹阳市、金坛市
12	邳州跑竹马	民间舞蹈	邳州市	26	金坛抬阁	传统民俗	金坛市
13	龙舞（直溪巨龙）	民间舞蹈	金坛市	27	海州五大宫调	传统民俗	赣榆县
14	跳马夫	民间舞蹈	如东县	28	镇江恒顺香醋酿制技艺	传统民俗	丹阳市

资料来源：江苏省文化厅 http：//www.jscnt.gov.cn/

3）县域特色文化景区繁多

文化旅游业是县域文化产业发展的较好切入点，江苏省历史悠久，人文旅游资源丰富，这些资源遍布于全省各县，为旅游业的发展提供了良好的资源条件。旅游业投资见效比较快，对区域经济带动作用明显，也有利于县域对外交流。因此，各县对文化旅游业颇为重视，大力开发文化旅游及特色文化旅游产品，涌现出了一批颇有知名度的县域文化旅游品牌。江苏省县域拥有国家 5A 级景区 4 个，

4A 级景区 38 个，3A 级景区 62 个，旅游资源的丰富有力地促进了文化旅游业的繁荣。例如，盐城市大丰县依托境内沿海滩涂，积极开发麋鹿文化旅游资源，全力打造中华麋鹿园，使麋鹿文化不仅演变成为大丰的区域文化之一，更成为了大丰的著名文化旅游品牌。以“汉风风化天下，汉韵润泽九州”的徐州沛县作为汉天子刘邦的故乡，依托两汉文化，打造汉城景区，再现当年两汉文化的磅礴大气以及刘邦酒酣击筑歌吟“大风起兮云飞扬，威加海内兮归故乡，安得猛士兮守四方”的壮观情景，使众多游客折服于两汉风云的张扬大气，流连忘返。明初著名商人沈万三的故里江南小镇——周庄，它不仅是江南六大古镇之首，还是国家级历史文化名镇，被誉为“中国第一水乡”。周庄历史悠久，是东方文化和吴地文化的瑰宝，它依托特色文化，充分发挥名人效应和江南水乡风貌的独特优势，把保护和开发古镇旅游相结合，以旅游开发带动小镇的繁荣。

2. *原汁原味、潜力巨大*

相比于城市地区，县域地区经济相对落后、交通相对闭塞，县域文化保持传统上的原汁原味，其文化资源也保持了自身的独特性。从城市与县域文化资源的比较中可以看出（表 9-2）：城市文化资源是都市型、世俗型、人工型、现实型、物质型的，其资源特征是可再生的；而县域文化是乡村型、宗教型、自然型、历史型、精神型的，其资源特征是不可再生的。

表 9-2　城市与县域不同类型文化资源比较

文化类型	文化资源类型					资源特征
城市文化	都市型	世俗型	人工型	现实型	物质型	可再生
县域文化	乡村型	宗教型	自然型	历史型	精神型	不可再生

造成这种区别的原因在于县域地区较为封闭的地理环境和保守的区域文化氛围，使得大多数县域地区创意氛围不浓，创新意识不强，县域文化保持了历史传统上的“原汁原味”，其文化资源具有强烈的地方特色。县域地区往往依靠当地历史文化遗迹和区域传统特色文化来发展具有鲜明地域特色的文化产业。江苏省县域地区历史悠久、文化底蕴深厚，虽然县域文化开发力度较城市地区要小，但也有力地促进了县域地区文化产业的发展：部分县域地区依托泗州戏、建湖杂技、龙舞、花鼓、香火戏、木偶戏、沛县武术等传统特色文化，并对其进行深入挖掘与开发，促进了当地民间文艺演出业的发展；依托宜兴紫砂陶制作技艺、兴化木船制造技艺、大丰麦秆剪贴、扬中竹编、邳州年画、赣榆柳编技艺、如皋丝毯制造技艺、东海水晶雕刻等传统艺术、技艺，促进了传统手工艺品的产业化发展；依托苏州周庄古镇、昆山千灯古镇、沛县汉城、连云港大伊山、新沂马陵山、常

熟方塔古迹、盱眙明祖陵、窑湾古镇、高邮镇国寺等文化古镇、历史遗迹，大力发展文化旅游业。此外，江苏省县域地区还依托地区传统特色文化和文化资源，兴建了一大批文化企业和文化产业园，如涟水天宫云锦织造有限公司、红窑云锦文化园、中国印博物馆暨创意文化产业园、东海水晶文化创意产业园、连云港徐福文化产业园、通东民俗文化产业园、虞山尚湖江南文化博览园、苏州江南农耕文化园、宜兴市阳羡茶文化博览园、苏北民俗文化博览园、邳州玉雕产业园、西溪旅游文化产业园、扬州乱针绣文化产业园、水浒主题文化园等，有力地促进了当地文化产业的发展。总体来说，虽然江苏省县域文化有了一定程度的开发，但总体开发力度较小、挖掘层次较低，县域文化和文化资源的开发潜力很大。

3. 分布不均衡、区域差异大

文化资源是县域文化产业发展的根基和土壤，文化资源的多寡对县域文化产业的发展有重要影响。江苏省文化资源丰富、类型多样，但区域内部差异较大，为对江苏省 48 个县域的文化资源空间分布进行研究，利用专家打分法，以非物质文化遗产及景区为主对县域文化资源进行评价，计算公式如下：

$$A_i = 4X_i + 2Y_i + Z_i, \quad i = 1,2,\cdots,48 \qquad (9\text{-}1)$$

其中，A_i 代表 i 地区文化资源综合评价值；X_i 代表 i 地区国家级非遗及 5A 级景区；Y_i 代表 i 地区省级非遗及 4A 级景区；Z_i 代表 i 地区市级非遗及 3A 级景区。

利用 GIS 软件中的 arcmap 的空间分析功能，把 48 个县域评价值导入 arcmap9.3 属性数据库中，依据文化资源得分进行手动分级，得到的发展水平的四个层级，表示江苏省县域文化资源水平的空间分异态势，颜色越深说明发展水平越高，四个层级分别是：文化资源丰富区、文化资源较丰富区、文化资源较匮乏区、文化资源匮乏区。用图层直观表达江苏省县域地区的文化资源水平的空间格局特征（图 9-1）。

目前，江苏省国家级非物质文化遗产共 107 项，其中县域 28 项，市区 75 项，县域与市区共同申报 4 项。江苏省省级非物质文化遗产共 299 项，其中，县域 108 项，市区 166 项，县域与市区共同申报 25 项。市级非物质文化遗产 1362 项，其中县域 596 项，市区 704 项，县域与市区共同申报 62 项。江苏省国家 3A 级以上景区共 287 个，其中县域 104 个，市区 183 个。5A 级景区 17 个，县域仅 4 个，4A 级景区 125 个，县域 38 个。江苏省国家级历史文化名镇（村）共有 37 个，县域 15 个，市区 22 个。由此可以看出，县域与市区文化资源相比还有很大差距。从江苏省县域文化资源空间分布来看：文化资源丰富区（$A_i > 45$），主要集中于苏南地区，有高淳县、宜兴市、金坛市、常熟市、江阴市、兴化市和赣榆县七个地区。文化资源较丰富区（$26 < A_i \leqslant 45$），其分布较为分散，主要包括 12 个区域。文化资源较匮乏区（$13 < A_i \leqslant 26$），其文化资源水平低于各县平均水平，主要包括

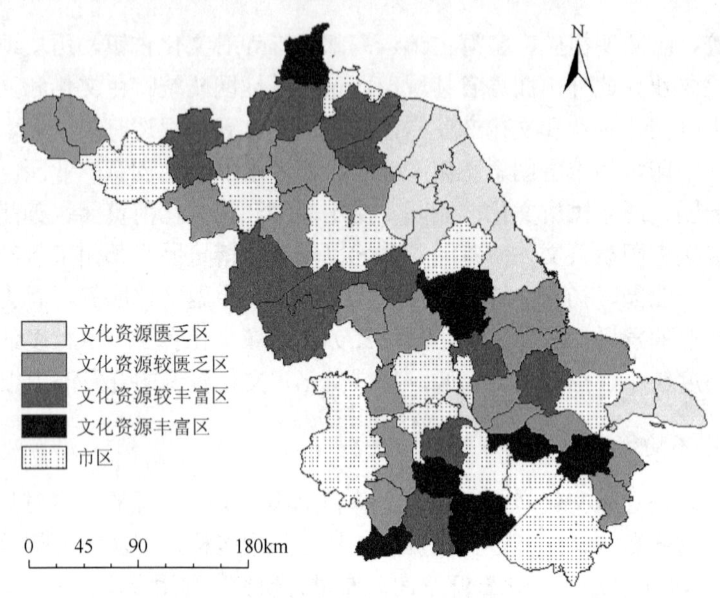

图 9-1　江苏省县域文化资源空间分布与水平差异

20 个地区，分布也较为分散，遍及全省。文化资源匮乏区（$A_i \leqslant 13$），主要有扬中市、海门市、启东市、响水县、滨海县等九地，主要分布于盐城及南通各县。总体来说，江苏省县域内部文化资源空间分布不平衡，苏南地区稍高于苏中、苏北。

9.3.2　江苏县域文化产业概况

由于文化产业相关数据的不完善，不同年份数据可获得性不同。本章数据主要来源于江苏省政府、江苏省文化厅、江苏省统计局网站及江苏各县市的政府及统计局网站，从搜集整理的数据看出 2012 年文化产业数据相对较为全面。因而在数据上，本章主要采用 2012 年数据。在研究区域上，本章以江苏省 2012 年行政区划为研究区域，将已成为泰州市区一部分的姜堰区及南京的溧水区、高淳区都视为独立的研究单元。因此，本章研究区域共涉及 48 个县域单元。

1. 县域文化产业发展阶段

1）县域文化产业萌芽阶段

2005 年以前是江苏省县域文化产业萌芽阶段。这一时期，国家开始重视发展文化产业，特别是城市地区的文化产业，相对忽视了县域文化产业的发展。1996 年，江苏就通过全省第一次文化工作会议在全国率先提出了“把江苏建设成文化大省”的战略目标。2001 年 5 月，江苏召开第二次全省文化工作会议，制定下发了《江苏省 2001—2010 年文化大省建设规划纲要》（以下简称《纲要》）和《加快文化大省建设若干经济政策的意见》，对 21 世纪江苏文化大省建设提出了新要求，进行了新部署，并在《纲要》中进一步提出“要将江苏建设成为与率先基本实现现代化相适应的文化大省”的战略目标。2003 年，全国文化体制改革会议的召开促使江苏省制定了文化体制改革实施“三步走”战略，分别以政企分开、企事分开、管办分离为重点；以转企改制、培育主体、整合资源为重点、以股份制改造、筹备上市、整合资源为重点，开启了传统文化体制向现代文化体制转变的步伐。江苏省文化产业取得阶段性重大成果，文化大省建设跃上一个新的台阶，文化发展走在全国前列，与江苏经济社会发展相适应的文化大省已初见模样。这一时期，由于国家和政府注重城市地区文化产业的发展，所颁布的产业政策、产业规划等也偏重于城市，使城市地区文化产业获得了显著发展。而县域地区没有获得相应的政策支持，县域文化产业也没有像城市地区一样获得快速发展，仍旧处于萌芽阶段，但为以后县域文化产业的起步积蓄了力量。

2）县域文化产业初步发展阶段

2006～2010 年是江苏省县域文化产业初步发展阶段。在此期间，江苏省延续了文化体制改革进程，进入文化大省与文化强省建设阶段，带动了县域文化产业的初步发展。2006 年，江苏省召开第三次全省文化工作会议，提出了建设与社会发展相适的“文化江苏”，制定了向文化强省迈进的总体要求和部署，并颁布了《江苏省“十一五”文化发展规划》和《省政府关于加快文化事业和产业发展的若干经济政策》。这两个文件从江苏省 21 世纪新阶段经济、政治、文化、社会协调发展的客观需要出发，明确了文化江苏建设的实施蓝图，为江苏省文化产业发展提供了经济政策保障。2010 年，为贯彻落实《国务院关于印发文化产业振兴规划的通知》《中共江苏省委江苏人民政府关于深化文化体制改革、加快文化产业发展的决定》等文件精神，加快文化产业振兴，推动文化强省建设，江苏省委省政府发布《关于加快文化产业若干政策的通知》，制定了“加大财政扶持力度、构建多元化投融资服务体系、培育重点文化产业和骨干文化企业”等政策。这一期间，全省文化产业增速连续五年保持 25%左右的增长速度，全省文化产业的快速发展也带动了县域文化产业的初步发展。各县相继出台文化产业发展规划及一系列的优惠措施，加大对文化产业的扶持力度，并兴建了一批文化产业园，如宜兴文化创意产业园、江苏金一文化产业园、沙家浜江南水乡影视产业园、昆山文化创意产业园、海安 523 文化产业主题公园、江阴扬子江文化创意产业园、大丰知青文化影视基地等。然而，此时的县域文化产业尚处于初步发展阶段，各地文化产业园区数量较少、规模较小，县域文化产业体系尚未健全。

3）县域文化产业全面发展阶段

2011 年，县域文化产业进入发展的机遇期，并逐步迈向全面发展阶段。江苏省政府在前一阶段文化体制改革取得成功的基础上又进一步深化文化体制改革，加快文化体制改革创新，不断完善公共文化服务体系，推动文化产业跨越式发展。2012 年，《国家“十二五”时期文化改革发展规划纲要》中明确提出“加快城乡文化一体化发展”“增加农村文化服务总量，缩小城乡文化发展差距”。同年，《文化部“十二五”时期文化产业倍增计划》也提出“统筹城乡文化产业发展，支持中小城市完善文化消费基础设施，利用特色文化资源打造产业亮点。鼓励发展民间演出、乡村文化旅游和农村手工艺品，培育打造一批特色文化产业乡镇和文化产业特色村，扩大农村就业，不断增加农民收入”（中华人民共和国文化部，2012）。《江苏省“十二五”文化发展规划》中明确指出“全面建成省、市、县、乡镇、村五级文化设施体系，加快基层公共文化服务网点建设”“有效发挥基层文化阵地尤其是农村文化设施的先进文化主阵地作用，积极打造全国文化先进县”“加强地域特色文化建设，开展特色文化乡镇、特色文化团队、特色文化家庭、特色文化标兵活动”。国家及省政府开始关注并加大对县域文化产业的重视、扶持力度，江苏省各县认识到文化产业发展对转变经济发展方式、促进产业转型的重要性，积极扶持发展文化产业，使县域文化产业迎来了全面发展的机遇期。这一时期，江苏省各县加大对文化产业的扶持力度，拓展文化产业融资渠道，积极引进重点文化项目，支持文化企业、文化产业园的发展，县域文化产业进入全面发展阶段。

2. 县域文化主导产业概况

文化产业是一个产业集群的概念，包括新闻出版发行服务、广播电视电影服务、文化艺术服务、文化信息传输服务、文化创意和设计服务、文化休闲娱乐服务、工艺美术品的生产及文化相关产品的生产等行业（中华人民共和国国家统计局，2012）。不同的地区依据其自身的社会经济发展水平、资源基础、产业基础等形成了不同的文化主导产业，由于县域经济发展水平相对较低，科技、人才、信息等资源相对匮乏，在县域文化产业中，文化信息传输、文化创意与设计等新兴文化业态发展不足。县域文化产业最具代表性的类型有文化旅游业、工艺美术品的生产、文化用品制造及演出娱乐业等。

1）文化旅游业

文化旅游业是以文化活动或历史文物景观的游览观光服务为核心，带动饮食、购物、娱乐、演绎、交通、住宿、会展、博物馆、商业等行业配套发展的一个重要文化产业集群。文化旅游业的发展不仅推动了地区经济文化发展，也是优化产业结构，提升产业竞争力的需要。县域地区拥有深厚的历史文化底蕴和丰富的旅游资源，将旅游和文化产业相互融合，发挥县域丰富的历史文化资源和民族文化资源优势，借助旅游引进外来的消费市场，在发展旅游业的同时也拉动了文化产业发展。江苏省县域历史文化资源丰富，有发展文化旅游的先天优势，其中最为成功的是昆山市周庄镇。周庄是国家级历史文化名镇，凭借得天独厚的水乡古镇旅游资源，以水乡古镇为依托，不断挖掘当地文化内涵，丰富文化旅游内容，积极探索文化旅游，强化宣传促销，经过十多年的努力成功打造了“江南第一水乡”的旅游品牌，成为国家首批 5A 级景区，开创了江南水乡古镇旅游的先河。近年来，周庄古镇不断致力于历史传统文化的挖掘、弘扬和继承，全力塑造“文化周庄、民俗周庄、生活周庄”，不断向外界展示周庄的文化魅力，努力打造周庄古镇文化休闲度假型旅游发展。大多县域地区将文化旅游业作为文化产业的首选，但其发展也需要一定的条件，文化旅游业的发展不仅需要一定的文化品牌和物质载体，还需要发挥其高关联度的特点，带动文博、传媒、新媒体、演艺、工艺品等行业全方位发展。

2）工艺美术品的生产

工艺美术品的生产见效快，门槛低，增收明显，需要较多劳动力，比较适合县域的发展。江苏省县域不仅拥有丰富的资源，还保留传统的生产工艺品的技艺，为工艺美术品的生产打下良好的基础。宜兴是全国著名陶都，紫砂是其最亮丽的文化名片。紫砂陶制作技艺是国家级非物质文化遗产，该工艺始于北宋，成熟于明清，在数百年过程中形成的工艺体系迄今保存完好。由于历代文人、士大夫阶层的参与和支持，使紫砂工艺品由单纯的民间艺术上升为与文学艺术相结合的独特艺术品。近年来，宜兴市依托紫砂陶制作技艺，举办“中国宜兴国际陶瓷艺术文化节”“陶都风——中国宜兴陶瓷艺术展”等系列推介活动，大力支持紫砂工艺品的生产。目前，宜兴拥有各类陶瓷企业 700 多家，年产值 110 多亿元，其中紫砂壶产值 30 亿元，未来还有巨大上升空间。水晶产业是连云港东海县的特色产业，东海县充分利用水晶优势，大力发展水晶产业，逐步实现从“中国水晶之乡”到“国际知名水晶之都”的跨越。水晶雕刻技艺是水晶产业的灵魂与核心，东海水晶雕刻技艺以其丰富多彩的设计，精工细琢的工艺和精湛娴熟的制作技艺，保持了东海传统文化的地方特色，形成了独特的民族风格。2013 年，东海县水晶产业交易额突破 100 亿元，水晶及硅资源加工企业 3000 多家，年产 2000 万件水晶首饰、500 万件水晶工艺品，东海县成为国内最大的水晶专业市场和世界水晶的重要集散地，水晶产业是东海县文化产业的特色与骄傲。此外，东台县发绣产业、阜宁县玻璃产业、涟水县云锦织造、邳州玉器雕刻等都已成为各地文化产业的主导产业之一。

3）文化用品制造业

文化用品制造业种类较多，包括乐器、教具、文具、体育用品等，具有劳动力密集、投资见效快、出口创汇能力强、规模效益明显等优点。由于其生产起点低，对科技、人才的要求相对较低，因而成为县域文化产业发展的主导产业之一。就江苏省而言，不少县域地区具备发展文化用品制造业的优势，其中发展较为突出的有泰兴黄桥和徐州沛县的乐器制造业。泰兴被誉为“中国提琴之都”，拥有国家级文化产业示范基地——江苏泰兴凤灵乐器有限公司以及省级文化产业示范园——泰兴黄桥文化产业园两个主要乐器生产基地。黄桥镇现有乐器生产及配套企业 200 多家，年产各类提琴 80 万把，其他乐器 120 万把，占世界市场份额的 30%以上，全国市场份额的 70%以上，成为世界最大的提琴生产基地。泰兴市以提琴研发与制造为基础，以乐器产业资源整合为重点，不断发展壮大乐器产业集群，努力实现由“提琴产业之都”向“乐器产业之都”的跨越。与泰兴相邻的靖江市也是竖琴、口风琴等乐器生产的重要基地之一。徐州沛县的乐器制造业虽然从产业规模和产业集聚程度都逊于泰兴，但它仍是苏北地区重要的乐器生产与销售基地。徐州沛县大风乐器有限公司是国家级文化产业示范基地，也是我国目前研究、开发、制造、销售各种中西乐器品种最全、规模最大的民营企业，主要生产扬琴、古筝、二胡、柳琴、琵琶等民族乐器，以及电贝司、电吉他、吉他等西洋乐器。目前，大风乐器已形成年产各类乐器及相关配件 100 万把、500 多个花色品种的生产能力，产品销往全国各地及日本、东南亚、韩国、俄罗斯、朝鲜等 100 多个国家和地区。

4）演出娱乐业

演出娱乐业的发展与当地文化传统息息相关，一般来说，具有传统表演历史的地区往往能够较好地发展演出娱乐业。江苏省建湖县是中国杂技发祥地之一，其杂技历史悠久，源远流长，以独特的民族风格、精湛的艺术技巧享誉海内外。2008 年，建湖杂技入选第二批国家级非物质文化遗产名录，证明了建湖杂技的价值和意义。杂技演出一直是深受群众喜爱的文化活动，除了专业的杂技演出，建湖县民间业余杂技活动更是呈现出一片生机，部分杂技业余爱好者农闲时随班演出，农忙则在家种田，广泛的群众基础和专业的演出技巧使建湖杂技不断焕发新的生机。此外，盐城杂技团还培养了大批优秀的杂技演员，活跃在全国各地的杂技舞台，受到广大观众的热烈欢迎。江苏省沛县武术文化源远流长，有“武术之乡”的美誉。自秦汉以来 2000 多年，沛县人习兵练武，相沿成习，历久不衰。武术活动在民间广为盛行，全县 400 多个行政村设有练武场子，武术馆、校、辅导点 100 余处，习武人数达 30 万之多，武术成为人们生活中的重要组成部分。各类武术表演、武术比赛上经常出现沛县人的身影，不仅如此，沛县武术还跨出国门，在日本、美国、欧洲等国家开办武术馆，举行武术表演活动。

3. 县域文化产业园区概况

1）统计原则

由于国内外对文化产业园尚无统一定论，本章结合研究需要，认为文化产业园应包含由各类文化创意个体、工作室或企业集聚而成的园区或集聚区；某种文化产品或艺术品展示和生产制作的基地或企业；艺术品或古玩的收集、交易一条街；具有明显文化性质或与文化产业关联比较大的娱乐休闲旅游区以及其他与文化产业相关的各类园区。结合研究区的实际情况和研究需要，依据本章对文化产业园的界定，本章统计了截至 2014 年江苏省已建成、在建和拟建的各类文化产业园，包括处于成长阶段、规模较小的文化产业园。此外，文化产业基地是指有代表性、影响力、竞争力的生产文化产品和文化生产要素的文化企业或文化产业集群（赵迎芳，2009），也是文化产业发展的有效载体和重要组成部分。因此本章的统计中除了包括上述几类园区之外，还包括了区域内被认定为国家级文化产业示范基地、省级文化产业示范基地以及市级文化产业示范基地的文化企业。对于已被认定为文化产业示范基地的文化企业，已具有主导运营的文化产业园的企业则并入文化产业园的统计中，不再进行二次统计。例如，海安 523 文化产业主题公园的项目开发主体南通鸿禧文化创意有限公司在 2012 年被认定为国家文化产业示范基地，在统计中把它主导运营的海安 523 文化产业主题公园作为统计对象，不再对南通鸿禧文化创意有限公司进行二次统计。

2）江苏省县域文化产业园概况

由于目前对文化产业园的统计没有统一标准，本章基于文化产业园概念界定和统计原则，通过查阅相关文献，浏览中华人民共和国文化部、江苏省文化厅、江苏省统计局、各县市政府网站、政府文件和统计公报、江苏省服务业集聚区公共服务平台和其他相关网站，统计出江苏省目前已建成、在建和拟建的各类文化产业园共计 521 个，涉及文化产业各个门类，遍布江苏省各地区。其中，国家级文化产业示范基地 13 个，省级文化产业示范基地、省重点文化创意产业园 65 个，普通文化产业园区 443 个。江苏省县域共有文化产业园 195 个，国家级园区 4 个，省级园区 25 个，普通园区 166。市区拥有文化产业园 326 个，国家级园区 9 个，省级园区 40 个，普通园区 277 个。其中，省级园区国家数字出版基地（镇江园区）在句容市和镇江市各有一个基地。江苏省县域文化产业园无论从数量上还是级别上与市区相比还有很大差距。

从时间发展序列上看，江苏省县域文化产业园发展大致经历三个阶段（图 9-2）：第一阶段为 2005 年以前，县域文化产业园区数量不到 13 个，县域文化产业园区处于萌芽阶段；第二阶段为 2006～2010 年，这一时期县域文化产业园区开始有明显增长，由 2006 年的 15 个园区增长到 2010 年的 62 个园区，年均增加 9 个园区，县域文化产业园区处于起步发展阶段；第三阶段为 2011 年至今，各地兴起建设文化产业园高潮，县域文化产业园区数量呈爆发式增长状态，截至 2014 年，江苏县域共有建成园区 159 个、在建的 20 个园区以及拟建园区 16 个。江苏省县域文化产业园处于快速发展阶段。

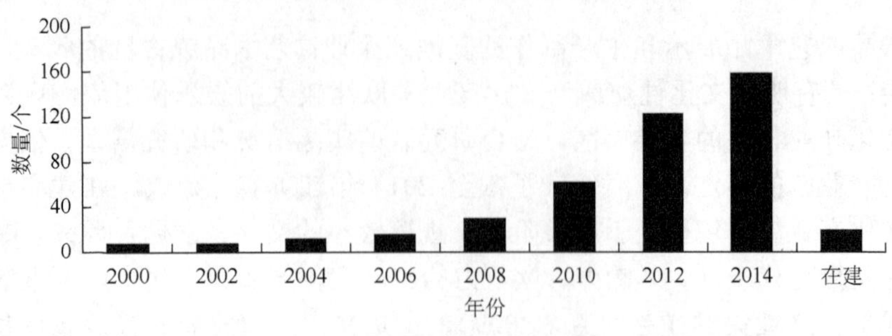

图 9-2 江苏省县域文化产业园

9.4 江苏县域文化产业空间格局特征

9.4.1 基于县域文化产业水平的空间格局特征

文化产业增加值、文化产业增加值占 GDP 比重、人均文化产业增加值等指标能够直接反映地区文化产业发展状况，是文化产业发展水平的重要依据。由于文化产业方面数据相对匮乏，本章以 2012 年为基准，对于部分数据缺乏区，本章采用以下方法：一是对于未找到 2012 年当年数据的，依据 2012 年前后的数据，以全市年均增长率为依据，对其 2012 年的数值进行推算，如赣榆县 2009 年文化产业占 GDP 比重为 1.75%，依据连云港市 2009～2012 年文化产业增加值占 GDP 比重年均增长率，计算出赣榆县 2012 年文化产业占 GDP 比重约为 1.90%，再基于 GDP 得出其文化产业增加值，这类地区主要有赣榆县、泗阳县、盱眙县、高邮市、丰县、沛县、睢宁县、如东县、滨海县、阜宁县、仪征市、丹阳市；二是对于无数据地区，以其周围地区的人均文化产业增加值的平均水平并参照其文化产业相关新闻报道、文化产业园发展情况等对其人均文化产业增加值进行定值，然后计算出该地的文化产业增加值及其占 GDP 的比重，主要有启东市、东海县、灌云县、涟水县、洪泽县、金湖县、射阳县七个地区。由于社会经济、文化资源、科技人才、交通区位等一系列因素的影响，江苏省县域文化产业发展水平呈现出不平衡的态势。

1. 同等水平相对集中的分布格局

由于相邻地区的经济社会发展水平、资源禀赋较为接近，文化产业发展有很多相似之处，其文化产业发展水平也较为接近。从 2012 年各地文化产业增加值的规模来看（图 9-3），高水平地区的文化产业增加值在 50 亿元以上，主要集中于江苏东南一角，包括昆山市、太仓市、常熟市、张家港市、江阴市五地，是江苏省县域文化产业最为发达的地区。较高水平地区的文化产业增加值范围为 25 亿～50

亿元，集中于苏南地区，仅丹阳市、溧阳市、宜兴市三地，是江苏省县域文化产业的次发达的地区。中等水平地区的文化产业增加值范围为 15 亿～25 亿元，在江苏省县平均水平（21 亿元）上下，分布较为分散，包括邳州市、沭阳县、海安县、如皋市、海门市、启东市、仪征市七个地区。较低水平地区的文化产业增加值范围为 7 亿～15 亿元，在苏北、苏中、苏南各有一处聚集区域，包括新沂市、泗洪县、大丰市、溧水县、扬中市等 18 个地区。低水平地区的文化产业增加值在 7 亿元以下，集中于苏北地区，有丰县、赣榆县、盱眙县、建湖县等 15 个地区。全省 48 个县域单元中仅 10 地高于平均水平，仅占 20.83%，79.17%的地区在平均水平以下。总的来说，江苏省县域文化产业总体水平不高，呈现出相同发展水平地区成片分布的格局。

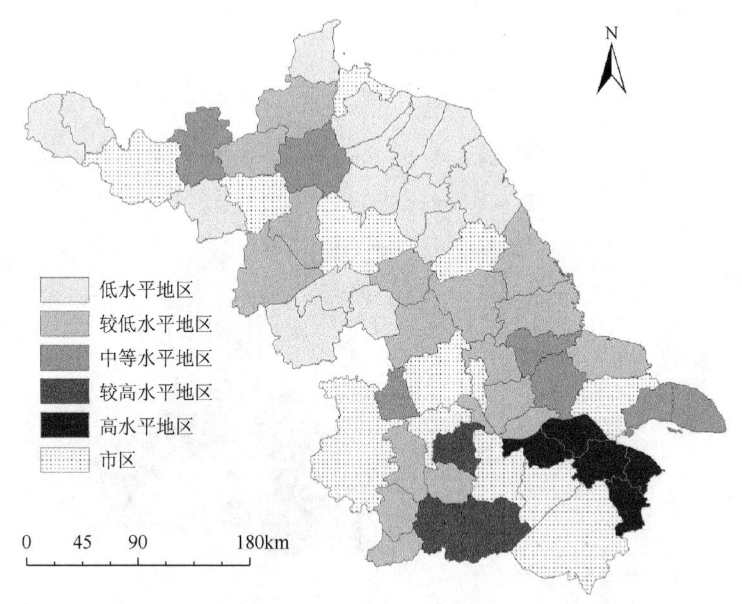

图 9-3　江苏省县域文化产业增加值空间差异

资料来源：江苏省文化厅、江苏省各市、县政府及统计局网站

2. 由南向北递减的梯度格局

江苏省县域文化产业水平发展极不平衡，总体呈现出由南向北递减的梯度格局。基于人均文化产业增加值，利用 arcgis 软件，得到 2012 年江苏省县域人均文化产业增加值的空间格局图（图 9-4）。从整体上看，江苏省 2012 年人均文化产业增加值为 2647 元，而县域人均文化产业增加值为 2131 元，明显低于全省平均水平。从三大地带上看，苏南 13 个县人均文化产业增加值 5576 元，苏中 12 县人均文化产业增加值 1664 元，苏北 23 县人均文化产业增加值 871 元，苏南明显处于

领先地位，苏中次之，苏北最低。从各个县域来看，人均文化产业增加值高水平及较高水平区域主要集中于江苏南部，中等水平区域及较低水平县域主要集中于江苏中部及部分北部，低水平区域则主要集中于江苏北部。可见，江苏省文化产业发展水平整体呈现出由苏南向苏中、苏北递减的梯度格局。造成这种差异的原因与各地经济水平、文化资源、文化投入等因素息息相关。从经济发展水平来看，苏南地区 2012 年人均 GDP 为 101370 元，苏中为 62208 元，苏北仅为 40914 元。从文化资源分布来看，苏南地区的非物质文化遗产、国家 A 级景区等较为丰富，而苏中、苏北地区则相对较少。从文化投入来看，2012 年苏南人均文化事业费 86.29 元，远高于苏中、苏北地区的 31.07 元、24.10 元，苏中、苏北地区人均事业费不仅低于全省平均水平且增速较慢。

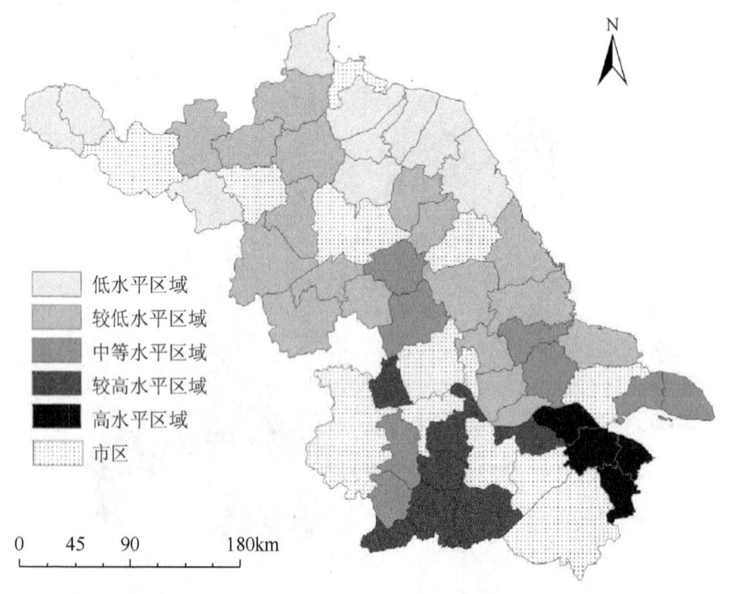

图 9-4 江苏省县域人均文化产业增加值空间分布

资料来源：《江苏统计年鉴（2013 年）》、江苏省文化厅、江苏省各市政府网站

3. 极化现象严重的差异格局

由于不同区域间经济水平、资源禀赋、科技人才等方面存在巨大差异，江苏省县域文化产业水平差异极其严重。从文化产业增加值来看，江苏省各县的均值为 21.06 亿元，文化产业增加值不足 5 亿元的县域有七个，分别为洪泽县、睢宁县、金湖县、响水县、灌云县、灌南县、滨海县；而文化产业增加值在 100 亿元以上的县域有常熟市、张家港市、昆山市三地。其中，文化产业增加值最高的为昆山市，其文化产业增加值为 166.8 亿元，而最低的滨海县仅为 2.2 亿元，二者相

差 75.82 倍。从人均文化产业增加值来看，江苏省各县域的均值为 2131 元，人均文化产业增加值不足 500 元的有睢宁县、灌云县、滨海县三地；而人均文化产业增加值在 8000 元以上的有昆山市、张家港市两地。其中，人均文化产业增加值最高的昆山市为 10177 元，最低的滨海县仅为 233 元，二者相差 43.68 倍。从文化产业增加值占 GDP 的比重来看，文化产业增加值占 GDP 的比重在 5%以上的有五个地区，分别是昆山市、张家港市、常熟市、仪征市、太仓市；而文化产业增加值占 GDP 的比重在 2%以下的还有赣榆县、睢宁县、沛县、靖江市、灌南县、滨海县六个地区。其中，昆山市文化产业增加值占 GDP 的比重达 6.12%，文化产业已是国民经济的支柱产业，而滨海县文化产业增加值占 GDP 的比重还不足 1%，二者差距悬殊。总的来说，江苏省县域文化产业空间分布极不平衡，呈现出极化现象严重的差异格局。

9.4.2　基于县域文化主导产业的空间格局特征

县域文化主导产业是县域文化产业发展过程中，部分具有发展优势的行业逐步脱颖而出，成为地区产质高、规模大的文化产业。县域文化产业处于发展的初级阶段时，可以借鉴的发展经验、模式较少，主导产业的成功发展，对于文化产业中其他行业的发展能够起到很好的激励带动和示范引导作用，利于其他行业在发展过程中少走弯路。

依据中华人民共和国国家统计局《文化及相关产业分类（2012 年）》，将文化产业分为五层，其中，第二层依据管理需要和文化生产活动的自身特点将文化产业分为十个大类。本章将其作为江苏省县域文化主导产业的确定依据。基于不同的经济基础、资源禀赋等条件，江苏省各县域文化主导产业也各不相同，形成了独具特色的空间格局。本章在查阅相关资料的基础上，每个县域确定两个主导产业，由于相关资料缺乏，灌南县、金湖县、泗洪县仅各选取一个，由此得到了江苏省 48 个县域的文化主导产业（表 9-3）。

表 9-3　江苏省县域文化主导产业一览表

地区	总结主导产业的依据		主导产业确定
	文化产业园主导产业	地方文化产业主要行业	
溧水县	广播电视电影服务、文化休闲娱乐服务	广播电视电影服务、文化休闲娱乐服务	广播电视电影服务、文化休闲娱乐服务
高淳县	文艺美术品的生产、文化休闲娱乐服务	文艺美术品的生产、文化休闲娱乐服务	工艺美术品的生产、文化休闲娱乐服务
江阴市	文化创意和设计服务、文化休闲娱乐服务	文化产品生产的辅助生产、新闻出版发行服务	文化产品生产的辅助生产、文化创意和设计服务

续表

地区	总结主导产业的依据		主导产业确定
	文化产业园主导产业	地方文化产业主要行业	
宜兴市	文化休闲娱乐服务、工艺美术品的生产、文化创意和设计服务、	工艺美术品的生产、文化休闲娱乐服务、新闻出版发行服务	文化休闲娱乐服务、工艺美术品的生产
丰县	文化用品的生产、文化娱乐休闲服务	文化用品的生产	文化用品的生产、文化娱乐休闲服务
沛县	文化用品的生产	文化娱乐休闲服务、文化用品的生产、文化艺术服务	文化用品的生产、文化娱乐休闲服务
睢宁县	工艺美术品的生产	文化娱乐休闲服务、新闻出版发行服务、文化艺术服务	工艺美术品的生产、文化娱乐休闲服务
新沂市	文化娱乐休闲服务	文化娱乐休闲服务、文化艺术服务、文化创意和设计服务	文化娱乐休闲服务、文化艺术服务
邳州市	工艺美术品的生产、文化娱乐休闲服务	文化娱乐休闲服务、工艺美术品的生产	文化娱乐休闲服务、工艺美术品的生产
溧阳市	文化休闲娱乐服务、文化艺术服务、工艺美术品的生产	文化娱乐休闲服务、文化产品生产的辅助生产	文化娱乐休闲服务、文化艺术服务
金坛市	文化休闲娱乐服务、工艺美术品生产、文化艺术服务	文化娱乐休闲服务、工艺美术品的生产、广播电视电影服务	文化休闲娱乐服务、工艺美术品生产
常熟市	文化创意和设计服务、文化休闲娱乐服务、广播电视电影服务	文化休闲娱乐服务、文化艺术服务	文化创意和设计服务、文化娱乐休闲服务
张家港市	文化创意和设计服务、文化休闲娱乐服务	文化创意和设计服务、文化休闲娱乐服务	文化创意和设计服务、文化娱乐休闲服务
昆山市	文化创意和设计服务、文化休闲娱乐服务、文化用品的生产	文化创意和设计服务、文化用品的生产、新闻出版发行服务	文化创意和设计服务、文化用品的生产
太仓市	文化创意和设计服务、文化休闲娱乐服务、广播电视电影服务	文化创意和设计服务、文化休闲娱乐服务	文化创意和设计服务、文化娱乐休闲服务
海安县	文化休闲娱乐服务、新闻出版发行服务、文化艺术服务	文化休闲娱乐服务、文化创意和设计服务、广播电视电影服务	文化休闲娱乐服务、文化创意和设计服务
如东县	文化休闲娱乐服务、工艺美术品生产	文化艺术服务、文化休闲娱乐服务	文化休闲娱乐服务、文化艺术服务
启东市	文化艺术服务、文化休闲娱乐服务	文化休闲娱乐服务、广播电视电影服务	文化休闲娱乐服务、文化艺术服务
如皋市	文化创意和设计服务、工艺美术品的生产、文化休闲娱乐服务	文化休闲娱乐服务、文化创意和设计服务	文化创意和设计服务、文化休闲娱乐服务
海门市	文化休闲娱乐服务、工艺美术品的生产	工艺美术品的生产	工艺美术品的生产、文化休闲娱乐服务
赣榆县	工艺美术品的生产、文化休闲娱乐服务、文化艺术服务	文化娱乐休闲服务、工艺美术品的生产	文化娱乐休闲服务、工艺美术品的生产
东海县	工艺美术品的生产、文化创意和设计服务	工艺美术品的生产、文化娱乐休闲服务	工艺美术品的生产、文化娱乐休闲服务
灌云县	文化休闲娱乐服务、广播电视电影服务	文化娱乐休闲服务、文化创意和设计服务	文化休闲娱乐服务、广播电视电影服务

续表

地区	总结主导产业的依据		主导产业确定
	文化产业园主导产业	地方文化产业主要行业	
灌南县	文化休闲娱乐服务	文化娱乐休闲服务	文化休闲娱乐服务
涟水县	文化产品生产的辅助生产、工艺美术品的生产、文化休闲娱乐服务	广播电视电影服务、文化产品生产的辅助生产、文化艺术服务	文化产品生产的辅助生产、工艺美术品的生产
洪泽县	文化休闲娱乐服务、文化创意和设计服务、文化艺术服务	文化休闲娱乐服务	文化休闲娱乐服务、文化艺术服务
盱眙县	文化休闲娱乐服务、广播电视电影服务	新闻出版发行服务、文化休闲娱乐服务	文化休闲娱乐服务、新闻出版发行服务
金湖县	文化休闲娱乐服务	文化娱乐休闲服务	文化休闲娱乐服务
响水县	文化休闲娱乐服务	文化艺术服务、文化休闲娱乐服务、工艺美术品的生产	文化休闲娱乐服务、文化艺术服务
滨海县	文化休闲娱乐服务、工艺美术品生产	文化艺术服务、文化休闲娱乐服务、新闻出版发行服务	工艺美术品生产、文化休闲娱乐服务
阜宁县	工艺美术品生产、文化休闲娱乐服务	工艺美术品的生产	工艺美术品生产、文化休闲娱乐服务
射阳县	文化创意和设计服务、文化艺术服务、文化休闲娱乐服务	文化休闲娱乐服务，文化创意和设计服务、新闻出版发行服务	文化休闲娱乐服务、文化创意和设计服务
建湖县	文化艺术服务、文化休闲娱乐服务	文化艺术服务、文化休闲娱乐服务	文化艺术服务、文化休闲娱乐服务
东台市	工艺美术品的生产、文化休闲娱乐服务、文化创意和设计服务	工艺美术品的生产、文化娱乐休闲服务	工艺美术品的生产、文化休闲娱乐服务
大丰市	文化创意和设计服务、广播电视电影服务、文化休闲娱乐服务	文化产品生产的辅助生产、广播电视电影服务、文化休闲娱乐服务	广播电视电影服务、文化休闲娱乐服务
宝应县	工艺美术品的生产、文化创意和设计服务	工艺美术品的生产、文化休闲娱乐服务、文化艺术服务	工艺美术品的生产、文化休闲娱乐服务
仪征市	文化休闲娱乐服务	文化创意与设计、广播电视电影服务、新闻出版发行服务	文化休闲娱乐服务、文化创意和设计服务
高邮市	文化休闲娱乐服务、工艺美术品生产	文化休闲娱乐服务、新闻出版发行服务、	文化休闲娱乐服务、工艺美术品生产
丹阳市	文化休闲娱乐服务	文化休闲娱乐服务、新闻出版发行服务、广播电视电影服务	文化休闲娱乐服务、新闻出版发行服务
扬中市	文化休闲娱乐服务	文化产品生产的辅助生产、文化休闲娱乐服务	文化休闲娱乐服务、文化产品生产的辅助生产
句容市	新闻出版发行服务、文化娱乐休闲服务、文化艺术服务	新闻出版发行、工艺美术品生产、文化休闲娱乐服务	新闻出版发行服务、文化娱乐休闲服务
兴化市	工艺美术品的生产、文化休闲娱乐服务、广播电视电影服务	新闻出版发行服务、广播电视电影服务	工艺美术品的生产、广播电视电影服务
靖江市	文化创意和设计服务、工艺美术品的生产	文化用品的生产、文化娱乐休闲服务、新闻出版发行服务	文化用品的生产、文化休闲娱乐服务
泰兴市	文化用品的生产、文化休闲娱乐服务、文化创意和设计服务	文化用品的生产、文化专用设备的生产	文化用品的生产、文化专用设备的生产

续表

地区	总结主导产业的依据		主导产业确定
	文化产业园主导产业	地方文化产业主要行业	
姜堰市	文化休闲娱乐服务、文化创意和设计服务	文化休闲娱乐服务	文化休闲娱乐服务、文化创意和设计服务
沭阳县	工艺美术品的生产、新闻出版发行服务、文化休闲娱乐服务	工艺美术品的生产、新闻出版发行服务	工艺美术品的生产、新闻出版发行服务
泗阳县	文化休闲娱乐服务	文化用品的生产、文化专用设备的生产	文化用品的生产、文化休闲娱乐服务
泗洪县	文化休闲娱乐服务	文化娱乐休闲服务	文化休闲娱乐服务

资料来源：江苏省文化厅、江苏省各市县政府网站及其他网站

1. 种类多样的产业选择格局

文化产业门类众多，由于各地的经济发展水平、文化资源优势、市场科技资源等因素的不同，各地文化主导产业也各不相同，涉及广播电视电影服务、新闻出版发行服务、文化创意和设计服务、文化艺术服务、工艺美术品的生产、文化休闲娱乐服务、文化用品的生产等九大类，几乎覆盖了整个文化产业门类，形成了灵活多样的产业选择格局（图 9-5）。从主导产业选择的数量上看：文化休闲娱

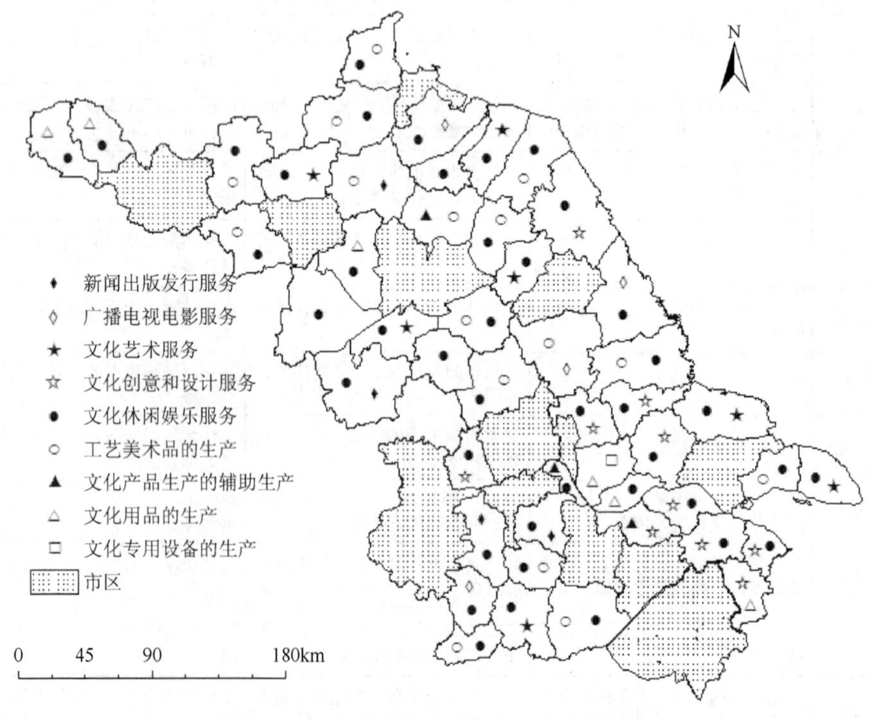

图 9-5　江苏省县域主导产业分布空间格局

乐服务业最多，有 42 个县将其作为发展当地文化产业的主要选择之一，占比 87.5%；工艺美术品的生产与文化创意和设计服务业次之，分别是 16 个、10 个县的文化主导产业之一；将文化艺术服务、文化用品的生产作为文化主导产业的县分布有 7 个、6 个；其余行业则较少。江苏省县域文化主导产业灵活多样的空间格局的形成与其丰富的资源禀赋息息相关。例如，丰富的自然资源、人文景观、文化传统等进一步促进了文化休闲娱乐业的繁荣；悠久的历史传统、厚重的文化氛围及传统技艺的传承等带来了工艺美术品的生产及文化艺术服务的发展；科技的进步、信息的融合、人才的流通、市场的开放等因素促进了文化创意和设计服务的崛起；基于传统文化产业基础的新闻出版发行服务及广播电视电影服务依旧占据一席之地；文化产业的持续发展也带动了文化相关产品的生产及文化相关产业的发展。

2. 根植地域特色的发展格局

从文化主导产业的选择来看，江苏省各县立足本地文化资源禀赋，形成各具地方特色的发展格局。具体来看，江苏省文化资源丰富、自然环境优美，各地景区繁多，娱乐休闲服务相对发达，加上经济的快速发展、市场需求的增加，各县域基本上都能依据各地特色，鼓励发展文化休闲娱乐服务业，因而文化休闲娱乐服务业分布最广，遍及全省绝大部分地区。以工艺美术品的生产和文化艺术服务业为主导产业的地区多文化氛围厚重并具备传统技艺，江苏省县域拥有 15 个国家级历史文化名镇、村，国家级非物质文化遗产 28 项，省级非物质文化遗产 108 项，涉及民间文学、民间美术、民间音乐、曲艺、传统戏剧、传统技艺、传统民俗传统体育等各个方面。如东海县水晶加工工艺、邳州玉器加工技艺、阜宁玻璃制作工艺、宜兴紫砂制作技艺、涟水云锦织造技艺、建湖杂技等，以此为载体，各县形成的颇具地方特色的文化产业。文化创意与设计服务业对经济水平、科学技术、信息传输、市场需求等因素要求较高，张家港市、太仓市、江阴市、昆山市、常熟市凭借其强大的经济、科技、市场条件，文化产业中文化创意与设计行业获得极大发展，逐步成为当地文化主导产业之一。

3. 南北有别的地域分异格局

由于江苏内部经济、文化资源分布的不平衡性，三大区域在文化主导产业的选择上也不尽相同，呈现出明显的地域分异格局。从表 9-4 可以看出，苏南地区不仅经济发展水平远远高于苏中、苏北地区，其科技、教育财政支出及专利数量也处于遥遥领先的地位，苏中地区在各方面稍微高于苏北地区居第二位，苏北地区则最弱。基于此，苏南地区凭借其发达的经济水平、雄厚的产业基础、丰富的科技人才等因素，文化产业实现了快速的转型升级，初步形成了以文化创意与设计服务、广播电视电影服务、工艺美术品的生产为主导的科技含量或附加值高的文化产业体系。苏北地区在缺乏这种优势的条件下只能依据自身现有的产业基础及其他优势资源，进一步发展文化艺术服务、工艺美术品的生产、文化用品的生产等传统文化产业。苏中地区则处于苏北向苏南的过渡阶段，文化产业中主导产业的选择也处于由传统产业向新兴产业过渡阶段。总的来说，经济、科技、人才相对发达的苏南、部分苏中地区大多将科技含量较高的文化创意和设计服务业、广播电视电影服务业作为文化主导产业；经济相对落后的苏北及其他部分县域则将文化艺术服务等科技含量较低的传统产业作为其文化主导产业。

表 9-4　2012 年江苏三大区域经济、科技状况一览表

指标 区域	地区生产总值/亿元	人均地区生产总值/元	人均科学技术财政支出/元	人均教育财政支出/元	专利申请授权量/件
苏南	33381.66	101370	485.35	1616.44	193047
苏中	10193.55	62208	182.99	1385.85	52750
苏北	12182.94	40914	170.60	1318.50	24139

资料来源：《江苏统计年鉴（2012 年）》

9.4.3　基于县域文化产业园区的空间格局特征

江苏省县域文化产业园建设逐步进入快速发展阶段，为了更好地研究不同区域文化产业园的发展情况，对各地园区的发展水平进行综合分析。由于对文化产业园的研究缺乏统一的标准，且缺乏文化产业园的规模、经济效益等客观资料，而园区的级别的认定基于其规模、水平、效益等，因而，本章以文化产业园的级别为标准，对其进行赋分，对江苏省 48 个县级单元的文化产业园发展水平进行综合评价，计算公式如下：

$$A_i = 4X_i + 2Y_i + Z_i,\quad i = 1,2,\cdots,48 \tag{9-2}$$

其中，A_i 代表 i 地区文化创意产业园综合评价值；X_i 代表 i 地区国家级园区；Y_i 代表 i 地区省级园区；Z_i 代表 i 地区普通园区，国家级、省级、普通园区分别赋 4 分、2 分、1 分。

将江苏省 48 个县域评价值导入 arcmap9.3 属性数据库中，基于手动分级法，依据得分，分为四个层级：高水平区域、较高水平区域、较低水平区域、低水平区域。以此表示江苏省文化创意产业园发展水平的空间分布态势，颜色越深说明发展水平越高（图 9-6）。从图中可以看出，江苏省文化产业园空间分布极不平衡，总体呈现出苏南优于苏中、苏北的空间格局。文化产业园高水平区域（$A_i>8$）主要集中于江阴市、昆山市、常熟市、如皋市、太仓市、泰兴市六地，其在江苏省县域文化产业园发展中处于领先位置。文化产业园较高水平区域（$4<A_i\leqslant 8$）有姜堰市、东海县、盱眙县、宝应县等 15 个地区，这一部分地区文化产业园发展水

平优于全省平均水平，其 A_i 值在 5.5 分左右，在江苏省文化产业园发展水平处于较领先位置。文化产业园较低水平区域（$1<A_i\leqslant4$）共 19 个地区，其文化产业园水平低于全县平均水平。文化产业园低水平区域（$A_i\leqslant1$）有扬中市、新沂市、灌云县、灌南县、金湖县、建湖县、东台市、仪征市八个，这一区域的文化产业园发展水平很低，县市内仅有一个或没有文化产业园。总的来说，全省大部分县域地区文化产业园综合水平较低，江苏省县域文化产业园整体发展水平有待进一步提升。

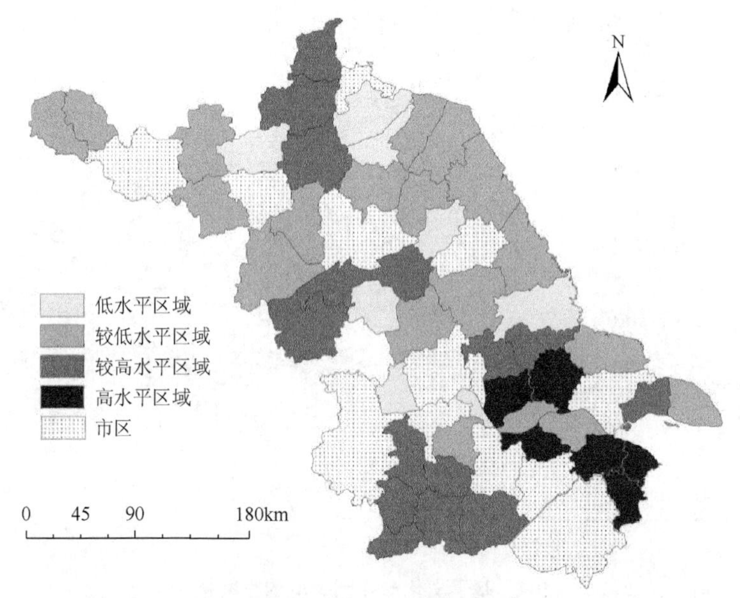

图 9-6　江苏省县域文化产业园发展水平与格局

1. 类型多样交错的分布格局

随着江苏省县域文化产业园的深入发展，文化产业园类型日趋多样，在空间分布中呈现出多类型交错分布的格局（图 9-7）。本章将文化产业园的类型分为文化科技型、影视传媒型、地方特色型、文化旅游型、文化艺术型、多元综合型六类，江苏省县域文化产业园涵盖了以上所有的类型。其中，文化旅游型园区 73 个，占全部园区的 34%，居于主导地位；多元综合型、地方特色型园区次之，分别有 46 个、31 个；影视传媒型、文化艺术型、文化科技型园区相对较少。从不同类型园区的空间分布上看，地方特色型及文化旅游型园区数量较多、分布较广，基本遍及全省，这与江苏省县域丰富的历史文化传统、文化资源禀赋息息相关；多元综合型园区主要分布在苏中、苏南地区，相对集中于较发达的苏南县域；影视传媒型园区数量较少，零散分布于江苏少数县域；文化科技型园区集中于苏州四县及江阴市等科技力量比较雄厚的地区，其他地区较少；文化艺术型园区集中于苏中、苏南部分文化氛围厚重、传统技艺多样、表演艺术悠久的县域地区，苏北县域偶有零星分布。总体来说，江苏省县域文化产业园类型多样，各类园区交错分布，呈现出多样交错的空间格局。

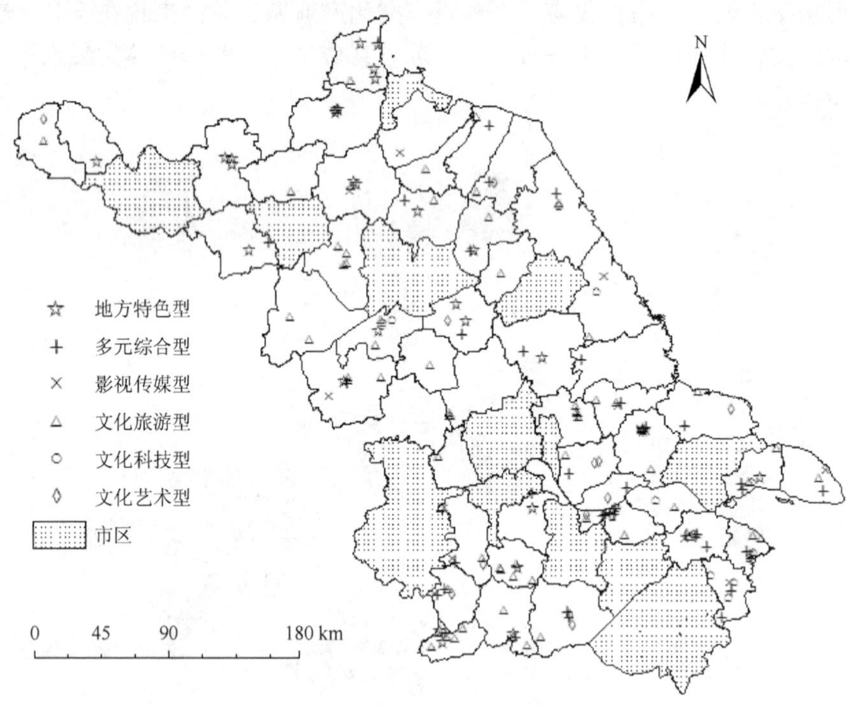

图 9-7　基于文化产业园类型的空间格局

2. 县域特色明显的发展格局

江苏省县域文化产业园在建设中立足当地资源优势、因地制宜，形成了县域特色明显的发展格局。从产业园发展来看（图 9-8）：江苏县域文化产业园以文化旅游型为主导，占总数的 34%，多元综合型和地方特色型次之，分别占总数的 23%、17%，其他类型园区相对较少；而市区文化产业园中，多元综合型园区 135 个，占全部园区的 42%，居于绝对主导地位，文化旅游型园区次之，其他园区相对较少，所占比例相差不大。在这六类文化产业园中，地方特色型、文化旅游型、文化艺术型园区是最能反映地方性的园区。这三类园区占据县域总数的近 60%，而市区这一比例仅为 38%。从产业园发展载体来看（图 9-9），江苏省文化产业园发展载体多样，主要包括大学城、高新园区、特色文化、开发区、景区等。其中县域文化产业园中依托特色文化兴建的产业园 76 个，占其全部园区的 42.46%，而市区这一比重为 20.94%，可见与市区相比，县域文化产业园有明显的地域特色。

造成这种差异的原因在于城市与县域的资源优势不同，城市地区拥有良好的科技、人才、区位、市场等资源，而县域地区往往比较缺乏，只能凭借其历史传统、文化资源等优势发展与地方特色相关的产业内容，这也决定了县域有别于市区的特色

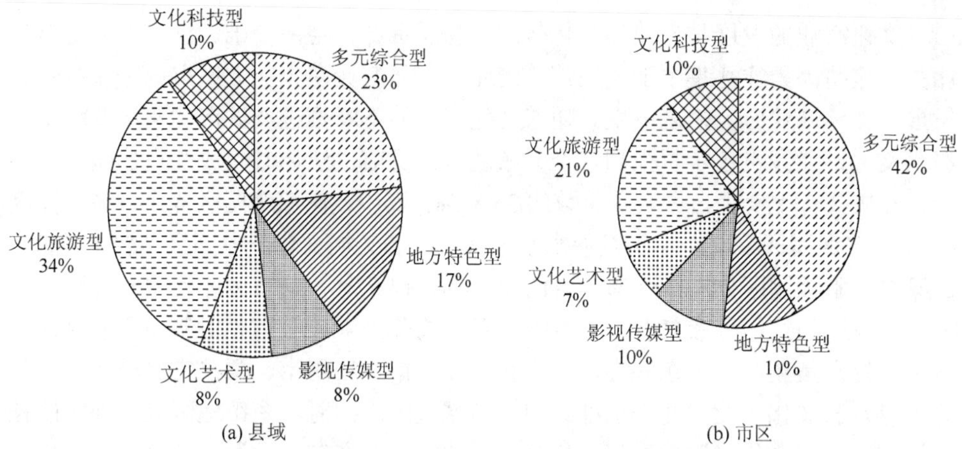

图 9-8　江苏省县域与市区文化产业园类型对比

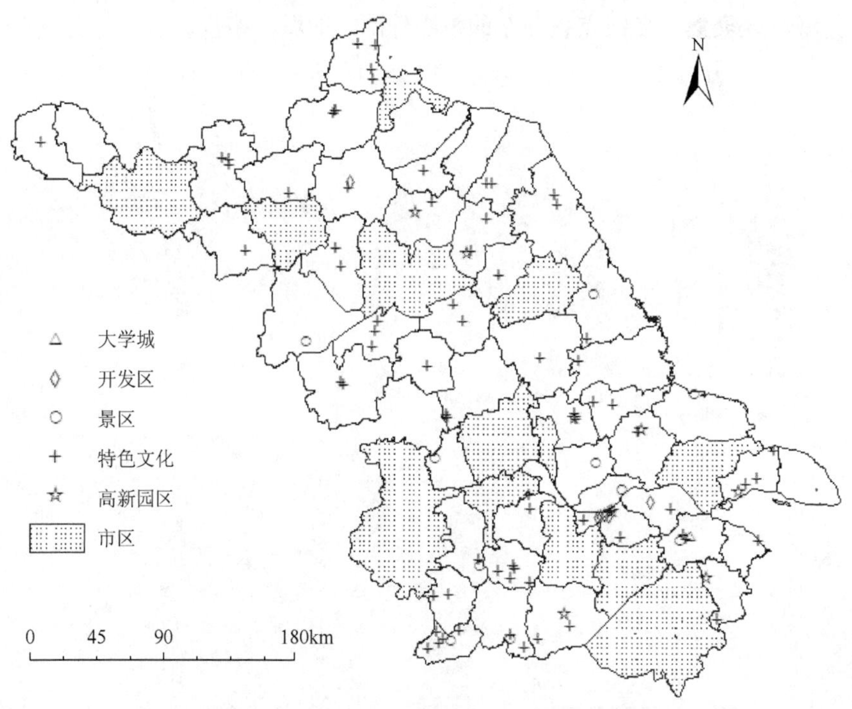

图 9-9　基于文化产业园发展载体的空间格局

资料来源：江苏省文化厅、江苏省各市县政府网站及其他网站

发展格局。总的来说，江苏省县域文化产业园发展载体及内容多反映地方特色文化，园区类型多以文化旅游型、地方特色型园区为主，呈现出县域特色明显的发展格局。

3. 核心外围式的城乡格局

文化产业的发展与当地的文化传统、物质资源、经济基础、创意人才等息息相关，这些因素往往集中于大城市。因而，文化产业率先在大城市地区获得快速发展，文化产业园区随之产生。随着文化产业的不断推进及城市文化产业转型升级，文化产业园也逐步扩张到各个县域地区。目前，江苏省建成及在建园区 499 个，县域共有 179 个，占全省总数的 35.87%。其中，国家级园区 4 个，省级园区 26 个，普通园区 149 个。从发展水平来看，江苏县域文化产业园级别普遍较低，国家级及省级园区分别占全部园区的 2.23%、14.52%，与市区相比也有差距。从文化产业园的空间分布来看（图 9-10），各县文化产业园分布相对集中于县城中心城区，特别是新沂市、东海县、海安县、姜堰市、江阴市、常熟市、溧水县、如皋市等，其文化产业园几乎全部集中于县城城区。同时，乡镇地区以其独特的社会资本、历史文化资源促进其文化产业园的发展，在较为发达的乡镇也有文化产业园零星分布。总的来说，江苏省县域文化产业园水平较低，在空间分布上呈现出向县城城区聚集、乡镇点状分布的核心外围式的城乡格局。

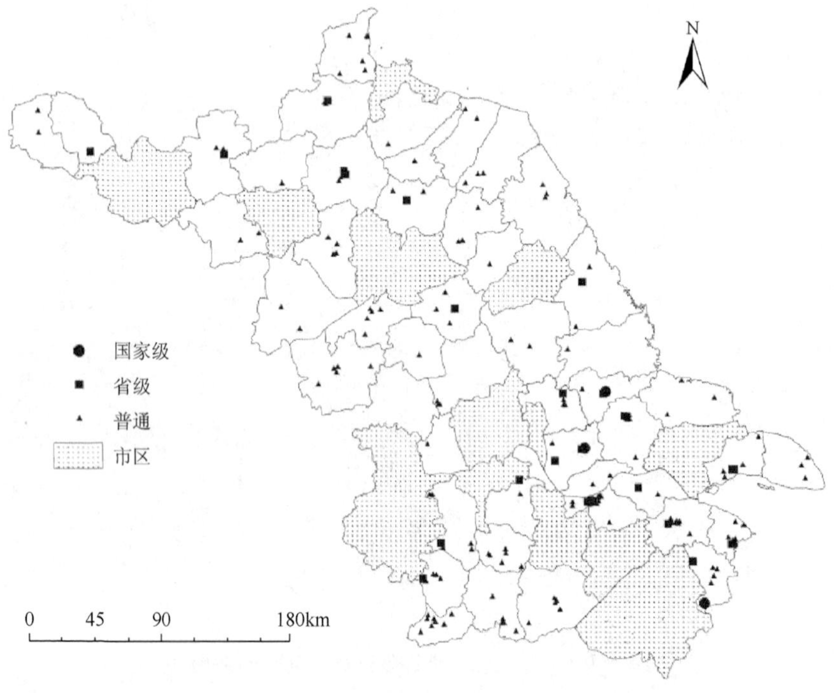

图 9-10　江苏省县域文化产业园空间分布

4. 零散灵活的区位选择格局

目前，江苏省县域已建成及在建园区 179 个，其中新建园区 149 个，占全部园区的 83.24%，改造升级园区 30 个，仅占 16.76%。新建园区是企业、政府依据地方资源优势，因地制宜，科学规划的结果，其区位选择较为灵活多样。改造升级园区则是在原有资源、遗存的基础上发展而来的。丰富的历史文化遗产及历史文化空间为文化创意产业的形成、发展提供了有力的支持（李学鑫，2010）。就改造升级园区的生成载体而言，其主要有历史遗迹、三旧建筑（旧厂房、旧仓库、旧街区、老校区等）、原有资源的整合三种形式。然而县域地区处于经济欠发达地区，其工业遗存较少，原有资源基础较弱，因此改造升级园区数量较少。从其空间分布上看（图 9-11）：依托三旧建筑生成的园区最多，共 15 个，主要集中于淮安、盐城、南京、苏州的县域地区；依托历史遗迹和资源整合型园区数量相对较少，布局较为分散，无明显集中现象。总的来说，江苏省县域文化产业园区位选择灵活多样，依托历史遗迹、三旧建筑、对原有资源整合的改造升级园区数量较少，零散分布于全省，呈现出零散灵活的区位选择格局。

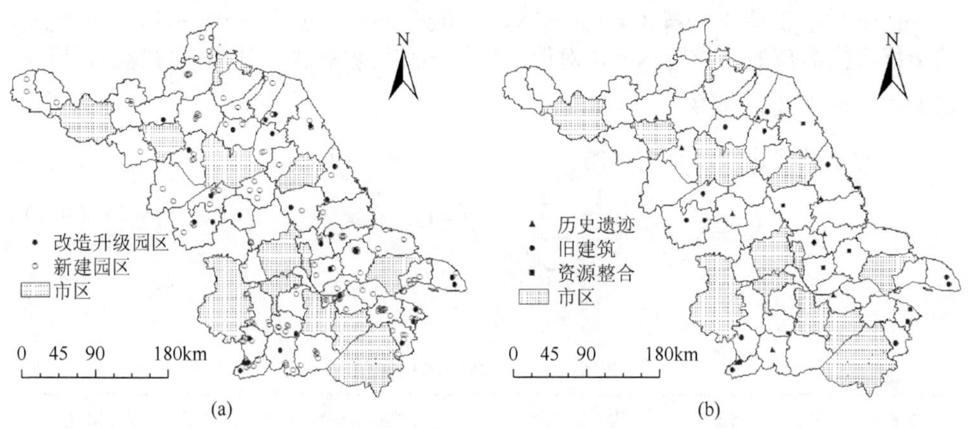

图 9-11　基于文化产业园生成载体的空间格局

9.4.4　县域文化产业综合评价及空间格局

1. 研究方法

为研究江苏省县域文化产业综合水平，依据资料的可获取性，本章选择了文化产业增加值、人均文化产业增加值、文化产业增加值占 GDP 的比重、文化产业园综合得分四个指标，它们能够从文化产业规模、文化产业发展水平、文化产业园状况等方面反映文化产业发展的综合水平。在此基础上，利用熵值法计算各指标权重及各地文化产业综合水平得分，具体步骤如下。

首先，列出数据矩阵：

$$A=\begin{bmatrix} X_{11} & \cdots & X_{1m} \\ \vdots & & \vdots \\ X_{n1} & \cdots & X_{nm} \end{bmatrix}_{n\times m}$$

其中，X_{ij}为第 i 个地区第 j 个指标的数值。

其次，对数据进行非负化处理。

熵值法计算的是各个地区 j 指标占同一指标总和的比值，因而不存在量纲的影响，不需要对数据进行标准化处理。如果数据中有负数，则需要对数据进行非负化处理，处理后的数据仍记为 X_{ij}。

再次，计算各项指标的熵值（e_j）以及差异系数（g_j）：

$$e_j=-k\sum_{i=1}^{n}p_{ij}\ln p_{ij} \tag{9-3}$$

其中，$k>0$；ln 为自然对数；$e_j\geqslant 0$。

由于式中常数 k 与样本数 m 有关，一般令 $k=1/\ln m^2$，则 $0\leqslant e\leqslant 1$。对于第 j 项指标，指标值的差异性越大，对地区评价的作用就越大，其熵值就越小，则 g_j 越大指标越重要。其中，$g_j=1-e_j$。

在此基础上，求出个指标的权重（w_j）（表 9-5）：

$$w_j=\frac{g_j}{\sum_{j=1}^{m}g_j},\quad j=1,2,\cdots,m \tag{9-4}$$

表 9-5 各个指标的权重值

指标	文化产业增加值	人均文化产业增加值	文化产业增加值占 GDP 比重	文化产业园综合得分
e_j	0.976613754	0.97444019	0.968505	0.97046424
g_j	0.023386246	0.02555981	0.031495	0.02953576
w_j	0.21264733	0.23241116	0.286378	0.26856389

最后，以各个指标的归一化值乘以权重并相加，计算出各地文化产业综合水平得分（表 9-6）：

$$s_i=\sum_{j=1}^{m}w_j p_{ij},\quad i=1,2,\cdots,n \tag{9-5}$$

表 9-6　江苏省县域文化产业综合得分

地区	综合得分	名次	地区	综合得分	名次
昆山市	0.051945	1	盱眙县	0.018372	25
常熟市	0.043089	2	姜堰市	0.018192	26
张家港市	0.041442	3	泗阳县	0.017858	27
太仓市	0.038586	4	阜宁县	0.017024	28
江阴市	0.035339	5	大丰市	0.016807	29
海安县	0.027549	6	射阳县	0.016448	30
溧阳市	0.02724	7	东海县	0.016408	31
如皋市	0.026546	8	赣榆县	0.016302	32
仪征市	0.02549	9	洪泽县	0.016264	33
丹阳市	0.025274	10	泗洪县	0.015895	34
句容市	0.024553	11	如东县	0.015565	35
金坛市	0.024126	12	东台市	0.015479	36
高淳县	0.0235	13	丰县	0.015438	37
海门市	0.023042	14	响水县	0.015299	38
宜兴市	0.022591	15	新沂市	0.014536	39
泰兴市	0.021997	16	兴化市	0.013786	40
宝应县	0.021369	17	金湖县	0.013328	41
沭阳县	0.021101	18	靖江市	0.013076	42
扬中市	0.020896	19	建湖县	0.013023	43
溧水县	0.020691	20	沛县	0.012433	44
涟水县	0.01957	21	灌云县	0.012307	45
高邮市	0.019475	22	睢宁县	0.012199	46
启东市	0.018752	23	滨海县	0.010779	47
邳州市	0.018421	24	灌南县	0.010598	48

2. 格局特征

将各地文化产业综合得分反映到地图中，即得到江苏省县域文化产业综合水平的空间格局（图 9-12），颜色越深代表其文化产业综合得分越高。由图 9-12 可以看出，第一类为文化产业综合水平最高区域，其文化产业综合得分在 0.03 以上，主要有昆山市、常熟市、太仓市、张家港市、江阴市五个地区，集中于苏州四县。第二类为文化产业综合水平较高区域，其文化产业综合得分在全县平均水平（0.02083）以上，主要有海安县、溧阳市、如皋市、仪征市、丹阳市、宜兴市、扬中市等 14 个地区，相对集中于苏南、苏中地区，苏北仅沭阳一县，这一区域文化产业综合水平高于全省平均水平。第三类为文化产业综合水平较低区域，其文化产业综合得分低于各县平均水平，主要有溧水县、高邮市、邳州市、姜堰市、大丰县等 14 个地区，主要分布于苏北地区，其文化产业综合水平低于全省平均水平。第四类为文化产业综合水平最低区域，苏中有兴化市、靖江市、如东县三个地区，苏北有滨海县、灌南县、睢宁县、建湖县、丰县等 12 个地区。在全省 48 个县域中，有 29 个县低于平均水平，江苏省县域文化产业水平有待进一步提升。

从宏观上看，江苏省县域文化产业基本呈现出“一核一带一片片”的发展格局。具体来说，“一核”是指苏州四县及江阴市，这一区域经济基础雄厚、科技人才资源优势突出，文化产业起步较早、发展快，新兴文化产业发展迅速，文化产业园数量最多，文化产业基本已经成为国民经济支柱产业之一，其文化产业综合水平处于全省前列，形成了江苏县域文化产业发展的高地。“一带”是指沿长江文化产业带，这一区域文化产业优势虽不如前一区域，但其紧邻苏南、苏中的八个市区，在原有产业的基础上借助市区的优势资源或产业转移浪潮，文化产业得到较大发展，其文化产业综合水平高于平均水平，处于江苏省县域文化产业发展的第二阶梯。“一片片”是指部分苏中、苏北文化产业欠发达和不发达区域，其文化产业综合水平呈现出同等水平地区成片的分布格局，这一区域的经济基础、文化资源、科技人才等因素较弱，致使其文化产业在江苏各县处于落后地位。即便如此，这一区域文化产业仍处于向上发展阶段，还有进一步的提升空间。总的来说，江苏省县域文化产业综合水平发展不平衡，苏南普遍优于苏中、苏北，呈现出“一核一带一片片”的空间发展格局。

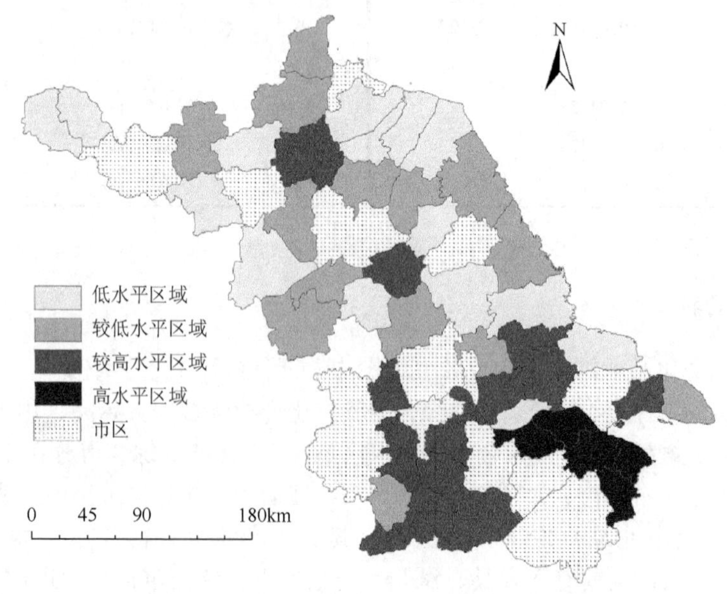

图 9-12　江苏省县域文化产业综合水平空间格局

9.5　江苏县域文化产业地域发展模式

从对江苏省县域文化产业的空间格局及影响因素的研究可以看出，文化资源、文化创意、创意人才、文化政策等对县域文化产业的发展有重大的影响，使各地文化产业具有鲜明的地域特征。本节在前面章节的基础上，总结江苏省县域文化产业典型发展模式，并以典型地区为例，探讨该模式的主要特征及成长机制。

9.5.1　地域发展类型划分

1. 基于文化产业水平的类型划分

由于经济水平、地域文化、资源优势的差异，各地文化产业发展水平各不相同。文化产业增加值占 GDP 的比重往往能反映一地文化产业的水平，比重越高则其文化产业发展水平越高，当文化产业增加值占 GDP 的比重达到 5%时，其文化产业成为该地国民经济支柱产业之一。2012 年，江苏省县域文化产业增加值占 GDP 的比重均值为 3.13%。基于此，将江苏省县域文化产业发展水平分为五个类型（表 9-7）：高水平区域、较高水平区域、中等水平区域、较低水平区域、低水平区域。

表 9-7　基于文化产业发展水平的类型划分

文化产业增加值占 GDP 比重/%	地区	文化产业水平
0～1.99	滨海县、灌南县、靖江市、沛县、睢宁县、赣榆县	低水平
2～2.59	东海县、姜堰市、兴化市、灌云县、建湖县、洪泽县、如东县、金湖县、大丰市	较低水平
2.6～3.59	江阴市、泰兴市、新沂市、东台市、响水县、溧水县、射阳县、丰县、海门市、盱眙县、泗洪县、邳州市、阜宁县、泗阳县、启东市、高淳县、宜兴市、沭阳县	中等水平
3.6～4.99	高邮市、涟水县、宝应县、如皋市、金坛市、扬中市、句容市、丹阳市、海安县、溧阳市	较高水平
≥5	太仓市、仪征市、常熟市、张家港市、昆山市	高水平

资料来源：江苏省文化厅、江苏省各市、县政府及统计局网站

从空间分布上看，文化产业高水平区域集中于苏州四县及仪征市；文化产业较高水平区域主要集中于苏中、苏南部分县域及涟水县；文化产业中等水平地区数量最多，在三大区域均有分布；文化产业较低水平区域主要集中于苏中、苏北

县域；文化产业低水平地区主要集中于苏北地区。从三大区域整体水平来看，苏南地区明显高于苏中、苏北地区。

2. 基于文化主导产业的类型划分

文化主导产业反映一地文化产业发展的重点，也是该地近期文化产业的发展方向，反映了其文化产业的主要特征。目前，江苏省县域文化主导产业涉及行业较多，在前面已对江苏省各县文化主导产业进行总结，在此基础上，对江苏省县域文化产业进行模式划分。为了便于描述，将各行业进行分类描述：新闻出版发行服务和广播电视电影服务等传媒类行业记为 A；文化艺术服务及工艺美术品的生产等技艺类行业记为 B；文化信息传输服务和文化创意和设计服务等科技类行业记为 C；文化休闲娱乐服务记等休闲类行业记为 D；文化相关产品的生产等制造性行业记为 E。得到基于文化主导产业的江苏省县域文化产业类型划分（表 9-8）。

表 9-8 基于文化主导产业的类型划分

<table>
<tr><th>地区</th><th>主导产业</th><th>类型判别</th><th>聚类</th></tr>
<tr><td>溧水县、大丰市</td><td>广播电视电影服务、文化休闲娱乐服务</td><td>AD</td><td rowspan="2">A</td></tr>
<tr><td>句容市</td><td>新闻出版发行服务、文化娱乐休闲服务</td><td>AD</td></tr>
<tr><td>兴化市</td><td>工艺美术品的生产、广播电视电影服务</td><td>BA</td><td rowspan="4">B</td></tr>
<tr><td>沭阳县</td><td>工艺美术品的生产、新闻出版发行服务</td><td>BA</td></tr>
<tr><td>高淳县、睢宁县、海门市、东海县、滨海县、阜宁县、东台县、宝应县</td><td>工艺美术品的生产、文化休闲娱乐服务</td><td>BD</td></tr>
<tr><td>建湖县</td><td>文化艺术服务、文化休闲娱乐服务</td><td>BD</td></tr>
<tr><td>常熟市、张家港市、太仓市、如皋市</td><td>文化创意和设计服务、文化娱乐休闲服务</td><td>CD</td><td rowspan="2">C</td></tr>
<tr><td>昆山市</td><td>文化创意和设计服务、文化用品的生产</td><td>CE</td></tr>
<tr><td>灌南县、金湖县、泗洪县</td><td>文化休闲娱乐服务</td><td>D</td><td rowspan="7">D</td></tr>
<tr><td>灌云县</td><td>文化休闲娱乐服务、广播电视电影服务</td><td>DA</td></tr>
<tr><td>盱眙县、丹阳市</td><td>文化休闲娱乐服务、新闻出版发行服务</td><td>DA</td></tr>
<tr><td>新沂市、溧阳市、如东县、启东市、洪泽县、响水县</td><td>文化娱乐休闲服务、文化艺术服务</td><td>DB</td></tr>
<tr><td>邳州市、金坛市、宜兴市、赣榆县、高邮市</td><td>文化娱乐休闲服务、工艺美术品的生产</td><td>DB</td></tr>
<tr><td>海安县、射阳县、仪征市、姜堰市</td><td>文化休闲娱乐服务、文化创意和设计服务</td><td>DC</td></tr>
<tr><td>扬中市</td><td>文化休闲娱乐服务、文化产品生产的辅助生产</td><td>DE</td></tr>
<tr><td>泰兴市</td><td>文化用品的生产、文化专用设备的生产</td><td>E</td><td rowspan="4">E</td></tr>
<tr><td>涟水县</td><td>文化产品生产的辅助生产、工艺美术品的生产</td><td>EB</td></tr>
<tr><td>江阴市</td><td>文化产品生产的辅助生产、文化创意和设计服务</td><td>EC</td></tr>
<tr><td>丰县、沛县、靖江市、泗阳县</td><td>文化用品的生产、文化娱乐休闲服务</td><td>ED</td></tr>
</table>

由此可以得出，基于文化主导产业划分的江苏省县域文化产业类型主要有四种：①以技艺类为文化主导产业，主要包括兴化市、高淳县、东海县、阜宁县等 11 个地区，其文化氛围浓厚、传统技艺传承较好；②以科技类为文化主导产业，主要有常熟市、太仓市、张家港市、如皋市、昆山市等 5 个地区，主要分布于经济、科技较发达的苏州各县市；③以休闲类为文化主导产业，其主要包括灌南县、宜兴市、高邮市、海安县等 22 个地区，此类型的地区数量最多，遍布全省；④以制造类为文化主导产业，主要有泰兴市、涟水县、丰县、沛县等 7 个地区。以传媒类为文化主导产业的仅有三个地区，因此不将其作为典型类型之一。

3. 基于文化产业园区的类型划分

文化产业园是文化产业发展的有效载体，文化产业园的快速健康发展能够极大促进当地文化产业的繁荣。前面已对文化产业园的水平及其空间格局进行分析，在此基础上，得到基于文化产业园水平的类型划分（表 9-9）。低水平地区内仅有一个或没有文化产业园，其文化产业园水平远远落后于其他地区；较低水平地区数量众多，其文化产业园处于初步发展阶段；较高水平地区的文化产业园虽得到一定程度的发展，但也有待进一步的提升；高水平地区数量较少，主要集中于苏南地区，其文化产业园发展相对较快。综合来看，江苏县域文化产业园整体水平不高，县域内文化产业园数量少、层次低，远远落后于市区。

表 9-9　基于文化产业园水平的类型划分

文化产业园得分	地区	发展水平
0～1	扬中市、灌云县、灌南县、新沂市、建湖县、金湖县、东台市、仪征市	低水平
2～4	沛县、丰县、响水县、睢宁县、泗洪县、兴化市、靖江市、滨海县、射阳县、阜宁县、高邮市、丹阳市、张家港市、如东县、启东市、邳州市、涟水县、泗阳县、大丰县	较低水平
5～8	宝应县、洪泽县、盱眙县、溧阳市、宜兴市、赣榆县、东海县、沭阳县、金坛市、溧水县、姜堰市、句容市、高淳县、海安县、海门市	较高水平
≥9	太仓市、常熟市、如皋市、江阴市、泰兴市、昆山市	高水平

文化产业园区产业内容多样、性质不一，本章将依据产业性质将其分为文化科技型、影视传媒型、地方特色型、文化旅游型、文化艺术型及多元综合型六类。从江苏县域文化产业园性质来看，主要包括以下几种类型。①文化旅游型。此类园区数量最多，散布于全省，占全部园区的比重为 34%，产业内容以文化休闲旅游等娱乐性服务为主。②多元综合型。此类园区产业内容复杂多样，综合性较强，占全部园区的比重为 23%。③地方特色型。此类园区的生成及发展离不开当地文化传统或技艺的支撑，极具地方特色，其占全部园区的比重为 17%。④文化科技

型。此类园区将文化与科技相融合，以软件制作、工业设计为主，其占全部园区的比重为 10%。文化艺术型及影视传媒型园区较少，其占比均不足 10%，本章不将其作为典型类型。由此，可以得到基于园区性质的类型划分（表 9-10）。

表 9-10 基于文化产业园性质的类型划分

园区类型	代表地区
文化旅游型	高淳县、新沂市、溧阳市、金坛市、海门市、灌南县、盱眙县、金湖县、仪征市、高邮市、姜堰市、泗阳县、泗洪县、响水县、洪泽县、射阳县、如皋市、灌云县、启东市、丰县、如东县、滨海县、建湖县
多元综合型	江阴市、海安县、东台市、丹阳市、句容、溧水县、靖江市
地方特色型	沛县、邳州市、赣榆县、东海县、涟水县、宝应县、沭阳县、阜宁县、睢宁县、兴化市、泰兴市、宜兴市
文化科技型	张家港市、太仓市、大丰市、常熟市、昆山市

9.5.2 县域文化与文化产业互动视角下的模式总结及案例解读

不同的区位、经济发展状况、文化资源禀赋、历史机遇及所处社会发展阶段等因素的相互耦合，决定了一地独具特色的文化产业地域发展模式（孟召宜等，2013）。在对地域类型划分的基础上，本章尝试将江苏省县域文化产业地域发展模式总结为“文化+旅游”模式、“文化+科技”模式、“文化+技艺”模式、“文化+劳动力”模式，试图尽量涵盖江苏县域文化产业地域发展模式。其模式特征及其代表地区如下。

（1）“文化+旅游”模式。此类模式较为灵活，对原有产业基础要求较低，任何文化产业发展水平都能适应，文化主导产业以文化休闲娱乐服务为主，文化产业园以文化旅游型为主。其在全省分布广泛，包括宜兴市、灌南县、金湖县、泗洪县、灌云县、盱眙县、如皋市、丹阳市、新沂市、溧阳市、金坛市、如东县、启东市、赣榆县、洪泽县、响水县、高邮市、射阳县、仪征市、姜堰市、大丰市、滨海县等 22 个地区。

（2）“文化+科技”模式。此类模式具有高科技、高附加值的特征，对地区经济、科技等要素要求较高，一般存在于文化产业发展水平较高的地区。其文化主导产业以文化创意与设计服务为主，文化产业园以文化科技型和多元综合型为主。这一模式在江苏县域地区较少，主要集中于常熟市、张家港市、太仓市、昆山市四地。

（3）“文化+技艺”模式。此类模式地方特色性较强，依托于地方特色文化及传统技艺。此模式存在的地区往往文化产业发展水平不高，文化主导产业以工艺美术品的生产为主，文化产业园以地方特色型为主。主要包括兴化市、沭阳县、高淳县、睢宁县、海门市、东海县、阜宁县、建湖县、宝应县、东台县、邳州市、海安县、溧水县等 13 个地区。

（4）“文化+劳动力”模式。此类模式较为传统，往往以文化相关产品的制造为主，其文化产业发展水平也不高，文化主导产业以文化相关产品的生产为主，区域内文化产业园区数量相对较少。主要包括丰县、沛县、扬中市、泰兴市、涟水县、江阴市、靖江市、泗阳县、句容市等 9 个地区。在此基础上，为了更好地对文化产业地域模式进行研究，本章以典型代表地区为例，对地域模式发展概况及成长机制进行分析（表 9-11）。

表 9-11　江苏县域文化产业发展模式

模式类型	典型代表	主要特征	成长机制
“文化+旅游”模式	宜兴市	文化与旅游产业相融合的资源整合模式	丰富的自然、人文资源是发展载体；多样的地域文化传统是发展灵魂；良好的旅游产业基础是发展保障；政府宏观调控文化旅游发展方向
“文化+科技”模式	昆山市	文化与科技创新协同发展的“双高”模式	发达的经济水平是基础；雄厚的科技力量是核心；丰厚的人才资源是支撑；完善的优惠政策是保障
“文化+技艺”模式	东海县	文化与地方传统技艺结合的产业传承模式	特色文化是特色文化产业的灵魂；传统技艺的传承是发展关键；丰富的文化资源是发展载体；产业园区引领产业发展方向
“文化+劳动力”模式	泰兴市	文化相关产品制造企业集聚的传统劳动密集模式	丰富的劳动力资源提供发展基础；良好的投资环境和发展机遇；龙头企业引领产业品牌化发展；政府提供产业发展优惠及保障

1. “文化+旅游”模式——以宜兴市为例

1）主要特征

随着旅游业的快速发展和文化产业的日益繁荣，各地区休闲娱乐旅游的景点也越来越多，以文化理念为主导的旅游项目层出不穷，新兴的文化旅游业态日益壮大，文化和旅游日益呈现出多领域、多层面的相互融合态势。“文化+旅游”模式是指将文化与旅游相融合，充分挖掘旅游活动中的文化底蕴，将文化创意融入旅游活动之中，在提高人们感官享受的同时增加旅游产品文化附加值的新模式。这是一种文化底蕴深厚、增加阅历、获取知识、满足人们不同文化需求的一种高水平形式（张文喜，2006），不仅简单地将文化与观光、餐饮、集会等休闲娱乐活动相结合，还实现了多种产业间的资源整合。“文化+旅游”模式是以区域旅游资源为基础，以历史文化、传统习俗为核心，以民俗文化旅游、节庆文化旅游、宗教文化旅游、演艺文化旅游等为表现形式的文化产业发展新模式。此种模式的发展门槛相对较低，无论发达县域还是欠发达县域都将其作为文化产业发展的重要组成部分。就江苏省而言，全省文化产业园中文化旅游型园区占 26.49%，而在 48 个县域中这一比例更是达到 36.32%；在主导产业选择中，全省县域 83.61%的地区将文化休闲娱乐服务作为主导产业之一，而文化旅游是文化休闲娱乐服务的重要组成部分。可见，“文化+旅游”模式在江苏省各县域分布广泛，是文化产业发展的重要模式之一。

2）成长机制

宜兴市位于江苏省南端，地处苏皖浙三省交界，是长江三角洲的中心腹地。其历史悠久、文化深厚、旅游资源丰富，给文化旅游产业的腾飞奠定了基础。近年来，宜兴大力实施“旅游振兴”战略，坚持“面向大市场、营销大品牌、发展大旅游”的理念，以自然资源为基础、文化为内核、旅游为载体，实现文化旅游融合发展，打造一个新型支柱产业，为传统文化产业创造新的增值空间，赋予传统文化产业新的品牌效应。宜兴市拥有深厚的历史文化底蕴和丰富的自然、人文资源，这也是其发展文化旅游业最大的优势。借助优势，宜兴紧抓文化旅游项目建设，云湖风景旅游度假区、阳羡茶文化博物馆、大觉寺、篱笆园、烟山休闲度假村等一大批文化旅游项目已经建成或在建设中。此外，宜兴市政府还成立市旅游发展管理委员会、组建市旅游产业集团、编制旅游总体规划及乡村旅游等专项规划，以实现全市文化旅游资源的综合利用和开发管理。文化与旅游的有效结合使宜兴文化旅游业魅力倍增，获得了极大的发展，取得了一系列的荣誉：“中国陶都·陶醉中国”城市形象新品牌荣获 2013 中国最佳旅游口号、“中国十大最具投资潜力旅游目的地”“2014 最具文化底蕴旅游目的地”等。“文化+旅游”模式的提出不仅促进宜兴旅游业的进一步发展，也为宜兴文化产业的发展注入新的活力。

（1）丰富的自然、人文资源是发展载体

旅游资源是旅游业得以展开的前提条件，是其发展的物质基础，是构成旅游产品和旅游活动的基本要素之一。旅游资源的丰富与否往往决定其旅游业发展水平的高低，也是“文化+旅游”模式赖以生存和发展的物质基础。宜兴市旅游资源丰富，共拥有 360 处旅游资源，在 48 个县域 2A 级以上景区综合得分中名列第一。全市现有国家 4A 级景区 6 家，3A 级景区 1 家，2A 级景区 1 家（表 9-12）。此外，宜兴市还有东坡书院、玉女潭、云湖、宜园、阳羡茶园、周王庙、徐大宗祠、梅影潭、周培源故居、碧鲜庵、上洞等一大批自然、人文旅游资源，彰显了宜兴独特的山、水、陶、竹、茶等自然生态元素。众多的自然、人文资源为“文化+旅游”模式的发展提供了依托载体。在此基础上，宜兴市将文化因素注入其中，将文化因素与旅游资源成功结合，打造了区域独具特色的文化旅游项目，开发出一系列文化产品及衍生产品，取得了令人瞩目的成绩。

表 9-12　宜兴 2A 级以上景区一览表

名称	文化特征及节庆活动	级别
宜兴善卷风景区	佛教文化、历史碑刻、宜兴陶瓷艺术节	AAAA
宜兴市竹海景区	竹文化、竹风情	AAAA
宜兴市龙背山森林公园	蛟龙传说、历史风情	AAAA
宜兴市团氿风景区	楹联石刻、历史传说	AAAA
宜兴市陶祖圣境景区	范蠡传说、制陶文化	AAAA
宜兴张公洞旅游景区	张道陵传说、张果老传说	AAAA
宜兴市兴望农业休闲文化园	农耕文化	AAA
宜兴市龙池山风景区	龙王三太子传说、佛教文化	AA

资料来源：江苏省旅游局（http：//xxgk.jstour.gov.cn/）

（2）多样的地域文化传统是发展灵魂

类型多样的地域文化是文化产业发展的灵魂所在。宜兴市历史悠久，文化多样，典型的文化类型有骆驼墩类型文化、良渚文化、广富林文化、阳羡茶文化、梁祝文化、紫砂文化等；传统街区有蜀山古南街历史文化街区、葛氏鲍氏聚居地历史文化街区、月城街历史文化街区；风俗民情有庙会、唱社戏、礼敬神祇等。多样的地域文化使得宜兴市在加快推进文化旅游产业中，以新的活动形式、活动内容挖掘地方特色文化内涵，增强宜兴旅游的内在吸引力，例如，举办梁祝文化旅游节暨观蝶节、素食文化博览会、范蠡西施文化节、陶文化节等一系列节庆活动。同时，从陶瓷文化、茶文化、宗教文化、溶洞文化等入手，不断推出具有鲜明文化特征的旅游产品。例如，善卷洞风景区借助“梁祝文化”，将溶洞奇观和爱情文化有机结合，新建了比翼阁、蝴蝶苑、连理桥等一批具有“梁祝文化”特色内涵的新景点，组织梁祝戏曲表演、举办陶瓷艺术节、进陶吧亲手制陶等活动，不仅让游客成为文化旅游旁观者，更使他们真正成为文化旅游的参与者和体验者。此外，宜兴旅游企业还将文化创意融入旅游商品设计，创作了“悠逸壶组”“宜兴四珍”等一批具有纪念性、观赏性、宣传性的旅游产品。宜兴市不断以实际行动高举旅游业发展中以“文化为魂”的“指路牌”。

（3）良好的旅游产业基础是发展保障

文化产业与旅游产业的有机融合促进了文化旅游业的繁荣，良好的旅游产业基础为文化旅游业的发展提供了产业保障。近几年，宜兴市旅游业致力于整合资源，以旅游项目开发为突破口，以增强旅游竞争力为重点，坚持改革创新、优化资源整合、创新旅游理念、加大旅游投入，实现了旅游业快速、健康发展，旅游规模不断壮大、旅游体系日益完善、旅游地位显著提升，初步形成了大旅游、大产业的发展格局。宜兴市旅游经济呈现出稳步增长的态势（图 9-13）。

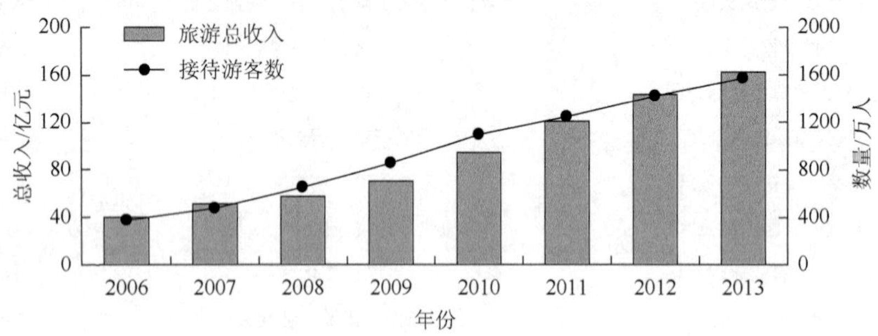

图 9-13　宜兴市近几年旅游总收入和接待游客数

资料来源：宜兴市统计局（http：//www.yxtj.gov.cn/）

宜兴市旅游总收入由 2006 年的 40.8 亿元增长到 2013 年的 162.20 亿元，年均增长 21.79%；接待游客数也由 2006 年的 378.5 万人增长至 2013 年的 1571.63 万人，年均增长 22.55%。国际旅游发展迅速，2013 年，宜兴市接待入境旅游者 8.88 万人次，比上年增长 11.4%，国际旅游收入达到 0.32 亿元。此外，宜兴市启动智慧旅游平台建设，以政府引导带动市场投入，以重大产业项目为抓手，以创建国家 5A 级景区为契机，促使资源优势转化为产业优势，不仅促进了旅游产业的持续繁荣，还奠定文化旅游产业发展的新格局。

（4）政府宏观调控文化旅游发展方向

政府对文化旅游业的发展起到宏观指导的作用，主要体现在宏观调控文化旅游投资环境、文化旅游基础设施建设、文化旅游项目建设、文化旅游市场开发、文化旅游规划等方面。政府对文化旅游产业的调控是实施“政府主导型”发展战略的集中体现，宜兴市政府主要从以下四个方面加强对文化旅游业的宏观调控：首先，政府优化旅游投资环境，宜兴市政府在不断出台相关政策，为文化旅游业在政策、环境、资金等方面提供更多的支持的同时，积极举办文化旅游推介会，吸引各地的项目来此投资；其次，政府完善文化旅游基础设施，宜兴市不断优化景区配置，大力完善云湖景区、善卷洞景区、阳羡景区等景区建设，将景区做美、做优、做强，不断完善文化旅游配套服务；再次，政府主导文化旅游项目建设，文化旅游项目是文化旅游业发展的载体，2014 年宜兴市在建、拟建旅游项目 38 个，投资达 213.6 亿元；最后，政府科学规划文化旅游方向。宜兴市不仅制定了旅游业发展规划的中长期规划，还依据具体情况确定年度旅游业发展目标，提出推进阳羡景区创建国家 5A 级旅游景区等具体目标，确立文化旅游业发展的总体要求。

2. “文化+科技”模式——以昆山市为例

1）主要特征

在文化产业发展中，科技逐步渗透到文化产品创作、生产、传播、消费的各个层面和关键环节，成为文化产业发展的核心支撑和重要引擎（张瑜，2014）。将文化与科技相融合，特别是数字技术和网络信息技术的发展是文化产业发展模式的一个新方向（陈少峰，2013）。“文化+科技”模式是指在文化产业中，通过文化和科技融合示范基地，将科技创新与文化创意相结合，以文化为核心、以科技为依托，以文化为内容、以科技为载体，构建文化资源与科技创新相互协同发展的产业模式。它是一种高文化含量、高科技含量的“双高”模式，高科技大大提高了文化产品的制作效率和水平，是一种很值得推广的产业模式。“文化+科技”模式对地区经济、科技、人才及文化产业发展水平要求较高，从江苏省文化科技型产业园区的分布及将文化创意与设计服务作为主导产业的地区分布中可以看出，文化科技型及多元综合型园区主要分布于苏州四县周围地区，其他县域也有零星分布，文化创意与设计服务作为主导产业的地区也主要分布于此。因而，此模式在江苏省县域文化产业发展中尚未普及，主要集中于苏南发达地区，苏中、苏北地区相对较少。本章以昆山市为例，探讨“文化+科技”模式的发展及成长机制。

2）成长机制

昆山市位于苏州东部，其经济、科技水平较高，文化产业较为发达，是“文化+科技”模式发展较好的地区之一。近几年，昆山市文化产业呈现不断增长的态势（图 9-14），2013 年昆山市文化产业增加值为 189.5 亿元，占 GDP 的比重为 6.48%，已达到地区支柱性产业的标准。在统计的文化产业园中，昆山市有六个文化产业园，其中昆山文化创意产业园为国家级文化产业示范基地，昆山软件园动漫数字产业基地为省级园区，其他为普通园区。在这六个园区中仅一个普通园区为影视传媒型园区，其他园区均为文化科技型园区或以文化科技型为主导的多元综合型园区，奠定了昆山市的文化产业园以文化科技型为主的模式。在此基础上，昆山市还制定了以文化、科技融合引领产业转型升级，以产业集聚提升效益，让文化产业与新兴城市化互动共进，构建文化产业发展的新思路。目前，昆山市将以数字媒体为核心的大文化产业和以移动互联网为核心的大 IT 产业作为其发展的重点，以各文化科技产业园为发展载体，努力发展影视制作、动漫游戏、工业设计、数字出版、新媒体等文化科技产业，着力将其打造成国家级文化科技产业融合发展示范区。昆山市借助科技创新的动力，努力践行“文化+科技”模式，迎来文化产业发展的新时期。

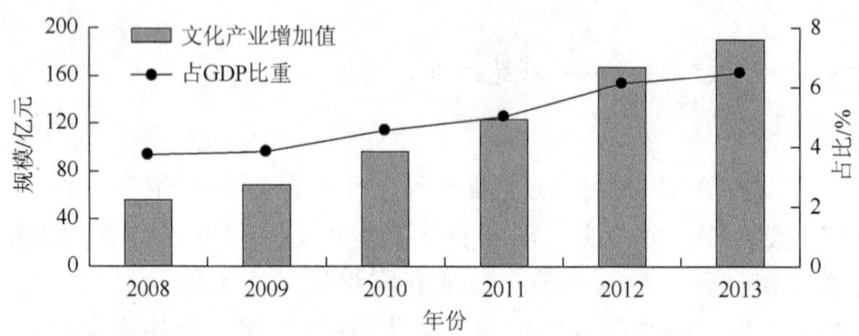

图 9-14　昆山市文化产业增加值及占 GDP 比重

资料来源：昆山市统计局（http：//www.kstj.gov.cn/）

（1）发达的经济水平是基础

“文化+科技”模式文化产业对社会经济发展水平要求较高，因此，发达的经济水平是其发展的基础。目前，昆山经济呈现快速增长的势头，经济综合实力日益增强（表 9-13）。2013 年，昆山市 GDP 总量达到 2920.08 亿元，比上年增长 9.7%。按常住人口计算的人均 GDP 达到 17.79 万元，比上年增长 7.62%，是全国平均水平（41908 元）的 4.2 倍，江苏省平均水平（74607 元）的 2.4 倍，人均 GDP 近五年年均增速为 7.07%。固定资产投资稳定增长，全市完成固定资产投资额 842 亿元，比上年增长 9.3%。此外，昆山市在台湾电公会“大陆综合实力极力推荐城市”中获得五连冠，连续五年在福布斯中国大陆最佳县级城市排名中位列第一，连续九年获得中国中小城市综合实力百强县市第一。发达的经济基础为“文化+科技”模式文化产业的发展奠定了良好的基础。

表 9-13　昆山市经济与科技发展情况一览表

年份	GDP/亿元	人均 GDP/元	固定资产投资/亿元	专利申请量/件	专利授权量/件
2009	1750.08	135361	325.37	#	#
2010	2100.28	142185	410.33	14923	10750
2011	2432.25	147186	642.57	17626	12742
2012	2725.32	165291	767.62	31515	20495
2013	2920.08	177900	842	34053	15439

资料来源：《江苏统计年鉴（2010—2014 年）》，“#”为数据缺失

（2）雄厚的科技力量是核心

科技因素是文化中最活跃的因素，科技创新是文化产业产生革命性进步的源

泉。科技在文化产业发展中占据着不可替代的地位，是文化产业发展的强大动力，对文化产业的发展有巨大的推动作用。昆山市科技实力雄厚，技术创新能力不断增强。从表9-13可以看出，昆山市近几年专利申请量与专利授权量都呈现出逐年递增的态势，2013年，昆山市专利申请受理量与授权量分别达到34053件、15439件，居于江苏省各县前列。截至2012年底，昆山市高新技术企业385家，研究与试验发展人员24278人，研究与发展经费支出41.44亿元，2013年，昆山市在全国科技进步先进县市考核中，连续七年位列全省第一，获批全国县级市首批国家知识产权示范城市。昆山市拥有国家级博士后科研工作站8个、分站21个，省级博士后创新实验基地11个、分站12个，博士后工作站总数居全省县市之首。全年新增省工程技术研究中心8家、外资研发机构32家、创新驿站服务站点7家、企业院士工作站1家、科技公共服务平台1家、研究生工作站16家、企业重点实验室2家。雄厚的科技力量是“文化+科技”模式文化产业发展的核心。

（3）丰厚的人才资源是支撑

人才资本是推动经济增长的主要因素之一，在文化创意产业发展中尤为明显，人才资源为文化产业的发展提供了智力支持。文化创意产业源于个人的创造力和天分，其发展依赖于源源不断的创意，这些创意来自于具有智慧和技术创新能力的复合型创意人才。文化产业创意人才的开发、利用、储备和更新，是文化产业发展的核心支撑。昆山市科教资源丰富，人才荟萃，为文化产业的发展提供了丰富的人力资源。昆山市现有高等院校三所，中等职业教育学校四所，全市专任教师7705人，在校学生数121386人，为文化产业的发展储备了人才资源。2013年，昆山市新增国家“千人计划”20人，累计79人；新增省级创新团队2个、省级“双创”人才14人、省级企业博士集聚计划14人、省333人才工程培养对象23人、姑苏人才14人；全市大专以上人才保有量达31万人；全年引进培养高技能人才5008人，其中技师218人。截至2012年，昆山市拥有专业技术人员20.59万人，其中，大中型工业企业研究与试验发展人员24278人。丰富的人才资源“文化+科技”模式文化产业发展的智力支撑和后续动力。

（4）完善的优惠政策是保障

《国家文化科技创新工程纲要》及《文化部“十二五”时期文化产业倍增计划》指出：“要充分发挥科技创新对文化发展的重要引擎作用，深入实施科技带动战略，加强文化科技创新，增强文化领域自主创新能力和文化产业核心竞争力，推动文化产业成为国民经济支柱性产业”（中华人民共和国文化部，2012）。《昆山市文化产业发展规划纲要（2009—2020年）》也明确提出：“推进科技、创意、城市建设、现代服务业与文化产业融合发展。推动国家扶持科技园区发展的优惠政策，向具有高科技特征的网络传媒、数字内容等高科技文化产业园区延伸。”此外，昆山市还不断推进文化产业政策创新：完善文化产业投融资政策，确立了政府指导、政策引导、企业为主、市场运营的文化产业投融资模式，积极利用资本市场加快文化产业发展；制定财政支持政策，不断扩大昆山市文化产业发展引导资金的支持力度，筹划昆山市文化产业投资控股公司；实施文化经济政策，出台了“昆山市促进文化产业发展若干意见”等措施；实施文化科技政策，推动国家扶持软件业、高科技产业优惠政策；落实文化人才政策，实施引进、扶持和培育优秀文化产业人才的各项优惠和奖励政策，鼓励和吸引一批文化产业各领域高层次人来昆山发展，逐步建立一支专业的文化产业人才队伍。文化产业各项优惠政策的制定与实施，为文化产业的发展提供了资金、技术、人才等保障。

3. “文化+技艺”模式——以东海县为例

1）主要特征

文化产业发展处于初始阶段之时，由于缺乏充足的资金、技术等条件，往往从当地的特色资源或传统技艺发展起来的，经过政府的有效引导和企业自身的发展而逐步壮大。“文化+技艺”模式即是在此基础上发展起来的，它是指在原有资源的基础上，借助传统技艺，将文化注入产品之中，赋予产品特殊的文化和技艺印记，这种技艺强调的是传统手工技艺，区别于工业机械化方式批量生产规格化的工艺产品。江苏省县域历史悠久、文化丰富，传统工艺、美术技艺丰富，如宜兴紫砂技艺、东海水晶雕刻技艺、如皋丝毯织造技艺、泰兴麻将雕刻技艺、赣榆柳编技艺、海安勾针技艺、建湖花炮制作技艺，等等，如此丰富的传统技艺有的得到有效开发，成为当地文化产业重要组成部分之一，有的则有待进一步开发。江苏省非物质文化遗产分布相对不均，在非物质文化遗产相对丰富的地区，其文化产业园中文化艺术型及地方特色型园区也较多，这两种园区中很多都是依据当地特色文化遗产或技艺为载体，二者之间联系紧密，说明“文化+技艺”模式与当地传统文化与技艺的传承密切相关；以工艺美术品的生产为主导产业的地区也多分布于苏北县域，以文化艺术服务为主导产业多为苏南县域，这与当地文化技艺的传承、文化艺术密切相关。“文化+技艺”模式文化产业发展门槛较低，特别适合江苏省县域中经济欠发达、文化产业处于初始阶段但文化遗产较丰富的地区，文化与传统手工技艺的融合为其文化产业的发展提供了新的契机。

2）成长机制

东海县位于江苏省东北部，连云港西部，经济发展水平相对落后，文化产业发展处于起步阶段。东海县是“中国水晶雕刻艺术之乡”，其文化产业中最具特色的即是水晶文化产业，展示了“文化”与“技艺”的完美融合。东海水晶文化产业是在依托水晶资源优势及水晶雕刻技艺的基础上，充分挖掘、保护、传承、弘扬水晶文化，将水晶文化和水晶产业融合发展，促进了东海水晶文化产业的崛起。在东海水晶文化产业发展过程中，东海县不断将中国传统文化、审美文化等文化元素融入水晶工艺品和水晶产业之中，不断凝练和打造东海水晶独具的文化个性和品位，增加东海水晶产品的文化内涵和价值，实现水晶文化产业的跨越发展。2013 年，东海水晶年交易额突破 100 亿元大关，全县从事水晶相关产业人员达 25 万人，有 8000 多人长年在海外进行淘晶活动，年进口水晶原料数十万吨。水晶文化产业还带动住宿餐饮业、房地产和文化旅游业的快速发展，构成独有的县域特色“水晶文化经济”。目前，东海县拥有省工艺美术大师 4 人、省工艺美术名人 5 人、中级职称 60 余人。此外，东海还积极设立水晶雕刻学校、培训机构等，为水晶文化产业的进一步发展提供人才支撑。东海县凭借独特的资源优势、传统技艺和鲜明的产业特色，使“文化”和“技艺”达到高度融合，不仅使东海水晶大放异彩，也提升了东海县文化产业的整体层次。

（1）特色文化是特色文化产业的灵魂

特色文化是特色文化产业发展的灵魂支撑。东海水晶文化源远流长，从大贤庄遗址出土的水晶削刮器、水晶饰品说明早在一万年前的旧石器时代东海已开始有水晶的发现与利用。海州汉代戴胜墓出土的水晶小饰品及良渚遗址的“鼓形水晶珠”等，反映了东海在汉代时开始形成对水晶的初步加工规模。此后，历代水晶工艺品的相继出土彰显了东海水晶文化的历史价值。新中国成立后，水晶工艺品基本作为奢侈品进行生产加工。改革开放以后，东海水晶文化进入新的发展期，东海水晶文化表现艺术在继承传统雕刻技法的基础上锐意创新。江苏省工艺美术大师沈明川的“局部喷砂”工艺使水晶艺术文化大放异彩；“中国水晶雕刻第一人”仵应汶将传统与现代技法相结合，填补了“天然水晶艺术雕刻”作品史的一项空白；朱景强更是成为将水晶融入美学文化的第一人。此外，东海县还成立了全国首家以水晶文化为主题的组织——江苏省水晶文化研究会、建立以水晶为主题的东海水晶博物馆，围绕水晶开展影视、美术、诗歌创作，等等，不断打造东海水晶独特的文化品位、文化个性和文化内涵，带动水晶文化产业及相关产业的发展。

（2）传统技艺的传承是发展关键

手工技艺的传承是文化产业发展的关键环节。东海水晶雕刻工艺流程主要是选料、制作、抛光和包装，其中制作是显示技艺的关键环节。东海水晶雕刻技艺的传承有群体传承和师徒传承等形式，人员达万人之多。群体传承主要表现为开办培训机构、艺术学校等，东海县不仅在中等专业学校设立水晶雕刻专业，与高校合作办学，还设立专门的东海县水晶雕刻技艺培训学校，着力推动东海水晶雕刻人才的培养和技艺的传承。师徒传承即师徒授受，是中国古代技术传承的主要途径，东海注重对传统师带徒的继承与创新，不仅传承技艺，更重要的是传承文化。这些技艺学徒不仅有来自本土的东海人，也有从河南、福建等从玉雕行业转行而来的外地人，在工艺美术大师、工艺美术名人等一批水晶雕刻技术骨干的指导下，潜心钻研水晶雕刻技艺，为水晶雕刻工艺品的发展，起到了承前启后的作用。2011 年，东海水晶雕刻技艺入选省级非物质文化遗产名录。东海水晶雕刻工艺技术在长期的传承中，以其丰富多彩设计，精工细琢的工艺和精湛娴熟的制作技艺，形成了优秀的艺术传统和独特的民族风格，保持了东海传统文化的地方特色，是东海水晶文化产业持续发展和“文化+技艺”发展模式的关键所在。

（3）丰富的文化资源是发展载体

任何模式文化产业的发展都需要一定的资源载体支撑，东海县水晶文化产业的繁荣与丰富的水晶资源密不可分。东海县是闻名中外的“水晶之都”，以蕴藏量大、质地纯正、种类繁多著称于世。东海水晶资源十分丰富，全县近一半的地域储有石英、水晶，储藏量分别约有 3 亿吨和 30 万吨，占全国 70%以上，年开采量 400 吨，占全国一半以上。东海水晶品质优良，二氧化硅含量高达 99.99%，总的杂质元素含量小于 22.57%ppm，水晶晶体剔透、硬度大，远高于其他地区水晶的品质。东海水晶种繁多，有紫水晶、白水晶、红水晶、黄水晶、茶水晶、钛晶、粉晶、发晶等，种类多样、形态各异的水晶是工艺师的灵感来源，在精湛娴熟的雕刻技艺下，使之成为精美的水晶工艺品。此外，东海县还拥有一支 20 余万人的“淘晶”队伍，足迹遍布世界各地，东海水晶逐步实现由买全球到卖全球的转变，使东海县成为世界水晶的集散中心之一。天然的水晶清澈透明，内部包裹气象万千，给人们提供了神秘感与丰富的想象空间，不仅给人以美的享受，还赋予其独特的艺术雕刻价值和广阔的市场空间，为水晶文化产业的发展打下了坚实的基础。

（4）产业园区引领产业发展方向

东海水晶产业在改革开放以来获得了极大的发展，全县水晶及硅资源加工的大小企业达 3000 余家。然而，这些企业规模普遍较小、分布较散、资本结构单一，部分企业还停留在家庭作坊式阶段，制约了东海水晶文化产业的快速发展。在此情况下，东海县政府制定并实施了《东海水晶产业战略发展规划》，积极规划产业园区、培育龙头企业、打造知名品牌、提升企业群体能力。在此基础上，东海县规划建设水晶文化创意产业园，按照“政府规划、行业集中、统一运作、功能完善”的建设模式，围绕“生态化、园林化、特色化、现代化”的目标定位，该县规划建设了占地 1000 亩，建筑面积约 50 万平方米，总投资 10 亿元的水晶文化创意产业园。目前已有福建艺雕、至善坊、石来运好、香港艺诚宝石有限公司、恒达珠宝、上海畅通水晶阁等 30 多家水晶宝玉石企业入驻运营，着力将园区打造成一个集原料展销、产品加工、创意研发等“多位一体”的功能平台。2013 年，园区入选省级文化科技产业园、省重点文化创意产业园，逐步成为东海文化产业发展的领头羊。同时，东海县还以品牌化推动水晶产业发展，先后培育出涉及水晶的省级著名商标 4 个、市级知名商标 6 个，其中，“石来运好”“大姐吴兆娥”获批中国驰名商标。

4. “文化+劳动力”模式——以泰兴市为例

1）主要特征

任何产业的发展都离不开劳动力资源的支撑，文化产业中各行业对劳动力资源的需求也各不相同，特别是在欠发达地区，其传统文化产业发展占据主导地位，文化制造业是其文化主导产业，部分文化制造行业对劳动力资源需求较高。“文化+劳动力”模式是文化产业发展中较原始的模式，在各影响因素中劳动力资源是影响文化产业发展的主要因素之一。这一模式主要存在于文化制造行业，其劳动力附加值较低，劳动力素质普遍较低且流动性较大，能够掌握行业专业知识的人较少。“文化+劳动力”模式文化产业对科技、信息等因素要求较低，主要存在于经济欠发达或文化产业发展处于起步阶段的地区，这一模式在江苏省文化产业的起步阶段发挥了巨大推动作用。江苏是人口大省，劳动力资源十分丰富，外来务工人员较多，为“文化+劳动力”模式文化产业的发展提供了充足的人力资源基础。“文化+劳动力”模式主要分布于部分文化制造行业较密集的地区，依据江苏省县域各地区文化主导产业看来，主要有沛县、泗阳县、涟水县、泰兴市、靖江市、扬中市等地。这一模式随着经济、文化发展，尤其是现代化机械技术的应用有走向衰落趋势，其在江苏省县域中分布相对较少。

2）成长机制

泰兴市隶属泰州，位于苏中地区。泰兴市文化产业总量居泰州各区县前茅，主要得益于泰兴乐器文化产业的繁荣。乐器生产是文化产业中文化用品生产的组成部分之一，也是泰兴文化产业的重要组成部分。泰兴乐器产业的发展起源于 20 世纪 60 年代，经过 50 多年的发展，实现了从无到有、从小到大、从配角到主角的转变，并达到鼎盛状态。近年来，泰兴市大力发展提琴产业，赢得了“提琴之乡”的美誉，成为全国乃至世界最大的“提琴产业集聚区”，年产提琴类 70 万把，其他乐器 100 万把，年销量占世界市场的 30%、全国市场的 70%的份额。泰兴市现有规模以上乐器企业 20 家，中小型乐器生产企业 40 多家，配套产业及手工作坊 140 多家。泰兴乐器产业主要集中于黄桥镇，黄桥镇 2013 年乐器生产及配套企业共完成产值近 10 亿元，全镇服务于乐器行业生产的人员近 3 万人，占全镇劳动力的 40%左右。2006 年，泰兴凤灵乐器有限公司被命名为国家级文化产业示范基地。2009 年，泰兴市被命名为“中国提琴产业之都”。2014 年，中国黄桥乐器文化产业园入选省级文化产业示范园区。泰兴市乐器产业的繁荣不断推进其文化产业的持续发展。

（1）丰富的劳动力资源提供发展基础

泰兴位于苏中，紧靠苏南地区，劳动力资源丰富，外来务工人员较多，充足的劳动力资源为泰兴乐器产业的发展提供了支撑。乐器制造在中华人民共和国国家统计局颁布的《文化及相关产业分类（2012 年）》中属于文化用品的生产，乐器制造的每一个环节都离不开大量的劳动力资源的支撑。泰兴共有乐器生产企业 300 余家，以私营企业或个体家庭作坊居多。2002～2013 年，泰兴市私营企业和个体从业人员从 2.64 万人增长至 26.85 万人，年均增长 2.2 万人，年均增长率为 23.47%; 私营企业和个体从业人员占总从业人员的比重也由 4.14%上升到 40.61%，呈现出快速增长的态势（图 9-15）。泰兴乐器产业多分布于泰兴黄桥镇，使其能够有效利用农村地区丰富的劳动力。2013 年，泰兴市乡村从业人员达 56.46 万人，占总从业人员比重达 85.39%。丰富的劳动力资源为泰兴乐器产业的发展提供了人力支撑。

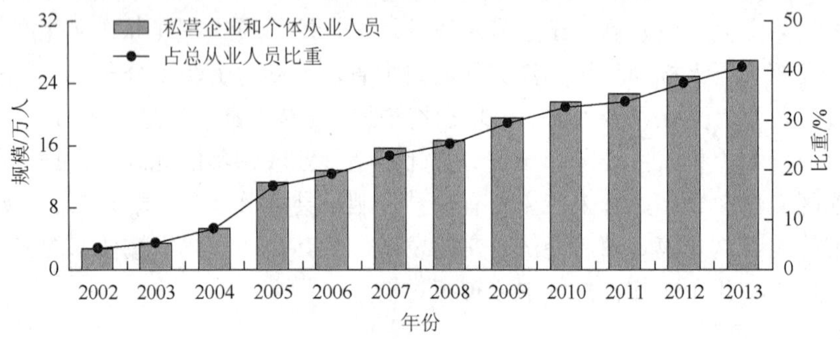

图 9-15　泰兴市私营企业和个体从业人员及占总从业人员比重

资料来源：《江苏统计年鉴（2002—2013 年）》

（2）良好的投资环境和发展机遇

文化产业的产生除了其自身的优势条件外，还与其产生的历史机遇密切相关。泰兴并无生产乐器的产业基础，也与其历史文化传统基本无关，其产生机遇源于 1968 年从上海提琴厂下放的两位职工，他们在溪桥镇（现黄桥镇）建立了一家为上海乐器厂加工琴头和弓杆的小型乐器配件厂。随着企业规模的不断扩大开始生产吉他、小提琴等西洋乐器，并通过上海出口东南亚地区。20 世纪 90 年代，泰兴市乐器制造产业产生裂变效应，衍生出多家乐器生产企业。为了发展壮大乐器产业，泰兴市积极出台优惠政策，营造良好的发展环境和投资环境，全力培植乐器产业做大做强。后来，美国一家知名企业与溪桥乐器厂合营，组建了“中美合资凤灵乐器有限公司”，后逐步发展成为现在的江苏凤灵乐器集团。随着凤灵乐器国际知名度与日俱增，一大批国外乐器经销商纷纷来此考察、投资，开展技术交流与合作，进一步推动了泰兴乐器产业的国际化。在此基础上，泰兴市因势利导组建乐器产业协会，规划建设“中国乐城”“乐器文化产业示范园区”等，进一步推动泰兴乐器文化产业集群化发展，逐步营造产业良好的发展环境和投资环境。

（3）龙头企业引领产业品牌化发展

龙头企业是整个产业链发展的核心和支撑，品牌是产业竞争力的重要表现，以龙头企业促进产业品牌化发展，是整个产业持续发展的关键。江苏泰兴凤灵集团是泰兴市乐器产业的龙头企业，该企业积极实施科技创新、营销创新策略，努力开拓国际市场，走创新型企业发展之路，取得了巨大成就。凤灵集团年产各类型号和档次的吉他产品 60 万套、提琴产品 32 万套，90%以上的产品销往日本、美国、意大利、德国等 86 个国家和地区，“凤灵”乐器也被认定为“国家免检产品”“中国驰名商标”。在凤灵集团的引领下，其他骨干企业也处于良性发展状态。如东方乐器有限公司、泰乐乐器有限公司、琴艺乐器有限公司、声威乐器有限公司、东进乐器有限公司、斯坦特乐器有限公司等规模企业都为泰兴市乐器产业的发展作出了重大贡献。此外，各骨干企业十分注重提高乐器生产者、经营者、市场管理者对品牌重要性的认识，牢固树立“品牌就是竞争力”的理念和依靠品牌开拓市场的意识，建立监控机制，形成品牌优势。目前，泰兴市拥有中国驰名商标 1 个、江苏省著名商标 3 个、江苏省名牌产品 4 个。

（4）政府提供产业发展优惠及保障

近年来，中央把振兴文化产业上升为国家战略，作为加快转变经济发展方式的重要抓手。2012 年 3 月，江苏省委、省政府编制“十二五”文化产业发展规划，明确提出要强化体制创新和政策扶持，进一步加大改革力度，加强财税政策扶持，积极创建投融资、市场交易、信息服务等公共平台。泰兴市将提琴文化产业纳入《2012—2015 年泰州市文化产业发展规划》重点发展项目，全力促进提琴产业发展。黄桥镇制定了《关于促进提琴产业做大做强的奖励意见》，设立品牌创建奖和科技创新奖，用来促进企业进行品牌创建和技术创新。政府还充分发挥泰兴市乐器协会的作用，帮助乐器协会修改完善《提琴行业管理办法》，使整个提琴行业从品牌保护、技术工艺、材料价格、人才流动等方面得到了规范，使全市提琴行业向科学化、现代化推进。此外，政府还通过举办乐器“广交会”、聘请技术顾问、培育国际大师、培植亿元企业等途径，不断鼓励引导企业转型升级，发展壮大乐器产业集群，努力实现泰兴市由提琴产业之都向乐器产业之都跨越。种种优惠政策、规划等为泰兴市乐器产业发展提供了保障。

9.6　江苏县域文化产业优化提升路径

9.6.1　立足县域文化特色，打造县域文化产业品牌

文化产业是一个充满竞争的大市场，必须在特色上做文章，通过差异化竞争

赢得优势。江苏省县域历史悠久、地域广阔，不同县域因为历史人文的区别，会天然地形成一地特色鲜明的文化资源，把这些资源整理、研究、创新，并与现代文化相结合就会产生丰富的文化产品。江苏省县域文化产业发展必须走培育和发展特色文化产业之路，着力打造特色文化产业品牌。一是立足特色文化，打响文化产品品牌。将文化元素注入产品之中，凸显产品的民族特色、时代特征、地域个性的文化理念，打造地域文化鲜明的产业品牌。同时，注重产业链的延长，增强产品的市场竞争力。二是将文化与旅游相融合，打造精品旅游品牌。江苏省县域文化旅游资源丰富，开发力度尚浅，开发潜力巨大，将文化与旅游相结合，借助名人效应，充分发挥地区特色资源优势，建设文化旅游专区，打造地方特色旅游品牌。三是依托传统技艺，点亮文化艺术品牌。不断传承、发扬县域传统技艺、艺术表演等文化遗产，并在传承中不断创新，促使其走上规模化、产业化之路。

9.6.2 发挥县域特色优势，促进县域文化产业创新

特色文化产业依托的是独特的文化资源，并通过创意转化、科技提升和市场运作之后，为广大群众提供具有鲜明区域特点和民族特色的文化产品和服务。县域文化产业的特色创新不仅能够提高文化产品的附加值，而且对于提升产品市场竞争力及文化产业整体水平有着重要意义。江苏省县域文化特色产业众多并得到了初步发展。例如，宜兴紫砂产业、兴化木船产业、东海水晶产业、如皋丝毯产业、泰兴提琴产业等都是各地知名的特色文化产业，具有鲜明的地域特色。然而，这些产业创新动力仍然不足，其产品产量高，质量却不高，产品层次较低，缺乏创新性。因此，县域文化产业应注重产业特色创新，一是要充分发挥地区特色资源优势，变“无形的文化”为“有形的产业”，特别是将文化承载、文化创意与产业发展进行深度融合、释放，继而进行创新。二是要创新文化业态，赋予传统文化产业以新的内容、形式，以结合了新理念、新技术的文化业态引领县域特色产业发展。

9.6.3 深挖县域多样文化资源，实现县域文化产业多元发展

文化资源是文化产业的载体，发展文化产业应注重挖掘文化内涵。江苏省县域地区民间民俗文化底蕴深厚、形式多样、保存较完好，深入挖掘县域文化潜力巨大、前景广阔。首先，各级政府和职能部门应大力实施“民间民俗文化保护工程”，深入挖掘民间民俗文化，切实加强对县域地区特色文化的研究、开发和保护，特别是抢救性地发掘与保护濒临消失的特色民间民俗文化，在继承与发扬中不断丰富县域文化内涵。其次，企业应注重文化与经济的有机结合，挖掘、利用、保

护、创新地区文化元素，探寻文化产品的深层次文化内涵，以文化内涵来提升商品附加值，增强文化产品的市场竞争力，促进文化优势向产业优势转变，以文化创意激发企业发展潜力，在获得经济效益的同时也进一步丰富了文化内涵。最后，不断扩展县域文化内涵，多层次、多角度开发、利用县域文化，以文化的多元化促进产业的多元特色发展。

9.6.4 整合县域优势文化资源，统筹县乡文化产业共同发展

文化资源是文化产业发展的前提与基础，丰厚的文化资源不仅为文化产品提供了丰富的资料和实物标本，也为文化产业发展提供了资源支持。江苏省县域文化资源在分布中呈现出散、乱、小的特征，不利于文化资源的产业化发展，县域文化产业资源亟待整合。首先，加强县域特别是农村地区的文化资源的普查工作，普查中要做到不遗漏、不重复，对于濒临消失的文化资源要建立有效保护机制，为以后文化资源的合理开发打下良好的基础。其次，合理梳理民间文化资源脉络，将本地区内散、乱、小的文化资源梳理为主次分明、条理清晰的特色文化体系，建立县域文化产业资源网络系统，制定、实施文化资源开发与保护规划。再次，对本地繁多、琐碎的“小”文化资源进行有效整合，使其成为最能反映当地特色的“大”文化资源，利于其产业化发展。最后，对于区域间共有的文化资源要共同开发、共同保护；对区域内独有资源要互通有无，形成县域内文化资源优势互补，强化区域文化资源的整合，形成共同发展的良好格局。

参 考 文 献

柏定国. 2005. 基于项目管理的县域文化产业研究[D]. 长沙：中南大学.

陈健萍. 2013. 广西农村文化产业发展探究[J]. 广西社会科学，(5)：18-22.

陈少峰. 2013. 以文化和科技融合促进文化产业发展模式转型研究[J]. 同济大学学报（社会科学版），(1)：55-61.

陈双. 2012. 发展县域文化产业的调查[J]. 新湘评论，(22)：28-29.

陈艳梅. 2007. 关于河南农村文化产业发展和新农村建设研究[J]. 农业科技通讯，(12)：35-37.

陈志超，胡薇. 2013. 发展农村文化产业——实现我国反贫困战略的有效路径[J]. 内蒙古大学学报（哲学社会科学版），(3)：69-74.

邓安球. 2009. 文化产业发展理论研究[D]. 南昌：江西财经大学.

董彦岭，朱兴婷. 2009. 山东农村文化产业发展探析[R]. 建设经济文化强省：挑战·机遇·对策——山东省社会科学界 2009 年学术年会，济南.

范周. 2008. 文化产业的县域突围[N]. 中国文化报，2008-10-10.

佛罗里达. 2010. 创意基层的崛起[M]. 司徒爱勤，译. 北京：中信出版社.

高艳丽. 2013. 打造县域文化产业集群促进地方民俗文化产业大发展——以吉林省县域文化产业集群为例[J]. 中国外资，(10)：225-226.

管宁. 2009. 导入产业意识激活乡村文化——关于农村文化产业发展的一个视角[J]. 东岳论丛，(10)：157-162.

郭鉴. 2008. 吾地与吾民：地方文化产业研究[M]. 浙江：浙江大学出版社.

郭玉兰. 2007. 山西发展农村文化产业的现实条件、模式选择和发展前提[J]. 生产力研究，(6)：30-31，56.

胡惠林. 2009. 关于我国文化产业发展战略研究的思考[J]. 东岳论丛，(2)：5-12.

胡惠林. 2009. 文化产业正义：文化产业发展的历史地理学问题——关于文化产业发展新战略理论思考[J]. 上海交通大学学报（哲学社会科学版），(5)：5-17，32.

湖北省社会科学院课题组. 2004. 湖北县域文化调查[J]. 江汉论坛，(11)：128-134.

黄建红. 2013. 农村文化产业发展探析[J]. 湖南农业大学学报（社会科学版），(S1)：108-110.

黄永林. 2012. 湖北文化产业发展状况分析[J]. 中国文化产业评论，(2)：188-204.

孔翔，钱俊杰，杨鸿雁. 2011. 地方文化对文化创意产业集群的影响初探——基于北京798与上海M50的调研[J]. 中国文化产业评论，(1)：366-380.

李敏. 2012. 大力发展县域文化产业[J]. 南昌教育学院学报，(5)：9-10.

李秀芳. 2006. 新形势下农村文化产业建设的问题及出路[J]. 中共四川省委党校学报，(1)：47-50.

李学鑫，陈世强，薛诺稳. 2010. 中国农区文化创意产业集群形成演化的影响因素研究——以河南民权“画虎村”为例[J]. 地域研究与开发，(2)：16-21.

李学鑫，史本林. 2013. 加快河南乡村文化产业集聚区建设战略对策研究[J]. 商丘师范学院学报，(3)：78-82.

李学鑫. 2010. 中国农区文化创意产业集群形成演化机理——以民权县王公庄绘画产业集群为例[J]. 地理科学进展，(8)：1011-1017.

李学鑫. 2012. 农区文化产业集群吸收能力与学习研究——以石佛寺玉雕产业集群为例[J]. 人文地理，(5)：115-119.

刘舸. 2013. 县域文化产业发展现状及对策研究[J]. 经济与社会发展，11（2）：56-57.

刘志勋. 2012. 大力发展文化产业 推动县域经济转型升级——以宁夏西吉县为例[J]. 中共银川市委党校学报，(3)：82-83.

孟召宜，沈正平，刘燕，等. 2013. 江苏文化创意产业地域发展模式类型划分与发展思路研究[J]. 黄河文明与可持续发展，(3)：188-200.

牟俊翰，蔡尚伟. 2012. 新时期我国县域文化发展的意义、困难与对策[J]. 中共成都市委党校学报，(1)：68-74.

潘瑾，李崟，陈媛. 2007. 创意产业集群的知识溢出探析[J]. 科学管理研究，25（4）：80-82.

钱雪峰. 2010. 以地域文化为切入点发展县域文化产业[J]. 大舞台，(7)：152-153.

沙雪斌. 2012. 中国县域文化产业发展战略研究[D]. 曲阜：曲阜师范大学.

沈成宏，薛万昌. 2011. 盐城农村文化产业发展战略研究[J]. 唯实，(3)：63-66.

沈妣. 2013. 新农村背景下苏北农村文化产业发展的思考[J]. 宿州教育学院学报，16（1）：32-35.

疏仁华. 2007. 论农村区域文化建设的意义和对策[J]. 当代世界与社会主义，(2)：105-107.

孙妮，曲长祥. 2007. 我国农村文化产业发展的地位、存在问题及对策研究[J]. 科协论坛（下半月），(8)：395.

覃成林，李二玲. 2007. 中国内地农区产业集群研究——以河南为例[J]. 地域研究与开发，26（4）：1-6.

唐金培. 2009. 当前河南县域文化产业发展现状与着力点[J]. 产业与科技论坛，(11)：99-101.

王风民. 2007. 关于确立县域文化产业发展方略的思考[J]. 中国科技信息，(12)：186-187.

王婧. 2013. 长江三角洲文化产业发展现实及反思[J]. 中国文化产业评论，(2)：111-123.

王俊华，王振艳，孙志勇. 2013. 县域文化产业发展中的文化基金会探析[J]. 石家庄学院学报，(2)：101-103，124.

王连球. 2009. 湖南发展县域农村文化产业的问题和对策[J]. 特区经济，(4)：178-179.

王涛. 2012. 柞水县域文化发展的SWOT分析与对策[J]. 陕西行政学院学报，(4)：62-65.

王蔚. 2008. 经济欠发达地区文化产业发展模式初探[J]. 科技信息，(30)：142，152-153.

文选德. 2002. 发展县域文化推进文化强省进程[J]. 湖南社会科学，(1)：4-7.

徐辉元，周存生，冯毅. 2010. 广西农村文化产业发展模式的探索[J]. 今日南国（理论创新版），(3)：113-114.

杨红梅. 2012. “大村模式”的农村文化产业发展研究[D]. 昆明：云南大学.
杨吉华. 2010. 县域文化产业发展瓶颈及其破解[J]. 烟台职业学院学报，(3)：36-39.
杨吉华. 2012. 论县域文化产业中主导产业的选择[J]. 现代经济探讨，(2)：56-59.
杨吉华. 2012. 山东县域文化产业发展模式研究[J]. 文化产业导刊，(7)：49-55.
杨吉华. 2012. 县域文化产业规划若干问题探讨[J]. 四川省干部函授学院学报，(4)：10-14.
杨菊. 2009. 农村文化产业发展滞后的原因分析及对策研究[J]. 今日南国（理论创新版），(6)：193-194.
杨丽. 2013. 发展县域文化产业的思路与对策[J]. 华章，(9)：297.
叶取源，王永章，陈昕. 2005. 中国文化产业评论（第三卷）[M]. 上海：上海人民出版社.
游婉萍，马诗怡. 2012. 区域文化与文化产业发展的关系及其对策分析——以江西为例[J]. 科技广场，(11)：163-167.
于志勇. 2013. 新形势下加强乡村文化建设的思考[J]. 山东省农业管理干部学院学报，(3)：39-40.
张捷. 2012. 舟山农村文化产业发展模式研究[D]. 舟山：浙江海洋学院.
张胜冰，徐向昱，马树华. 2006. 世界文化产业概要[M]. 昆明：云南大学出版社.
张文喜. 2006. 中国和欧洲文化旅游比较研究[J]. 边疆经济与文化，(9)：9-11.
张晓莲. 2004. 发展县域文化产业的思考[J]. 学习导报，(11)：55.
张新勤. 2008. 培育河南省县域文化产业的战略思考[R]. 第十届中国科协年会文化强省战略与科技支支撑论坛，郑州.
张颖. 2011. 美国西部乡村旅游资源开发模式与启示[J]. 农业经济问题，(3)：105-109.
张永丽，甘露. 2012. 我国农村文化产业研究综述[J]. 经济问题探索，(3)：63-68，128.
张瑜. 2014. 关于中国文化产业创新发展的几点思考[J]. 人民论坛，(8)：185-187.
张振鹏. 2013. 我国农村文化创意产业发展初探[J]. 华东经济管理，(2)：62-67.
张忠. 2013. 村级文化产业发展实证研究——基于山东省农村样本的分析[J]. 科学社会主义，(4)：110-112.
赵德兴，李惠芬，谭志云，等. 2009. 国内主要城市文化产业模式比较研究[J]. 青海社会科学，(3)：11-14.
赵琦. 2012. 县域文化产业发展的思路与对策[J]. 山西大同大学学报（社会科学版），26（6）：85-87.
赵晓红，胡宇霏. 2013. 云南乡村文化发展模式的失衡与调试[J]. 学术探索，(8)：117-121.
赵迎芳. 2009. 山东省文化产业基地建设的对策研究[J]. 山东农业大学学报（社会科学版），(3)：86-90.
中华人民共和国国家统计局. 2012. 国家统计标准《文化及相关产业分类（2012）》发布[J]. 沿海企业与科技，(11)：57-66.
中华人民共和国文化部. 2012. 文化部“十二五”时期文化产业倍增计划[N]. 中国文化报，2012-02-29.
周传蛟. 2009. 我国农村文化产业发展的条件与路径选择[J]. 学术交流，(5)：74-77.
周尚意，沈小平. 2008. 北京美术产业对地方文化的嵌入性程度分析[J]. 人文地理，(2)：26-32.
Beeton S. 2004. Rural tourism in Australia：Has the gaze altered? Tracking rural images through film and tourism promotion[J]. International Journal of Tourism Research，6（3）：125-135.
Bell D，Jayne M. 2010. The creative countryside：Policy and practice in the UK ruralcultural economy[J]. Journal of Rural Studies，26（3）：209-218.
Best P. 2001. The National Govemors Association（NGA）：A Governor's Guide to Cluster-Bsed Economic Development[M]. Washington：National Governors Association.
Boschma R A，Lambooy J G. 1999. Evolutionary economics and economic geography[J]. Journal of Evolutionary Economics，9（4）：411-429.
Bunting T，Mitchell C. 2001. Artists in rural locales：Market access，landscape appeal and economic exigency[J]. The Canadian Geographer，(45)：296-310.
Coe N M. 2001. A hybrid agglomeration? The development of a satellite-Marshallian industrial district in Vancouver's film industry[J]. Urban Studies，38（10）：1753-1775.

Collins E. 2004. Crafts in the English Countryside：Towards a Future[M]. Wetherby：Countryside Agency.

Ernste H，Meier V. 1992. Regional Development and Contemporary Industrial Response：Extending Flexible Specialisation[M]. Belhaven.

Florida R. 2002. The Rise of the Creative Class[M]. New York：Basic Books.

Floysand A，Jakobsen S E. 2007. Commodification of rural places：A narrative of social fields，rural development and football[J]. Journal of Rural Studies，(23)：206-221.

Gibson C. 2002. Rural transformation and cultural industries：Popular music on the NewSouth Wales far north coast[J]. Australian Geographical Studies，40 (3)：337-356.

Gibson C. 2008. Youthful creativity in regional Australia：Panacea for unemployment and out-migration[J]. Geographical Research，46 (2)：183-195.

Glen N，Olivero R. 2008. New geographies of comic book production in North America：The new artisan，distancing and the periodic social economy[J]. Economic Geography，79 (3)：241-263.

Hall P. 2000. Creative cities and economic development[J]. Urban Studies，37 (4)：639-649.

Harvey D C，Hawkins H，Thomas N J. 2012. Thinking creative clusters beyond the city：People，places and networks[J]. Geoforum，43 (3)：529-539.

Jayne M. 2005. Creative industries：the regional dimension[J]. Environment and Planning C：Government & Policy，23 (4)：537-556.

Jonathan D J. 2012. Cultural industries in small-sized Canadian cities：Dream or reality[J]. Urban Studies，49 (1)：97-114.

Kneafsey M，Ilbery B. 2001. Exploring the dimensions of culture economies in rural west Wales[J]. Sociologia Ruralis，(41)：296-310.

Kneafsey M. 2001. Rural cultural economy：Tourism and social relations[J]. Annals of Tourism Research，28 (3)：762-783.

Luckman S，Gibson C，Lea T. 2009. Mosquitos in the mix：How transferable is creative thinking?[J]. Singapore Journal of Tropical Geography，(30)：70-85.

MacDonald R，Jolliffe L. 2003. Cultural rural tourism：Evidence from Canada[J]. Annals of Tourism Research，30 (2)：307-322.

Marshall A. 2004. Principles of Economics[M]. Digireads. com Publishing.

Matarasso F. 2004. Only connect：Arts touring and rural communities[R]. Report for the National Rural Touring Forum.

Matarasso F. 2005. Arts in rural England：Why the arts are at the heart of rural life[M]. Report for Arts Council England.

McCarthy J. 2006. The application of policy for cultural clustering：Current practice in Scotland [J]. European Planning Studies，14 (3)：397-408.

McGranahan D，Wojan T，Lambert D. 2011. The rural growth trifecta：Outdoor amenities，creative class and entrepreneurial context[J]. Journal of Economic Geography，(11)：529-557.

McGranahan D，Wojan T. 2007. Recasting the creative class to examine growth processes in rural and urban counties[J]. Regional Studies，41 (2)：197-216.

Mueller S L，Thomas A S. 2001. Culture and entrepreneurial potential：A nine country study of locus of control and innovativeness[J]. Journal of Business Venturing，16 (1)：51-75.

Panyik E，Costa C，Rátz T. 2011. Implementing integrated rural tourism：An event-based approach[J]. Tourism Management，(32)：1352-1363.

Paulsen K，Staggs K. 2005. Constraint and reproduction in an amateur craft institution：The conservative logic of the county fair. Poetics：Journal of empirical research on culture[J]. the Media and the Arts，33 (2)：134-155.

Pedro S Z，Rosa G C，Felisa C D. 2014. Rural areas face the economic crisis：Analyzing the determinants of successful territorial dynamics[J]. Journal of Rural Studies，（35）：11-25.

Pratt A C. 2004. Creative Clusters：Towards the governance of the creative industries production system[J]. Media International Australia，（112）：50-66.

Putnam R，Bowling A. 2000. The Collapse and Revival of America Community[M]. New York：Simon and Schuster.

Scott A J. 1997. The cultural economy of cities[J] International Journal of Urban and Regional Research，21（2）：323-339.

Scott A J. 1999. The cultural economy：Geography and the creative field[J]. Media，Culture & Society，21（6）：807-817.

Scott A J. 1999. The US recorded music industry：On the relations between organization，location and creativity in the cultural economy[J]. Environment and Planning，31（11）：1965-1984.

Scott A J. 2006. Entrepreneurship，innovation and industrial development：Geography and the creative field revisited[J]. Small Business Economics，26（1）：1-24.

Verdich M. 2010. Creative migration? The attraction and retention of the "creative class" in Launceston，Tasmania[J]. Australian Geographer，（41）：129-140.

第 10 章　地域文化传承创新与文化产业特色发展的战略思路

10.1　地域文化多样性保护传承与融合发展

由于忽略文化多样性和不同的文化经验，将发展视作整齐划一的、直线型路径，从而导致经济失败，20 世纪 90 年代世界各地掀起声势浩大的文化多样性运动，以重申人类文明由不同文化组成的信念（联合国教科文组织和世界文化与发展委员会，2006）。近年来，在全球化、信息化、网络化影响冲击下，尤其是民族国家的衰落、超空间文化群体的出现，文化本土化与文化多元化更备受关注，文化多样性成为人们关注的重大问题（United Nations Educational、Scientific and Cultural Organization，2009）。但在文化多样性研究中，由于研究尺度模糊、研究内容宏阔、研究方法单一，不仅导致“多样性悖论”（考恩，2007），而且难以给出科学精确的文化多样性评估（United Nations Educational、Scientific and Cultural Organization，2009；Weitzman，1992；Weitzman，1993）。基于此，现从文化多样性的内涵、作用、类型、表现、影响因素等方面梳理已有文献，以期促进文化多样性保护。

10.1.1　文化多样性的内涵与类型

1. 文化多样性的内涵

文化多样性是一个从生态学借用的概念，由联合国教科文组织《世界文化多样性宣言》首先正式使用（国际化语境中的上海文化发展战略研究课题组，2012）。从内容表现上看，文化多样性指各群体和社会借以表现其文化的多种不同形式，既体现在人类文化遗产通过丰富多彩的文化表现形式表达、弘扬和传承的多种方式，也体现在借助各种方式和技术进行艺术创造、生产、传播、销售和消费的多种方式（中华人民共和国文化部，2007）。从功能效应上看，文化多样性是指在不同文化背景下或同一文化背景下的人类对生物多样性保护和持续利用方式的多样化，以及因文化背景的差异而反映出的人类生活方式和在不同环境中人类所采取的生存策略的多样化（陈灵芝和马克平，2001；张新时，1994）。文化多样性的本质在于其存在与生俱来的正义性，体现表现表达的自由、不同需求的满足自由以及多样的交互作用带来的创意、创造和创新。因此，作为描述性术语，文化多样性象征一个社会中的文化多元性，反映人类的一项基本特性（中华人民共和国文化部，2007）；作为一种权利理论，文化多样性反映多元社会和与之相应的多元主义（pluralism）（Maskell，2000）。因此，文化多样性既是一种客观存在，也是一种主观观念，还是一种描述差异的方法。尤其作为一种具有强大活力的观念，文化多样性引导人们尊重历史和宽容地看待不同文明，从而促进不同文化传统和谐共存，彼此取长补短，并对整个人类文明作出各自贡献（国际科学史学会，2005）。

2. 文化多样性的类型

文化多样性内涵丰富、类型多样，其可分为社会内的多样性（指特定社会选择菜单的丰富程度）和社会间的多样性（指不同社会所提供选择菜单的相似程度），或有效的文化多样性即我们在多大程度上享受世界的多样性（operative diversity）和客观的文化多样性（objective diversity）即存在多少种多样性（考恩，2007），或文化要素多样性（指基于种族、语言、宗教等方面形成和审视的多样性）和文化空间多样性（指基于文化要素空间投影形成的文化区、文化亚区构成的文化地图所反映的文化格局多样性）等。文化多样性内涵明晰十分重要，因为多样性经常走向相反的方向，如跨文化交流能增加社会内多样性，而不是社会间多样性（考恩，2007）。

10.1.2 文化多样性的测度与效应

1. 文化多样性的测度

由于文化多样性可解析为文化内容与形式的多样性、文化主体的多样性和文化载体的多样性三个层次（国际化语境中的上海文化发展战略研究课题组，2012），因此文化多样性的测度多基于此展开。多元主义、多元社会进行划分的三个最常用标准是种族、语言和宗教（Maskell，2000），美国城市文化的多样性从美国社会的民族构成、种群分布、语言类型、出生情况等方面得到非常形象的体现均说明了这点（方乐和周介民，2010）。在实证研究中，多从语言（联合国教科文组织和世界文化与发展委员会，2006；United Nations Educational、Scientific and Cultural Organization，2009）、跨社会（生物单元）（Weitzman，1992）、文化产业或文化产品（United Nations Educational、Scientific and Cultural Organization，2009；考恩，2007）等方面展开。其中，由于语言不仅是交流工具，而且是文化表达的形式和特性、价值观与世界观的载体，因而，语言多样性是文化多样性的先决条件，语言活力成为衡量文化多样性的标准。然而，语言并不等于文化。因为很多说着同一种语言的族群却有着千差万别的文化习俗与世界观（United Nations Educational、

Scientific and Cultural Organization，2009）。同时，由于语言边界的模糊性和讲某种语言人数难以精确统计，因而语言多样性只能是简单的数据罗列和描述（联合国教科文组织和世界文化与发展委员会，2006）。从文化产业看，新闻报刊、广播影视、网络及各类数字设备在突出文化多样性方面发挥着重要的作用。故全球化背景下的社会内多样性和社会间多样性探讨多基于此展开（United Nations Educational、Scientific and Cultural Organization，2009；考恩，2007）。然而，这些表达方式在多大程度上反映文化多样性的现实状况、复杂程度和多变性也值得商榷。因为数字鸿沟暗含的不对称仍制约着真正意义上的文化交流（United Nations Educational、Scientific and Cultural Organization，2009）。而民族反映特定的社会结构，形成多样性的基底。同时，民族的综合性特征，也使得民族多样性成为文化多样性的主色调、主旋律，加之民族人口的易统计性，因此民族具有测度指标上的简明性和内涵上的丰富性。当然，各民族文化也具有多样性。同一民族不同地区或不同支系的风俗习惯、宗教信仰乃至社会制度、政治制度等，均有较大差异。从语言来看，不少民族方言差异明显，有些民族甚至使用完全不同的语言（何星亮，2010）。

2. 文化多样性的效应

就人与自然而言，由于各种文化因素对消费行为、环境管理理念以及人与自然的互动方式产生影响。因而，文化的差异性影响生物多样性（陈灵芝和马克平，2001）。事实上，生物多样性与文化多样性相互依存，不可偏废。甚至，文化多样性也被认为是生物多样性的一个组分（张新时，1994）。大量事实也表明，人、自然和文化之间存在着一种动态的、重要的联系，但是，随着工业化的发展，人与自然、人与文化、自然与文化之间的关系日渐疏远（联合国教科文组织和世界文化与发展委员会，2006）。就人类社会自身而言，文化多样性为人类文化实现类似于生物学意义上的‘杂交优势’创造了必要的条件，同时，文化多样性形成的不同文化间的张力也是人类文化保持自身活力的重要条件（于璎，2007）。而且，文化多样性是交流、革新和创作的源泉，多文化社会所产生的多样性以及多样性赖以生发的创造性，使这些社会更具创新能力，更有活力，生存繁衍更加久远（联合国教科文组织和世界文化与发展委员会，2006）。在日常都市生活中，艺术、文化和人口多样化有利于创建工作机会和促进经济复苏（佛罗里达，2006）。可见，多样性的价值不仅在于丰富了我们的社会生活，而且在于为社会的更新和适应性变化提供了资源；不仅是享有令人满意的智力、情感、道德精神生活的手段，而且是促进经济增长的因素。正如生物多样性具有多元价值（丁圣彦，2004）一样，文化多样性“不仅具有内在价值，也是我们不可或缺的东西；不仅可以开辟可持续发展的新途径，而且是发展的源泉之一”（United Nations Educational、Scientific and Cultural Organization，2009）（表 10-1）。因而，多样性不仅仅“看上去很美”，而且是必不可少的（佛罗里达，2006）。

表 10-1　文化多样化性价值分类

文化多样化性价值				内涵与典型案例
总价值	可利用价值	直接利用价值	消耗性利用价值	特色食品、传统工艺美术产品等
			生产性利用价值	文化资源的产业化等
		间接利用价值	生态环境价值	文化多样性对生物多样性的影响
			科教、娱乐、旅游价值	游憩、博物馆等
	非利用价值	选择价值		保存未来选择机会的价值
		存在价值		文化存在的伦理感情价值
		伦理价值		每一种文化均有存在的权利
		遗产价值		后代可从中获得利益和享受

10.1.3　文化多样性的主要研究视角

1. 文化空间尺度视角

从空间角度而言，文化多样性表现为文化地域差异导致的文化空间多样性即文化“马赛克”（mosaic）。同时，空间与地方是文化多样性的载体、容器和庇护所。因此，空间尺度是多样性审视的重要视角，宏观、中观、微观是实证研究展开的基本尺度。

1）全球文化多样性

据统计，目前世界上大大小小的民族共有 3000 个左右，语言大约有 5641 种，使用人数超过 5000 万的语言有 17 种（赵荣等，2006）。同时，目前世界上 85%的人有宗教信仰。而每一种宗教都有很多分支、派系，如美国目前约有 225 个新教派在活动（赵荣等，2006）。进而，立足宗教、民族等文化要素，美国地理学家布里吉（de Blij）将全球划分为 12 个世界文化区，53 个文化亚区（邓辉，2010）。可见，全球文化的特点是多样性（Adams，1981）。其中，语言多样性反映人类群体面对多变的自然与社会环境所展现的创造性适应能力。因而，语言成为衡量全球文化多样性的重要标准（United Nations Educational、Scientific and Cultural Organization，2009）。当前，语言等文化多样性的变迁和民族国家之间的趋同与趋异是全球化、现代化语境下宏观层面探讨的重要主题（考恩，2007；赵世瑜和周尚意，1991）。

2）国家文化多样性

在全球政治、经济、文化格局中，国家是一个重要的地理单元。因而，国家层面也是探讨多样性的一个重要视角。尼尔森研究表明，真正的理想民族国家即纯粹一个民族的国家只有冰岛。大多数国家是多文化、多民族国家，包括多种语言、宗教和生活方式（赵荣等，2006）。如中华民族文化的多样性特点就十分明显，中央政府确认的民族有 56 个。同时，还有“未识别民族”（王恩涌等，2008）。从国家大小来看，大规模社会的综合性更适于吸收和转化外来影响，并发展出可以调和外来元素的基础，如美国的“大熔炉”和加拿大的共存文化（coexisting cultures）（考恩，2007）。就国家文化多样性效应与意义而言，从国内来看，一个多文化的国家可从多元文化中得到很多好处，但同时面临矛盾冲突的风险（联合国教科文组织和世界文化与发展委员会，2006）。从国际层面来看，尊重、承认文化多样性是当今世界多数国家接受的国际关系准则（单霁翔，2007）。国家文化多样性就是考恩所说的社会间多样性。由于其提供了身份认同作用，同时，社会差异有助于扩大选择菜单，激发更多的创新，而且对于通过文化竞争保持文化活力也至关重要（考恩，2007）。另外，随着全球化的加剧以及外部多样性的衰退，保护和维持由不同群体和亚群体构成的每个社会的内部多样性迫在眉睫，因为所有这些群体和亚群体都在发展它们认为是非常重要的差异。因此国家文化多样性的重要意义在国际社会已被提升到抗衡强权、抵制霸权以及人类多元文化生死存亡的高度（单霁翔，2007）。

3）区域与城市文化多样性

1961 年，雅各布斯（Jacobs）首先提出城市多样性概念，认为“多样性是城市的天性（diversity is nature to big cities）”（雅各布斯，2006），并强调基于多样性的‘城市化经济”的重要性（Jacobs，1969）。进而，城市多样性得到广泛重视和赞同（潘春燕等，2007）。城市由不同生活方式、不同价值期望的人聚集而成，这是城市多样性的源头和基础（潘春燕等，2007）。同时，由于固定成本及规模效应，大城市和富裕地区能够提供和支持存在更多的、更大的多样性（考恩，2007）。从城市与小企业来看，小企业在依靠城市其他企业提供的多样性的同时，也加强了城市的多样性（方可和章岩，1998）。作为多样化的领地，由于人口密度大、空间上接近和文化多样，城市文化活泼、能动和富有创造力。同时，艺术、文化和人口多样利于创建工作机会和促进经济复苏，而且通过产业间的“动态知识外部性”或知识溢出，多样性城市更利于经济增长（Feldman and Audretsch，1999）。因此，从文化角度而言，城市人口密集、文化多样是城市竞争力的源泉与动力所在（沙森，2005）。从功用来看，城市多样性的本质是满足各种人群各种需求的能力，以及其所形成的有机组织、平衡和谐的城市空间秩序（潘春燕等，2007）。因此，混合用途（mixed primary uses）、小街段（small block）、老建筑（aged building）、适当高密度（dense concentration of people）是多样性的四大必要条件（雅各布斯，2006），小而灵活的规划方法和新旧街区整体互动的开发形式以及“小而多样化”

的商业发展模式保持并发展城市历史街区的多样性是城市规划的重要做法（潘春燕等，2007），而遵循重新分配、认同和邂逅的规划原则改变城市，可减少城市里的不平等和推进“公正多样性”（芬彻和艾夫森，2012）。同时，多样化的城市比专业化的城市提供更多样的生产生活条件，不仅能够满足人们多样化的需求，而且能够吸引更多“创新阶级”（creative class）前来定居，从而使城市成为人才磁石，进而成为创意之炉、创新孵化器（Florida，2002）。而区域多样性特别是文化教育和区域的知识基地的多样性对创新系统的成功很重要，因为这两者均属于国家和区域创新系统本身，且激励着创新的产生（克拉克等，2005）。

4）个体与企业文化多样性

文化资本包括作为阶层文化的文化资本和表现为文化多样性的文化资本。作为一种文化资本的文化多样性具有多样性效应，其有效性（useful）在于文化资本的多元化程度（李煜，2001），即个人在各种不同领域中涉及的多少和熟悉（familiarity）的程度（Erickson，1991）。随着文化全球化的深入和文化产品的跨国流动，个体有了更多的选择菜单。因此，从个人主义立场看，社会间多样性只具有工具意义，而社会内部多样性具有一定的内在价值（考恩，2007）。此时，尽管不同社会不断趋于相似，但个人的差别却在逐渐增大（涂尔干，2000）。并且只有当社会间越来越相似，个人才越来越多样化（考恩，2007）。另外，在多元化背景下，在有些人固守某种特定身份的同时，有些人则过着双重生活，还有些人则会为自己打造多重身份。在全球化背景下，不断变化和多重身份成为一种普遍趋势（United Nations Educational、Scientific and Cultural Organization，2009）。此时，多元文化归属和某种文化身份“复化”形成个人层面文化多样性的另一种体现。

在企业层面，不同企业有不同的文化，同时，企业内部，尤其是随着跨国公司的出现和人口流动的增强，也表现出文化多样性。因此，在经营理念、品牌打造、市场战略和企业结构与人力资源方面，全球性商业活动均必须考虑文化多样性。研究表明，多样性与跨国公司财政、金融业绩之间存在着正向联系。由于多样性可激发创造力和革新精神，特别是激发企业内部的社会创造力和革新，多样性正逐渐变成一种资源，许多企业着力提高自身的“文化智力”，挖掘多样化员工组成可能蕴藏的好处（United Nations Educational、Scientific and Cultural Organization，2009）。

2. 文化动态演化视角

据统计，目前世界上语言大约有 5641 种，其中正处于衰亡或尚在识别的语言有 1400 多种（赵荣等，2006）。有学者估计，现存语言至少有一半将在 21 世纪消失。现代化减少了全球范围内语言的数量，并在这个意义上减少了多样性（考恩，2007）。由于传统语言是与相应的生态系统相关联，因此它们的消亡又对环境与生态多样性产生影响（United Nations Educational、Scientific and Cultural Organization，2009）。但全球语言多样性并非在所有方面均衰减，因为每种存活下来的语言均比以前更加丰富。同时，在全球化与文化贸易背景下，跨文化交流增加了社会内的多样性，减少了社会间多样性。这种“多样性悖论”宣告了另外一种微妙的区域文化差异的产生，这也意味着全球文化多样性呈现出一种新的格局和特征。总之，随着文化演化，一种文化会发展出许多新的形式。加速改变的步伐可促进跨时期多样性的发展，但跨时期多样性摧毁了许多社会结构和文化结构。事实上，跨时期（intertemporal）的多样性和特定时空（时期内 intratemporal）的多样性一样，对于文化竞争和多样化的内在价值均有所裨益。而且，从长时间尺度看，同质性和异质性的增加是一枚硬币的两面，二者共同变化，而不是相反（考恩，2007）。因此，从演化视角看，需要一种处理文化多样性的新方式，这种方式不仅顾及文化多样性不断变化的本质，而且考虑到与文化不断变迁相关的特性认同问题（United Nations Educational、Scientific and Cultural Organization，2009）。

3. 文化要素内容视角

要素内容是文化从抽象走向具象的抓手，也是文化化繁为简的关键，因而物态文化、非物态文化等要素内容是文化多样性测度、监测等研究的重要视角。

1）文化形态视角

文化分为物态文化与非物态文化，因而文化多样性研究中兼顾物态文化多样性（考恩，2007）和非物态文化多样性，尤其强调全球化背景下，民族间饮食、服装、居住等物质文化日益趋同，非物态文化的保护成为保持文化多元的基本内容（王恩涌等，2008）。由于精神文化是文化的核心，在民族多样性研究中，既要注重纷繁多彩的文化形态，更要在民族文化的多样性中寻找深层的价值理念，即强调精神文化多样性是文化多样性的核心。因为表现于共同文化上的共同心理素质即民族精神给该民族文化的多样性特性确定了主色调、主旋律（冯天瑜等，2005）。在文化遗产保护中，非物态文化遗产非常重要，因为它不仅是一种存在于过去的、有价值的遗产，它还通过精神和宗教层面影响着我们今天的生活，形成本地人思维和行动的历史文化坐标系（联合国教科文组织和世界文化与发展委员会，2006）。同时，物态遗产也要保护，因为非物态文化往往渗透融入物态文化之中。事实上，只有文化遗产的整体保护，才能保持一个地域和民族由来已久的、独特的生活氛围、人文环境和文化历程，才能保护完整的文化多样性。

2）文化复合视角

从文化构成与复杂性来看，文化多样性测度与审视大致可分为两个方面：一是单一文化因子，即从语言、种族、宗教等某一文化因子测度、审视文化多样性。

其中，语言影响我们对事物的体验，营造知识与文化的氛围，形成我们与人群打交道的方式，构筑价值体系与社会编码，还帮助个人与集体找到归属感。因而语言多样性成为多元化的象征和文化多样性的先决条件和最敏感的问题之一（联合国教科文组织和世界文化与发展委员会，2006；United Nations Educational、Scientific and Cultural Organization，2009）。而宗教是重要的文化现象。因而世界宗教状况也反映了全球层面文化多样性的特征与变化（赵荣等，2006）。二是多文化综合分析，此时，又有两种情况，一是该文化虽然是某一文化要素，但其内涵丰富，包括多重文化因子，如民族对共同的语言、共同的宗教信仰、共同的风俗习惯、共同的生活地域以及共同的生计形式等的强调（王恩涌等，2008）。进而在此基础上，强调城市文化多样性可从民族构成方面得到体现（方乐和周介民，2010）。二是通过对相关文化因子概括提升的文化模式的关注，来审视文化多样性。本尼迪克特认为，在现代文明社会中，文化的差异性或特殊性更多地体现出一种文化的本质。她认为，人类文化具有不同的模式，这是因为人类行为方式是多种多样的，但一个种群只能选择其中的一部分，并演化成对自身社会有价值的风俗、礼仪、生产、生活方式，而这一系列的选择，便结合成这一族群的文化模式（本尼迪克特，2009）。所有这些关注的是文化构成多样性，即关注特定空间范围内的文化多样性的组成、结构、比例，而文化区则通过文化地图实现了文化要素多样性在空间上的格局与态势的关注（邓辉等，2010）。一定程度而言，文化区划结果的文化地图不仅是文化多样性的直观体现，实现对文化多样性的简洁表达，而且揭示了文化多样性空间上的一面。此时，文化空间多样性和文化构成多样性又实现了相通。

10.1.4　影响文化多样性的主要因素

一定程度而言，人类所有活动均对文化多样性产生影响，然而文化多样性的前景和语言、教育、传播与文化内容、创造力与市场的未来关系越来越密切，它们形成文化多样性的关键矢量（United Nations Educational、Scientific and Cultural Organization，2009）。正因为如此，学者主要从全球化与本土化、文化现代化、文化产业、规划与政策等方面，分析文化多样性的影响因素及其作用机制。

1. 地理环境多元性与文化多样性

从文化生态学来看，自然环境复杂，为文化地域分异提供了充分的环境背景（李慕寒等，1995）。《礼记·王制》记载“凡居民材，必因天地寒暖燥湿，广谷大川异制，民生其间者异俗，刚柔轻重，迟速异齐，五味异和，器械异制，衣服异宜……”，故而“中国、夷、蛮、戎、狄，皆有安居、和味、宜服、利用、备器。五方之民，言语不通，嗜欲不同。（《论语·八佾》）”环境类型的多样型为多民族国家的形成提供基础。我国地域辽阔，地形与气候多样，其中东部地区以平原丘陵为主，属湿润半湿润气候，适于农耕，汉族在此创造了先进而典型的农耕社会文化；西部以高原山地为主，属干旱半干旱气候，适于畜牧，长期以来布依、哈萨克等少数民族集中生活在此。这样，地域结构上我国就形成以汉族为核心的汉文化区和以多种少数民族为主的民族文化边缘区的空间特征（王恩涌等，2008）。可见，地理环境多元性不仅促进文化多样性的形成，而且影响甚至决定文化多样的空间格局。正因为如此，众多学者把地理空间放在很重要的位置，认为多样性就是以不同地理空间的文化差异形式出现，而且肉眼能观察到这种差异。但全球化和跨文化贸易消除了由空间差异所造成的差异，并且削弱某种文化现象与其地理位置之间的关联，将原本遥远的事件、影响或体验带到我们身边（United Nations Educational、Scientific and Cultural Organization，2009；考恩，2007）。因此，地理环境对文化多样性的影响也在变化。

2. 全球化和本土化与文化多样性

信息和传播技术飞速发展所推动的全球化进程为加强各种文化互动创造了前所未有的条件，但同时对文化多样性构成挑战，尤其是可能在富国与穷国之间造成种种失衡（国际化语境中的上海文化发展战略研究课题组，2012）。而文化多样性对于人类来讲就像生物多样性对于维持生物平衡那样必不可少。把文化多样性的保护提升到“道德律令”的高度，认为保护文化多样性意味着对人权、自由和尊严的承诺，特别是对少数族群和土著居民权利的承诺。正是从这一意义而言，文化全球化具有明显的文化帝国主义（United Nations Educational、Scientific and Cultural Organization，2009）。文化全球化在造成传统陷于崩解的同时，在信念、价值观和生活方式上也出现了多种选择（亨廷顿和伯杰，2004）。全球化争论的本质之一在于，其一方面可能带来多样选择菜单，另一方面则是人类对特定文化和社会价值观，以及不同民族、地区或部落身份认同的执着（考恩，2007）。但恩特里金（Entrikin）也指出，地方越来越同质化时一些意义确实消失了，但同时却因而获得了另一些意义（Entrikin，1991）。在全球化实践中，多样性的悖论使得人们对全球化喜忧参半、爱恨交加。总体而言，文化全球化既不是一种简单的重大承诺，也不是一种简单的巨大威胁（亨廷顿和伯杰，2004），而是一种“创造性毁灭”（考恩，2007；Adams，1981；亨廷顿和伯杰，2004）。作为世界文化发展的常态，全球化和跨文化交流是一种充满活力但却没有得到足够重视的制度构架，其为多种艺术观念并存提供了动力，催生了大量令人满意的现代作品，创造出我们正在经历的文化繁荣时代（考恩，2007）。另外，虽然文化全球化出现“非领土扩张”，但日常生活实践中最本质的东西由地方性而非全球性定义，因此，非领土扩张并不意味着地方性的终结（汤姆森，2002）。尤其是全球化背景下标准化信息和消费模式在世界各地传播，引起人们内心焦虑不安。人们开始把注意力转向自己的文化，坚持本土文化价值观，把文化作为确定自我身份的一种手段和力量之源（联合国教科文组织和世界文化与发展委员会，2006）。因此，伴随着经济全球化的强势冲击，地方文化认同越来越多地被关注，此时，本土化、身份认同不仅是维护文化安全、防范“非领土扩张”、应对全球化的手段，也是保持文化多样性的一种路径（汤姆森，2002；Knox and Marston，2001）。全球化和本土化两极互动构成当代的文化动脉，同时，永不止息的多样化潮流与全球化带来的同质化的强大力量相抗衡。在文化全球化与本土化辩证关系中，全球眼光与本土关怀、效率与公平、个人选择自由与集体身份认同之间的平衡对于文化多样性至关重要（United Nations Educational、Scientific and Cultural Organization，2009；汤姆森，2002）。

3. 文化现代化与文化多样性

在文化现代化过程中，一方面景观形态相对同质和标准化，其中代表前工业化社会特征的地方特性逐渐减弱，代表了手工文化并创造地方感的“真实姿态”大量丧失，并被代之以旅游景观、商业带、新城和郊区以及建筑中的国际风格等一种“非真实”姿态（Maskell，2000）。此时不仅文化多样性降低，而且这种地方多样性的丧失预示着意义的更大丧失。另一方面，在不同层次的地区文化现代化过程中，由于历史传统、面临的机遇与挑战等不同，文化内容和文化结构的转变必然具有多样性（中国现代化战略研究课题组等，2009）。因此，文化现代化在降低文化多样性的同时，也促动文化分流，促进文化多样，而且文化现代化中的文化竞争，易于保持一种积极的充满活力的文化多样性，而不是死气沉沉的多样性。所以，从纵向的文化现代化角度看，文化多样性建设应兼顾跨时期（intertemporal）的多样性和特定时期内（intratemporal）的多样性，强化传统性与现代性之间的创造性关系，以更加有效地“应对”文化变迁（United Nations Educational、Scientific and Cultural Organization，2009）。

4. 文化产业化与文化多样性

在文化产业化背景下，一方面新闻报刊、书籍、广播、电视、电影、网络以及各类数字设备在突出文化多样性与培养受众品位、价值观和世界观方面发挥着重要的作用（United Nations Educational、Scientific and Cultural Organization，2009）；另一方面，内容与形式的多样性直接为创意产业带来丰富的资源和养料，并激发创新思维和避免创意产业同质化竞争。而文化生产经营主体的多样性使优秀人才聚集，文化消费主体的多样性意味着更大的市场空间（国际化语境中的上海文化发展战略研究课题组，2012）。在这一过程中，各种地方文化通过市场经济的特定作用，继续产生新的社会实体、新的适应形式以生存和繁殖（Adams，1981）。在文化产业化与文化多样性良性互动的同时，在全球化与文化贸易背景下，过多的跨文化接触也会导致本土社会气质的变化、身份的丧失和高度独特性作品创作灵感的枯萎，从而造成全球选择菜单的萎缩（考恩，2007）。同时，数字鸿沟暗含的不对称仍旧制约着真正意义上的文化交流。而且媒体提供的内容增多可能会导致“多样性假象”，掩盖某些人只与那些有着相同文化的人交流的事实（United Nations Educational、Scientific and Cultural Organization，2009）。《世界文化多样性宣言》特别强调指出，目前世界上文化物品的流通和交换存在着失衡现象，这是对文化多样性的一种威胁。此外，文化活动、产品与服务具有传递文化特征、价值观和意义的特殊性，这使得文化产业具有经济和文化双重性质（中华人民共和国文化部，2007）。正因为如此，在文化遗产保护领域，文化多样性理念被普遍地接受，而在文化产品、价值观等领域则一直充满争议（United Nations Educational、Scientific and Cultural Organization，2009）。

5. 规划和政策与文化多样性

在现代化和全球化背景下，加强文化投入可使脆弱群体，尤其是少数民族更加有效地“应对”文化变迁；支持各级文化间和宗教间对话的网络及项目，可确保属于多元文化特性的个人和群体的和睦共处；制定促进公民融入和参与政策可增强社会凝聚力、民间社会活力。完善文化多元化政策与民主制度，通过思想的自由交流加强文化多样性，通过文化间的不断交流和互动滋养文化多样性，通过思想、表达和信息自由以及传媒多样性使文化多样性得以表现并繁荣发展（中华人民共和国文化部，2007）。就城市而言，虽然城市是多样性的天生的制造者，但城市本身并不会自动产生多样性。将各种功用在经济上有效集中，城市才可产生多样性，否则就会丧失多样性（雅各布斯，2006）。同时，从软环境来看，宽松开放的创意氛围和包容（tolerance）使一个城市更具开放性，也更具有魅力和吸引力，从而吸引世界人才，因此，其对城市多样性的形成与保持至关重要（国际化语境中的上海文化发展战略研究课题组，2012；佛罗里达，2006）。相对而言，多样化的城市一般比专业化的城市能够提供更多样的生产生活条件，能够满足人们多样化的需求，从而吸引更多的创新阶级前来定居（Florida，2002）。从全球范围看，必须加强国际团结协作，以使所有国家，特别是发展中国家和转型期国家，建立在国内和国际上都能够生存的有竞争力的文化产业，才能逐渐消除文化物品流通失衡对文化多样性的威胁（United Nations Educational、Scientific and Cultural Organization，2009）。

10.1.5 地域文化多样性保护的正义取向

1. 文化多样性保护与历史地理正义

1）内部（要素）文化多样性与历史正义

文化是长期积累积淀的结果，在长期的文化积淀过程中，形成丰富的文化内容、文化体系，这些文化内容可以分为精英文化和大众文化、城市文化和乡村文化等相对概念体系。因此，从相对封闭视角看，任何区域都具有文化多样性，这种文化多样从内容方面看可以称为文化要素多样性，从开放闭合角度看可称为内部多样性。这种多样性从时间维度来看，可以分为历史文化与现代文化构成的多样性。在现代化进程中，如何传承创新传统文化，实现推陈出新、新旧文化相得益彰成为一个重要而严峻的问题。因为，很多传统文化在市场经济条件下、在现代化的冲击下，发展举步维艰。尤其是传统手工艺、工艺美术产品、民俗等传统文化面临着巨大的冲击。但这些文化又构成特色国家、民族、地域文化的重要组成部分和发展的重要基础，许多内容历久弥新，不仅是建构精神家园的重要部分，而且是经济发展尤其是文化产业发展的重要基础。正如世界环境与发展委员会（WCED）在《我们共同的未来》的报告中首次明确的可持续发展的定义，指出可持续发展是“既满足当代人的需要，又不损害后代人满足需要的能力的发展”。可持续发展这一最流行的概念中反映时间尺度与代际关系及可持续发展的时间序列问题。同样，从时间、历史角度看，如何保护文化多样性，为后代保护好珍贵的历史文化资源也是一个代际问题，甚至是多代人的问题（邓正来，2009）。历史文化资源的保护涉及可持续发展、后代人的权益等。此时，文化多样性的保护涉及不言而喻的历史正义问题。

2）外部（空间）文化多样性与地理正义

不同地域由于地理环境、历史进程等原因，形成不同的地域文化。在空间上表现为地域文化差异明显，文化地理学将其称为不同的文化区。不同的文化区形成文化多样的“文化马赛克”。这种文化多样性可以称为空间文化多样性和外部多样性。这种“文化马赛克”不仅形成很好的文化图景，而且形成很好的文化生态。但由于不同国家的经济发展水平、科技发展水平等差异性，导致其文化竞争力、渗透力、辐射力、影响力等不同，不同地域文化面临着不同的发展境遇和发展前景。在全球化背景下，面对着外来发达国家文化的冲击，欠发达国家的传统文化受到冲击，欠发达国家民族文化在被边缘化的同时，意味着更大尺度的文化多样性在减少。此时，特定国家、地区文化资源的开发、文化的发展应以不危害和削弱其他区域满足需求的能力，应以不损害其他国家、地区文化的发展为前提。此时，文化多样性的保护涉及不言而喻的地理正义问题，或者说空间的正义。全球化背景下，这种地理正义更多地体现为全球文化格局、文化产业发展格局。

2. 地域文化多样性的保护与文化产业的正义

我国著名文化产业学者胡惠林强调，文化产业对于历史和地理具有解构与建构的功能。时间上的历史主义态度和空间上的文化认同价值，构成了文化产业发展与历史地理学最主要的正义关系。新时期，必须重建文化产业发展的新历史地理学关系，从而使得“文化产业正义”转变成“文化产业发展的历史地理学正义”，进而用文化产业的历史地理学正义观，建构中国新文化产业正义观和新的文化产业发展战略观（胡惠林，2009）。

1）文化产业与历史正义

文化产品的生产与消费是文化产业构成的核心要素。在文化产业发展实践中，文化产品利用历史、陈述历史、记录历史、表达历史和创造历史。在记录、记述、戏说甚至恶搞的过程中，也可能消费历史、重塑历史，甚至篡改历史。此时，关于文化产品的内容生产过程中都不可避免地以当下的身份表达了生产主体对历史的态度：是消费还是生产？从这个意义上说，因此，文化产业在本质上是建构的，但它也是解构的。它是在解构已有的历史合理性的同时，重建新的合理性的历史。在文化产业发展中，文化产业是解构还是建构历史，是消费历史还是生产历史，涉及文化产业发展与过去历史的关系、文化产业发展与创造历史的关系、文化产业发展与历史态度的关系（胡惠林，2009）。而这又关乎历史的命运和文化内容多样性的变化问题，因此，文化多样性的历史正义转化为文化产业的正义。此时，文化产业是消耗历史——文化资源的机器，还是创造历史——文化资源再生的工作母机成为文化产业正义与否的重要标准和标志。

2）文化产业与地理正义

文化景观是具有思想的文化产物，而且是非常复杂的文化产物。同时，文化景观具有文化认同的象征性，或者说文化景观是文化认同的标志物。甚至可以说是“人类以自己的构想塑造了自己所生活的国家”（贝克，2008），然而，文化产业，尤其是那些依托于或者借助于地理自然条件发展起来的以景观文化表达为主要实现形态的文化产业样式，对地理空间、地理面貌产生了深刻的影响，改变了原有地理地貌的生命形态（胡惠林，2009）。同时，发达国家文化产业借助经济科技优势对发展中国家和地区产生冲击，也影响了当地的地方性和文化认同。这种情况下，就可能带来“无地方性”，损害了地理原真性。此时文化产业是对地理符号建构还是解构、尊重文化景观还是改变甚至再造文化景观、是促进文化认同还是削弱文化认同等成为文化产业的地理正义问题。

经济学家盛洪在其随笔集《经济学精神》一书中说，对经济学的思考和遵循本身就是一种生活方式。在最高境界中，经济学不是一堆结论，不是一组数学公式，也不是一种逻辑，甚至不是一种分析方法，而是一种信仰，一种文化，一种精神。类比于此可以说，对于文化多样性和文化产业发展而言亦是如此。文化多样性的思想理念和发展伦理、文化产业的正义与否成为文化多样性保护以及地域文化传承创新与文化产业特色发展良性互动的深层考量。

10.1.6　地域文化多样与多元文化交融创新

1. 多元文化：文化交融的重要基础

江苏地处我国南北文化的融合部，地域文化多元，特色鲜明，其构成江苏文化交融的基本板块和基本内容。从地域文化来看：吴文化，秀美灵动、兼蓄并收；淮扬文化，繁华古朴、重教尚文；金陵文化，大气雍容、南北交汇；苏东海洋文化，开放多元、年轻活力；楚汉文化，汉风楚韵、义利合一。

1）吴文化

吴文化处于淮南、江南地区，以太湖为核心。泰伯逃难于无锡梅里，在当地传授先进技术，“归之千余家”，奠定了吴文化的基础；经过战国、秦、汉、魏晋南北朝的发展，至隋、唐、宋、元及明形成高峰，此后吴地经济振兴，大量南北商人涌入，并迅速融入其文化，对吴文化的改革与开拓起到了巨大的承续作用。吴文化是具有鱼米水乡特色的地方文化，它既重视工商业，又重视文学艺术的发展，尚武与崇文并重，凝练出了“秀慧、细腻、柔和、智巧、素雅”的社会特征。其海纳百川、兼容并蓄，注重开放开拓的自觉意识；聪慧机敏、灵动睿智，以精雅为美；经世致用、求真务实，崇尚工商实业、务实淳朴，重视教化，尊重人才；敢为人先、超越自我，以突破、创新为标杆，充满生机活力。在吴文化中，房屋典雅，园林秀丽；绘画“秀骨清像”；苏绣精细形象；昆曲有“百戏之祖，百戏之师”之称。

2）淮扬文化

淮扬文化处于江苏的长江、淮河间，跨江苏、安徽两省，享有“淮左名都”之称。隋朝大运河开通后，江淮地区作为转运口岸兴起，“烟花三月下扬州”，淮扬的人文气息吸引了大量的文人名士，淮扬文化进入鼎盛时期；北宋时期成为东南部文化中心；元朝重修大运河，随后乾嘉学派出现，小说、园林文化成就突出；清代，“腰缠十万贯”，淮扬盐商富甲天下，推动了淮扬文化的发展。淮扬文化区呈现出古、文、水、绿、秀的地域风貌，自古以来都是逐鹿必经之地，大量的北方移民南迁，促进了文化交流，形成了淮扬文化清新优雅与豪迈超俊相结合的显著特征。淮扬文化还呈现出类型多样、特色鲜明的特征，有以扬州八怪为代表的名人文化、以盐商为代表的商业文化、“碧石朱兰映画航”的园林文化、以京杭大运河为代表的运河文化。

3）金陵文化

金陵文化以南京为中心，处长江之南，负山面水，为“江南佳丽地，金陵帝王洲”，有“十朝都会”之称。金陵地处“吴头楚尾”，西晋“永嘉之乱”，使江南的雅致和中原的粗犷在这里融合；唐代的“安史之乱”、北宋的“靖康之乱”，使金陵成为南北文化交流的枢纽；明清两代，以金陵为中心，经济和文化得到全面发展。金陵“三山半落青天外，二水中分白鹭洲”，有江南山水的秀韵，又有南北交融的大气，强调“厚德载物”，崇尚“君子以自强不息”的阳刚之气；既有都城的政治色彩，又蕴涵丰富的历史意味。金陵作为文化名城，荟萃了众多的名人英杰，有谢安、王安石等政治家，刘勰、曹雪芹等文学家；“地北虽夸上林苑，南京还有散花楼”，宅园精美气派；云锦、彩灯、剪纸等非遗产品丰富。

4）苏东海洋文化

苏东海洋文化处于苏东1000多公里的海岸线，主要指今南通、盐城、连云港的海岸区域，形成历史较短，是充满活力的一种文化。唐代李承修捍海堰，北宋范仲淹拒海保田，沿海地区人口集聚，城镇崛起，促进了经济、文化的发展。苏东深受海洋的影响，得益于盐业和渔业而经济、文化繁荣。“襟江负海南风北韵”，苏东海洋文化是在南北文化的融合下产生和发展起来的。强毅力行，进取不息的性格是来与江海共生中产生和发展起来的，富有进取性、开拓性，可以用“强毅力行、精进不息”表述，是苏东海洋文化的精髓。“长啸一声山鸣各应，举头四顾海阔天空”的广阔胸襟，使得中西文化在此交汇，近代，张謇以“祈通中西”、“中西一治”的理念构建“新世界之雏形”，吸纳中西方文化之长，中学西学并行不悖，文化业态大都呈现中西结合的特征。

5）楚汉文化

楚汉文化处东海之滨，岱南淮北，素称“帝王之乡”，不乏“拔山”“盖世”的阳刚之气，并影响及文化。此地乃兵家必争之地，自古以来战乱频繁，兵伐扰攘，“千古兴之征战地，莫将蓑尔视徐州”。秦灭六国后，经历了两次较大的民族交融，即魏晋南北朝时期、南宋与金、元对峙时期，该地区首当其冲，也成为南北文化交汇的地方。两汉时期，重“仁”“礼”的儒家思想和道家思想都深刻地渗透到该地的社会和人文生活中，成为南北文化的交汇与传播要地。隋唐以后，大运河的修凿和扩展，进一步促进了南北文化的沟通。使该地区既有“楚汉雄风”的色彩，又博采众长，善于吸收创新，呈现出承南接北、多元性的特征。该地区人杰地灵，“九朝帝王徐州籍”；曲艺高亢又委婉；民间艺术异彩纷呈；美食文化流传悠久。

2. 递进创新：文化交融之目的所在

文化交融是文化创新的源泉，也是文化的活力所在。通过传统文化与现代文化交融，江苏文化与时俱进、推陈出新；通过江苏本土不同地域文化互动交融，江苏地域文化相互借鉴、携手共进；通过本土文化与异域文化交融，江苏文化不断拓展，开放纳新。综观江苏文化发展过程，就是一个文化交融的过程。

1）古今文化交融实现地域文化传承创新

传统文化是长期社会历史沿袭而形成的风俗、道德、思想、艺术、制度、生活方式等物质与精神文化现象的总和，而现代文化是由传统社会向经济富裕、政治稳定、科技发达的现代社会过渡中形成的文化。中共“十七大”报告曾指出：“我们要弘扬中华文化，建设中华民族共同的精神家园，全面认识祖国传统文化，取其精华，去其糟粕，使其与现代社会相适应，与现代文明相协调。”当前，江苏传统文化与现代文化交融密切，传统文化中商农并重的思想延续至今，所以江苏不仅是全国商品粮基地之一，同时是全国工商业发达的省份之一，其中“苏南模式”及“新苏南模式”的成功发展更加印证了江苏古今文化交融之美。为此，江苏省人民政府印发了“十二五”文化发展规划，加快推进文化强省建设，推动江苏文化大发展大繁荣。传统文化与现代文化一脉相承，通过传承，现代文化才有源有本，有生命力；通过创新，传统文化才有时代性，创新性，才能更好地适应现代社会。在传承中创新，在创新中传承，文化才能形成跨越时空的活力，才能实现协同创新、交融递进，同时是江苏实现“三创三先”重要的文化保障。

2）多元文化交融实现地域文化携手共进

《尚书·禹贡》记载，战国时期江苏地区分属徐、扬二州，以淮河为界，且江苏南北狭长，淮河、长江天堑切变作用明显，进而加剧了南北文化分异。因此，根据自然、历史、经济等因素将江苏文化区划分为楚汉、江淮、吴、金陵和苏东海洋文化区。楚汉文化刚毅强悍、尊礼重义，江淮文化清秀优雅、兼容南北，吴文化柔刚并济、商农并重，金陵文化交汇兼融、开放汲取，苏东海洋文化勇于开创、刚勇坚毅，五大文化区各具特色，相互交融，形成了独有的江苏文化。江苏内部文化不断交融并进，江苏文化与周边文化也有着交融协同：商朝吴太伯将北方儒家文化引入南方，实现了第一次南北文化交融。永嘉之乱、晋室南迁、安史之乱、明太祖定都南京，江苏文化无时无刻不在与周边文化协同交融。当前，江苏本土文化交融广泛，以人员交流为载体、以产业转移为手段、以相关制度为保障不断推进南北文化携手共进，其中苏南苏北五方挂钩，南北共建园区，促进产业转移、劳动力转移、科技转移，促进苏北发展，促进南北文化交融。

3）中外文化交融实现地域文化开放汲取

纵观历史，中华文化与世界其他文化无时无刻不在互动交融中提升自己，发展自己。秦汉时期，张骞出使西域，沟通了中华文化与西域文化，打通了中外经济文化交流的丝绸之路。明朝初期，郑和舰队七下西洋，途经南海诸岛，跨越亚、非两洲，形成覆盖面更大的海上丝绸之路，促进了中华文化与亚欧非文化的交融。鸦片战争后，众多知识分子开始抛弃陈腐观念，注目世界，萌发了一股向西方学习的新思潮：洋务运动创办金陵军工厂；江苏南通籍实业家张謇创办纺织专业学校，开中国纺织高等教育之先河，创办大生纱厂；江苏无锡籍企业家荣德生、荣宗敬两兄弟创办福新面粉厂，而后又成立申新纺织公司。改革开放后，江苏积极引入外资，学习发达国家先进管理理念，发展实体经济，以昆山模式最为著名：昆山通过引入外资，建设工业配套区，创造了平均每亩土地投资额达 26 万美元，每平方公里产出达 5000 多万美元的奇迹。当前，江苏积极推进中外文化交流，借助国家对外文化交流平台，服务国家文化外交大局，借力江苏海外友城，开展多渠道、多形式、多层次对外文化交流，努力打造文化“走出去”品牌活动，如江苏国际文化艺术周、第 22 届香港书展江苏主题省活动等，不断扩大文化产品和文化服务出口，促进中外文化开放交融。

3. 创意提升：文化交融之时代要求

不同的时代，文化交融的方式、机制、途径不同。文化交融也要与时俱进。在文化创意产业异军突起的背景下，江苏应以文化产业为载体、以创意发展为手段、以高新技术为驱动、以现代金融等为保障，形成具有时代特色的文化交融之美，打造最酷江苏、美好江苏。

1）文化产业是文化交融的重要载体

从事文化产品生产和提供文化服务的经营性行业即为文化产业，发展文化产业对于传承地域文化、创新经济发展模式、促进城市转型有着重要的意义。文化产业是促进文化产品消费的主要方式，文化产业的发展可以加快文化交融的速度，拓展文化交融的广度，增强文化交融的力度，是文化交融的重要载体。据统计，2004～2013 年，江苏省文化产业增加值由 258.55 亿元增长至 2330 亿元，文化产业增加值占 GDP 的比重由 2004 年的 1.72%增长至 2013 年的 3.94%，高于全国平均值 0.17%。江苏以重点发展创意设计业、演艺业、娱乐业、动漫业为重点，加快文化产业基地建设，增强文化产业竞争力，支持文化产品“走出去”，实现江苏文化的协同交融，实现文化交融之美。

2）创意发展是文化交融的重要手段

创意产业是文化产业最核心的组成部分，是文化产业发展的最高形态，也是未来文化产业发展的趋势与主流方向。提高文化创意产业发展水平、提升创意意识，进一步挖掘和激活资源组合方式，有助于文化产业的发展，进而促进文化交融。目前，江苏创意设计服务产业在整个文化产业中的比重最大，且年均增速保持在 30%以上。为了保持稳定持续增长，江苏省于 2015 年 4 月下发了《关于加快提升文化创意和设计服务产业发展水平的意见》等文件，明确了文化创意产业交融发展的六大重点任务，突出以创新、跨界、交融思维谋划文化创意产业发展，推动文化创意产业加速。增强创意文化产业发展、促进创意意识提升，改善创意环境，是江苏未来促进文化交融的重要手段，进而不断推进文化交融速度。

3）高新技术是文化交融的重要动力

高新技术与文化的交融是一个历久弥新的话题，高新技术是推动文化发展的重要动力，文化与科技的交融是文化发展的先决条件和基本标志。党的“十八大”报告提出，扎实推进社会主义文化强国建设，强调要促进文化和科技交融，发展新型文化业态，提高文化产业规模化、集约化、专业化水平，增强文化整体实力和竞争力，推动文化事业全面繁荣、文化产业快速发展。2013 年江苏省高新技术产业实现产值 51899.10 亿元，比上年同期增长 15.23%。此外，江苏全省共有 100 余所高等院校，每年为社会输送 50 余万名高级人才，人才优势显著，全省专利申请量、授权量分别为 50 多万件和近 24 万件，继续保持全国第一。高新技术与文化的交融创新，是江苏文化产业发展的重要命题和基本路径。

4）现代金融是文化交融的重要保障

金融是现代经济的核心，在引导资源配置、调节经济运行等方面发挥着重要的作用。文化产业因为具有投资高，风险高等特点，导致其在资金获取上较为困难。因此文化产业的快速发展离不开金融手段的支持。文化交融需要大量资金的保障，而现代金融的良好发展可以保障文化安全。加大金融业支持文化产业的力度，推动文化产业与金融业的对接，是培育新的经济增长点的需要，是促进文化大发展大繁荣的需要，是促进文化交融的需要，是提高国家文化“软实力”的需要。2013 年底，江苏省金融机构资产总量达 11.5 万亿元，地方法人类金融机构资产总量达 3.25 万亿元，全省金融业实现增加值 3703 亿元。江苏省现代金融的快速发展有助于文化产业健康、稳步发展，是实现文化交融的重要保障。

10.2　地域文化资源可持续开发的政府规制

长期以来，地域文化发展与地域文化资源的传承与开发有着密切联系，而我国地域文化资源要实现有序、规范和可持续开发，应该充分借助政府在文化产业领域的引导效力和干预效应。有研究指出，文化资源具有自然垄断性、外部性、公共物品等特征，其产业开发会导致市场失灵，必须实施必要的政府规制（冯霞，2006）。所谓“政府规制”，又被称为政府管制、政府监管等，其中日本学者植草益的“规制”是目前的代表性译法。从管理学视角来看，斯蒂格勒从治理的角度将政府规制视为一种治理方式，即管制的设计和实施主要是为受管制产业的利益服务的（斯蒂格勒，1996）。也有学者认为，政府规制是政府以惩治的方式，对个人或组织的自由决策给予的一种强制性限制。政府的主要资源是强制性权利，政府规制就是以限制经济主体的决策为目的而运用这种强制力。我国著名经济学家樊纲认为，政府管制是特指政府对私人经济部门的活动进行的某种管制或规定，如价格管制、数量管制或经营许可，等等（贾京京，2010）。著名学者余晖则把政府管制界定为，“是指政府的许多行政机构，以治理市场失灵为己任，以法律为依据，以大量颁布法律、法规、规章、命令及裁决为手段，对微观经济主体的不完全是公正的市场交易行为进行直接的控制或干预”（余晖，1997）。就本书研究的地域文化资源主题而言，倾向于从文化治理的角度将地域文化资源的政府规制行为理解为一种政府规范、引导和驱动地域文化资源产业化的强制性激励方式。

随着政府在市场机制中的角色从直接管理和行政干预转向间接管理和宏观指导，政府在市场经济体系中的地位和作用正在转变。从全球视角来看，政府治理模式从传统权威型行政管理向现代服务型公共管理转变，政府与企业之间关系趋向于互利合作。如果从世界范围的宏大叙事视角分析现有的治理体系结构，可以发现，世界政治体系正在经历从治理（governance）层级制组织结构的单一体系向扁平化组织结构的碎片化体系转变。从国内视角来看，我国经济体制正在经历由计划经济向市场经济变革的转型时期，政治层面的公有制和经济层面的私有制构成了政府与企业之间的混合型社会关系，市场主体的多元化（体现为不同产权性质企业共处）呼吁政府减少以往对于市场的过度干预，转而以适度的引导、协调和规范等政府规制方式为主。我国地域文化资源围绕地域文化的传承、保护和开发存在着诸如无序性、重复性、同质化和短视性等诸多现实问题。在这种背景下，地方政府根据本地域文化资源传承与开发的现状与规划给予适当、合理、有效的规制行为是尤为必要的。

就我国地域文化资源的规制和治理而言，其伴随的文化市场具有自发性和可持续性的调节效果，这要求企业运行不仅仅需要具备足够的自主权和经营权，同时需要政府运用规制政策提供文化市场有序运行在制度层面具备的合理性、可行性和规范性。地域文化资源的开发涉及经济效益和道德观念两个不同范畴的价值属性冲突以及社会公益和企业私利之间的利益整合。因而，不可避免会出现各种社会、经济和法律问题的冲突与对立。尤其是当前我国市场经济处于不完全的自由竞争状态，文化资源项目的开发面临着文化市场竞争导致的诸多现实问题。于是，如何从政府规制的视角研究地域文化资源的开发具有显著的现实意义。“一方面，与其他许多产业相比，文化资源在市场配置资源方面效率明显偏低；另一方面，政府规制能够弥补市场失灵，创造有利于经济发展的市场环境，促进资源的优化配置和社会福利的改善。因此，政府必须对文化产业实施适当规制”（张秉福，2012）。

10.2.1　我国地域文化资源政府规制的社会根源

1. 传统文化的“差序格局”形成及其影响分析

与西方社会近百年积淀的法制社会结构相比，我国传统文化的社会结构延续着中华文明几千年的代际传递和文化传承。正如费孝通先生在其代表作《乡土中国》一书中就中国的传统社会结构提出了“差序格局”的概念，进而解读了中国传统社会作为东方大陆文明所特有的社会结构和人际关系特点。“尽管当代中国发生了重大社会变迁，但传统的‘差序格局’模式赖以滋生的社会条件仍然存在。在由传统社会向现代社会转型的历史进程中，传统的差序格局模式被赋予现代内涵，并仍然发挥着重要作用；其对当代中国社会生活，特别是对于人际关系及其社会结构仍然具有较强的解释力”（卜长莉，2003）。所以，现阶段，我国的社会结构仍是处于转型时期市场机制下基于东方伦理观念的传统人情社会向现代法治社会的转型时期社会形态，几千年来固化的以人情伦理和血缘族群为核心构建的社会结构形式，即费孝通先生提出的“差序格局”仍是转型时期社会长期存在的社会交往基础。因此，“差序格局”是一种基于东方的伦理道德、社会观念以及亲情、血缘、族群等传统邻里关系为纽带所形成的“远近亲疏”表征下的人际交往模式的特殊社会格局，也是我国社会进步和产业振兴的社会基础，更是政府规制介入地域文化资源的社会根源。在这种社会根源的深层次背景影响下，如果直接照搬西方的规制理论和方法应用于地域文化资源场域显然是不合适的，也是不符合具体国情的。就我国地域文化资源开发而言，西方的政府规制理论被引入该议题是基于转型时期政府制度性干预或非正式权利影响下的市场经济体系。在此过程中，“差序格局”所蕴涵的各种人情往来、社会关系等中国传统文化中不可或缺的非制度性因素和惯习作为当前社会根源的核心构成依然在地域文化所涉及的各种错综复杂的宗族、亲情、政府、市场和社会关系中发挥着不可忽视的关键作用，体现出某种潜在的、具有深刻影响非正式干预效应，这是“差序格局”的外在特质和内在本性。必须指出的是，政府规制介入地域文化资源开发的动机不仅仅是要解决地域文化资源产业化竞争中出现的市场失灵或自然垄断现象，同时与市场经济环境下可能出现的行政垄断或不当干预情形有密切的关系，以达到保障政府规制的有效性和合理性的规制目标。因而，当现有的市场机制不具备完全的资源配置和运行调节作用时，必须结合我国的具体国情和地域文化的传统与现状将“差序格局”与政府规制相联系。

2. 传统文化的“差序格局”与西方政府规制理论的互动机制

随着我国现代社会结构的变迁和西方社会思潮的进入以及全球化运动对我国

传统社会结构的冲击，制度因素等现代社会的规范性约束机制逐步成为我国社会结构的组成部分。就地域文化资源开发而言，如何将传统的“差序格局”与现代的政府规制合理整合是政府进行制度规范必须考虑的社会因素。一方面，地域文化资源的开发不可避免会遇到各种人情、关系因素等体现“差序格局”观念的社会根源层面的影响与干扰；另一方面，地域文化资源的产业化项目推进需要政府规制政策作为必要的外部制度保障，毕竟仅仅依靠企业的自律规范和道德意识来约束企业行为是远远不够的，逐利和短视是企业的经营本性。因此，政府规制与“差序格局”作为两种不同的制度因素必须形成良好的互动效应。即在引入政府规制监管地域文化资源开发的同时，还应酌情考虑现有的“差序格局”观念对于规制政策效果可能造成的干扰效应和抵消作用。显然，政府在选择适当的规制方式时必须深入分析在不同阶段和不同地域环境下“差序格局”因素作为一种具有普遍社会影响力的非制度权利会对规制效果产生的影响，应该在保持规制政策核心规则的基础上，结合“差序格局”观念等相关社会因素的外部效应作出适当的调整与变通。必须指出的是，我国现阶段市场经济条件下社会发展和经济建设中的法律制度建设和法制观念仍然相对淡漠，法律、制度不健全导致经济领域的寻租行为屡见不鲜，实际上这背后深层次的社会根源来自于“差序格局”观念等传统社会因素的影响。这种非制度性的价值观念在社会交往、人际沟通、产业经营和组织合作中具有法律、政策等制度性因素不可替代的作用，这是基于现代制度理念的西方社会中不存在的特定因素。

显而易见的是，地方政府针对地域文化资源开发所提出的规制方案不可避免地会面临文化资源开发过程中隐藏的各种非制度性阻力乃至企业与政府部门结成的利益集团所发生的寻租或规制俘获行为（即“差序格局”观念）的外在表现，长期以来，在社会各阶层根深蒂固的各种传统历史、文化和民俗要素等各种非正式影响力构成的“差序格局”是政府规制介入地域文化资源开发领域的社会基础。

总之，只有理顺“差序格局”与政府规制两种不同制度因素之间关系，才能有效构建起二者之间互动机制，从而建立起有助于地域文化资源开发的外部制度监管体系。

10.2.2 我国地域文化资源开发中的政府规制价值所在

1. 确保地域文化资源开发亟需的制度需求

目前，我国地域文化资源开发亟待相应的制度保障以确保规制政策落实，而政府规制是制度需求的重要保障措施。现阶段，诸多地域文化资源的产业化项目由于缺乏相应的政府规制对策和措施，暴露出一系列监管缺失问题。以“西安市重建阿房宫计划”为例。2012 年 5 月西安市政府常务会议通过《阿房宫遗址保护规划》，根据该规划，“阿房宫遗址保护区范围内将禁止建设任何新建筑物、构筑物，禁止进行生产、生活建设行为。”据媒体报道，“2013 年 6 月，北京首创集团与沣东集团（系陕西西咸新区沣东新城管委会下属国有公司），签订共同投资框架协议，合作建设‘首创阿房宫人文旅游产业基地’，双方计划共同组成 20 亿元的产业基地引导基金，计划用五年时间吸引社会投资 380 亿元，进行建设”①。阿房宫重建计划作为典型的地方政府行为所主导的地域文化资源产业化项目，是否具有可行性和经过科学论证值得商榷，而这种资源开发模式，恰恰就是曾经被国内媒体广泛质疑的“曲江模式”。2010 年 9 月，《人民日报》曾刊文批评“曲江模式”，并发出警示，“在发展文化产业园区的大旗下，又一轮大规模破坏历史文化遗产的浪潮在推进，在这股愈演愈烈的浪潮背后，是终将祸及百姓的地产图谋”②。从公共管理学的视阈来看，重建阿房宫项目必须考虑到其开发的意义和价值，作为具有高度文化传承价值的文化遗址（国家重点文化保护单位）不仅仅要分析项目可能带来的经济效益和政府税收，更应该评估该项目在环境、资源、历史以及文化价值等相关要素方面是否具备保护性开发的可行性和必要性，是否符合和满足公共文化资源开发的原则和标准。

由此可见，地域文化资源产业化项目开发的标准和规则一定程度上掌握在地方政府主管部门手中，政府应该制定相应的规制政策，评估和审核具有重要不同层次影响性的地域文化资源产业化项目是否具备开发的条件。因此，政府规制介入地域文化资源开发能够规范项目实施的规范性和合理性，保障项目执行必需的制度需求，从而确保项目推进符合政府产业布局和总体规划，达到政府规制目标，实现地域文化资源开发过程中的社会价值和经济价值有机结合。进而在借助文化旅游、文化创新等资源开发项目创造经济效益的同时，实现传统的优质地域文化资源的保护性开发。否则，地域文化资源开发的预期目标和动机有可能会被异化，从而造成难以弥补的损失和负面的社会影响。

2. 引导多元主体参与地域文化资源的有序开发

政府规制调控文化市场职能除了规范市场运行和资源配置的有效性和合理性，还包括引导和激励多元社会主体参与到地域文化资源开发的项目建设中。长期以来，受计划经济时代政府对于市场运行的绝对垄断思维影响，作为具有公共物品特性的地域文化资源，其项目开发的主导权和经营权始终是被政府或国企所掌控。现阶段，政府控制地域文化资源开发的局面已经被打破。相比较政府而言，

① 王峰. 是非阿房宫：二十年城镇化叠影. http：//fangchan.21cbh.com/2014/1-15/wNMDA1NzFfMTA0MzkwNA.html.

② 新浪新闻中心. 烧钱 380 亿再造阿房宫，值吗？. http：//news.sina.com.cn/z/epg.

企业等市场力量在地域文化资源开发的项目设计、资金筹措、消费市场培育和营销管理等方面具有独特的优势和效率，有能力代替政府或者协助政府承担部分地域文化资源的产业化项目实施。

事实上，国内现有成熟的地域文化资源产业化项目大多是在地方政府的统一布局和政策推动下，引导各类社会资源包括人力、资金、技术和设备等参与项目建设。例如，杭州宋城、无锡灵山大佛文化景区、开封清明上河园等，均取得了良好的经济效益和社会反响，既传承和挖掘各种优秀文化元素，同时科学、合理的运行模式还创造了良好的经济收益。但是，不可否认的是，转型时期，由于诸多因素的影响和干预，部分地方政府仍然盲目主导和控制所在地域的文化资源开发。以行政干预的方式动用过度的地方财政上马所谓的形象工程和献礼项目，既没有达到保护和传承地域文化资源价值的目的，同时由于没有真正迎合市场需求，导致无法创造合理的经济效益，最后沦为市场经济竞争的失败项目。显然，政府规制介入就是要打破地方行政权利控制和垄断文化资源项目等公共文化服务项目完全由政府独家承担的不合理格局，即一方面不符合市场经济下适当竞争的发展规律，同时是地方财政的巨大负担。

因此，地方政府借助一系列规制政策引导、规范和激励社会资源参与地域文化资源的产业化项目开发，能够促进其有序开发的公平性、合理性、竞争性和高效性。

10.2.3　我国地域文化资源开发的政府规制路径

有学者认为，“中国的规制政府是在经济转型的过程中崛起的”（沈宏亮，2011）。显然，政府规制是现阶段市场机制发育不完善的制度背景下弥补市场运行缺陷的有效手段。根据美国学者米格代尔（Migdal）的观点，“国家能力包括渗入社会的能力、调节社会关系的能力、提取资源，以及以特定方式配置或运用资源四大能力”（米格代尔，2009）。就本书的研究领域而言，作为国家能力手段之一——政府规制显然是政府调节社会关系，开发优质资源的权威性能力。在西方社会相对成熟的市场经济环境下，政府规制在完全竞争的市场环境下所要解决的问题主要是自然垄断领域、市场失灵等。但是，作为非纯粹运行的市场经济机制，我们面对的是市场机制下地域文化资源开发时存在的一系列问题，诸如企业垄断经营、资源过度开发、产品价格欺诈、市场无序竞争、政府干预失位等，这是转型时期政府规制政策缺失和市场保障体系不健全、不完善的结果。因此，政府规制对于地域文化资源开发的价值体现在于其规制效果的合理性、规范性和有效性。相对于西方成熟的市场充分竞争体系下政府放松经济性市场规制的政策路径选择，转型时期我国文化市场竞争中由于缺乏必要的政府规制引导和规范，导致文化资源开发项目存在规划粗制滥造、资源效率低下、产品无序竞争和项目重复建设等一系列急功近利、规划缺失、资源过度开发等不当经营现象，这些和政府期待的文化资源产业化及其公共文化产品性宗旨不相符合，破坏了文化资源的精神价值，违背了产业资源发展规律，严重阻碍了文化资源开发和精神文化价值的有序传承。由此，地方政府应该根据不同层次开发区域的产业特点，针对不同的主体功能因地制宜，不断细化政策，灵活设计约束性和激励性指标，通过“量身定做”，将区域政策与功能性政策有效结合，促进区域协同发展（孟召宜，2007）。与此同时，政府在规制地域文化资源开发过程中，不可避免会涉及与乡镇政府、居民利益和农田退耕等现实矛盾之间围绕项目建设产生的拆迁、征地等政府规制行为。其解决问题的思路主要包括补偿措施等。因此，在充分发挥政府积极性的基础上，如何协调多边多级政府关系极具重要性；而补偿双方预期的非对称性，即被补偿对象追求最大目标与提供补偿方争取最小支出目标的矛盾性，使得协调多边多级政府关系又具有必要性与艰巨性（孟召宜，2007）。

在我国公有制为主体的社会结构下，相对于西方政府对于少数关键市场资源的控制，我国市场运行所必需的关键产业资源被政府所掌握。文化项目开发所必需的地域文化资源及其配套的政策支持掌握在政府权利部门手中。在这种制度框架下，政府规制就是主导地域文化资源开发中项目运作、产业布局和战略规划的重要行政手段。正如诺斯所指出的，“从理论上讲，有许多外部事件能导致利润的形成。在现有的经济安排给定的情况下，这些利润是无法获得的，我们把这类收益称为‘外部利润’”（诺斯，1991）。因此，地域文化资源的开发应该在政府规制政策的引导、激励和规范下按照合理、有序的方案来推进，以符合政府经济政策所设计的整体产业规划和经济布局。相关对策主要有以下几个方面。

1. 制定引领地域文化资源开发的规制路径

政府对于企业等市场主体参与地域文化资源产业化开发缺乏必要的引导性政府规制对策，以至于经常出现文化资源项目带有急功近利的色彩，注重项目的短期经济收益和项目投资回报，而忽略对于文化资源给予必要的遗产保护和文化传承价值的传播与推广。由此，出现诸多文化资源项目遭受盲目、过度开发，使得文化遗产资源沦为地方政府或企业税收、牟利的工具。同时，文化资源的优质精神遗产的保护性和传承性价值在项目功能设计中往往被有意忽略。基于上述因素，现有的文化资源产业化项目很多没有或者无法将可持续发展战略纳入项目开发的总体规划之中。企业作为市场主体更多关注文化产业项目的经济效益，往往很难站在道德高地从社会公益的角度去考虑地域文化资源的精神价值，因而仅仅依靠企业的自觉或自律性是无法从根本上避免地域文化资源开发中存在的短视行为的。地域文化资源是一种公共文化产品，能够产生巨大的公共利益，政府作为社会公益的合法维护者，有责任从制度建设的角度以规制手段牵制引导企业等市场主体按照政府规划的公共文化服务理念和目标从开发的维度去参与地域文化资源的产业化项目，以保证必要的社会公益性。严格、科学的市场准入标准、项目监管制度和社会效益考核依据是政府规制引导地域文化资源开发的主要对策。

2. 规划激励地域文化资源开发的规制路径

目前，企业和各类投资基金是地域文化资源产业化开发的主要主体，文化资源产业化项目作为私域主体——企业参与的社会公共文化产品，隐含了市场的追求经济效益最大化和政府倡导的社会公共利益最大化两种对立的价值观之间的利益冲突，如何保障项目开发方在获得经济回报时兼顾社会公益，是政府在设计规制方案时值得考虑的重要问题。换句话说，政府在引导市场主体按照规制目标参与地域文化资源开发的过程中，应该给予必要的激励性规制措施，从而调动企业等市场主体参与地域文化资源的可持续性项目开发。地域文化资源的开发项目面临着企业经济利益和社会公共利益之间的价值冲突：一方面，如果项目投资者要在短期内快速获得投入回报，必然会降低文化资源的社会公益价值，即相关的文化资源保护、传承设施和功能会被弱化乃至取消，这是不利于文化资源的可持续利用的；另一方面，如果项目投资者关注文化资源的社会公益价值，则必然以牺牲暂时的经济效益为代价，这是符合文化资源开发的社会利益目标的。显然，这两种价值立场代表了政府、社会和市场之间的利益博弈和协调。众所周知，市场经济条件下，文化公共产品和服务完全由政府来提供是不能的，也是不合适的，企业相比较政府在文化资源产业化项目开发方面更有优势和效率。因此，政府应该利用激励性规制手段来推动企业参与地域文化资源产业化运作。即为了鼓励企业最大程度将可持续发展要素引入文化资源产业化项目，必须通过相应规制对策给予特殊的政策支持。针对性的、切实的激励性规制措施是政府激励市场主体参与地域文化资源开发的主要对策。当前，对于政府重点推动的地域重大文化资源产业化项目可以采取给予项目投资方以特定时限经营管权限、地方税收优惠减免政策以及政府专项项目补贴等规制措施。

3. 设计规范地域文化资源开发的规制路径

市场机制的不完全竞争决定了现阶段我国地域文化资源产业化存在着诸多无序竞争和重复投资现象，这种文化市场的失灵现象是不利于地域文化市场培育和成长的，也不利于地域文化资源的可持续发展。其后果是：一方面大量不切实际、重复建设的文化资源项目由于仓促上马，品味低下，如前些年各地普遍涌现的“西游记宫”，已经影响了社会对于文化资源产业化的审美判断和项目认同；另一方面，某些不顾后果、野蛮建设的文化资源项目严重破坏了文化遗产的本来面目和周边环境，如前几年引起社会广泛关注的张家界“观光天梯”项目，损害了张家界景区的部分自然景观，受到世界文化和自然遗产组织的严厉批评和国内媒体的一致谴责，被责令整改。近年来，市场经济中的政策漏洞使得上述地域文化资源利用中的负面案例屡见不鲜，政府运用强力规制措施规范文化资源产业化项目中的混乱现象势在必行。这种文化资源产业化项目竞争中的市场失灵现象不利于资源的开发，对于企业的不当行为，必须借助来自于市场外部的制度建设来监管，即规范性政府规制性措施的引入来强化制度建设。合理、有效的规范性规制措施是确保地域文化资源合理开发的主要对策。尤其是，转型时期市场机制的不完善使得这种规范性规制措施在纠正和制约文化资源产业化项目的盲目性和无序性方面具有极为重要的应用价值，能够有效保障资源项目的合理开发这一社会公益目标得以贯彻。规范性政府规制措施包括严谨、有效的特许经营制度、市场准入机制和项目审批程序等。

10.3　新时期区域文化产业特色发展新思路

10.3.1　以创新为发展导向，推进文化产业迈上新台阶

1）培育文化创新主体，增强文化产业发展引擎

发展多元化文化企业。推动传统文化企业整合盘活资源，创新发展思路，拓宽发展渠道，继续增加收益、做强品牌。鼓励支持民营文化企业创新发展。走出去，大力引进文化企业，并加强与本土文化企业融合联动发展。培育引进多领域创新人才。大力引进新技术人才，抓住新兴文化产业发展机遇，加强“五个一批”人才培养，抓好拔尖人才和高层次人才的选拔，将区域城市打造成为文化产业创新创业的高端人才聚集地（表 10-2）。

2）打造文化创新平台，助推文化产业腾飞

丰富文化企业创新孵化平台。建设众创空间、创新工坊、创客咖啡厅和虚拟创新社区等创业孵化基地；由政府支持设立“共同创作室”，在设计、动漫游戏等重点扶持发展的行业中，为具有一定技术的中小企业提供长期、系统的扶持。推进建设产学研协同创新中心，培植文化创新综合服务平台。推进文化产业发展动态和产业政策数据库建设，为文化产业中的市场主体提供及时准确的信息支持。

3）营造文化创新生态，优化文化产业发展氛围

打造多层次投融资体系。着力打造文化创业金融服务链；支持具备条件的企业上市融资；健全小微文化企业贷款风险补偿和融资风险缓释等机制。落实知识产权保护服务体系。严厉打击侵权行为；鼓励自主创新形成的成果及时申请、注册相关权利；保护和推广文化产业著名商标。推动大众创业万众创新。进一步优化人力、资本、技术、管理要要素配置；进一步降低创新创业门槛；强化创业辅导；树立崇尚创新创业的价值导向。

4）推进文化体制改革，激发文化产业创新活力

给予文化产业基本政策倾斜。建立文化财政投入稳定增长机制，将财税、人才、土地、金融等政策分解落实，加大公共文化设施建设、重点项目实施和重大课题研究的投入力度。优化人才环境。加强人才的培育和引进力度，推进“高技能人才培养工程”。完善科技人才评价激励机制，建立科技人才贡献回报机制，组建“文化英才创投基金”。放宽公益性文化事业准入门槛。鼓励和支持社会资本和外资进入公益性文化领域；形成以政府投入为主、社会力量积极参与的公共文化服务投入机制，努力实现公共文化服务投入主体的多元化。

表 10-2 新时期文化创新主体培育目标与思路

市场主体	目标导向	战略思路
大型国有文化企业	推进国有文化企业稳健性成长	国有文化企业做强做优，实现顶天立地。深化报业、广电、演艺等国有文产集团运营机制改革，建立健全有文化特色的现代企业制度，建立社会效益评价考核标准；支持报业、广电等传统媒体拓展移动终端领域，发展新媒体业务；推进新闻出版、广播电视等内容生产行业自主创意创新，提高核心竞争力；推动大型国有文化企业与规模较小、资源相近、业务相通互补的中小文化企业联合重组，引导文化资源和要素向优势企业适度集中；适时组建“文化投资控股公司”，构建盘活存量资产、促进资源流转的平台，加速推进重组。鼓励国有文化企业探索多元化经营，进行跨领域、多平台的商业拓展，打造全产业链泛娱乐业态
骨干文化企业	推进文化龙头企业跨越式生长	大中文化企业做大做强，打造文化旗舰。积极扶持大风乐器、汉纳国际等民营企业，积极扶持龙头企业跨界进入文化领域，参与文化项目建设。制定实施企业转型升级、升位增量奖励计划，着力培育成长性强的骨干文化企业。加大对 BAT 等国内文化巨头招商力度，打造文化民企集聚高地。重点培育和引进一批市场潜力大、创新能力强、拥有自主知识产权的高成长中小文化企业。建立动态骨干文化企业库，建立领导联系骨干企业制度。完善上市培育机制，推动优质文化企业上市融资。鼓励文化企业充分利用新一代互联网技术实现云化、大数据化和 O2O 化
小微文化企业	推进小微文化企业爆炸式增长	小微文化企业“做多做特”，实现遍地开花。积极培育一批独立工作室、小型文艺公司、数码设计公司、广告公司等小微文化企业；鼓励小微企业技术创新，走“专精特新”之路，打造行业“小巨人”；推进中小文化企业网络化发展，鼓励小微文化企业通过外包业务与大企业分工协作；加强文化品牌建设，促进小微文化企业专业化、品牌化。大力发展文化生产者服务业，培育一批服务小微文化企业的文化产品和服务经纪、代理机构。实施“小微文化企业孵化培育计划”和“成长型小微文化企业扶持计划”，重视众创、众包、众扶、众筹等“四众”载体建设，扶持众创空间联盟发展。广泛发布创意创业行动计划，鼓励区域艺术青年创业创新，吸引国内外知名文化企业高级人才创新创业

10.3.2 实施“互联网+”战略，推进文化产业形成新业态

1）创新文化业态

制定“互联网+”行动计划，推动移动互联网、云计算、大数据、物联网新一代信息技术广泛应用于传统文化产业生产经营全过程，推进文化产业数字化、网络化、智能化发展，积极打造智能印刷、智能媒体，形成一批两化融合示范

企业。围绕文化产品生产、文化产品销售流通、文化产业信息监测共享等任务，加快完善新型文化产业生产经营体系，培育多样化文化产业互联网管理服务模式，形成“互联网+文化+高科技”发展模式。发挥互联网与文化产业融合的带动作用，大力发展线上线下互动的新兴消费，加快发展基于互联网的现代文化产业的发展。

2）助推资源整合

依托区域先进制造业、交通、文化等比较优势，大力支持本土有文化特色、有综合实力、有发展潜能的文化企业跨地区、跨行业、跨所有制整合资源，延长产业链，提高工业产品的文化附加值。通过“大数据”“互联网+”，实现科学技术、文化艺术、创意设计等产业的横向打通的同时催生新文化。传统文化与现代科技的融合促进地域传统文化焕发新活力。帮助区域文化企业更好地走出去，为对外交流作出大贡献，为区域文化产业的新发展打下基础。

3）营造创客空间

推动建设众创空间、扶持文化创客。鼓励科技园、信息谷等加快与互联网的融合创新，大力发展市场化、专业化、集成化、网络化的创客空间，实现创新与创业、线上与线下、孵化与投资相结合。利用国家高新区和区域高校、科研院所的低成本、便利化、全要素的有利条件，大力实施“创新工场”“创业咖啡”“创业公寓”等设施建设，为大众创新创业者提供良好的工作空间、网络空间和资源共享空间。全面提升经济技术开发区、软件园等园区基地的创新创业功能，把各类园区建设成为创新驱动发展的主阵地，打造成区域性“创客栖息地”。大力培育企业家精神和创客文化，着力创建“创客创意”品牌，努力打造成具有国际影响力的创意创新中心。

4）发展平台经济

抢抓互联网和大数据发展机遇，以“智慧徐州”建设为依托，以需求为导向，借助区域产业、市场、人才和区位优势，加快发展平台经济，延伸产业链，使其成为推动区域文化经济发展的新引擎。依托区域先进制造业、文化等优势，加快培育一批具有行业带动力和国际影响力的龙头型平台企业，大力引进龙头旗舰企业和基地型项目，优化布局结构，推动上下游产业配套、融合发展，发挥政策的引导激励作用，打造具有较强研发设计、融资担保、人才培训、孵化培育等公共服务功能的市级、省级平台经济集聚区。推动大平台、大市场、大流通融合、集聚发展，重点实施信息惠民融合服务平台、农村综合信息服务平台、综合电子商务平台、物流公共服务平台、智慧信息枢纽等特色平台建设。推动互联网促进文化产业服务化、创新服务、全民共享；通过资源整合，要素融合促进文化产业重构；通过互联网嵌入、融入实现重构、再造。

10.3.3 实施“文化+”战略，推进文化产业走向新领域

1. 产业融合

（1）文化产业与新型工业融合，促进工业转型升级。加快融合步伐，实现跨界合作。进一步加快文化与制造业融合步伐，不断提升工业产品的文化内涵，提升工业产品的附加值。努力将具有人文内涵、人文气息的文化元素融入工业产品设计之中，打造具有高质量、高格调的文化工业产品。引进设计行业高端人才，培养领军人物，实现人才保障，实现跨领域合作。着眼创意设计，打造高端制造。着重将创意设计业和先进制造业的融合发展，作为推动产业结构优化升级的重要战略选择，推动制造业由加工制造环节向研发设计和品牌营销两端拓展延伸，向高端化发展，充分发挥文化创意在工业设计中的导向作用。发挥基础优势，培育良性格局。向工业设计中注入更多的文化美学气息，打造更具工业美感、时尚感和美学意蕴的产品。扶植培养一批文化元素与新型工业融合度高、效益好的示范性企业。

（2）文化产业与旅游业相融合，打造文化旅游品牌。提高服务水平，设计精致旅游。鼓励文化创意和设计服务进入旅游业，提升文化旅游产品开发和服务设计水平，促进发展参与式、体验式等新型业态。提炼地方文化，吸收科技元素。坚持以文促旅、以旅兴文、共同发展的原则，加快推进文化和旅游的融合，通过挖掘文化内涵，以提升旅游档次，丰富旅游内容。充分提炼区域特色文化，以文化打造产品个性、以文化推广城市品牌、以文化引领文化旅游产业发展。注重分批分次开发多类型、多主题、多特色、多品牌的旅游产品。努力建设文化集聚中心，融艺术精品与草根文化为一体，促进区域文化旅游产业转型升级，实现跨越式发展。整合文化资源，打响旅游品牌。鼓励文化创意、演艺、工艺美术与旅游资源整合，坚持文化传承与文化创新互动并进。使区域文化旅游能形成产业链，既能吸引游客前来观赏，且留住游客，延长其停留时间，又能形成产业模式带动当地经济发展。

（3）推动文化与特色农业融合，促进创意农业发展。转变传统理念，打破边界束缚。着力将文化创意、艺术创造、科技创新、生产经营理念等与农业生产融合，对农业生产经营的形式、过程、方法、产品等进行构思设计，以休闲观光农业建设工程为抓手，以文化与创意农业融合发展为方向。打破传统农业边界的束缚，拓展农业功能，将农业从单一的食品保障功能向生态涵养、观光休闲、文化传承等多功能拓展，带动农产品加工业、服务业、交通运输业和人文创意业等相关产业的发展，满足城乡居民休闲消费的需要，开辟现代农业建设的新途径。提

升农业业态，培养新型农民。充分发挥文化在服务“三农”中的作用，鼓励文化创意和设计服务企业及个人工作室为乡村集体经济组织、专业合作社、农户开展多种形式的创意设计，实现“大农业”与“大旅游”的有机结合。携手养生旅游，实现多元发展。促进现代农业与休闲娱乐、健康养老、观光旅游等融合发展，积极发展休闲观光农业和乡村旅游业。加强重要农业文化遗产发掘和保护，实现区域文化创意农业又好又快发展。

（4）促进文化与体育产业融合，拓展文化发展领域。强化文化渗透，促进文体交融。加速体育元素与文化元素的相互渗透，将体育竞赛文化、运动休闲与健身文化、奥运教育与公民体育文化、体育文学艺术与影视文化、体育文化产业与体育文化推广、体育文化传播与交流等进行有机结合，注重项目的开发，借鉴国外经验，结合徐州实际精心策划精品互动项目，提升体育产品的文化内涵，发挥体育产品在精神文明建设中的作用。完善产业体制，提高项目格调。建立协调机制，在融合中健康发展，提升体育产业发展的文化品位和文化内涵，加强体育非物质文化遗产和民俗项目的保护与开发，同时根据时代特点和市场需求对体育项目进行进一步提升和包装。深度挖掘娱乐、竞技、团队、民主精神，带动相关产业消费，丰富群众文化生活，提升群众文化品位。吸收创意成果，壮大产业能级。鼓励文化企业向体育领域拓展，支持发展体育竞赛表演、体育动漫等新业态。加强创意设计，提升体育用品及衍生产品附加值。丰富传统节庆活动内容，提升行业效益，加速行业发展，丰富地方文化形态。

2. 要素融合

（1）加快文化与科技融合发展，提升文化产业业态。探索应用空间，加快加深渗透。积极推进科技发展，在文化领域寻找到广泛的应用空间，形成对文化科技基础研究和科技创新的倒逼机制，同时为文化创新发展提供可持续驱动力量。努力使科技交融渗透到文化产品创作、生产、传播、消费的各个层面和关键环节，成为文化产业发展的核心支撑和重要引擎。选取核心基地，鼓励文化创新。提高原始创新、集成创新、协同创新和引进消化吸收再创新能力，加快科技创新成果转化。鼓励以应用为导向的自主创新，加大行业重大共性技术与集成技术的研发与科技攻关力度，立足文化资源优势和文化产业发展实际，强化政策服务等综合保障，以文化科技融合促进文化产业转型升级。优化发展环境，发展有效竞争。加快各类文化创新要素集聚融合，优化文化与科技融合发展环境，加快培育具有核心竞争力的文化科技领军企业，着力打造具有示范带动作用和国际影响力的文化创意产业集群和文化科技业态。

（2）推进文化与生态融合发展，提高生态文化品位。坚持生态第一，整体协同发展。以生态为基础，以文化为灵魂，融两大要素于一体，促进资源节约型、环境友好型社会的建设，实现科学发展。努力实现生态文化产业与生态环境建设事业相得益彰，注重项目布局，积极扶持生态、文化、旅游融合度高、创意内涵丰富、市场效果良好的精品项目，实现社会效益、生态效益和经济效益的协调统一。融合两大引擎，建设生态高地。以促进都市生态文化旅游发展为重点，以生态、文化融合为引擎，以国家级、省级森林公园、湿地公园为抓手，积极开发生态文化旅游资源，提升景区、景观及生态园区建设的文化内涵。

3. 载体融合

（1）整合历史文化资源，打造历史文化街区。兼顾开发保护，并行传承创新。加强保护街区整体空间格局和历史风貌，尤其是体现街区价值特色的传统街区风貌，打造多类型建筑集中展示区，传承街区丰富的历史文化遗存。以保持历史文化街区的传统居住功能为主，与时俱进，提升街区内产业业态，打造历史文化与现代文明交相辉映的城市风貌，留住乡思乡情乡愁。带动城市活力，注重持续发展。从细节入手，注入更多的地方文化元素，赋予历史街区新时代背景下新的活力。在保持原有风貌的时，着力提升游客与本土民俗文化的互动体验，积极打造富有历史感、文化感和“穿越感”的“时空隧道式”文化风情街区。同时注重对历史文化街区整体性的保护、文脉的挖掘与传承、功能的复兴，以实现历史文化街区的可持续发展。

（2）深入挖掘特色文化，建设农村特色乡镇。夯实产业基础，发挥导向优势。进一步发展壮大特色农业产业化经营，推动乡镇建设进程，整合丰富的农业和文化资源，紧紧围绕文化核心，打造文化主题产品，衍生文化旅游感知。利用文化产业在传播方面的导向优势，着力提升特色乡镇主题产品的品牌形象和文化内涵。吸收其他领域创新成果，整合当地旅游资源，形成完整的特色乡镇服务生态系统。挖掘草根文化，建设现代乡镇。充分挖掘农村乡镇的草根文化，去粗取精，结合时代特点和市场需求，开发具有良好区位优势、高附加值和丰富文化内涵的建设项目。联合乡镇优势产业，实现区域互动，提高当地农民市民化意识，引入现代科技新技术，实现特色乡镇多层次、宽领域、全方位的发展。

10.3.4　注重三轮协调平衡，推进文化产业走向新阶段

1）以消费拉动文化产业发展

积极推进经营性文化事业企业改制，打造具有较强自主创新能力、竞争能力的文化企业，打造精品，推出品牌。借助博览交易平台，加大宣传力度。大力推行“O2O”等电子商业模式，不断扩大消费群体。建设文化产业大数据平台，基于文化偏好，制定个性化服务，刺激居民多层次、全方位、宽领域的文化需求，建

立用户反馈系统，不断改善用户体验，不断吸收用户新需求、新创意，不断增加新的经济增长点，引导文化消费向更健康、更理性、更智慧的方向转变。在社区中建设影剧院、图书馆等文化设施，实现文化艺术走近社区，为居民提供更加人性化的服务。加大知识产权保护，严厉打击盗版，提高文化创新积极性。

2）以融资带动文化产业发展

积极落实国家、地方政府在鼓励文化产业发展方面的贴息、低税等优惠政策，争取国家级、省级、市级文化产业专项资金支持。制定文化产业资金管理办法，细化项目预算、强化资金审核，确保资金落到实处。积极引导经济发展稳定的企业在境内外上市融资，吸收社会、民间资本。鼓励文化企业之间、文化企业与其他企业相互提供资金、人才、经验等帮助，相互借鉴，提高资金利用率。完善产权交易市场，建立知识产权管理标准、知识产权运营机构、产权纠纷解决机制。完善金融服务系统，建立健全无形资产评估体系，为文化企业提供具有针对性的融资方案，制定创意保险，降低文化投资风险。建立投融资对接平台，实现资金的有效流通。

3）以出口撬动文化产业发展

积极融入"一带一路"，推动东西双向开放，促进南北文化交融。鼓励本地文化企业组建战略联盟，实现优势互补，利用交通优势，加强与沿线国家和地区的合作。利用已有的经济合作平台，在友好城市举办区域特色文化节、特色产品展销会，打出特色文化品牌、旅游品牌。创建跨境文化电商，尝试规划全球生产布局，建立境外营销网络。支持骨干文化企业与科研机构、高等院校组建技术研发创新平台，共同开发具有市场竞争力的文化项目、共同培养文化产业复合型创新人才、共同打造文化产业创意研发中心，建立风险共担、利益共享长效机制。

10.4　转型期我国文化产业治理范式的构建

文化治理作为文化产业语境中的前沿概念，具有典型的社会治理色彩。本书的文化治理概念来自于胡惠林先生的界定："文化治理是国家通过采取一系列政策措施和制度安排，利用和借助文化的功能作用以克服与解决国家发展中问题的工具化，对象是政治、经济、社会和文化，主体是政府+社会，政府发挥主导作用，社会参与共治"（胡惠林，2012）。还有学者将文化治理定义为，确定文化发展方向的公共部门、私营机构和自愿/非赢利团体组成的复杂网络。其中包括来自公共部门、私营企业、非赢利团体等各种性质的机构和个人，涵盖文化、经济、社会等各个政策领域，涉及跨国、民族国家、地区、地方等不同地理和行政运作层面（郭灵凤，2007）。上述定义把社会作为广义的概念，即文化治理范畴不仅仅局限于文化产业某个领域或层面，而是延伸至包括文化、政治、经济、社会等多元因素共生的社会体系之中。关于文化治理的实质问题，通过解读“文化治理”概念，作者发现无论胡惠林先生主张的“文化治理工具化”，还是郭灵凤强调的“文化治理是确定文化产业发展方向的复杂网络”，二者观点本质上是相似的，都是从工具论角度来关注文化治理的。换句话说，文化治理是作为一种治理工具承担着确定文化产业发展路径的职责，其工具理性在于维护社会公共利益，规范市场运行，保障企业的合法收益。因而，文化治理具有典型的工具理性特征。另外，关于文化治理的目标问题。通过对于文化治理概念的解读，文化治理目标就是明确、引导、规范和推动我国文化产业的发展方向。最后，关于文化治理的对象问题。治理对象不是某个组织或个体，而是在政府与社会之间所形成各种社会关系，文化治理即是对这种社会关系的干预与影响。

因此，本书将文化治理理解为针对文化产业这种特定产业模式的治理范式。“社会治理作为一种新的公共管理模式，是西方国家在现有政治制度的基本框架内，在政府部分职能和公共服务输出市场化以后所采取的一种社会管理范式”（肖文涛，2007）。如果用这个社会治理定义来套用，文化产业总体市场化趋向是符合现阶段我国文化产业发展总体走向的。

10.4.1 我国地域文化资源产业化治理的制度框架

1. 构建以地域文化资源为基石的文化产品供给政策体系

目前，传统的文化产品和服务供给模式已经远不能适应消费者的个性化、专属性文化消费需求，以各类娱乐性、休闲类文化产品和定制服务为代表的新兴文化业态成为主流文化消费品的供给渠道。在此背景下，政府从公共职能成本、文化产品品种和供给渠道等多方面因素考虑，将部分文化产品和服务的供给机制让渡给其他社会主体如企业来参与。政府可以通过特许经营、市场招标、购买服务等方式允许其他市场主体参与文化消费品供给和文化产市场竞争，鼓励社会资本参与文化产业投资和公共文化产品和服务的提供。这种文化职能的释放和文化消费品供给模式的转变符合转型时期市场经济的运行规律。由于文化消费品的需求差异化要求多元的供给主体和渠道，需要政府从公共利益和市场竞争的角度与产业主体统筹协调、兼顾利益、资源共享，培育出一套适合我国文化产业现状的文化产品供给政策体系。尤其是政策扶持和资金引导、机构评估、行业规范以及企业内部条例等相关制度化措施构成了文化产品供给政策体系的核心内容。需要注意的是，政策体系的培育必须关注两方面的因素，即政策本身的选择与实施以及政策体系的相关支撑平台，包括融资平台、公共服务平台、信息交换平台等。因此，为了满足多元化文化消费市场的需求，改革传统的文化服务职能模式，完善现代文化消费品供给的政策保障机制，培育文化服务职能释放和文化产品供给政策体系迫在眉睫。这也是我国文化市场合理、有序竞争和规范运行环境所必需的权威性制度体系建设内容之一。

2. 转变新形势下地域文化产品和服务的供给模式

一个发育健全的文化消费品市场，需要多元化的文化产品和服务供给模式。消费者所关注的新兴文化产品如创意产品、娱乐产品、休闲产品、影视作品、动漫作品等是无法由政府直接有效提供的，或者说其他供给主体如企业比政府更有效率，更能满足消费者的需求。在增加文化产品供给方多元化的供给模式针对不同的消费群体由不同的供给主体提供个性化的文化产品和服务时要遵循和符合文化消费品市场的运行规律。多元化、个性化和专属化的文化产品和服务供给模式不仅仅是指供给主体的多元化，还包括产品类型的多元化。例如，著名作品《哈利波特》就是通过产业链的构建和多元化产品的供应，实现了从小说、电影、主题公园到实景体验、文化用品、生活用品等核心产品和延伸产品的扩张，以至于牢牢控制了全世界青少年文化消费的绝对市场份额。又如，湖南卫视 2013 年推出的栏目“爸爸去哪儿”在项目策划、推广理念、运作方式和营销模式等方面大胆创新，主动迎合市场需求和观众口味，将云南少数民族部落山寨、内蒙古呼伦贝尔草原等国内具有代表性的地域文化资源作为节目的外景地和拍摄场所，极大地吸引了观众的眼球和注意力，在经济效益和社会效益两方面均取得了空前的成功。在此基础上采取小成本的制作理念，将电视节目的创意方案移植到电影剧情中，仅仅用四天时间制作的节目电影版在春节档期获得了极大的市场反响，获得了 4.7 亿元的票房收入，成为电影和电视两种不同文化消费领域的文化产品供给模式变革的成功案例。因此，文化消费观念、竞争环境以及消费需求的转变意味着政府必须构建合理、可行的治理范式来推动文化产品和服务供给模式的转型与变革。在保持部分传统文化产品和服务供给方式的同时，通过制定新的文化治理方案如项目补贴、特许经营、市场准入和文化产品招投标等方式引导和规范文化产品和服务的供给模式实现转变。

3. 应对地域文化资源产业化的总体市场化趋向

目前，市场经济导致的文化产业发展的巨大变革是地域文化资源开发呈现总体民营化或市场化趋向，这是由市场经济的运行机制和客观规律所决定的。这种市场化趋向在增强扩大地域文化资源项目的整体规模和经营实力，推动文化市场竞争和提高文化消费供给水准等方面具有积极的作用。以杭州宋城为代表的一批优质地域文化资源开发项目是典型的市场化运作的成功典范。全国演艺产业第一股——宋城集团，作为国内著名的民营化文化集团，一直致力于打造以杭州特有的南宋地域文化为核心的文化演出项目，并以“宋城千古情”这一创新性文化演出蜚声海内外。同时，来自于不同国家、地区的多元文化意识形态和文化观念以各种文化产品和服务作为载体以市场化为核心开始占据我国的文化消费市场。我国文化产业运行的整体市场化倾向不可避免会给我国文化安全带来挑战，有不利于我国文化产业平稳、快速发展的一面。

10.4.2 我国地域文化资源产业化治理范式的建构思路

1. 选择适合文化产业现状的治理范式

我国地域文化资源的产业化治理范式应当从政府与社会两方面来考虑。即政府推进体制改革，社会加快产业发展，因而以政府和社会为主体的创新性治理范式——文化治理是最恰当的选择。随着非营利组织、私人企业等新兴社会力量的崛起，非公企业在文化产业领域角色和地位日益凸显，并对文化产业领域进行了广泛而深入的渗透，迅速融入市场经济体系中，市场化开始成为文化产业发展的总体趋向。产业路径的延伸意味着需要有责任主体对于产业发展的正确走向进行宏观掌舵、监管和推动，这就是本书所强调的一种社会管理创新：文化治理。根据前面章节所引用的文化治理概念，政府和社会作为治理主体承担各自的责任：前者引导和规范（产业运行），后者推动（产业发展）和制约（公共权利的滥用）。治理主体合作的利益整合在于：一是在引导、协调与梳理各种社会关系时明确政府的主导地位；二是非营利组织、行业协会等公共组织作为非政府治理主体在推动政府职能公开化和透明度方面具有监督责任。总之，在我国地域文化资源产业化治理范式的构建过程中，必须充分考虑地域文化资源的实际状况，包括其总体规划和目标设计、各地区文化资源的项目门类和布局规划以及已经或可能遇到的不当行为，如文化资源过度开发、文化项目盲目投资、文化园区重复建设以及文化企业效益低下等现实问题。

2. 设计以文化和市场维度为轴心的治理框架

国内现有的治理范式多是单一维度的，要么以市场，要么以文化作为治理维度，显然不符合治理目标的要求。因而，我国地域文化资源产业化治理范式构建目标可以设定为：以政府为主导，社会和企业参与其中，在满足文化企业经济效益的同时，致力于引导、规范和推动文化产业的路径方向与社会公共利益相契合，以此为基础构建新型的社会治理模式。文化产业经济和社会属性决定了政府的治理范式选择——文化治理必须兼顾社会和企业等多元主体的各自利益和价值取向，实现经济效益和社会效益的协调与融合。在文化产业运行机制中，一方面，如果政府没有制定和采取相应的治理措施，放任企业追求经济利益，则代表公共利益的社会价值立场势必会被削弱或放弃，文化产业所固有的意识形态特性有可能会偏离社会公益性的价值取向，或者异化为某些不利于社会安定的思想认识，有可能倾向于完全竞争的自由市场机制，这是不符合我国的公有制社会主体结构的；另一方面，如果政府过于引导和监管市场主体从社会公共利益出发参与文化产业建设，则会抑制其参与文化产业市场竞争的动机和欲望，文化产业的总体运行活力会相应降低，政府过度介入和不当干预有可能导致文化产业的市场环境重新回到计划经济模式状态。因此，政府应该设计以文化和市场维度为轴心的治理范式，不可偏废其中的某一维度，尽可能兼顾社会和市场两方面的利益追求和价值取向。以文化和市场维度为轴心的治理范式能够合理分配各方治理主体的利益所得，确保文化治理作为文化产业治理范式保持均衡、有效的运行机制。

3. 明确以政府为核心的地域文化资源治理机制

政府借助文化产业政策、法规来引导、调控和规制文化市场有序运行和合法竞争是其肩负的责任，其权威性的治理主体地位和意见主导性是不可替代的。显然，文化治理不是是否有必要存在，而是如何准确使用的问题。显然，“无原则地要求对文化产业的市场准入和表达自由放松管制……因此，问题并不在于要不要文化管制，而在于怎样的文化管制才是科学的和发展文化产业必不可少的……从世界上绝大多数国家的文化管制制度设计来看，在巨大的差别背后，却有着一条共同的原则：国家文化安全”（胡惠林，2012）。在产业发展中，企业会把经济利益放在优先地位，并有可能铤而走险以非法手段异化和扭曲其发展路径。为了保证产业发展路径的正确性、合理性，仅仅依靠社会的舆论谴责和批判是不能解决根本问题的，必须由政府通过制定、修订和完善文化产业法律法规和政策规章，采取相应的治理手段包括行政、经济和法律手段依法管理文化企业的各类违法违规行为，纠正地域文化资源治理范式建构中可能出现的路径偏差。必须指出的是，政府作为治理主体，首先要在意识形态导向和国家文化安全等方面发挥国家暴力机器和合法性公权的管制作用，强制性引导和规范我国地域文化资源开发及其治理范式构建中存在的总体市场化趋向与全局性的公共利益相统一。这是政府责无旁贷的责任，是确保文化产业发展路径正确的根本性制度保障。与此同时，政府可以通过各种方式支持文化企业的合法经济利益获得，从而确保公私合作关系的稳定性和持久性。

4. 确立多元主体相互协作的地域文化资源开发治理体系

随着转型时期社会公民性程度不断提升，公民社会发育日臻完善，社会组织成长日趋专业化、规范化和有序化。社会组织作为社会力量的主体之一逐渐崛起，并呈现出广泛的社会影响力，成为与政府、私人组织并重的社会力量多极之一。社会组织作为治理主体在营造文化产业发展所必需的正的外部性如社会舆论和信息透明度等方面相比较政府而言具有天然的群众基础和资源优势。例如，从第三方角度以治理主体的身份促进企业运营透明度的提升，评估文化项目规划的合理性，能够起到促进社会公共利益的“助推器”效果。但是，构建我国地域文化资源治理范式的主导力量理应是政府，社会组织以及企业等市场力量的角色则是作为合作治理主体出现的，这是由我国文化产业的总体规划、目标设计和产业性质所决定的。换句话说，文化产业因为与国家文化安全、意识形态立场等有着密切关系，其治理范式必须是多元社会主体共同参与、相互协作的综合性治理体系。即政府作为文化产业的主导性监督主体，负责制定和规范我国地域文化资源治理的政府治理目标、路径和规划等宏观政策方案，非政府组织等社会主体协助政府作为非权利监督机构协助政府参与文化产业的运行监管，提高地域文化资源治理的透明度、可信度和有效性，文化企业作为市场主体配合政府和社会以行业自律和企业自我规范等形式参与文化治理。正如有学者认为，“公共行政领域对决策与治理的机制也因此产生相应的改变，必须建构一个分权、参与、多元、合伙、网络化的公共政策体系”（赵永茂，2008）。因此，从公共管理的视域来看，我国地域文化资源治理范式的构建同样适用于这一分析框架。

参 考 文 献

贝克. 2008. 地理学与历史学[M]. 阙维民，译. 北京：商务印书馆年版.

本尼迪克特. 2009. 文化模式[M]. 王炜，等，译. 社会科学文献出版社.

卜长莉. 2003. “差序格局”的理论诠释及现代内涵[J]. 社会学研究，（1）：21-29.

陈灵芝，马克平. 2001. 生物多样性科学：原理与实践[M]. 上海：上海科学技术出版社.

邓辉. 2010. 世界文化地理[M]. 北京：北京大学出版社.

邓正来. 2009. 全球化与中国社会科学的“知识转型”[N]. 文汇报，2009-8-9.

丁圣彦. 2004. 生态学：面向人类生存环境的科学价值观[M]. 北京：科学出版社.

方可，章岩. 1998. 简·雅各布斯关于城市多样性的思想及其对旧城更新的启示[J]. 华中建筑，16（4）：109-111.

方乐，周介民. 2010. 城市文化生态：文化差异性与文化多样性的统一[J]. 湖南城市学院学报，31（5）：32-35.

芬彻，艾夫森. 2012. 城市规划与城市多样性[M]. 叶齐茂，倪晓晖，译. 北京：中国建筑工业出版社.

冯天瑜，何晓明，周积明. 2005. 中华文化史[M]. 上海：上海人民出版社.

冯霞. 2006. 政府规制对文化资源产业开发的作用研究[J]. 生产力研究（5）：171-172.

佛罗里达. 2006. 创意经济[M]. 方海萍，魏清江，译. 北京：中国人民大学出版社.

郭灵凤. 2007. 欧盟文化政策与文化治理[J]. 欧洲研究，（2）：64-76，157.

国际化语境中的上海文化发展战略研究课题组. 2012. 文化多样性与都市竞争力[J]. 科学发展，（1）：68-76.

国际科学史学会. 2005. 关于“经济全球化与文化多样性”的北京宣言[J]. 自然科学史研究，（24）（增刊）：1-2.

何星亮. 2010. 中华民族文化的多样性、同一性与互补性[J]. 思想战线，（36）：1，9-14.

亨廷顿，伯杰. 2004. 全球化的文化动力：当今世界的文化多样性[M]. 康敬贻，译. 北京：新华出版社.

胡惠林. 2009. 文化产业正义：文化产业发展的历史地理学问题——关于文化产业发展新战略理论思考[J]. 上海交通大学学报（哲学社会科学版），17（5）：5-17.

胡惠林. 2012. 国家文化治理：发展文化产业的新维度[J]. 学术月刊，（5）：28-32.

胡惠林. 2012. 国家文化治理：中国文化产业发展战略论[M]. 上海：上海人民出版社：154-155.

贾京京. 2010. 我国食品安全问题的政府管制研究[D]. 南京：南京航空航天大学.

考恩. 2007. 创造性破坏：全球化与文化多样性[M]. 王志毅，译. 上海：上海人民出版社.

克拉克，费尔德曼，格特勒. 2005. 牛津经济地理学手册[M]. 刘卫东，王缉慈，李小建，等，译. 北京：商务印书馆.

李慕寒，吴学典，朱传耿. 1995. 文化地理学引论[M]. 徐州：中国矿业大学出版社.

李煜. 2001. 文化资本、文化多样性与社会网络资本[J]. 社会学研究，（4）：52-63.

联合国教科文组织，世界文化与发展委员会. 2006. 文化多样性与人类全面发展——世界文化与发展委员会报告[M]. 张玉国，译. 广州：广东人民出版社.

孟召宜. 2007. 主体功能区管制思路研究[J]. 经济问题探索，（9）：9-14.

孟召宜. 2008. 我国主体功能区生态补偿思路研究[J]. 中国人口・资源与环境，（2）：139-144.

米格代尔. 2009. 强社会与弱国家——第三世界的国家社会关系及国家能力[M]. 张长东，等，译. 南京：江苏人民出版社.

诺斯. 1991. 经济史中的结构与变迁[M]. 陈郁，译. 上海：上海三联书店：276.

潘春燕，金剑波，刘洋，等. 2007. 城市多样性的本质及在城市规划中的应用[J]. 河南科学，25（5）：858-861.

沙森. 2005. 全球城市：纽约、伦敦、东京[M]. 周振华，等，译. 上海：上海社会科学院出版社.

单霁翔. 2007. 城市文化与传统文化、地域文化和文化多样性[J]. 南方文物，（2）：2-28.

沈宏亮. 2011. 中国规制政府的崛起：一个供给主导型制度变迁过程[J]. 经济学家，（1）：32-39.

斯蒂格勒. 1996. 产业组织和政府管制[M]. 潘振民，译. 上海：上海人民出版社：210.

汤姆森. 2002. 全球化与文化[M]. 郭英剑，译. 南京：南京大学出版社.

涂尔干. 2000. 社会分工论[M]. 渠东，译. 北京：生活・读书・新知三联书店.

王恩涌，胡兆量，周尚意，等. 2008. 中国文化地理[M]. 北京：科学出版社.

肖文涛. 2007. 社会治理创新：面临挑战与政策选择[J]. 中国行政管理，（10）：36-39.

雅各布斯. 2006. 美国大城市的死与生[M]. 金衡山，译. 南京：译林出版社.

于璨. 2007. 文化多样性研究述评[J]. 广西民族研究，（1）：25-29.

余晖. 1997. 政府与企业：从宏观管理到微观管制[M]. 福州：福建人民出版社.

张秉福. 2012. 我国文化产业政府规制的现状与问题探析[J]. 图书与情报.（4）：39-47.

张新时. 1994. 对生物多样性的几点认识. 中国科学院生物多样性委员会、林业部野生动物和森林植物保护司、中国植物学会青年工作委员会. 生物多样性研究进展——首届全国生物多样性保护与持续利用研讨会论文集[C]. 中国科学院生物多样性委员会、林业部野生动物和森林植物保护司、中国植物学会青年工作委员会，3.

赵荣，等. 2006. 人文地理学[M]. 北京：高等教育出版社.

赵世瑜，周尚意. 1991. 中国文化地理概说[M]. 太原：山西教育出版社.

赵永茂. 2008. 地方与区域治理发展的趋势与挑战[J]. 研考双月刊（台湾）.（5）.

中国现代化战略研究课题组，等. 2009. 中国现代化报告 2009——文化现代化研究[M]. 北京：北京大学出版社.

中华人民共和国文化部. 保护和促进文化表现形式多样性公约[R/OL]. http：//www.mcprc.gov.cn：80/xxfb/zcfg/flfg/200708/t20070803_42913.html[2007-8-3].

Adams R N. 1981. The dynamics of societal diversity：Notes from Nicaragua for a sociology of survival[J]. American Ethnologist，8（1）：1-20.

Eikenberry A M，Nickel P M. Towards a critical social theory of philanthropy in an era of governance[J]. http：//www. ipg.

vt. edu/Papers/EikenberryNickelASPECT. pdf.

Entrikin J N. 1991. The Betweenness of Place：Towards a Geography of Modernity [M]. Baltimore：Johns Hopkins University Press.

Erickson B H. 1991. What Is good taste good for?[J]. Canadian Review of Sociology and Anthropology，28（2）：255-287.

Feldman M P，Audretsch D B. 1999. Innovation in cities：Science-based diversity，specialization and localized competition[J]. European Economic Review，43（2）：409-429.

Florida R. 2002. The Rise of the Creative Class[M]. New York：Basic Books.

Jacobs J. 1969. The Economy of Cities [M]. New York：Random House.

Knox P L，Marston S A. 2001. Places and Regions in Global Context：Human Geography[M]. New Jersey：Prentice Hall.

Maskell P. 2000. Social Capital，Innovation，and Competitiveness[M]. Oxford：Oxford University Press.

United Nations Educational，Scientific and Cultural Organization. 2009. Investing in Cultural Diversity and in Intercultural Dialogue[R]. Paris：United Nations Educational、Scientific and Cultural Organization.

Viscusi W K，Harrington J E，Vernon J M. 2005. Economics of Regulation and Antitrust[M]. 4th ed. Boston：The MIT Press：295.

Weitzman M L. 1992. On diversity[J]. The Quarterly Journal of Economics，107（2）：363-405.

Weitzman M L. 1993. What to preserve? An application of diversity theory to crane conservation [J]. The Quarterly Journal of Economics，108（1）：157-183.

后　记

地域文化和文化产业互动关系是一个历久弥新的问题。如果把文化产业视为一种产业形态和经济发展方式，这就是一个文化与经济的问题，而文化产业一词就变为文化经济。这样地域文化传承创新和文化产业特色发展互动从微观、宏观角度看，均是文化与经济的问题，因为，在市场经济条件下，地域文化的保护开发涉及文化资源的经济价值的实现即利润效益，同时，文化又涉及如何保护文化、守护精神家园；文化产业的健康发展涉及文化产业的二元性，即经济文化二元性、市场公共二元性，这也涉及文化与经济问题。在二者关系中，起主导作用的文化产业，无论企业家还是文化企业、文化园区，均具有两个层面问题，其经济内涵和文化内涵。其中，企业家既有对利润追逐的企业家精神，对应韦伯所说的“资本主义精神”，同时，企业家也有“文化认同”“乡愁”，进而引致“文化责任”“文化追求”等交织耦合形成的超越对利润追求的“形而上”动力，甚至终极性的动力。此时，可以这样说，保护开发、传承创新地域文化不仅是为了让生活更美好，更是一种道德责任。正如亚当•斯密认为的市场经济的逻辑和基础在于道德情操，甚至是韦伯指出的“资本主义精神”的逻辑起点和基础在于“新教伦理”。也许地域文化传承创新和文化产业特色发展中出现的问题的症结和答案以及探讨的终极就在此。这样，又回到了新文化地理学、新经济社会学、新经济地理学等学科一个常用的理论与概念——嵌入（embeddedness），也回归到众多学者多年来思考的文化与经济问题。只是，地域文化与文化产业的关系，或者说文化产业、文化经济的嵌入更为复杂，也更为有趣。

文化与经济、文化经济的研究一直是经济地理学、文化地理学、文化产业管理等学科关注与研究的重点，但由于文化产业是新兴产业，同时，我国文化产业发展起步晚，因而迄今为止，依据什么样的理论和方法来阐释地域文化传承创新和文化产业特色发展互动关系仍是一个颇具争议的学术热点和难点。国内外不少学者对此进行过一些探讨，但由于学科不同、视角多样，因而现状研究系统性仍需强化，同时，已有的一些观点和理论体系仍有待深入研究。为此，笔者不揣冒昧，在近年来研究的基础上撰写《地域文化传承创新与文化产业特色发展》一书，基于人文地理学的综合研究，整合传统人文地理学和新经济地理学、新文化地理学的文化区、地方性、文化认同、嵌入性等理论，从地域文化传承创新和文化产业持续发展互动的层面、过程、格局、机理、模式等方面，以江苏为案例，分别从全国层面、省域层面、市域层面、县域层面展开多尺度实证研究和理论论争。本书一方面是对近年来的研究作一个阶段性的总结，另一方面，也想抛砖引玉，以引起各界对地域文化和文化产业互动关系的关注。

本书的出版得到了教育部人文社会科学规划基金（13YJAZH065）、江苏省社会科学基金（12EYD019）、江苏师范大学出版基金、江苏高校优势学科建设工程的联合资助。在撰写过程中，单勇兵、李志江两位老师帮助绘制部分图。硕士生彭文博、王晨晨寒假进行了书稿的校对工作，正是他们寒假留校，并且能够坐下来、沉住气、静下心做了文献校对、语句修改等大量琐碎工作，才能让我有充足时间进行谋篇布局。科学出版社赵峰先生、周丹编辑为本书的出版付出了辛勤的劳动，正是他们科学高效的工作保证了本书的如期出版。在此一并表示谢忱。

由于学识有限，书中难免存在不足之处，恭请各位专家和读者批评指正。同时，在撰写过程中，参考和引用了许多良师益友文章、著作中的观点和资料，已在书中一一标注，如有疏漏之处，望见谅。谨志。

孟召宜

于江苏师范大学静远楼

2016 年 11 月 30 日